Hartmut von Hentig

Mein Leben –
bedacht und bejaht

Kindheit und Jugend

Carl Hanser Verlag

1 2 3 4 5   11 10 09 08 07

ISBN 978-3-446-20839-1
Alle Rechte vorbehalten
© Carl Hanser Verlag München 2007
Satz: Greiner & Reichel, Köln
Druck und Bindung: Ebner & Spiegel, Ulm
Printed in Germany

Für alle, die einmal meine Schüler waren

Inhalt

1. Meine Absicht 11

2. Lebensanfang 15

3. Ein Schulkind 29

4. Knabenalter 46

5. Verselbständigung 80

6. Ein deutscher Jüngling 104

7. Kein Held 149

8. Soldatsein 161

9. 1945 – Das Jahr der Befreiung 199

10. Student der alten Sprachen 232

11. Student der Neuen Welt 287

12. Der Klausner 350

81 Lebensjahre ergeben viele Erinnerungen. Da ich die meinen nicht im Dienst einer bestimmten Idee, nicht als Abschluss einer begrenzten Aufgabe, nicht aus Anlass einer besonderen Anfechtung oder auf ein besonderes Ziel hin geschrieben habe, sondern ihnen einfach gefolgt bin – aufmerksam, neugierig, beteiligt –, ist die Aufzeichnung sehr lang geraten.

Die Hoffnung, sie in einem einzigen Band unterzubringen, der noch handlich und nicht schon durch die Zahl der Seiten entmutigend ist, musste aufgegeben werden. Autor und Verlag sind übereingekommen, zwei Bände daraus zu machen. Sie trösten die Leser (und sich) mit der Vorstellung: Bis man den ersten Band – über Kindheit und Jugend, den Kriegsdienst und das Studium in Deutschland und Amerika – ausgelesen hat, ist der zweite Band da, in dem es um den Beruf und die Politik und den Anteil des Autors am Zeitgeschehen geht. Die sind nicht bloß eine Fortsetzung der ersteren, sondern deren Produkt.

Mein Leben ist – wie die sich in ihm entwickelnde und entdeckende Person – *unteilbar* und gerade darum getrost auf zwei Bände *verteilbar*.

Oktober 2006   Hartmut von Hentig

1. Meine Absicht

Was aus den hier beginnenden Aufzeichnungen wird, weiß ich nicht.

Gewiss keine Bekenntnisschrift! Ich habe nichts zu offenbaren – auch nicht vor mir selbst aufzudecken – wie Jean-Jacques Rousseau oder Jean-Paul Sartre, wie Eva Zeller oder Carola Stern. Warum sollte ich der Nachwelt preisgeben, was ich meinte meinen Zeitgenossen verbergen zu müssen?

Gewiss keine Selbstprüfung wie die Augustins oder Albert Speers. Die war mit meinem Leben zu leisten. Was mir in ihm und mit ihm nicht gelungen ist, sollte ich nicht »in letzter Stunde« nachholen wollen, in der es mir nichts mehr nützt.

Gewiss auch keine Abrechnung mit anderen, nichts wie das, was Hermann Hesse seiner Jugend zu schulden meinte, nichts, was einer schreiben *muss* wie Kurt Hiller oder Fritz Zorn oder Walter Kempowski. Was hätte ich mit wem zu begleichen!? Die Befriedigung von Rache ist mir fremd, auch wenn ich sie bei Philoktet oder Kriemhild, ja sogar bei Michael Kohlhaas verstehen und schaudernd bewundern kann. Ich bringe es höchstens zu ein wenig Schadenfreude.

Gewiss, schließlich, wird aus dieser Aufzeichnung keine »Literatur«, die förderliche und angenehme Verfeinerung meiner Schreibgabe an einem willigen, mir wohlbekannten Stoff. Also nicht das, was Ludwig Harigs autobiographische Romane gleichsam von Dichter-Natur her sind, und schon gar nicht Marcel Prousts wechselseitige Verwandlung von Kunst in Wirklichkeit und Wirklichkeit in Kunst. Ich wäre stolz, wenn mir so etwas gelänge – eine bescheidene Nachfolge meines Ahnen Wilhelm von Kügelgen, der sich »Dichtung und Wahrheit« zum Vorbild nehmen konnte, bewunderte Vorbilder beide, und beide nur erklärbar aus genialer Unbefangenheit, die man nach ihnen nicht mehr haben kann.

Erinnertes und die Gedanken, die es auslöst – das etwa lässt sich vorstellen. Die teils gegebene, teils gewählte Ausgangslage empfiehlt dies: Mein Gedächtnis ist nicht nur lückenhaft, es ist auch unzuverlässig. Aber ich habe Erinnerungen und ich habe Zeugnisse, an denen Verlorengegangenes sich wieder einstellt. Und wenn dabei Gedanken aufkommen und nicht nur Gedenken, sollen sie geprüft werden und sich mitteilen dürfen.

Hier lauert eine Gefahr. Das Verhältnis darf sich nicht umkehren. Die Gedanken sollen nicht die Gerätschaften sein, mit denen ich die Erinnerungen ausgrabe und präpariere. Nicht einmal Begriffe, die gedachte Gliederung der Sachverhalte, die Rubren der Geschichte sollen mein Schreiben anleiten: Die Familie/Die Schule/Der Nationalsozialismus/Der Krieg/Pazifismus/Die Erfahrung der Demokratie/Die alten Sprachen in der Neuen Welt/Ästhetische Erziehung im politischen Zeitalter/Anlässe für die Reform des Bildungswesens/Die Erschütterung der Universität und die Kritik der Wissenschaft/Bürgerschaftliches Handeln und Ehrenämter/Die Freuden des Alters – so könnten die Kapitelüberschriften lauten, und das Ergebnis wäre so etwas wie die Zusammenfassung meiner Bücher und Aufsätze – ausgelegt auf den Ablauf der Zeit, verlebendigt durch Anekdoten.

Damit wäre ich in Konkurrenz zu mir selber getreten: der alte Hentig gegen den jungen oder jüngeren – und der alte würde verlieren. Bismarck wollte, durfte und musste »Gedanken und Erinnerungen« schreiben. Ich will Erinnerungen schreiben und diese bedenken – nicht noch einmal all die Gegenstände und Zusammenhänge, die ich in meinem Leben viel deutlicher erkannt und besser verstanden habe, als ich das heute kann.

Meine Erinnerungen ordne ich chronologisch. Dazu ein letztes Caveat zugleich an mich und an den Leser:

In dem Alter, in dem ich meine »Erinnerungen« zu schreiben versuche, sollte man sich hüten, als Chronist des eigenen Lebens aufzutreten. Ein Lebens-Bericht setzt Aufzeichnungen voraus, fordert systematische Arbeit – nachfragen, nachforschen, nachprüfen –, Anstrengungen, die ich nicht mehr leisten kann und mag. Hingegen der Erinnerung, die sich von selbst einstellt, den »schwankenden Gestalten« wie Goethe mit einem »Nun gut« Einlass gewähren, dürfte mir noch gelingen: »... so mögt ihr walten, / Wie ihr aus Dunst und Nebel um mich steigt.«

Dass »Memoiren« von den Details leben, die das Gedächtnis – ein zu Genauigkeit verpflichtetes, aber schwaches und obendrein korrumpierbares Organ – ihnen zuträgt, ist mir leidig bewusst. Was das meine hergibt, ist erbärmlich, gemessen an dem tatsächlich Erlebten, und wird doch ein Buch füllen. *I give it a try.* Die ingressive Partikel »Er-« sagt: Gleich trifft es ein, jetzt hebt es an. Er-innerung lässt los, Gedächtnis bewahrt.

Ich werde mich also belauschen, mich durch Fotos, Briefe, Gegenstände, die mich ohnedies umgeben, und durch den Gang der Ereignisse anregen lassen – und lieber bekennen, dass ich XYZ nicht mehr weiß, als ihm angestrengt nachspüren. Ich werde nicht einmal beim Hentig nachschlagen – in den beiden schon vorliegenden Viten, der politischen und der pädagogischen in »Aufgeräumte Erfahrung« (1983). Die sich daraus ergebenden Wiederholungen dürften weniger ärgerlich sein als krampfhafte Versuche, sie zu vermeiden oder sprachlich zu vertuschen.

Kurz: Zeit-Geschichte sollte der Leser bei mir nicht suchen, eher Zeit-Bilder, Zeit-Gedanken, Zeit-Freuden und Zeit-Leiden – und viel Person. Diese bedient hier ein elementares, unkompliziertes Bedürfnis nach Sichtung und Ordnung ihrer inneren Habe und die damit verbundene Lust am Weitergeben. Sie denkt sich: Just dies dürften im Zeitalter elektronischer Datenspeicherung und Textverarbeitung andere Personen nicht ungern lesen.

Was sagt dieser mir abgerungene Befund im Klartext? Keine Verführung, im Nachhinein »gut« gewesen zu sein, kein hehrer Anspruch auf die Beispielhaftigkeit des von mir Erlebten, keine – man glaube mir bitte – ernsthafte Absicht zu belehren, zu ergötzen, zu befreien, kein heroischer Kampf gegen das Vergessen, vielmehr die verständliche, den meisten Menschen jedenfalls eigene Freude am Nachempfinden und Nacherfinden des nun nicht mehr bedrohlichen Vergangenen führt mir die Feder, die eine Reiseschreibmaschine ist.

Der Lebensabschnitt, den man das Alter nennt und der, wenn man den weisen Griechen und der Bibel folgt, spätestens mit siebzig beginnt, war für mich von vornherein unerwartet schön. Sollte ich es mir mit dem hochmütigen Vorhaben verderben, innerhalb von zwei Jahren ein ganzes Leben aufzuzeichnen – obendrein in linearer Schrift! –, das doch drei-, vier- oder fünfdimensional war?

Meine Absicht

Ich habe lange gezögert. Nun, da es geschafft ist, fällt mir das Bekenntnis nicht schwer: dass mich die Mühe bereichert hat, ja dass ich Genugtuung darüber empfinde, wie sich dabei Lücken gefüllt, Irrtümer geklärt, Niederlagen relativiert haben und wie von Seite zu Seite, von Kapitel zu Kapitel das Possessivpronomen Gewicht und Genauigkeit gewann: Mein Leben war *mein* Leben.

2. Lebensanfang

»Ich werde geboren« – schreibt nicht David Copperfield, sondern Charles Dickens. Er weiß den Tag und die Stunde, fügt jedoch vorsichtig hinzu: »... wie man mir glaubwürdig mitgeteilt hat«.

Das Leben beginnt mit der Geburt. Wer das seine aufschreiben will, hat alsbald Schwierigkeiten mit diesem Satz. Dass das Leben mit der Erinnerung beginne, liegt ihm näher. Er will ja das von ihm gelebte Leben aufzeichnen. Das Wachsen und Weben, der materielle Stoffwechsel und die neuronalen Stimulus-Response-Artikulationen vor und nach dem Austritt aus dem Mutterleib, die der Biologe Leben nennt, sind etwas kategorisch anderes als das Leben, das der Biograph so nennt.

Als hätte ich das schon immer gewusst, ließ ich »mein« Leben mit einer Begebenheit beginnen, deren Deutung mich noch heute beschäftigt und deren Be-Deutung eine bestimmende Wirkung haben sollte: Ich halte eine orangefarbene Zelluloid-Ente in der Hand. Ich setze sie in das neben mir dahineilende Wasser. Ich lasse sie los. Sie schwimmt davon. Ich sehe ihr vergnügt nach. Sie verschwindet plötzlich. Ich krabbele bis zu der Stelle, an der ein Loch sie verschluckt hat – sie und weiterhin alles Wasser, das ihr folgt.

Man kann viel darüber räsonieren, warum sich mir dieses Erlebnis des Zweijährigen auf einer Überfahrt von Deutschland nach San Francisco auf dem Deck des HAPAG-Dampfers so tief und zugleich hell eingeprägt hat, solange ich nicht bekenne, was mir selber insgeheim das Erstaunlichste war: Ich empfand keinen Schmerz, keine Trauer, keine Kränkung über den Verlust der »geliebten« Ente – ich empfand Endgültigkeit, die beruhigende Gewissheit: So ist das also!, eine Mischung aus Physik und Lebensweisheit, aus der Tatsache der Schwerkraft und der Einsicht »Was man loslässt, verliert man.«. In dieser Empfindung empfand ich »mich«. Ich war aus dem bloßen »Ablauf der Dinge« herausgetreten und zum Beobachter geworden.

Was hiervon spätere Zutat ist, mag andere beschäftigen. In meinem Innersten, an jenem Kreuzpunkt aus anfanglosem Gefühl und sich bildendem Bewusstsein, hat sich diese tausendfach wiederholte Geschichte von vornherein so zugetragen. Mit ihr fange »ich« an.

Das nächste Bild – es ist, wie alles, wovon ich erzählen werde, vierdimensional: die sinnliche Welt, überwölbt vom Befinden der Person – zeigt mir die eineinhalb Jahre ältere Schwester Helga und mich in weißen Schlafanzügen in weißen Betten in einem weißen (Krankenhaus-)Zimmer. Wir bekommen *ice cream*. Man hat uns die Mandeln herausgenommen. Ein leichter Schmerz im Hals hat etwas damit zu tun. Und wieder ist das Wichtige, also das, was die Erinnerung ausmacht, etwas von diesen Tatsachen Verschiedenes: Es gibt »uns«, die Schwester und mich. Die ersten Erinnerungen an den Vater, der da hineingehört, ließen noch auf sich warten. Eine Mutter wird nie dazugehören.

Bevor wir in das schöne Haus am Sea Cliff in San Francisco, wo der Vater sein Amt als deutscher Generalkonsul antrat, einzogen, waren wir eine kurze Zeit in Marin County auf der anderen Seite des Golden Gate untergekommen. Sausalito und Ross waren Zauberwörter, mythische Namen wie Neu Temmen, Kölpinsee und Caputh. Da überall waren wir kurz vorher gewesen. Die Erwachsenen redeten davon, die Schwester auch, und ich »redete« innerlich mit: So zu reden hieß, meinen Platz in meiner Welt einnehmen, das »Wir« konstituieren. Der Vater und unsere estnische Kinderfrau Salme waren unversehens zu der Schwester hinzugekommen, und ohne irgendeine Spur von Ereignis gab es auch eines unbestimmten Tages die Frau, die den Namen Miezi trug – von einem Spiel, das sie mit dem Vater für uns gespielt hatte; sein Name Käti für kleiner Kater verlor sich schnell, der ihre blieb bis zu ihrem Tod. Sie hatte als Sekretärin bei Ullstein das Diktat seines Kriegsberichtes »Meine Diplomatenfahrt ins verschlossene Land« aufgenommen und war 1929 von ihm gebeten worden, sein Haus zu führen. Als der Vater nach einer schweren Sepsis aus dem Krankenhaus heimkehrte – ausgezehrt, aber gerettet –, heirateten sie.

»Ich«, das Wesen, das sich seiner selbst über dem Abflussrohr eines Passagierdampfers bewusst geworden war, fand sich in einem »Wir«, das aus den genannten fünf Personen bestand. Der Satz, den ich für meinen »Lebenslauf« unzählige Male geschrieben habe: »Ich bin am

23. September 1925 in Posen als Sohn des damaligen deutschen Generalkonsuls Werner Otto von Hentig geboren worden«, ist eine späte bürgerliche Konvention – den Anfang meines Lebens bezeichnet er nicht. Dieser Satz müsste eigentlich in der dritten Person geschrieben sein; er hat die Form eines Aktenvermerks, ist eine Erfindung der bürgerlichen Gesellschaft. Abermillionen Menschen können einen solchen Satz nicht von sich sagen. – Und ich kann ihn nicht einmal lesen: Meine Geburtsurkunde, die sich rührenderweise noch erhalten hat, worüber ich im nächsten Kapitel berichte, ist in polnischer Sprache verfasst.

Mein »eigentlicher« (hier trifft das gescholtene Wort zu) Lebens-Anfang war angenehm wie die kalifornische Sonne, wenn sie, im Verein mit dem melancholischen Nebelhorn, den morgendlichen Nebel über Sea Cliff verscheucht hatte – warm und verlässlich. Der Tag begann mit Kakao und Butterbrot, auf das der Vater kunstvoll ein H aus Honig malte; er setzte sich in den nahegelegenen Dünen fort, wo wir lustvoll auf einer riesigen rostigen Röhre ritten – Salme schimpfte nur milde über die gebräunten Hosen; ebenso gern und oft eilten wir zum Spiel mit David, dem gleichaltrigen Nachbarjungen – außer an Samstagen; an diesen stürzten wir zur Haustür, um den San Francisco Chronicle entgegenzunehmen, dessen ganze letzte Seite die Bildgeschichte von Tarzan fortsetzte – sie allein bunt in dem damals noch einheitlichen Grau der Tageszeitungen. Mit David bauten wir unter Helgas Anleitung seine Sandkiste in ein Schiff um, auf dem der von David schwer auszusprechende Hartmut zu Bill wurde; diesen erhöhte die Schwester, für die es keinen vergleichbaren amerikanischen Namen gab, neidlos zu »Bill the Sailor«. Aus dem Schiff wurde mit Hilfe eines ausrangierten Bügelbretts ein recht ansehnliches Flugzeug, in dem wir alle drei Platz hatten und das uns natürlich nach Deutschland bringen sollte. Ach Helga, hättest du gewusst, wie anders dir dieses Vorhaben erfüllt werden sollte! Der Leser wird es in Kapitel 3 erfahren.

Der unbezweifelte Höhepunkt des Tages war der nicht vorhersehbare Augenblick, wenn der Vater mit seinem blauen Hubmobil vorfuhr. Kam er am Nachmittag, war meist etwas für diesen geplant, zum Beispiel eine Fahrt zu den Seal Rocks, wo sich Hunderte von Seelöwen tummelten. Oder man ging in den Golden Gate Park, dessen Hauptanziehungspunkt für uns Kinder nicht die exotischen Bäume und gepflegten Beete waren, sondern die gewaltigen Kiefernzapfen, die man dort fand und die wir für den abendlichen Kamin mitnahmen; waren Friedel Leschke oder Asta von Lübke oder »die liebe Frau Sonnenberg« dabei, durfte die Miezi-Mutter mit ihnen ins japanische Teehaus gehen – eine unnötige Damenlustbarkeit, mochte mein Vater denken; für uns Kinder fiel die Beigabe zum grünen Tee ab: ein trockenes süßes Gebäck in der Form eines gerollten Laubblattes und genauso dünn. Köstlicheres kann es nicht geben, meinte ich und war enttäuscht, wenn stattdessen gelegentlich die hübschen *litchis* serviert wurden, die Helga bevorzugte. Oder man fuhr ins Sutro Bath mit seinen etwa zwanzig unterschiedlich warmen Becken – von 32 Grad bis zu »eiskalt«, wie wir fanden. Zum Letzteren gehörte auch ein Fünf-Meter-Turm. Den bestieg mein Vater mit mir, versicherte sich, dass das Sprungfeld frei war, warf den Dreieinhalbjährigen über diesem ab und sprang selber in großem Bogen hinterher. Irgendwo zwischen Oberfläche und Grund des Wassers fischte er mich auf und verbrachte mich zur nächsten Treppe des Bassins, wo uns empörte Amerikanerinnen empfingen, mich mit »the poor little boy«, den Herrn Generalkonsul mit »you barbarian«. Das galt es natürlich zu widerlegen. »Tell them, how it was, my son!« Glucksend brachte ich mein »fine« hervor. »Shall we do it again?« Die Rettung suchende Antwort dürfte »next time« gelautet haben – und so wurde aus dem einmaligen Schrecken eine Gewohnheit.

    Kam der Vater erst am Abend, brachte er fast immer Gäste mit. Unter ihnen waren die deutschen Austauschstudenten bei uns Kindern besonders beliebt. Sie machten »koboltz« mit mir, und das ging so: Ich streckte meine Arme zwischen den Beinen hindurch, möglichst auch noch den Kopf; der Erwachsene fasste meine Hände über meinen gebeugten Rumpf hinweg und schwang mich – schwupp! – über sein Haupt in seinen Nacken. Der Miezi-Mutter brachten die jungen Herren das Autofahren bei; sie spielten mit dem Vater Medizinball; sie sangen deutsche Lieder und tranken – im Land der Prohibition – gern den deutschen Wein, den das Haus nur um der Gäste willen führte. Am Kamin durften wir Kinder nach dem Bad noch ein Viertelstündchen mit ihnen zusammensein, bis Vater den Tag mit »Hexe aus dem Schornstein« krönte: Er ließ eine brennende Zeitung mit dem Hitzeaufwind durch den Schornstein steigen, und wir standen auf der Straße und sahen staunend – im Land der Pyrophobie –, wie eine Flamme selbständig in den Himmel schwebte. Nach weiteren drei Minuten lagen wir im Bett und der Vater kam, um mit uns zu beten, mit dem kleinen Hartmut das kurze unsinnige Gebet »Lieber Gott, mach mich fromm, dass ich in den Himmel komm«, mit der großen Schwester Luise Hensels vollendetes »Müde bin ich, geh zur Ruh ...«, das ich insgeheim und mühelos mitsprach. Bei der Aufzählung derer, die Gott behüten solle, gedachten wir inständig der unten wartenden Studenten: Klaus Mehnert und Adolf Morsbach, Walther Becker und Heinz Rocholl, Wasmod von dem Knesebeck und Heinrich zu Dohna.

Vater genoss die fröhliche Schar. Er benutzte sie auch! In jedem kostbaren Augenblick, in dem er mit uns zusammensein konnte, arbeitete er an unserer »Entwicklung«: Wir wurden den Gästen vorgestellt, sollten ihnen vor und nach der kleinen Verbeugung ins Gesicht sehen und klare Antworten geben – zum Beispiel den Amerikanern erklären, was »Hartmut« bedeutet, den Deutschen, welche Sprache die schönste sei. Wissend, was erwartet wurde, soll ich stets gesagt haben: »Deutsch«, um entschlossen hinzuzufügen: »Aber Englisch spreche ich lieber.« Kunststück, ich sprach es ja den ganzen Tag, auch mit Helga!

Nichts erzieht so erfolgreich wie die Anwesenheit eines geachteten und wohlwollenden Publikums. Mich blamieren und uns blamieren war eins und musste vermieden werden. Ich war der geborene Mitspieler – Helga war es nicht. Sie weigerte sich, Erwartungen zu erfüllen, die sie nicht einsah. Sie machte keinen Knicks vor fremden Menschen. Sie trug das für eine amerikanisch-deutsche Feier eigens gelernte Gedicht vor Hunderten von Gästen nicht vor – ich sprang unbefangen ein. Als ein japanisches Kriegsschiff mit einer kaiserlichen Prinzessin im Hafen lag und die Diplomaten ihr dort ihre offiziöse Aufwartung machten, ging ich voran, nicht Helga, die den Blumenstrauß der deutschen Vertretung übergeben sollte – eine Kinderhand voll Maiglöckchen; es war der einzige Strauß, den die kaiserliche Hoheit in der Hand behielt, wie der praktisch denkende Vater vorhergesehen hatte. Ich galt wegen meiner Bereitschaft als tapfer, war aber meist nur dusselig. Einmal fanden wir einen *nickel*, ein Fünfcentstück, auf der Straße und beschlossen, beim Grocer Lakritze dafür zu kaufen. Die Verkäuferin verlangte einen *dime*, zehn Cent. Während ich den *nickel* aus meiner Tasche fummelte und verlegen auf die Theke legte, war Helga mit der Lakritze längst aus dem Laden und um die nächste Ecke gelaufen – und ich bekam die Schimpfe. Es gibt ein Foto von uns als Minute-Men, also in der Uniform der amerikanischen Milizen des Revolutionskriegs. Bei irgendeiner Aufführung unseres Kindergartens sollten wir – zwölf Soldaten rechts, zwölf Soldaten links – auf der Bühne in Linie und still stehen, während andere ein Lied sangen; dann sollten wir kunstvoll überkreuz marschierend die Seiten wechseln. Das Lied hatte offenbar mehrere Strophen; ich setzte mich nach der zweiten oder dritten hin und schlief, mein Holzgewehr auf den Knien, ein. Wenig später – ich ging wohl schon zur Schule – kam ich zum eigenen Erstaunen mit nur einem Schuh heim; Salme ging mit mir zurück, und wir fanden den anderen tatsächlich auf halben Weg am Straßenrand.

Es ist seltsam, wie uneingeschränkt glücklich ich mit allen meinen Eigenarten und Fehlern lebte und auch die zu ihrer Korrektur angewendete Pädagogik gutwillig ertrug. Ein einziges Mal war ich verzweifelt – ich hatte die anderen bei einem Spaziergang in Stanford verloren. Alle Straßen sahen gleich aus. Ich lief weinend immer weiter in der falschen Richtung und war überzeugt, dass die anderen – Helga, die Eltern, unsere Gastgeber – Schuld seien. Ein freundlicher Fremder nahm mich an der Hand und brachte mich zu ihnen. Sie hatten Mitleid, Reue zeigten sie nicht. Mir genügte das – so einer war ich.

Dass wir in einem schönen, ja vornehmen Haus in San Franciscos bester Lage wohnten; dass vor diesem Haus eines Tages ein von Polizei eskortiertes veritables Panzerauto vorfahren konnte und ein weltberühmtes Gemälde brachte, Raffaels Madonna di Gaeta, umgeben von Journalisten, die ich an den Kameras, und von Sicherheitsbeamten, die ich nicht erkannte (die amerikanischen Katholiken wollten dem Papst ein Geschenk bereiten, dieses aber erst in Augenschein nehmen; dazu musste es ins Land eingeführt und an einem »exterritorialen« Ort ausgestellt werden); dass wir bei solchen Gelegenheiten schon als Kinder Objekt der amerikanischen Publicity wurden: großes Foto mit erlogenem Text »Hartmeet (three) and Helga (five) von Hentig dressing a humble shrub into a realistic Christmastree in the yard of their home«; dass der Vater mit dem unverständlichen Beruf eine hochangesehene Persönlichkeit war, vielbesuchte Vorträge hielt und immer »frei«; dass er mit bedeutenden Ereignissen und Personen an der Westküste zu tun hatte – mit dem Besuch des Zeppelin IV in Los Angeles, das zu seinem Amtsbereich gehörte, mit Hollywood, das er bei der Herstellung des Films »Im Westen nichts Neues« beriet, mit den Olympischen Spielen, die 1932 in Los Angeles stattfanden, mit dem Besuch des Kreuzers »Emden« in der Bay von San Francisco; dass hier in Amerika, keine zehn Jahre nachdem dieses *The Kaiser and the German huns* im Ersten Weltkrieg besiegt hatte, jedermann freundlich zu uns war; dass ich Armut nicht nur nie erlitten, sondern auch nie gesehen habe – dies alles gab mir ein Selbstvertrauen, das diesseits von Bildung und Leistung wirksam ist. Ich war »privilegiert« und musste dies nicht einmal wissen, um es auszukosten.

Dass wir mit bei Tisch saßen, war die Regel, nicht die Ausnahme. »Reich bitte die Schüssel weiter«, »Nimm dir nicht mehr, als du essen kannst«, »Sieh dich mal um: Hat irgendeiner außer dir die Ellenbogen auf dem Tisch?« – solche Mahnungen störten meinen gesunden Appetit nicht; sie waren nicht häufiger als die Aufforderung, den amerikanischen Gästen ein deutsches Gericht zu erklären, das wir gerade aßen, oder von unseren Fantasieflügen »nach Deutschland« zu erzählen oder gar von dem einen richtigen Flug neulich über die Bay oder zu verraten, was ich dem Weihnachtsmann demnächst zu sagen hätte. Uns am Gespräch zu beteiligen war das eigentliche Mittel der Zivilisierung, mehr als die Einforderung der Tischsitten.

Waren wir unter uns, erzählte der Vater Geschichten. Die Miezi-Mutter las vor und brachte uns Fingerspiele bei (»Das ist der Daumen; der schüttelt die Pflaumen; ...«), Reime und schnurrige Sätze: »Herr von Hagen, darf ich's wagen, Sie zu fragen, wie viel Kragen Sie getragen, als Sie lagen krank am Magen in der Hauptstadt Kopenhagen.« Oder: »Der Gunge aus der Gakobsgasse gammerte ganz gämmerlich, und als er ging über die Gannowitzbrücke, gauchzte und gubelte er guchhee!« Noch heute kann ich, ohne zu stocken, das Berliner Rührgedicht aufsagen:

Meine gute Tante Benthe könnte leben noch in Ruh,
Wenn se nich jestorben wäre, doch da war se wech im Nu.
Kaffe trank se und dann sank se uff de Banke hin vor Schreck:

›Hitze!‹, sprach se, Hitze hat se, und dann war se weg.
Wenn ick nun mein' Sonntag habe, jeh ick hin an Tantens Grab,
Weine dort in stiller Ruh und esse meinen Appel zu.

Unter ihrer Anleitung lernte ich auch ein jeweils neues und jeweils längeres Gedicht für den Weihnachtsmann auswendig. Den spielte, als ich vier Jahre alt war, der genannte Student Wasmod von dem Knesebeck. Wenig später entdeckte Helga den Pelzmantel, den er getragen hatte, im Keller. Sie versuchte mich aufzuklären, aber nicht einmal die Tischglocke, mit der er sein Kommen angekündigt hatte und die sie triumphierend beibrachte, konnte mir die geliebte Täuschung rauben, geschweige denn der Tatbestand, dass es bei David nebenan mit Santa Claus ganz anders zuging und die Ubiquität des bei uns schon keuchenden alten Mannes mit dem Rentierschlitten eine nur fadenscheinige Erklärung fand. Die größere Mühsal hat die Aufklärung nicht mit der Gläubigkeit, sondern mit einer starken Einbildungskraft. Bei »Böttchers, Böttchers faule Grete / Saß auf einem Baum und nähte« habe ich mir hartnäckig eine Fischgräte vorgestellt. Den weiblichen Vornamen Grete kannte ich nicht, Hänsels Schwester hieß doch Gretel.

Die Erwachsenen fanden so etwas rührend, noch jedenfalls. Ging etwas schief, wurde die große Schwester zur Verantwortung gezogen. Die fand mich so arglos nicht, und ich selber wusste, dass sie Recht hatte. Ich triezte den Spitz, der eine Zeitlang zum Haus gehörte (War er uns zugelaufen? Hatte ein Logierbesuch ihn mitgebracht?) – bis er eines Tages kräftig zubiss. Ich naschte, wo ich konnte; ich nahm Kleingeld – ein paar Cents – aus Salmes Portemonnaie, kaufte mir einen rotweißen Candy-Stick dafür und hatte große Mühe, ihn auf einmal zu vertilgen. (Wo versteckt man den Rest eines so klebrigen Corpus delicti?) War das Diebstahl? Kann man »stehlen«, ohne ein Gewissen zu haben? Und hat man das als vierjähriges Kind? »Ja«, möchte ich heute sagen, weil ich Gewissenlosigkeit für schlimmer halte als ein schlechtes Gewissen. Aber ich will ja nicht die Welt ordnen, ich will erinnern und finde in dem kleinen Hartmut keine Hemmung vor der Tat, nur ein bisschen Angst danach. Im Hause der Mrs. Abekasses, in deren wunderbarem Landhaus wir für kurze Zeit »geparkt wurden«, trieben wir scheußlichen Schabernack mit der alten Gastgeberin – missbrauchten ihre Trillerpfeife, mit der sie im Ernstfall die Polizei alarmieren wollte, stellten Dinge an einen anderen Ort, so dass sie sie für gestohlen halten musste, schlossen Türen ab und warfen den Schlüssel ins Blumenbeet oder in eine Vase, kamen nicht zu den festgelegten Mahlzeiten, sondern versteckten uns im Wald – und all das erfüllte mich mit Stolz und nicht im mindesten mit Mitleid. Die in der Komplizenschaft lauernde Bosheit übten wir auch aneinander aus: Helga schüttete Salz in meinen Kakao und spülte mein eingeseiftes Haupt mit dem kochend heiß aus dem Hahn schießenden Wasser; ich »probierte« ein elektrisches Kinderbügeleisen mal kurz auf ihrem Oberschenkel aus. Das Eisen war ein Geschenk von Walter Becker, der beobachtet hatte, wie Helga ihre Puppe Resi aus- und anzog mit wunderbaren, von Tante Emma genähten Kleidern; die mussten natürlich »echt« gewaschen und dann »echt« gebügelt werden. Resi war eine edle Puppe, die ihre lang bewimperten Augen auf- und zumachen konnte und echtes Menschenhaar trug. Ich stopfte ihr Rosinen zwischen den kleinen Zähnen hindurch in den offenen Mund, was Helga wütend machte. Hatte ich es wirklich gut gemeint, wie die Erwachsenen nun zur Beschwichtigung sagten? Ich erinnere mich nur an die Neugier, »wo das wohl hingeht«. Mein Petz von Steiff ließ sich nichts einverleiben.

Die Eltern erduldeten unseren Streit, sie schlichteten nicht. Wenn zwei sich zanken und sind nicht ganz ungleich stark oder ganz ungleich schlau, sollen sie selber sehen, wie sie zurechtkommen. Ich, der Zufallstäter, der Opportunist, der Leichtversöhnliche, litt nicht unter diesem Prinzip; Helga hingegen, die Überzeugungstäterin, fühlte sich durch diese »Pädagogik« verraten, verlassen, ja verstoßen. Nur Salme nahm sie dann tröstend an ihren großen Busen. Und weil Salme die Güte selbst war, nahm sie auch mich gleich noch dazu.

Nein, so harmlos, wie der Hartmut schien, war er nicht. »Hart« in meinem und anderen deutschen Namen, so habe ich später gelernt, heißt nicht, was es in Verbindung mit Nüssen und Diamanten heißt; es bedeutet »viel«. Eberhard hat viele Eber erlegt, Richard ist sehr reich; Hartmut sollte sehr mutig sein, und das ist dann schon in der Nähe dessen, was ich tatsächlich war: über-mütig. In Santa Cruz Mountains, wo wir den herrlichsten aller Sommer in einem einfachen Holzhaus verbrachten, gab es nicht nur ein Doppel-Plumpsklo mit Aussicht, das wir nur zu zweit aufsuchten, es gab nicht nur einen Swimmingpool bei Captain Parker eine Meile entfernt, auf dem wir mit aufgepumpten Autoschläuchen herumpaddelten, es gab nicht nur eine unglaublich weit ausschwingende Schaukel – es gab auch *poison ivy*, eine Pflanze, bei deren Berührung man einen teuflisch juckenden Hautausschlag bekommt, viel schlimmer und dauerhafter als alle Brennnesselei und tückischerweise: ohne dass man es merkt. Um anzugeben, habe ich mich nackt ausgezogen und mich von oben bis unten damit abgerieben. Es gibt eine Steigerung von »dusselig« zu »unbedacht« zu schließlich »bedenkenlos«. Wenn ich eine Bohne in mein Nasenloch steckte, um zu sehen, wie weit das geht, oder meinen Kopf zwischen die engen Stäbe des Treppengeländers schob, ahnend, dass ich ihn nicht wieder herausbekommen würde, dann war so etwas im Spiel.

Die Eltern taten übrigens hinsichtlich des Streits der Geschwister das einzig Vernünftige: Sie trennten uns gelegentlich für eine Weile. Ich genoss es, mit ihnen in einem bescheidenen Hotel alleine zu sein – und sehnte mich schon am zweiten Tag zu der doch ungleich unterhaltsameren Schwester zurück. Damit war dann das wunderbare Zelten im Sequoia National Park schon gesichert: »Wir werden uns bestimmt nicht streiten!«, versicherten wir beide. Wann auch und wie auch bei so viel Bären und Klapperschlangen, Wasserfällen und Riesenbäumen – und nächtlichem Feuer mit *marshmallows*! Die mitreisende Clytie Sweet, eine Verehrerin des Vaters, von der Miezi-Mutter mit Recht als unbedenklich eingestuft, teilte ihr Zelt mit mir, Vater das seine mit Helga. Clytie erzählte Indianergeschichten, brachte mir die Zeichensprache dieses für die Kinder erfundenen Volkes bei, erklärte den Sternenhimmel und lernte selber eifrig von mir Deutsch: »Messen, Gaben, Löffen« und »Ick weiß nick, was soll es bedeuten ...« Sie war nicht nur künstlerisch hoch begabt – unser kleines Figurentheater vermehrte sie ununterbrochen um neue Kulissen und neue Gestalten von Siegfried bis zu Friedrich dem Großen und von Buffalo Bill bis zu George Washington –, sie war es auch psychologisch: Sie übertrug die hoffnungslose Liebe zum Vater auf den Sohn, den sie zu ihrem »Pal« erklärte und dem sie bis zu ihrem Tode 1978 die Treue hielt. Zu Weihnachten fuhr sie mit uns in den Muir-Wood National Park, damit wir vor dem wahren Weihnachts-Baum, der *sequoia sempervirens*, das wahre Heils-Fest feierten, das Fest der Natur. An diese glaubte Clytie, nicht an den Gott Isaaks und Jakobs und an den in Bethlehem geborenen Heiland. Wer je vor einem Redwood-Riesen gestanden hat und dann nicht vor seinem Alter (1500 Jahre!) verstummt ist, sich nicht von seinem Umfang mehr noch als von seiner Höhe hat überwältigen lassen, der ist wohl in der Tat zu religiösen Gefühlen unfähig.

Um diese Zeit, sagten die Eltern, sei in »Deutschland« – auch so ein Mythos! – kalter Winter; überall liege Schnee; die Teiche und Seen seien zugefroren; die Leute heizten ihre Öfen, um nicht zu frieren, und mit dem Wort »frieren« kam immer auch das Wort »hungern«; Erdbeeren – sie standen auf unserem Frühstückstisch – gebe es jetzt keine; Äpfel hole man aus dem Keller, wo man sie im Herbst eingelagert habe; man esse sie ganz auf, auch das Gehäuse, und werfe nicht, »wie du es eben getan hast«, den halben Apfel weg.

Die Eltern wollten uns unser amerikanisches Glück nicht vergällen, sie wollten es uns bewusstmachen.

Unseren Nachbarn gelang dies durch Steigerung. Als eines Tages der Mount Tamalpais eine weiße Kappe trug, wollten wir unbedingt dorthin, den Schnee sehen. Die Golden Gate Bridge gab es noch nicht, und die Fähren waren, hieß es, überfüllt, war doch halb San Francisco zu dem Wunder unterwegs. Unsere Nachbarn wussten, dass auf den Montara Mountains südlich von San Francisco auch Schnee gefallen sei, und luden uns Kinder ein, mit ihrem Buben dorthin zu fahren. Wir sahen etwas weißen Matsch, nicht einmal zum Werfen geeignet, geschweige denn zum Rutschen; wir holten uns nasse Füße und kalte Hände – wer in Kalifornien hatte schon Handschuhe! – und sahen fortan »Sankt Nikolaus in Not« mit Else Wenz-Viëtors Bildern zwar immer noch mit größter Lust, aber auch mit ausgesprochenem Zweifel.

Langweilig war es in unserer zweisamen Kindheit nie. Spielsachen waren weniger bedeutend als Spielvorgänge. Mit Holzklötzen habe ich noch als Sechsjähriger intensiv und ausdauernd gespielt. Sie stellten Menschen dar: große und kleine, dicke und dünne, die fabelhafte Gespräche miteinander führten; sie konnten aber auch deren Häuser und Höfe, Kutschen und Autos, Pferde und Hunde sein, je nachdem, wie man sie stellte oder legte. Ich sammelte Glasmurmeln, um sie zu »haben«, die damals beliebten billigen Porzellantiere, um dann doch Helgas schöner zu finden, und nannte einige Modellautos mit echten Gummireifen mein Eigen – zu wenige freilich, um von einer »Sammlung« reden zu können, wie sie der Freund und Nachbar David hatte. Mein größtes Spielzeug war ein aufziehbarer Trecker von der Größe eines kleinen Toasters; er lief auf Gummiraupen und konnte beträchtliche Kissenberge überwinden. Außer einigen – heute nostalgisch wiederentdeckten – Blechclowns und -radfahrern, Blechkrokodilen und -mäusen, die schnellkaputt gingen und von den Eltern gern entsorgt wurden, kann ich mich nur noch an einen Klettermax erinnern: eine Holzfigur, an Kopf und Fuß gespalten, die sich hurtig eine Leiter hinunterhangelte – ein haltbarer Besitz und ein ebensolches Vergnügen, vor allem wenn ich dieses unamerikanische Ding meinen amerikanischen Freunden vorführte, die schon damals an aufwändigen mechanischen Spielsachen fast erstickten: Es gab an ihnen so wenig zu entdecken oder zu rätseln! Die Knappheit unseres Spielzeugarsenals war die Folge pädagogischer Überlegungen der Eltern. Am Weihnachtsmorgen haben sie regelmäßig die Hälfte, wenn nicht mehr, der uns am Heiligen Abend von anderen Leuten gemachten Geschenke wieder eingesammelt, noch bevor wir im Schlafanzug wieder im Weihnachtszimmer erschienen. Vermisst habe ich eigentlich nie etwas. Gesellschaftsspiele, Bücher und nützliche Gegenstände durften wir natürlich behalten. »Fang den Hut«, »Mensch, ärgere dich nicht« und Domino stifteten die nötige Erregung und Gemeinsamkeit, bis Mikado und Mah-Jongg und das Schachbrett (mit Dame und Mühle) sie ablösten.

Meine zwei Lieblingsbücher waren Felix Timmermans schon erwähntes »Sankt Nikolaus in Not« und Fritz Koch-Gothas »Häschenschule«. Sie waren uns so oft vorgelesen worden, dass wir sie auswendig konnten – was die Freude an ihnen nur erhöhte. Ein Buch (»Wie das Eselchen das Christkind suchte« von Marigar Bantzer) war mir geschenkt worden, als die fünfjährige Helga zu ihrem ersten Film mitgenommen wurde und ich untröstlich zu Hause bleiben musste. Dieses Buch war nun ganz mein. Ich ließ Helga nicht hineinsehen, um sie zu strafen. Heute würde ich das liebenswürdige Büchlein, das ich noch besitze, ihren Enkelkindern nicht zu schenken wagen, weil es einfach zu kitschig ist.

Der heißeste und heikelste Kinderwunsch sind Tiere. Aber schon die dummen Goldfische, die ein unbedachter Hausgast mir schenkte, überlebten meine Neugier und Sorglosigkeit nicht lange. »Alles Unglück kommt vom Anfassen«, habe ich später von meiner Großmutter gehört. Damals hätte ich diese Lehre besonders gut gebrauchen können.

Noch bevor wir 1930 nach San Mateo zogen, nahm der Vater uns in einen Zirkus mit. Als wir die Vorstellung verließen, trafen wir auf einen Mann, der lebendige Smaragdeidechsen feilbot. Für je einen halben Dollar. Meine Schwester blieb stehen und bat meinen Vater mit der ihr eigenen Bestimmtheit: »Bitte, kauf mir eine Eidechse!« – »Und was wirst du mit ihr machen?« – »Sie freilassen!« – »Dann such dir eine aus!« Während mein Vater sein Portemonnaie herausholte und der Verkäufer die ausgewählte Eidechse in eine Papiertüte tat, besann ich mich auf mein Recht: »Mir auch eine!«, rief ich – und bekam sie in einer zweiten Tüte. Wir waren kaum im Vorgarten unseres Hauses, da öffnete meine Schwester die ihre, das Tier sprang heraus und war auf der Stelle im Gebüsch verschwunden. Ich hingegen wollte meine Eidechse behalten. »Das kannst du nicht«, wusste die Schwester. »Du brauchst einen Karton mit Luftlöchern, damit sie nicht erstickt; du musst täglich mindestens zwanzig Fliegen für sie fangen; du wirst sie in dem dunklen Kasten ganz unglücklich machen; und sehen kannst du sie auch nicht.« Ich nahm die Tüte trotzig nach oben in unser Kinderzimmer, griff hinein und fasste das kleine Tier mit meiner kleinen Faust, aus der nun vorn der Kopf mit den blanken schwarzen Augen und hinten der leuchtend grüne Schwanz herausragten. »Und jetzt zerbrichst du ihr auch noch die Beine!«, sagte die Schwester. Als ich daraufhin meinen Griff etwas lockerte, entschlüpfte das Tier. In der hurtig wieder geschlossenen Hand hielt ich nichts als den Schwanz, auf dessen blutigen Stumpf ich mit Entsetzen starrte. Wochen später, als die Gardinen zum Waschen abgenommen wurden, fand man den vertrockneten kleinen Körper »meiner« Eidechse – fest verkrallt in dem Tüll. Ich schämte mich.

Die Eidechse beschäftigt mich heute nicht mehr, wohl aber die Wahrnehmung, wie Geschwister ihre Eigenarten gegenseitig hervorbringen. Ich bewunderte Helgas Willenskraft, die Sorgfalt und Ausdauer, mit denen sie ihre jeweilige Sache verfolgte, die Entschlossenheit, mit der sie sich verweigerte, wenn sie etwas nicht tun wollte. Ich sah auch die Folgen – wie sie noch nach zwei Stunden am verlassenen Esstisch vor einem halb leer gegessenen Teller saß; ich sah, wie unnachsichtig die Erwachsenen ihre Ordnungen durchsetzten, wenn sie Trotz vermuteten. Ich musste gar nicht beschließen, gefügig zu sein, ich war es schon. Liebenswürdig, anschmiegsam, gelehrig – so mochte man einen kleinen Jungen. Mir das Wohlwollen der Erwachsenen, vor allem des Vaters, zu erhalten, habe ich viel häufiger gelogen, als nötig gewesen wäre, um Unbill abzuwenden. Ich wollte vor allem nicht kränken. Der Vater schloss, wie ich mir später zurechtlegte, von meinen Handlungen auf meinen Charakter und von meinem Charakter auf mein Schicksal und hatte Grund zur Sorge, die ihm alsbald deutlich im Gesicht stand: »Hartmut ist unaufmerksam, unachtsam, unzuverlässig, verschwenderisch und liebt Beifall – er wird als Spieler enden«, so war da zu lesen. Also hatte *ich* mit dem verstopften Klo nichts zu tun, bis der Klempner den angebissenen Apfel herausholte. Nun war der Hartmut auch noch verlogen und feige. Mein Name schien mir zum Hohn gegeben zu sein. Helga stand zu ihren Taten, sie hatte sie ja aus Überzeugung getan. Meine Willfährigkeit bestärkte sie darin, das war doch eine verächtliche Eigenschaft! Dass sie gelegentlich als die ältere Schwester für mich haften musste – so in dem von uns beiden gleichermaßen verhassten Kindergarten Charing Cross, wo ich mir regelmäßig aus Angst vor dem fremden Klo in die Hose machte –, hat ihre Liebe für mich nicht vermehrt, ihre Gewissheit, dass »wir« zusammengehören, aber auch nicht vermindert.

Ich konnte mit der Loslösung von Helga erst beginnen, als wir in die Schule kamen und diese uns verschiedenen Klassen zuteilte, als Helga dann ein halbes Jahr in Deutschland zubrachte und schließlich als der Bruder Hans Wolfram geboren wurde und die Familie einen anderen Pol bekam.

3. Ein Schulkind

Das oft gesungene Lob der Großmütter sei hier um einen Anlass bereichert, jedenfalls für meine Generation, der so viele Erinnerungsstücke und -stützen durch den Krieg abhanden gekommen sind.

Um der Großmutter Hentig willen gibt es einige Dokumente aus meinen frühen Jahren. Sie liebte unter ihren neun Enkeln Helga und mich mehr als alle anderen (und bevorzugte uns mit ungenierter Offenheit). Wir waren die Erstgeborenen ihres Erstgeborenen, und der wiederum war ihr bei weitem liebstes Kind. Von diesen blieben drei kinderlos; zwei sorgten für Hentig-Nachwuchs; die Tochter Eleonore, unsere geliebte Tante Lore, heiratete einen Kriegskameraden meines Vaters und bescherte uns – fast gleichaltrig zu Helga – einen Cousin und – fast gleichaltrig zu mir – eine Cousine, die später wunderbare Spielgefährten wurden; aber sie waren eben keine Hentigs und standen schon darum für die Großmutter nur im zweiten Glied. Dieser Großmutter schickte mein Vater stolz lange Berichte über uns und unsere Entwicklung und fügte diesen auch unsere Zeugnisse bei – in meinem Fall bis zu meinem zehnten Lebensjahr. Sie hat sie in einem Kuvert aufbewahrt und, da sie 1935 nach Garmisch-Partenkirchen gezogen war, wo der Krieg nur in der Gestalt von Verwundeten hinkam, die in den dortigen Kurhotels, nun Lazaretten, gepflegt wurden, blieb ihre Habe und das ihr Anvertraute erhalten. Nach ihrem Tod übernahm mein Vater »die Papiere« (ein Wort, das er für wichtige Dokumente reservierte) und steckte in den mit »Hartmut« beschrifteten Umschlag auch das Original meiner Geburtsurkunde, von der ich selber stets nur eine Kopie mit amtlicher Übersetzung gesehen und bei gebotenen Gelegenheiten vorgelegt habe. Seit meinem Eintritt ins Militär ist auch diese ihren Weg in den Papierkorb der Geschichte gegangen.

Die Geburtsurkunde und meine Schulzeugnisse bezeugen meinen biologischen und geistigen Anfang – aus der Sicht der Gesellschaft.

Die Geburtsurkunde sagt: Es gibt einen neuen Erdenbürger; er ist verursacht durch die hier genannten Eltern und steht darum in ihrer Verantwortung; er erhält das Erkennungszeichen Hartmut + Geburtsdatum und Geburtsort; er kann von uns aus gegebenen Anlässen abgerufen werden – zu Impfungen, zur Erfüllung der Schulpflicht, zur Ableistung des Wehrdienstes, zwecks Besteuerung seiner eventuellen Einkünfte. Mit Staunen und Rührung betrachte ich heute das Dokument Nr. 2785 des Posener Standesamtes. Das Staunen gilt der genauen Zeitangabe meiner Geburt: um Viertel vor drei nachmittags. Als mich vor Jahren jemand um Stunde und Minute dieses Ereignisses bat, um ein Horoskop »zum besseren Verständnis der Person HvH« zu erstellen, fragte ich meine Mutter. Sie sagte mir, sie habe die Löwen im Zoo brüllen hören, als ich zur Welt kam, eine genauere Zeitangabe könne sie nicht machen. Die Rührung gilt einer Erinnerung. Der Vater hat mir irgendwann erzählt, der polnische Standesbeamte habe sich gewundert, dass ich nur einen Vornamen bekommen solle. Der habe ihm vorgeschlagen, dem deutschen »Hartmut« einen polnischen »Jego« hinzuzufügen. Mein Vater berichtete, dass seine erst höfliche, dann bei zunehmender Dringlichkeit der Empfehlung immer bestimmtere Ablehnung den Beamten schwer verärgert habe. Nationalisten waren beide. Ich habe später insgeheim bedauert, keinen polnischen – noch dazu einen so gut klingenden –, an mein Geburtsland erinnernden Namen zu haben, und bekannte dies einer guten polnischen Freundin Mitte der siebziger Jahre. Welcher polnische Name es denn hätte sein sollen, fragte sie. Ich erzählte die ganze Geschichte und erntete Kopfschütteln: Den Namen Jego gebe es im Polnischen nicht. Nun aber entdecke ich auf der Urkunde zweimal das Wort »jego« (oder eine Wortendung?), deren Bedeutung die Übersetzung nicht verrät. Ich schließe: Da mein Vater kein Polnisch sprach und der Beamte nur ungenügend Deutsch, werden sie sich einfach missverstanden haben. Bei der Gelegenheit hat der Vater wohl auch die Geschichte von Hartmut, Herwig und Gudrun erzählt. Er gab sich Mühe, den Ersteren in gutem Licht erscheinen zu lassen. Aber die Geschichte selbst gab und gibt ihm Unrecht. Das beste an »Hartmut« war der Klang und dass ich in meiner ganzen Knabenzeit keinem anderen Hartmut begegnet bin: Dieser Name, glaubte ich, gehöre mir allein.

Die Zeugnisse sagen: Der neue Bürger kann das und das oder hat das und das gelernt; er darf nun in der und der Einrichtung weiterlernen oder die und die Tätigkeit ausüben. Sie sagen manchmal auch: Wir schätzen ihn; oder: Wir missbilligen ihn.

Vater, immer besorgt, wir würden die deutsche Sprache nicht so geläufig ausbilden, wie wir es mit der englischen taten, schickte uns noch im Vorschulalter auf eine Schule der Freien Deutschen Gemeinde, auf der auch die deutsche Schreibschrift geschrieben und in Fraktur Gedrucktes gelesen wurde. Mein Zeugnis gibt mir die Note A in Benehmen (deportment), Aufmerksamkeit (attention) und Gespräch (conversation), die Note B in »Lieder und Gedichte« und C für mein Schreiben. Das Letztere hat mir diese Schule verhasst gemacht, der ich auch sonst nur danke, dass sie mich von Charing Cross befreite und mich nicht von Helga trennte.

Die folgende Geschichte muss hier noch einmal stehen, obwohl sie schon dutzende Male erzählt und mehrfach gedruckt worden ist. Sie hat mein ganzes Schulleben bestimmt, auch dasjenige, das ich als Lehrer gelebt habe.

Als Helga Anfang des Jahres 1931 mit sechs die öffentliche Grundschule in unserer Nachbarschaft besuchen sollte, wurde ich mir beim Frühstück ihres ersten Schultages des Unglücks bewusst, das mir dies brachte: Ich sollte also den »ganzen Tag« allein bleiben – ohne den Menschen, der unsere Spiele angeleitet, mir alles Wichtige vorgemacht, jeden denkbaren Anlass zu Bewunderung, Bewährung und Bestreitung gegeben hatte? Ich brach in Tränen aus. Mein Vater verstand meine Not und, zu unkonventionellen Lösungen nicht nur bereit, sondern auch geneigt, sagte er: »Nun gut, komm mit. Vielleicht nehmen sie dich auch. Freilich, wer bei solchen Gelegenheiten weint, den werden sie bestimmt als noch zu klein wieder nach Hause schicken.«

Die angemeldete Tochter an der rechten, den voreiligen Sohn an der linken Hand betrat er die Schule und das Zimmer der Direktrice. Die Äußerlichkeiten habe ich deutlich in meiner Erinnerung bewahrt, was da geredet wurde, entnehme ich der Wiedergabe meines Vaters: Sie trug ein lila Samtkleid, eine zierlich umrandete Brille und kam mir sehr alt vor – wohl wegen der Würde ihres *deportment*. Vermutlich war sie zwischen dreißig und vierzig. Mein Vater brachte meine und seine

Hoffnung vor und, nachdem sie zugesagt hatte, sie werde die Möglichkeit (und mich) prüfen, hielt er eine förmliche, aber wie immer improvisierte Ansprache, in der er seine besondere Dankbarkeit mit seinen allgemeinen Erwartungen an die Schule mischte: zu wie sachkundigen und tüchtigen, verantwortlichen und hilfsbereiten, ja auch freien und doch Mühen nicht scheuenden Menschen sie uns machen sollte. Die Dame ließ den Herrn Generalkonsul ausreden, nahm uns Kinder bei der Hand, trat deutlich zwei Schritte zurück und sagte: »Never mind, Sir, we shall just make them happy.«

Das war amerikanische *philosophy of education* in einem Satz – und lässt sich mit zahllosen weiteren Sätzen sehr gut begründen. Wer in der Kindheit viel Glück erfahren und angehäuft hat, geht gestärkt in das wechselvolle, nicht immer angenehme und nicht immer gerechte Leben. Die im Wohlbefinden gründende Zuversicht, dass diese Veranstaltung – das geregelte Lernen und Üben – »mir« dient, ist die wichtigste Voraussetzung für ihr Gelingen. Deutsche Pädagogik – ich hatte sie schon in der Schule der Freien Deutschen Gemeinde gekostet – geht mit dem umgekehrten Satz an ihre Aufgabe: Merke wohl, es gibt kein Glück ohne Mühsal.

»Keine Mühe« war für mich der Pintner-Cunningham Primary Mental Test, der meine Schulreife ausweisen sollte. Die Testaufgaben bestanden aus sechsundzwanzig Einzelbögen mit Bildern und abstrakten Figuren, auf denen man etwas erkennen und ankreuzen musste, zum Beispiel auf Bogen 2 »Alles, was fliegen kann«, auf mehreren Bögen »Zusammengehörendes« (Hammer und Nagel, nicht etwa Hammer und Fisch oder Hammer und Bügeleisen), auf einigen war »Fehlendes« zu ergänzen, auf anderen Wohlgeratenes von Verzerrtem zu unterscheiden. Ich brauche heute für manche der Aufgaben mehr Zeit, als man mir damals gewährte, 30 Sekunden. Das alles gelang mir (und darum wurde der Test wohl auch der Großmutter geschickt). Bei den abstrakten Gebilden habe ich nur jede vierte Aufgabe richtig gelöst und mich an der letzten gar nicht erst versucht. Ich gebe zwei der Aufgaben hier wieder, weil ich meine Kapitulation vor ihnen so gut verstehe, und eine weitere, weil ich die Not erkenne, in die ich mit einem falschen Anfang und ohne Radiergummi geraten war.

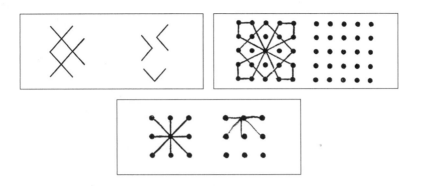

»Hartmut did exceptionally well,« schrieb Miss Dorothy Rathjen an die Eltern und nahm mich in ihre Obhut. Die Alamo Elementary School hat gehalten, was sie versprach. Ich musste nicht glücklich gemacht werden, weil ich es schon war – von Natur und durch unsere geglückten Lebensumstände. Aber das gilt für viele andere Kinder auch, und die Schule bringt es fertig, sie innerhalb kurzer Zeit unglücklich zu machen. Die Lehrerinnen der Alamo School waren in John Deweys Pädagogik gut geschult: *learning by doing, trial and error* und die unermüdliche Herstellung und Weiterentwicklung der Schule als *embryonic society* – das beherrschten sie. Jeder Tag brachte ein neues Erlebnis, an dem wir lernten, und das erwuchs aus dem Zusammenleben so vieler unterschiedlicher kleiner Menschen, war nicht einem Lehrbuch der Projekt-Didaktik entnommen und pädostrategisch langfristig geplant. Natürlich »weiß« ich das nicht; blicke ich aber auf das zurück, was mir in Erinnerung geblieben ist, dann verdankten wir Kinder das fordernde und voranbringende Lernerlebnis vor allem der Fähigkeit der Lehrerinnen, uns wahrzunehmen – unsere Nöte, unsere Erwartungen, unsere Gaben und Einfälle. Für die Aufstellung und Begründung eines »Unterrichtsentwurfs« war da keine Zeit. Man musste den Anlass beim Schopf ergreifen und eine Vorstellung davon haben, wie man ihn nutzen kann. Ein solches Verfahren setzt zweierlei voraus: erstens die oben genannte *philosophy of education*, die vor allem den Lehrer vor der Angst bewahrt, sein Vorgehen könne als *laisser-aller*, als Bequemlichkeit, als Sicheinschmeicheln bei den Kindern ausgelegt werden – um des Friedens im Klassenzimmer willen.

Lernglück

Immerhin waren die Klassen damals recht groß – dreißig bis fünfunddreißig Kinder – und auch in »besseren« Wohngegenden sehr heterogen; zweitens die ausgiebige, regelmäßige, gelassene Übung der noch heute *basics* genannten Fertigkeiten, die so allemal zustande kamen.

Das Schreiben, das ich auf der deutschen Schule als unangenehme – zugleich missglückende und unsinnige – Tätigkeit empfand, fing hier mit abwechslungsreichem Handturnen an: Seiten voll Schlaufen und Kreisen, Buckeln und Mulden, Kreisen und Spiralen, manchmal von Singsang begleitet und nach Vollendung immer der persönlichen Verzierung durch Buntstifte ausgeliefert. Diese Schreiblernmethode erklärt die einheitliche, gut lesbare Handschrift der Amerikaner meiner Generation.

An Leseübungen habe ich keine Erinnerung, vermutlich, weil der Lesestoff mir neu und seinerseits »Erlebnis« war: die amerikanischen Urgeschichten von *Peter Pan*, von *Jack and the Bean Stalk*, die schrulligen *Mother Goose's Nursery Rhymes* (»... and the cow jumped over the moon«), vollends Robert Louis Stevensons anspruchsvolle und anmutige Gedichte (*A Child's Garden of Verses*) – und *no end of* Erzählungen von treuen Hunden, die alle Lassie hießen, und schlauen Katern, die alle Tom hießen; dazu die Mythen der amerikanischen Geschichte von Kolumbus bis Tecumseh, von der Boston Tea Party bis zum Goldrush, von der »Lusitania« bis zu den einprägsamen Legenden um Washington, Lincoln und Benjamin Franklin. Das alles wurde von der Lehrerin vorgelesen und blieb ein kostbarer Schatz, den man selber lesend für sich zu erwerben trachtete. Ich habe nie zuhören müssen, wie ein amerikanisches Kind seine Wörter und Sätze zusammenstottert. Die Schwierigkeiten, die eine nichtphonetische, sondern historische Rechtschreibung jedem bereiten muss, nicht nur einem Deutschen, der zu schreiben gelernt hat, wie er spricht, ist mir in keiner Weise erinnerlich. Die Lehrerinnen müssen gehext haben. Zum Abschied von Alamo nach nur einem Jahr bekam ich von meiner Lehrerin Beatrix Potters »Peter Rabbit« geschenkt – ein heftig geliebtes Buch, weil es von mir handelte, einem gänzlich unbedachten Wesen, das mit Ungestüm in immer neues Ungemach rannte. Sollte ich nur die Bilder enträtselt und nicht auch den Text gelesen haben?

Das dritte R (reading, writing, arithmetic) der amerikanischen

Grundschule habe ich als symbolische Aufzeichnung eines Zahlenverhältnisses in der Wirklichkeit in Erinnerung: Wir Kinder bringen Ostereier mit – in einer opaken Tüte, jeder das, was die Familie zu spenden in der Lage und bereit ist. Die Tüten werden in einen großen Korb geleert. Dann zählen wir Kinder sie, ja wir sortieren sie nach großen, mittleren, kleinen Eiern und anderen Gaben: Schokoladenosterhasen oder Wollküken. Wir überlegen, wie viel jedes Kind bekommen würde, wenn man die »Bescherung« gleichmäßig verteilt. Dann beschließen wir jedoch, das nicht zu tun, sondern die größten und begehrtesten Eier dem zu überlassen, der sie findet; aus dem großen Rest erhält jeder nach der Suche gleichsam eine einheitliche Eiergrundrente. Schließlich werden wir alle hinausgeschickt in die große Pause, und die Lehrerin versteckt die Eier im Klassenzimmer.

Ich war nicht der einzige »kleine Dussel«, der nur ganz wenig fand, war aber wegen des einen großen Eis, das ich gleich beim Eintreten auf dem Bleistiftanspitzer rechts neben der Tür erspähte, mit dem Beschluss der Klasse sehr zufrieden. Zu Hause wurde die Ostereierbeute immer ganz gerecht verteilt. Da machte das Suchen nur den halben Spaß. Das Zählen und Bilden von Mengen aber beherrschte ich zum Staunen der Eltern perfekt.

Am Sea Cliff trat Unruhe ein. Die Miezi-Mutter verschwand plötzlich. Uns Kindern wurde gesagt, sie sei in einem Hospital, aber nicht krank; und wenn sie zurückkomme, bringe sie ein Geschwister für uns mit. Helga mochte das besser verstanden haben als ich; ich jedenfalls hoffte von nun an auf einen Bruder, der alsbald mit mir spielen und mich von Helga unabhängig machen würde. Sicher hatte auch Helga ihre Erwartungen. Sie wirkte nicht enttäuscht, als es eines Tages hieß: Er sei nun da – der Bruder. Bis er hier eintreffe, müssten wir uns noch ein wenig gedulden. Wie er denn heiße? »Wolfram« war Vaters Auskunft. Dieser nie gehörte Name löste alsbald lebhafte Vorstellungen aus – und Widerstand. Warum denn nicht »Hänschen« oder »Hans«? Wir quengelten so lange, bis Vater versprach: Er könne ja beide Namen haben.

An den Namen seiner damaligen und späteren Kinder war eine Germanophilie ablesbar, die zu der Zeit noch unschuldig war und in der Hentig-Fassung jedenfalls aller Mode widersprach. Mit den weit hergeholten »Hartmut«, »Wolfram«, »Roland Thor« und »Roswitha Urd« durften wir Hentig-Geschwister uns von den geläufigen romanischen Emils und Viktorias der Voreltern und den ebenso gängigen nordischen Detlefs und Inges der eigenen Generation stolz unterscheiden. Nur »Helga« entbehrte der Eigentümlichkeit, war unauffällig, was sie mit ihrem zweiten Namen Hadidje/Chaditsche, dem der ersten Frau Mohammeds und eines kleinen Kirgisenmädchens, dem der Vater auf dem Pamir während des Weltkriegs begegnet war, weidlich kompensierte.

Als schließlich nach tagelangem Warten ein Wagen vorfuhr, der uns Hans Wolfram brachte, wurden wir gründlich ernüchtert. Die Miezi-Mutter mit einem Bündel im Arm wurde von den Erwachsenen eilig in ihr Schlafzimmer eskortiert und uns verbot man zu stören. Nichts da mit einem Brüderchen zum Spielen, nicht einmal zum Bestaunen! Wir standen vor der Tür und lauschten. Dann sagte Helga bedeutungsvoll: »Er schreit wie ein Schwan.« Woher sie so etwas wusste? Und: War das nun eine Preisung oder ein Tadel? Ich befand innerlich: Dies klingt hässlich. Als wir nach einer Weile zugelassen wurden, in der Hans Wolfram »gestillt« worden war, wie es hieß, und er auch tatsächlich still in seinem Bettchen lag, wurde mein Urteil bestätigt: Er *war* hässlich! Aus der Decke ragte ein kleiner, gequetschter Fleischball, mit rötlichem Moos bedeckt, die Augen zugekniffen – und zum Spielen mit mir völlig ungeeignet. Noch etwas später durften wir zusehen, wie er ausgewickelt und gebadet wurde, und schließlich sogar, wie ihm die Mutter die Brust gab. Als Helga fragte, wie das wohl schmecke, drückte Miezi etwas Muttermilch in einen Löffel und gab ihn Helga zum Kosten. Als mir das Gleiche angeboten wurde, lehnte ich ab.

Es mag mit Hans Wolfram zusammenhängen, dass wir aus dem nebeligen Sea Cliff nach San Mateo, zwanzig Meilen südlich von San Francisco, zogen – von den Montara Bergen gegen das Meer geschützt. Das Haus war ebenerdig, nicht so vornehm wie das bisher bewohnte, aber ebenso geräumig und von einem Gartengrundstück umgeben. An der nördlichen Straßenseite standen mehrere Ahornbäume, ein Essig- und ein Mimosenbaum; an der Westseite war das Anwesen von hohen Eukalyptusbäumen gesäumt; dahinter erstreckte sich eine große Wiese. An einem der Eukalypten wurde ein großes Zelt aufgehängt, das unserem Ford-Cabriolet als Garage diente. Eine zementierte Wasserrinne umgab das Haus; sie sollte Ameisen am Eindringen hindern. Der Nordflügel und der Westflügel umschlossen ein dadurch von Blicken und Wind geschütztes Patio, das zur Hälfte von einer Pergola überdacht war. Hier spielte sich das eigentliche Leben ab; hier aßen wir alle Mahlzeiten; hier stand bald der Kinderwagen mit dem zweiten kleinen Bruder Roland, während Wolfram davor auf »seiner Wiese« spielte, immer blonder und immer brauner wurde und täglich eine Handvoll der rundgeschliffenen Kieselsteine »aß« – die er sich durch den Maschendraht vom Kiesweg holte und im Töpfchen wieder von sich gab. Schöner konnte man nicht wohnen, fand ich, und verschmerzte – wohl leichter als Helga –, dass es nun keine Salme mehr gab. Sie hatte einen Herrn Lehmann kennen gelernt, der eine kleine Putenfarm besaß und die gute Seele heiratete. An ihre Stelle trat Thio, ihre Freundin, die aus dem gleichen Estland in das gleiche Paradies strebte.

Wir »Großen« gingen auf die San Mateo Park School, auf meinen Zeugnissen strenger als San Mateo District Public School ausgewiesen, weiterhin glücklich, weiterhin in getrennten Klassen mit je anderen Lehrerinnen und von je anderen Freunden umgeben. Nur beim morgendlichen Fahnengruß – mit Nationalhymne und erst ausgestreckter, dann aufs Herz gelegter Rechter – waren wir vereint, vereint auch in der großen Pause bei dem atemberaubenden Laufkarussell. Selbst unsere Schulwege wählten wir verschieden. Ob dies der Grund oder die Folge eines für den Knaben Hartmut denkwürdigen Ereignisses war, vermag ich nicht zu sagen. Eine Gruppe von älteren Schülern unserer Schule hänselte mich – nicht mehr wegen meiner unamerikanischen Kleidung wie an der Alamo School, die hatte ich inzwischen ausgewachsen, aber weil ich eine »Sissy« war und kein American. Sie beschossen mich mit ihren Wasserpistolen und malten mir rote Punkte mit Lippenstift ins Gesicht: »Don't be so shy – make them grow!« – sie meinten meine Sommersprossen. So etwas konnten sie natürlich nicht auf dem Schulgelände tun und lauerten mir darum auf, wenn ich nach Hause ging. Zunächst versuchte ich ihnen dadurch zu entkommen, dass ich länger in der Schule blieb, dann ging ich auf immer größeren Umwegen heim. Die Fragen nach der Ursache meiner Verspätung habe ich zu Hause mit Lügen bedient. Eines Nachmittags erwischten sie mich doch. Sie zerrten mich auf ein mit Büschen und Kiefern bestandenes, ringsum von der Autostraße umgebenes Rondell, zwangen mich, ekelige Wörter über meine Eltern zu sagen und zogen mir schließlich meine Hose aus. Sie werden sie in die nächste Mülltonne geworfen haben. Ich verkroch mich, nur noch mit einem Hemdchen bekleidet, ins Gebüsch und wartete die Dunkelheit ab, um in ihrem Schutz wie ein Wahnsinniger nach Hause zu laufen. Es war mir unvorstellbar, buchstäblich halbnackt auf der Straße gesehen zu werden. Schon wenn wir im Sommer unser Grundstück barfuß verließen, wurden wir von den Bewohnern unserer Suburbia aufgefordert, uns *decently* zu kleiden – eine in Bezug auf die Füße eigentlich überflüssige Mahnung, weil die Sonne den Asphalt so erhitzt hatte, dass wir über den Rasen selten hinauskamen.

Dass ich in diesem prüden Land mit dem Nachbarjungen »Doktor« gespielt habe, lässt mich noch heute vor den möglichen Folgen erschrecken. Was taten wir? Der Patient musste sich unwohl fühlen; er wurde beklopft; er musste sich mit Hilfe eines Spachtels den Rachen besichtigen lassen; er wurde – nein, nicht getröstet und gestreichelt, sondern – mit strenger, ja vorwurfsvoller Miene verhört, was er denn gegessen habe; dann musste er sich hinlegen und wurde am ganzen Körper untersucht. Der Arzt legte sein Ohr auf die Brust des Patienten, hörte genüsslich das Herz klopfen und verschrieb schließlich einen Tee, den wir aus Eukalyptusblüten selber gekocht hatten; der half nicht nur nicht, er schmeckte so scheußlich, dass der Patient ihn ausspuckte. Nach diesem Finale wechselten wir die Rollen.

Niemand hat uns dieses Spiel gelehrt. Kinder scheinen es immer wieder neu zu erfinden – und verraten damit in erster Linie, dass sie ihren Körper wahr- und ernst genommen wissen wollen.

Da von Ärzten und Patienten die Rede ist: An Krankheiten kann ich mich nicht erinnern. »Erkältungen«, die mit feuchten Umschlägen, und gelegentliche »Bauchschmerzen«, die mit Hungern behandelt und beseitigt wurden, galten nicht als solche. Eines Tages jedoch hatten Helga und ich gleichzeitig Fieber, kleine rote Flecken auf der Haut und gerötete Augen: die Masern. Das verlangte Beachtung und führte die Geschwister eng zusammen. Wir lagen im gemeinsamen abgedunkelten Zimmer, trugen Sonnenbrillen und bekamen das Essen ans Bett gebracht. Helga wartete, bis Thio wieder gegangen war, sprang aus dem Bett, setzte ihren Teller auf den Fußboden und schlabberte den Grießbrei mit der Zunge auf: »Endlich wie ein Hund essen!«, rief sie aus (oder auch nicht: Man sah ihr diese Befriedigung eines lang gehegten Wunsches ja an).

In diese Zeit – zwischen dem Fortgang aus San Francisco und dem Fortgang aus San Mateo fällt eine Geschichte, die durchaus die Überschrift »Helgas Verbannung nach Deutschland« tragen kann und an deren Anfang die Entzweiung unserer Eltern steht.

Dazu muss ich weiter ausholen und ein Stück Familiengeschichte nachholen: Mein Vater übernahm im Jahre 1921 die Gesandtschaft in Reval. Dort lernte er die Familie von Kügelgen kennen und heiratete 1923 Nathalie, genannt Nita, die älteste Tochter von Ernst von Kügelgen, einem Urenkel des Malers Gerhard von Kügelgen, des Bruders von Wilhelm, der die berühmten »Jugenderinnerungen eines alten Mannes« geschrieben hat. Ernst von Kügelgen leitete in Seewald vor den Toren Revals eine berühmte psychiatrische Anstalt. 1923 wurde Vater nach Sofia versetzt, wo Helga zur Welt kam, von dort nach Posen, wo ich geboren wurde. Mein Vater war 37, als sie heirateten, Preuße, Asket, seinem Beruf hingegeben, den er zeitlebens den »Dienst« nannte. Die Mutter war 23, zu jung noch für baltischen Hochmut, aber nicht für ritterschaftlichen Anspruch, lebenshungrig und unerfahren. Sie missverstand die Lebensart meines Vaters, bangte um ihre Rolle, fürchtete: »Wenn ich einen Sohn gebäre, hat er die Nachkommenschaft, die er sich wünscht – mich braucht er dann nicht mehr.« So hat sie es mir erklärt, als wir zum ersten Mal darüber sprechen konnten.

Dass es komplizierter war, wusste ich längst. Während Vaters häufigen Dienstreisen nach Berlin oder Warschau besuchte sie manchmal mit, manchmal ohne die Kinder ein befreundetes Ehepaar v. W. auf deren Gut Belencin – eine Stunde von Posen entfernt. Ihre Abwesenheiten dehnten sich immer weiter aus und verzichteten am Ende auf jegliche Begründung.

Eines Tages findet mein Vater bei der Rückkehr von einer Reise nach Bromberg das Haus leer und eine briefliche Mitteilung der Schwiegermutter Kügelgen vor: »Lieber Otto, Nita kommt auf meinen Wunsch einige Tage nach Belencin. Mutter.« Der Vater wartet einen Tag. Am darauffolgenden schickt er einen Eilbrief, in dem er sie bittet, unverzüglich mit den Kindern zurückzukehren. Stattdessen kommen aus Belencin von nun an täglich Diener, um Kindersachen abzuholen, dann auch Kleidung und Gegenstände der Mutter und der Großmutter. Am sechsten Tag, diesmal nach Rückkehr aus Warschau, reist er selber nach Belencin. Er findet das Haus verschlossen; bei seiner Ankunft gehen die Lichter aus; auf sein Klopfen wird nicht geantwortet. Ein Diener, dem er auf dem Hof begegnet, sagt: Die Herrschaft sei mitsamt den Kindern verreist, was sich alsbald als Lüge erweist. Noch einmal klopft der Vater an sämtliche Türen. Das Haus erstarrt in Leblosigkeit. In dem Zimmer jedoch, das die Hentigs sonst bei ihren Besuchen einnehmen, brennt noch Licht. Er dringt durch ein nur angelehntes Fenster eines Treppenturms ein. Beim Betreten des erleuchteten Zimmers trifft er die Schwiegermutter beim Wickeln des zwei Monate alten Hartmut an. Helga sitzt, eindreivierteljährig, auf dem Topf. Als die Schwiegermutter ihn erkennt, wirft sie ihm erst die Milchflasche, dann sich selbst entgegen. Er drängt die »wie eine Rasende« um sich schlagende Frau ins Nebenzimmer und schließt alle Türen ab. Dass dies nicht ohne Gewalt ging, lässt sich denken. Die Abwesenheit seiner Frau und derer v. W., die Äußerungen des Personals (»... darf ich Ihnen nicht sagen«, »... ist mir befohlen, die Polizei zu benachrichtigen ...«) versetzen ihn in Panik. Er kann nicht warten, bis die polnische Polizei ihn in dem abgeschlossenen Zimmer findet. Er entschließt sich zum Gegenraub und seilt die Kinder und sich selbst an zusammengeknoteten Laken ab – Helga im Arm, mich in der Aktentasche. Der Chauffeur nimmt uns unten entgegen. Man fährt nach Posen zurück. In dem Handgemenge haben sowohl die Schwiegermutter als auch der Vater sich einen Daumen verstaucht. Er habe die Schwiegermutter mit »Fäusten ins Gesicht geschlagen«, sie »auf den Boden geworfen« und »mit dem Fuß in die Brust getreten«, wird es nachher vor Gericht heißen, was aber der Arzt nicht bestätigt, den die Schwiegermutter nach der Abfahrt meines Vaters sofort herbeigeholt hatte. Das Gericht übergeht die Behauptungen.

Am nächsten Tag steht der Skandal in allen polnischen und einigen deutschen Zeitungen. Der Vater wird nach Berlin beordert, wir Kinder seinen in Potsdam lebenden Eltern anvertraut. Im Sommer 1926 haben diese uns nach Friedrichstein in Ostpreußen mitgenommen, dem

Schloss des Grafen August Dönhoff. Ich bin dort in der Dorfkirche von Löwenhagen getauft worden. Heinrich Graf Dönhoff, Ulrich von Hassell und die erste Frau meines Onkels Hans von Hentig sind meine Paten.

Beide Ehepartner haben auf Scheidung geklagt, beiden wird in der ersten wie in der zweiten Instanz gleichermaßen Schuld an der Zerstörung der Ehe gegeben. Beide Parteien gehen nun mit ihren entgegengesetzten Revisionsanträgen bis vors Reichsgericht, das diese aber am 27. April 1928 zurückweist. In allen weiteren gerichtlichen Auseinandersetzungen geht es fortan um das »Sorgerecht«: Bei wem sollen die Kinder bleiben?

Damit ändert sich auch die Strategie der beiderseitigen Anwälte: Nicht mehr von vorsätzlichen Taten, Lügen, Grausamkeiten und »Perversionen« und deren öffentlicher Behauptung, die »missbräuchlich zur Kränkung oder Diskreditierung« des anderen vorgebracht worden sei, wird der Erfolg erwartet, sondern vom Nachweis, dass die andere Seite nicht fähig und nicht in der Lage sei, den Kindern ein gedeihliches Aufwachsen zu ermöglichen. Die Schlammschlacht wird noch furchtbarer – jetzt geht es um den Charakter, die Verlässlichkeit, die Würde der Personen.

Am 28. Juli 1926 hat ein Kammergericht, bei dem die Mutter auf Herausgabe der Kinder geklagt hatte, dem Vater die Kinder für die gesamte Dauer des Prozesses zugesprochen. Niemand konnte vorhersehen, dass er über sechs Jahre dauern und dass der Vater ausgerechnet nach San Francisco, ans andere Ende der Welt, versetzt werden würde, wo die Mutter uns nicht besuchen konnte, wie sie das in den ersten zwei Jahren der Trennung periodisch getan hatte, freilich in immer größeren Abständen. Gilt die Entscheidung des Kammergerichts auch für die nun vorwiegend vor dem Vormundschaftsgericht ausgetragenen Auseinandersetzungen? Die Gerichte geraten in ein Patt, widersprechen einander und sich selbst, je nach Überzeugungskraft der Gutachten und der Prominenz ihrer Autoren. Vermittlungsbemühungen des Freundes Morsbach scheitern. Man möchte weinen über den Angeboten des Vaters, der alles Erdenkliche leisten will, nur nicht die Kinder hergeben. Die Briefe, die meine Eltern in dieser Zeit miteinander tauschen, sind quälend zu lesen in ihrer Bemühung und Not. Der Vater gibt ausführliche Berichte über die beiden der Mutter entzogenen Kinder und bietet eine Aussprache an. Was hätte die diesseits des unmenschlichen Anwaltskrieges gebracht?

Es gibt unter den Aufzeichnungen, die der Vater über uns gemacht hat, eine von Miezi mit amerikanischer Maschine geschriebene (an den Umlauten erkennbar) – vermutlich aus dem Herbst 1928:

> Hartmut betet: Lieber Gott, schuetze Vater und Omama und Tante Mutti.
> Helga: Fuer die sollst du nicht beten.
> Hartmut: Ich will aber.
> Helga: Die kennen wir nicht. (Dann ganz ernst:) Tante Mutti ist kein schoener Name. Fraeulein [gemeint und angeredet ist Luise von Mach], findest du nicht auch? Vater ist ein schoener Name und Opapa und Omama und Tante Evchen und Fraeulein und Salme haben schoene Namen.
> Hartmut hat gleich nach »Vater« für »Tante Mutti« gebetet.

Am 10. April 1931 fällt die letzte, aus Hilflosigkeit »salomonisch« erscheinende Entscheidung: Die Kinder werden aufgeteilt – der Sohn bleibt beim Vater, die Tochter muss der Mutter überlassen werden. Die Anwälte erklären meinem Vater, weitere juristische Schritte seien aussichtslos. Aber dieser kann sich nicht mit den vorgetragenen formalrechtlichen Begründungen abfinden, teilt dies dem Auswärtigen Amt mit und gibt die Tochter nicht heraus. Nun beantragt die Mutter ein Disziplinarverfahren bei seiner Behörde und droht die amerikanische Öffentlichkeit anzurufen. Hätte der Vater es dahin kommen lassen, auch ein Ausscheiden aus dem Dienst und ein Verbleib in den USA hätten nichts mehr gerettet, ja auch die neue Familie in Mitleidenschaft gezogen.

Im September 1931 reist Helga in Begleitung einer jungen Amerikanerin, Enid Keyes, nach Deutschland, wird den Großeltern Hentig übergeben, von denen die Mutter sie abholt. Diese hat inzwischen ein eigenes Sanatorium in Dresden. Helga schreibt als alte Frau darüber:

> Ich bekam viel Spielzeug zu Weihnachten, mit dem ich mich nur aus Höflichkeit etwas beschäftigte. Ich verlangte einen Hund und erhielt

den Dackel ›Kapitän‹ und eine Katze, die wir in einem Hinterhof kauften. Ich bekam Fieber, schnitt mir die Augenbrauen ab und Löcher in die langen Haare. Ich schüttete in der Küche Salz in die Zuckerdose und wartete bei Tisch die Wirkung auf die Nachspeise ab. [...]
Mit all ihrem Charme und ihrem später so ungewöhnlichen psychologischen Talent konnte meine Mutter mich nicht gewinnen. Sie drohte, und ich war trotzig ängstlich.

Die Schilderungen, die die Mutter selbst dem Freunde meines Vaters Morsbach gab, sind ungleich drastischer. Das kleine achtjährige Kind hat sich mit der Widerstandskraft einer Raubkatze gegen die Vereinnahmung gewehrt. Die Mutter verstand schließlich: Dieses Kind habe ich verloren – nach siebenjährigem »siegreichem« Kampf. Sie schickte Helga nach Kalifornien zurück.

Noch einmal: Ein Kind, das im Alter von zwei Jahren von der Mutter getrennt worden ist und seitdem mit dem Vater, dem Bruder und Salme gelebt hat, wird im achten Jahr aufgrund eines abstrakten, ihm unverständlichen Vorgangs aus diesem Lebenskreis herausgerissen, um, von einer fremden Frau begleitet, zu einer anderen fremden Frau über den Ozean geschickt zu werden. Es soll dort zugleich das Kind dieser Frau und ein Mitglied eines Heims mit anderen fremden Menschen sein. – Was haben sich die Erwachsenen hiervon erwartet? Und dann: Wie konnte irgendjemand hoffen, dieses Kind könne einfach wieder in die alte Lebensgemeinschaft zurückkehren, die es preisgegeben hatte? Inzwischen war da ein anderes »Wir« entstanden – im Dezember 1930 hat der Vater Luise von Mach, die Miezi-Mutter, geheiratet, als dieser Tatbestand in der Sorgerechtsfrage nicht mehr gegen ihn verwendet werden konnte –, ein »Wir« ohne Salme und mit einer Frau, der Helga von vornherein abgesprochen hatte, ihre Mutter zu sein, mit zwei kleinen Halbgeschwistern, die alle Aufmerksamkeit auf sich zogen, und einem Bruder Hartmut, der sich, wie vorhersehbar, mit all dem arrangierte.

Dass die kalifornische Idylle nach einem weiteren halben Jahr zu Ende ging, war dramaturgisch in Ordnung, jedenfalls für mich. Die Kindheit ging zu Ende. Im September begannen die Eltern mit den Vorbereitungen für die Rückkehr nach Deutschland. Vater war, wie es in der Sprache des Amtes hieß, »zur Disposition« gestellt; der Freund Morsbach hatte einen Wohnsitz in der Nähe von Berlin ausfindig gemacht; wir Kinder sahen der großen Schiffsreise mit Freude entgegen, hatte Helga doch mit ihren Erzählungen von beiden Überfahrten auch in mir große Erwartungen geweckt.

Auf einem verkehrsreichen Platz in San Mateo fanden wir etwa vier Wochen vor dem Aufbruch eine große Tüte mit frischen Brötchen. Wir beschlossen spontan, sie den hungernden Kindern in Deutschland mitzubringen. Das würde unsere gute Tat sein, die Erwachsenen sollten da nicht mitreden. Gewiss hätten sie uns etwas anderes geraten, als was wir taten: Wir gruben an einem abgelegenen Teil des Gartens ein Loch, versenkten die Tüte darin und schaufelten Erde darüber. Eichhörnchen machten das mit ihren Vorräten doch auch so!

Dann holte uns eine Freundin der Eltern ab, eine Frau mit zwei Kindern unseres Alters, damit wir den Erwachsenen nicht im Wege seien, die den Umzug organisierten. Sie fuhr mit uns nach Russian River, wo wir uns zwölf Stunden täglich am langsam dahinströmenden Fluss vergnügten und dabei ganz von alleine schwimmen lernten. Der Aufenthalt dort war ein Dauerpicknick. Beim Einkaufen für die improvisierten Mahlzeiten fiel uns die Tüte für die deutschen Kinder ein. »Gute Taten« können ganz schön bedrücken, wenn man sie versäumt hat!

In einem Dime-Store kaufte unsere Gastgeberin jedem von uns ein weißes Sweatshirt, das man einfach in die Waschmaschine stecken konnte. Zur Wahl standen ganz weiße und solche mit Aufdruck. Helga wählte ein weißes, ich eins mit Micky Mouse. So waren wir.

Mit einem Schiff der Hapag, das passenderweise »San Francisco« hieß, ging es durch den Panamakanal und zunächst noch eine Woche lang durch warme Zonen, die wir vornehmlich im Swimmingpool verbrachten. Dann wurde es kalt, der Tag immer kürzer, die Sonne blieb dauerhaft aus – so etwas hatte ich noch nie erlebt. Als das Schiff in den ersten Stürmen zu schlingern begann, wurden alle Erwachsenen seekrank und das Schiff gehörte uns. Im Nu hatten wir uns mit dem Schiffspersonal und den Matrosen befreundet, die uns überall reinschauen ließen: in die Küche, in den Maschinenraum, in ihre Kajüte und natürlich in die Kommandobrücke. Im Nu hatte ich auch mein Englisch verlernt.

Gegen Ende der Fahrt konnte ich den mitreisenden amerikanischen Kindern nicht mehr ordentlich »Bescheid« geben, wenn sie mich ärgerten. Ungeduldig verfolgten wir auf der ausgehängten Routen-Karte die Annäherung an Europa, abzulesen an einem Steckfähnchen, das die Position des Schiffes bezeichnete.

Als wir an einem dunklen Novembermorgen in Hamburg ankamen, sahen wir gerade noch, wie ein freundlicher Mitpassagier von der deutschen Polizei abgeführt wurde. Er habe, hieß es, 50 000 tschechische Kronen unterschlagen. Ich machte mir fantastische Vorstellungen von diesem Vorgang und bewunderte den Mann so sehr, wie ich ihn bedauerte. Am aufregendsten aber waren doch die Polizisten mit Tschako und langen Mänteln. Das waren ja geradezu mittelalterliche Soldaten!

Unser Ford wurde vom Kran aus dem Schiffsbauch gehoben und auf den Kai gesetzt, und wir fuhren nach Berlin zu den Großeltern. Ich fror erbärmlich. Ein Ford hatte damals keine Heizung.

4. Knabenalter

Die Großeltern wohnten am Halensee-Ende des Kurfürstendamms, Nr. 105. Ihre Wohnung war nach bewährtem Berliner Muster angelegt: drei repräsentative Räume zur Straße, der mittlere etwas vorragend, so dass sich rechts und links davon Platz für Balkons ergab. Im Inneren schloss sich das sogenannte Berliner Zimmer an, neben diesem rechts vom Eingang ein weiteres großes und ein kleines Zimmer mit eigenem Bad. Hier wohnte »Exzellenz«, wie der Großvater von der ihn begleitenden Schwester Emma angeredet wurde. Diese bewohnte das kleinere der beiden Zimmer, das aber jetzt Helga und mir angewiesen wurde. Daraus ergab sich eine eigentümliche, etwas unheimliche Beziehung zwischen den lebhaften Tätigkeiten von uns Kindern mit den pünktlichen Verrichtungen des alten, von Alzheimer befallenen Herrn. »Wer ist dieser Naseweis?«, fragte er die Schwester regelmäßig, wenn ich in sein Blickfeld kam. Wieder ein neues Wort, das den »kleinen Dussel« erfreulich ablöste! Die Großeltern hatten uns in San Francisco besucht, wo Opapa, wie wir ihn nannten, sich die Liebesbezeugungen seines Enkels mit Würde gefallen ließ und sie sogar gelegentlich erwiderte. Nun war er weit entrückt, obschon ich gewachsen und dadurch seinem schönen weißen Haupt näher gekommen war. Die Großmutter hatte ihr Schlafgemach neben dem zweiten Badezimmer am Anfang des langen Gangs, der das Berliner Zimmer mit der Küche verband und an dem die hinteren Räume lagen.

Ich liebte die mit Teppichen bis in den letzten Winkel ausgelegte, mit wuchtigen Möbeln bestellte, etwas plüschige Wohnung, in der es so viele Döschen und Kistchen und Schälchen gab und immer etwas in diesen, das man begehren konnte und hier nicht stehlen musste: Es wurde einem sofort geschenkt. Die Großmutter hatte energisch am Kampf gegen die Ansprüche der Mutter mitgewirkt und war überglücklich, den Lohn dieser Mühe im Hause zu haben. Ihren Lümpi-

Pümpi – wie viel lieber war ich doch ein »Naseweis«! – verwöhnte sie mit Lust. Ihre Liebe zur spröden Helga war vernünftiger, verstehend und ernst.

Nach dem kurzen Zwischenaufenthalt am Kurfürstendamm landeten wir in Landin über Rathenow im Havelland, wie die Postadresse lautete. Der Vater hatte dort in dem Schloss eines Regimentskameraden, eines Herrn von Bredow, eine geräumige Wohnung im Hochparterre gepachtet – in der anderen Hälfte desselben lebte Adolf Morsbach, Vaters vielfach bewährter Freund und Leiter des Akademischen Austauschdienstes, mit seiner Tochter; an eine Frau Morsbach kann ich mich nicht erinnern. In der darüber gelegenen Etage bewohnte die Schwester des Schlossherrn, Frau von Karstedt, mit einem Huhn, das wie ein Hund gehalten wurde, und vornehmem Mobiliar zwei Räume. In den übrigen hauste eine verwunschene Leere, in die sich ein alter Eichentisch mit einem runden Ausschnitt für den Bauch eines Bredow-Ahnen, ein zerfallender riesiger Kristallleuchter, Myriaden toter Fliegen und der Zugwind teilten. Die würdige barocke Fassade des Schlosses hat der Maler Stumpp gezeichnet – wie uns alle, einzeln und in Gruppen. Mir schien nur das Schloss wirklich gelungen zu sein, aber wer die Hentigs nicht kennt, wird die schwungvollen Kohlezeichnungen gleichwohl bewundern.

Eigentlich war die Wohnung eine Zugabe zu der von Morsbach und Vater gemeinsam gepachteten und betriebenen Jagd. Vater hatte vor unserem Einzug das alte Gemäuer – ich schätze heute: aus dem Anfang des 18. Jahrhunderts – wohnlich ausgebaut. Es gab nun ein WC in der sommers wie winters kalten Eingangshalle und ein weiteres im Bad neben dem Schlafzimmer der Eltern, neu geweißelte Wände, frisch gemalte Türen und Fensterrahmen und einen funktionstüchtig gemachten alten Kachelofen in jedem Zimmer, in Vaters Arbeitszimmer, das dem chinesischen Bilderteppich eine breite Wand zur Entfaltung seiner Wirkung bot, sogar einen ganz neuen Ofen aus grünen, leicht nach innen gewölbten Kacheln – »ein Wunder zu schauen«! Etwas so Köstliches, befand ich, hatte ganz Amerika nicht zu bieten. Die Größe und Höhe der Räume, der Bedacht, mit dem Vater seine erlesenen alten Möbel, die unvergleichlichen, auf seinen orientalischen Posten erworbenen Teppiche, seine anspruchsvollen Bilder, seine dekorativen Jagdtrophäen verteilt hatte, die Aufgeräumtheit des Ganzen – Vater wurde jetzt ja nicht von Dienstgeschäft zu Dienstgeschäft gehetzt wie sonst immer bis zu seiner Pensionierung – machten diese zu der schönsten der Wohnungen, in denen wir gelebt haben.

Im Souterrain befanden sich eine große, wennschon dunkle Küche mit einem gewaltigen Eisenherd, ein Wildkeller und mehrere Kammern, in denen sich allmählich die Vorräte in den Regalen sammelten und nach der ersten Schlachtung die Würste von den Stangen hingen. Davor: ein gewaltiger Stein, in dem das Schlossgespenst hausen sollte. Es ist uns nie erschienen.

Hier unten waltete Gertrud, unsere sächsische Köchin, deren etwas grobe Kochkunst sich unter Miezis Anleitung verfeinerte. Eintopf und Mehlspeisen waren ihre Domäne: Dampfnudeln, Knödel, Schmarrn. Es gab, wenn Gertrud einen duldete, immer etwas bisher Unbekanntes zu sehen, seien es mit Tuch zugedeckte Schüsseln, in denen der Hefeteig ging, seien es gewaltige Kürbisse, die in kleine Würfel geschnitten und süßsauer eingelegt werden sollten, sei es ein Topf voller Bohnen, die zum Quellen aufgestellt waren und nicht aus der Büchse kamen, sei es der Nudelteig, der ausgerollt über den Stuhllehnen »aushängen« musste, bevor er mit einem Rollmesser in Streifen geschnitten wurde. Der Höhepunkt aller Schauereignisse war, wenn Gertrud die dreißig Zentimeter lange Speckschwarte aus dem Linsentopf fischte, sie erst abkühlen und dann langsam in ihren Schlund gleiten ließ.

Aber ich greife vor. Zunächst sollte es Weihnachten werden. Vater ging mit uns Großen in den Wald und suchte eine geeignete Tanne für den Weihnachtsbaum aus. Die zwei Hasen für den Sonntagsbraten hatte er schon vor Tagen geschossen; sie hingen ausgeweidet an ihren Haxen im Wildkeller. Zwei mussten es schon deshalb sein, weil sowohl Helga als auch ich einen Hasenschwanz begehrten. Dass Morsbach den Weihnachtsmann spielte, musste man mir jetzt nicht mehr offenbaren – er hatte nun Brüderchen Hans Wolfram zu überzeugen.

Gleich nach den Drei Königen wurden Helga und ich bei Herrn Döring, dem Dorfschullehrer, angemeldet. Das Schulhaus lag am Ende des 120-Seelen-Ortes. Das Schulzimmer fasste gerade die zweiundzwanzig schulpflichtigen Dorfkinder zwischen sechs und vierzehn Jahren und uns drei Kinder »vom Schloss« – der dritte war Hubertus von Bredow, genannt Papu, mein Jahrgang und bald mein Freund. Im Raum stand ein Kachelofen, den die sonst nur zu Lehrer Dörings Geburtstag mit einem großen Blechstreuselkuchen in Erscheinung tretende Frau Döring versorgte. Alles andere war, wie man es aus dem einen oder anderen Schulmuseum kennt. Uns Hentigs fehlte einstweilen das hier Nötigste: Schulranzen, Schiefertafel mit Schwamm und Läppchen, ein Griffelkasten mit am einen Ende gespitztem, am anderen Ende von buntem Stanniolpapier umhülltem Griffel, einem Federhalter und einem kleinen Vorrat von Ly-Federn, vorerst Nr. 7, und schließlich drei Hefte – eines mit Karos fürs Rechnen und zwei mit den vier Linien, in die die Sütterlin-Schrift einzupassen war. Wo die Eltern dies hernahmen, weiß ich nicht, auch nicht, woher die Fibel kam. Die meine hatte ich bis Ostern schon zweimal ganz gelesen, innig erfreut über so viel Tandaradei und Matthias Claudius, erfreut auch über die Wahrnehmung, dass ich nun »ein Buch« gelesen hatte und nicht nur *in* einem solchen. Diese Gerätschaften und ihre Anwendung waren so neu und interessant, dass ich die Schule wieder einmal herrlich fand – aus freilich ganz anderen Gründen als einst Alamo und San Mateo Park School. Ich malte meine Buchstaben eifrig und verdarb mir die Freude daran nicht durch allzu großen Ehrgeiz. Helgas Schrift sah sehr viel ordentlicher aus als meine, aber ihr Gesicht nicht entsprechend zufrieden. Meinen Schreibkünsten half übrigens ein »Milchgriffel« nach, dessen weiche Griffel-Seele von Holz umhüllt war wie bei einem Bleistift und den mir meine erste kleine Liebe, die Tochter des Gutsverwalters, schenkte.

Die Didaktik des Herrn Döring war durch die Verhältnisse vorbestimmt und mit Notwendigkeit »modern«, nämlich die einer »integrierten Gesamtschule«, wie wir heute sagen würden, mit totaler »Binnendifferenzierung« und zugleich »kommunikativ« und »situativ«. Alle nahmen an allem teil und jeder machte die ihm möglichen Fortschritte. Davon profitierten Helga und ich in höherem Maße als die anderen, in deren Leben Schulwissen und Schulfertigkeiten eigentlich keine Rolle spielten. Während Herr Döring den Großen die Geschichte des Dreißigjährigen Glaubenskriegs erzählte (voll hinreißender Grausamkeiten, die schwedische Reiter und Tillys Söldner an märkischen Bauern verübten), musste ich fünfzigmal das komplizierte große H üben, Papu das ihm misslingende ß und Helga das endlich unter Schlägen richtig auf

Die Dorfschule 49

die Tafel gesetzte Wort »Geburtstag« (ohne z zwischen den beiden kleinen t); umgekehrt mussten Edelgard Busse und Walter Müller Rechenaufgaben lösen, während wir »Heimatkunde« hatten. *By the way*: Dass die neue Kinderschwester unserer kleinen Geschwister, Mathilde von Winterfeld, Schwester Thilly genannt wurde, machte uns den kaiserlichen General nicht lieber. Sie konnte recht martialisch werden. Helga prügelte sie einmal so mit einer Holzpantine, dass *mir* davon die Tränen kamen.

Wir lernten in den zwei Landiner Jahren zwischen zwanzig und dreißig deutsche Volkslieder – Text und Melodie; wir konnten die wichtigsten Choräle – fast immer sämtliche acht oder zwölf Strophen; wir leierten wie alle anderen (ausdrucksvoller Vortrag war nicht gefragt, »Können« war die Hauptsache) »Der Winter ist ein harter Mann, kernfest und auf die Dauer« und »Schön rötlich die Kartoffel ist und weiß wie Alabaster« und »Frühling lässt sein blaues Band wieder flattern durch die Lüfte« mitsamt seinem Konkurrenten »Die linden Lüfte sind erwacht …«. Wir übten kleine Theaterstücke ein, einmal »Frau Holle«, ein andermal den »Froschkönig« und führten sie im Saal des Gasthofs Muchow auf. Die spärlichen Kulissen des Backofens und des Brunnens konnten die Reklamen von Muratti und Salem und »Aus gutem Grund ist Juno rund« nicht ganz verdecken. Herr Döring hatte die Texte geschrieben, führte Regie und geigte die Bühnenmusik dazu. Herr Döring konnte eben alles, und er *war* alles – wie es sich für einen richtigen Menschenbildner gehört. Heute leiten Spezialisten zu einzelnen Fertigkeiten an, die wenig taugen, wenn die anderen nicht hinzukommen und wenn daraus kein Ganzes wird. Wo dieser Maßstab fehlt, lernt man das Pfuschen, wenn auch oft auf »hohem Niveau«.

Ich gäbe viel darum, könnte ich Herrn Döring heute bei seinem Tun zusehen und ihn darüber befragen. Wie Monsieur Lopez in dem Film »Sein und Haben« (Etre et Avoir) hat er keine »Autoritätsprobleme« und kann darum die Lernprobleme in völliger Ruhe angehen. Weder die »Stofffülle« noch das »Leistungsniveau« noch auch die »Schülerpassivität« beunruhigen ihn: Man schafft, was man schafft, in keiner Generation das Gleiche; es gibt keine Klasse, keinen Jahrgang, den man mit einem anderen vergleichen könnte, schon gar nicht müsste; und was man schafft, schafft man mit Güte und Strenge. Das sind keine Ge-

gensätze – das eine ermutigt, das andere bändigt, das eine treibt, das andere trägt und sichert. – So stelle ich mir seine Erklärung vor. Ein Vorbild hat er nicht sein wollen, aber er war es eben darin: in der Selbstverständlichkeit, mit der er seine runde Sache machte, die Pflicht zu nennen er zu bescheiden war.

Also trabten wir vergnügt jeden Morgen um acht Uhr, im Sommer und Herbst um sieben Uhr – damit die Kinder um elf Uhr in der Ernte helfen konnten! – unserer Schule zu, in der einen Hälfte des Jahres barfuß, in der anderen – klapp klapp klapp – mit Holzpantinen. Wir hatten sie uns gewünscht, um zu sein wie die anderen – und mussten feststellen, dass Schuhe doch eine feine Erfindung sind.

Wir lernten in der Schule, was sich dort am besten lernen ließ. Alles andere an dem Ort, an dem es vorkam, man es sehen, anfassen oder herstellen konnte: Wenn die Bienen von Herrn Döring schwärmten, gingen wir – in gebotenem Abstand – mit ihm hinaus, suchten den Schwarm und beobachteten seine Handlungen. Wanderten wir mit ihm, bekamen wir die Eigenarten der Landschaft erklärt, die Namen von Pflanzen und Bäumen genannt und mussten den Weg finden. Wenn er am Sonntag in der Kirche die Orgel spielte, sah ich zu, wie der große Walter Müller, der das nötige Gewicht dazu hatte, den Balg trat, oder sein behänder Bruder Hänschen, meine zweite Liebe, nahm mich mit in den Turm und zeigte mir, wie man ans Glockenseil springt und wie man es rechtzeitig wieder fahren lässt, um den Schwung der Glocke nicht zu bremsen. Wolfhart, Papus älteren Bruder, der eine Ritterakademie besuchte, durfte ich in den Wald begleiten, wo er eine ebenso perfekte wie verbotene Hütte baute: Er hatte einen scharfen Pfadfinderdolch, suchte sich geeignete Jungfichten aus, kerbte sie ein und knickte sie ab (»sägen hört der Förster«), brachte sie auf gleiche Länge, fand zwei sich gabelnde Äste, rammte diese in den Boden, legte den First darüber, und während er die Fichtenstämme sorgfältig einen neben dem anderen im richtigen Winkel dagegen lehnte, musste ich schon einmal damit anfangen, Moos in die Fugen zu stopfen. Dann schnitt er noch einen Armvoll belaubter Birkenzweige und warf sie neben den Eingang. »So macht man das, für alle Fälle!«, sagte er selbstzufrieden. Was? Nachdem wir auch den Boden mit lockerem Moos dicht bedeckt hatten, legten wir uns hinein und – Wolfhart entzündete seine Pfeife. Uff!

Wenn der Bulle »los« war und von den Schweizern eingefangen werden musste; wenn der Fünf-Zentner-Eber die Sau unter sich brachte; wenn diese frisch geferkelt hatte und zwölf Winzlinge sich an ihre Zitzen drängten; wenn geschlachtet wurde, man die Sau »abstach«, aufhängte, das Blut auffing, sie ausweidete, die Borsten wegbrühte, alles, aber auch alles so oder so verwendete, so oder so haltbar machte; wenn Rüben geerntet und mit den Feldloren in den Hof gefahren wurden; wenn die Schweinekartoffeln aus ihren Kesseln geholt wurden; wenn die Dampfmaschinen den vierscharigen Pflug über das große Feld hin- und herzogen; wenn der Heupuster das Heu in die entferntesten Ecken der riesigen Scheune beförderte; wenn die Dreschmaschine ratternd und staubend vorne das Korn und hinten die gepressten Strohballen ausstieß – bei allem waren wir dabei.

Natürlich gingen wir mit auf Treibjagd, froren Stein und Bein, lauschten auf jeden Schuss, erschraken freudig über jeden Hasen, jeden Fasan, der vor uns hochging, machten uns Mut für den Fall, dass wir auf ein Wildschwein trafen, waren stolz auf des Vaters Anteil an der Strecke, gierig auf Hasenpfoten und Fuchsschwänze, hungrig auf die dort ausgeteilte Erbsensuppe.

Das Leben war rund und voll. *Im Frühjahr*: die pure Schönheit der erblühenden Natur – aus allen Erdfugen kamen ungekannte zauberhafte Schneeglöckchen, Krokusse, Anemonen, Maiglöckchen, Vergissmeinnicht hervor, an allen Sträuchern und Bäumen bildete sich zartes grünes Gefieder, bald blühten die Kastanien, die Linden begannen zu duften – ganz anders als die meist scharfen, ganzjährigen Gerüche Kaliforniens, als die ewig gleichen, ebenso reichlichen wie schwächlichen Poppies, die langweilige Tagetes; sodann das beschauliche Hüten der kleinen wolligen Gänse am Bach, was eigentlich nur die Mädchen machten, die mich dann auch nicht beteiligen wollten, so dass ich abzog und dabei – mit einem süßen »Ätsch!« in der Seele – ein frisch gelegtes Gänseei fand.

Im Sommer: die abendliche Fahrt mit den laut scheppernden Milchkannen hinaus auf die Koppel zum Vieh, die wir uns dadurch verdienten, dass wir für die Melker die Kühe zusammentrieben; die Heimkehr mit Liedern, die wir nicht von Herrn Döring lernten – »In einem Polenstädtchen«, »Argonner Wald um Mitternacht« und bald auch »Als die goldene Abendsonne sandte ihren letzten Schein, letzten Schein, zog ein Regiment von Hitler in das kleine Städtchen eieiein«; das nachmittägliche Radeln zum Großen Graben – der Alte Fritz hat mit ihm das Luch entwässert und uns damit die weit und breit einzige brauchbare Badestelle beschert, acht Meter breit, eineinhalb Meter tief, so dass man von der Brücke einen Kopfsprung wagen konnte; abends dann die Treibballspiele die Straße rauf, die Straße runter oder die mächtigen Feuer auf dem Vorplatz des Schlosses, an denen die um Morsbach und Vater versammelten Austauschstudenten vielstimmig Lieder sangen; sodann die durchziehenden Zigeuner, denen der Wachtmeister auf seinem Fuchs misstrauisch folgte, bis sie sein Revier verlassen hatten; dazu die wenigen Feste, die die Dorfleute vornehmlich mit Herumstehen und Biertrinken feierten, während die Kinder eine Mark für Schokolade oder Brausepulver ausgeben durften.

Im Herbst: das Sammeln von Kastanien (60 Pfennige zahlte der Förster für den Zentner), Eicheln (1 Mark), Bucheckern (2 Mark); das Bauen von Laubhütten, Erdhöhlen, Baumbuden; oder (warum kam er nur um diese Zeit?) der kleine Wanderzirkus mit einer rechnenden Ziege, einem Affen, der den Leierkasten drehte, einem Liliputaner, der auch zaubern konnte.

Im Winter: das Aufwachen bei völliger Dunkelheit, wenn Edelgard Busse, die vierzehnjährige Landarbeitertochter vom Ende des Dorfes, Feuer in unseren Öfen machte und wir noch eine halbe Stunde im warmen Bett bleiben durften, während das Feuer sich knackend und zischend entfaltete und einen wenigstens warmen Schein durch die offen gelassene Ofentür ins Zimmer warf; der erste Schnee, das Rodeln von der Kirche durchs Friedhofstor weit in die Dorfstraße hinab bei einem Gefälle von kaum sechs Metern – mit lautem »Bahne, Bahne«-Geschrei; das Eislaufen auf dem Teich im Park; das abendliche Vorlesen, zu Hause, wo Willibald Alexis' »Die Hosen des Herrn von Bredow« uns um diese und das Leben des jungen Hohenzollern bangen ließen, in der Orangerie, wo wir, fünf Bredows, zwei Hentigs, auf dem Fußboden liegend gebannt auf die Schrecken, Zufälle und Geheimnisse lauschten, die »Das rote U« für seinen Helden bereithielt.

Unabhängig von der Jahreszeit, weil immer oder einmalig: der Planwagen des Bäckers Bierhals, der – sagen wir jeden Mittwoch – von

Kriele kommend das Dorf mit frischem Brot versorgte; einer von uns durfte dann »weiterfahren«, das heißt die Zügel halten, das Pferd mit »Hü« antreiben und mit »Brrr« beim nächsten Hof zum Stehen bringen, während Bierhals die bestellten Brote austrug; wir anderen saßen hinten bei den noch warmen Laiben und knabberten an deren Kruste – niemand hat je daran Anstoß genommen; sodann das unermüdliche Hopse-Spiel, die Personenwechsel heischenden Gruppen-Singspiele »Es war einmal ein kleiner Mann, hei jum hei di, der nahm sich eine große Frau, jum hei di« oder »Schornsteinfeger ging spazieren ...«; weiter das sich steigernde 20-mal-den-Ball-an-die-Wand-Spielen, erst mit einer Hand, dann mit zweien, dann mit dem Handrücken, mit der Stirn, mit der Brust, mit dem Knie und jedes Mal von vorn anfangen, wenn man die 20 nicht erreicht hatte.

Kein Wunder, dass wir Kinder nicht fort wollten, als dem Vater nach zwei Jahren ein neuer Posten angeboten wurde – die Gesandtschaft in Bogotá.

Hätte man mich damals nach dem wichtigsten Ereignis der zwei Landiner Jahre gefragt, ich hätte vermutlich geantwortet: der nächtliche Einbruch. Aber weder war Nennenswertes gestohlen, noch erwischte man den unbekannten Täter. Aus heutiger Sicht antworte ich: Es gab vier Ereignisse von weitreichender Bedeutung, die nicht oder nur zufällig an Landin gebunden waren: der Tod des Großvaters, die Geburt der Schwester Roswitha Urd, für die wir Kinder – diesmal im Verein mit der Mutter – den etwas normaleren Namen Heidi durchsetzten (dem Vater mag er zu normal erschienen sein), sodann der Kauf von Burka, einer schwarzbraunen Stute, die einem verarmten Kosaken und Kunstreiter gehörte, und schließlich die Machtübernahme in Deutschland durch Hitler.

Alle vier Ereignisse hatten auf ihre Weise zu meiner Verselbständigung beigetragen. Der Tod des Großvaters war der erste Tod, den ich erlebte. Als wir in Berlin an dem noch offenen Sarg in der großelterlichen Wohnung von ihm Abschied nahmen, habe ich ein bisschen geweint – aber eben nur ein bisschen und weil die allgemeine Stimmung das mit sich brachte. Während der ausgiebigen Totenfeier im Wilmersdorfer Krematorium, bei dem so recht deutlich wurde, ein wie wichtiger Mensch im öffentlichen Leben er gewesen war – Tonnen von riesigen Kränzen mit Schleife, Spaliere von Pfadfindern, Wimpel der von ihm gegründeten Vereine, Gehröcke, in denen die Vertreter der Gesellschaften steckten, in deren Aufsichtsrat er gesessen hatte –, während dieser Feier, die mit der Versenkung des Sarges endete – ich stellte mir vor: in einem mächtigen Feuer, aber es stieg kein Rauch auf! –, war mir völlig gewiss, dass es ihn nun nicht mehr gab, dass die eben gehörten Worte »Unsterblichkeit«, »ewiges Leben in Gott«, »Auferstehung« nicht stimmten, dass nur das bei einer Landiner Beerdigung gehörte Wort die Wahrheit sagte: »Asche zu Asche, Staub zu Staub«, zu dem man hätte hinzufügen müssen: »Mehr als das *ist* nicht, wenn einer gestorben ist – außer in eurem Gedächtnis.« Einer der Pfadfinder fiel in Ohnmacht vom langen Stehen in der von vielen Kerzen und Menschen verbrauchten Luft. Der kommt wieder zu sich, sagte ich mir; der tote Großvater nicht. – Die wichtigste Wirkung dieses Gedankens war damals: Niemand scheint meine Vorstellung vom Tod zu mögen, und darum werde ich sie nicht aussprechen. Die Wirkung davon wiederum war die Einsicht: Mit den wichtigsten Dingen muss man allein fertigwerden.

Die Geburt der Schwester Heidi hat die »Kleinen« zu einer in sich erfüllten Lebenszone der Familie gemacht. Die Miezi-Mutter war zwar auch für uns Große da, aber nicht mit uns beschäftigt. Vor allem aber hatten die Kleinen jetzt eine eigene Kinderschwester. Diese ließ mich spüren, dass ich nicht zu ihrem Aufgabenbereich gehörte und sie nicht für mein Verhalten verantwortlich gemacht werden wolle. Das Zusammensein mit den Kleinen hatte mir stets Freude gemacht, nicht zuletzt, weil ich spürte, dass eben dies auch den Erwachsenen Freude machte. Ich hatte mein Interesse für sie auch ein wenig als meine »Pflicht« angesehen. Das war jetzt weder nötig noch immer gut möglich. Ich ging ja zur Schule – die Kleinen hatten andere Tätigkeiten, andere Zeiten und einen anderen Bewegungsradius. Kurz: Wir Großen blieben »draußen vor«. Aufmerksamkeit für uns sannen wir nun wieder dem Vater zu. Vor allem Helga fand auch im Dorf eine neue Heimat. Als wir Landin verließen, wussten »die Landiner«, welch zuwendungsfähiger, starker und treuer Mensch von ihnen ging. Aus der »Dollarprinzessin auf dem Bananenwagen«, wie man sie anfangs tituliert hatte, war die unbedingteste Landinerin geworden, die es gab. (Wem hat sie wohl ihr selbst verdientes Fahrrad vermacht – ein Damenrad, das sie, die am liebsten in Hosen herumlief, mit Hilfe eines Haselnussknüppels in ein Herrenrad verwandelt hatte?) Ein Gutteil ihrer Glückserwartung ließ sie in Landin zurück. Ich nahm in Maßen an dieser Bindung teil und hielt damit die Abhängigkeit von der übrigen Familie ein wenig in der Schwebe. Am Leben der Kleinen habe ich erst wieder in Zandvoort teilgenommen, als die dann für die Kleinen verpflichtete Kindergärtnerin mich ausdrücklich einbezog, als Helga im Potsdamer Kaiserin Augusta Stift lebte und Heidi aus einem Baby zu einem traktablen Menschen geworden war.

Der Kauf von Burka sollte in erster Linie dem armen Besitzer Krasnoglasoff helfen, der das Tier nicht mehr unterhalten konnte. Mein Vater beschreibt in seinen Erinnerungen, welchen Zuwachs an Ansehen es den Hentigs im Dorf einbrachte, als der Kosake und Zirkusreiter auf der Wiese im Schlosspark seines und des Pferdes Kunststücke vorführte. Sodann diente Burka natürlich Vaters Lust am Reiten, und schließlich sollten wir Großen unsererseits zu Reitern werden. Weder er noch wir konnten freilich daran denken, Burkas besondere Fertigkeiten zu nutzen; der Vater ritt sie täglich wie ein Reiter eben, und wir lernten, in natürlicher Haltung auf dem Pferd zu sitzen. »Natürlich« hieß: ohne Sattel, Steigbügel, Zaumzeug. Es ist erstaunlich, was das für einen künftigen Reiter ausmacht: unmittelbar mit dem Tier Fühlung zu nehmen, die Bewegungen des Tieres auszusitzen, selbst mit den noch zu kurzen Beinen Schenkeldruck auszuüben und das Tier dadurch zu lenken – und natürlich für das Tier in jeder Weise zu sorgen. In dem halben oder ganzen Jahr, in dem Burka zu uns gehörte, ist die Liebe zu Pferden und zum Reiten in mir angelegt und verankert worden, ihr verdanke ich jenes Freiheitserlebnis, das aus der Verbindung von völliger Selbstbeherrschung und empfindlicher Wahrnehmung des Partners, des Pferdes, erwächst und das Momente großen Glücks beschert.

Die Machtübernahme durch die Nazis und ihre möglichen weltgeschichtlichen Folgen haben damals nur wenige Deutsche richtig beurteilt und noch weniger Menschen anderswo in der Welt. Wie sollte ein Kind irgendetwas davon verstehen? Nein, nicht deshalb ist hier davon die Rede, sondern weil auf einmal etwas meine Welt berührte und verwirrte, das den Namen »Politik« trug. Das kam im Leben des Knaben Hartmut sehr früh!

In unserem Dorf – umgeben von »Sumpf und Sand« –, in dem wir Protestanten bisher nur einen »Feind« hatten nennen hören, den es hier aber längst nicht mehr gab: die Katholiken, brachen auf einmal neue Fronten auf – Kommunisten gegen Nationalisten. Sie provozierten sich eifrig gegenseitig und dann prügelten sie sich – und beide behaupteten, den richtigen Weg zu kennen, wussten, dass die anderen das Verderben betrieben. Eine Weile konnte man abwarten und zusehen, wo dieser Streit hinführe, aber nicht lange. Es kamen Fahnen und Lautsprecher, es kamen Schlägertrupps in Uniform, und beide »Parteien« betrachteten Beiseitestehen als Verrat. Also bezog man »Stellung«. Kriegerdenkmale erinnerten im ganzen Land an die Soldaten, die im Weltkrieg gefallen waren; der Sieger hatte Deutschland gedemütigt; er hielt Teile des Landes besetzt, andere hatte er aus dem Reich herausgeschnitten; Deutschland wurde die »Alleinschuld« am Krieg aufgebürdet und wäre unter der Reparationslast fast erdrückt worden; wer dagegen »aufstand«, also »Sabotage« übte, wie man damals sagte, wurde erschossen wie das Freikorpsmitglied Leo Schlageter. Die Landiner Männer, die im Krieg gewesen waren, wussten also, wo sie hingehörten. Andererseits waren die meisten Landiner lohnabhängige Arbeiter, durften sich ausgebeutet fühlen, zumal wenn man ihnen das sagte; der Kapitalismus bot ihnen weder bessere Lebenschancen noch Heilung des verletzten Selbstbewusstseins, er ignorierte dieses einfach. Obwohl die Gutsbesitzer verarmt waren, sah ihr Leben »von außen« reich aus. Irgendwann und irgendwie mussten sich »die Verhältnisse« doch ändern. Also gab es auch diese Regungen.

Im Wettstreit um die Seele der Deutschen hatte der Nationalsozialismus die besseren Chancen. Als Hindenburg Hitler, den Chef der stärksten Partei im Reichstag (aber noch ohne Mehrheit in ihm) mit der Regierung betraute und vollends als der Reichstag ausbrannte und der Rätekommunist van der Lubbe die Tat »gestand«, war auch in Landin der Kampf entschieden: Die zwischen Rot und Braun stehenden grauen Stahlhelm-Leute, der kornblumenblaue Luisenbund und ihre Jugendorganisationen gingen zu den Nazis über und in deren Organisation auf. Im November 1933 waren ihre Stimmen unter den 92,2 Prozent, die in der ersten Reichstagswahl unter Hitler für die NSDAP stimmten.

Und wir, die Hentigs? Und ich, der Knabe Hartmut? Auch wir sollten uns entscheiden. Die Nazis warben mit aller Macht um die Jugend und versuchten auch uns Kinder zu gewinnen – sei es mit Bildern in den Zigarettenpackungen, die mit Nazigrößen, Naziereignissen, Naziemblemen die Schauspielerserien ablösten (ich sammelte sie wie alle anderen mit Eifer), sei es mit Sonnenwendfeiern und viel »Flamme empor ...«-Gesang, sei es mit Appellen an unsere Vaterlandsliebe und unseren Gerechtigkeitssinn (wenn unsere Köchin »Deutsch ist die Saar« intonierte, krähten wir »großen« Kinder mit, und der kleine zweieinhalbjährige Roland rekapitulierte am Ende weise: »Deutsch ist die Saar ... und die Sarvette [Serviette] auch!«), sei es mit Filmen, am erfolgreichsten mit »Der Hitlerjunge Quex«.

Dieser Quex wäre ich gern gewesen: ein tapferer Bub, der eine große Aufgabe übernimmt – eine Aufgabe, die man sonst nur Erwachsenen zutraut. *Darin* lag die Verführung für junge Menschen: in der Hoffnung, ernstlich gebraucht zu werden. Ich habe das mein Hitlerjunge-Quex-Syndrom genannt. Es hätte seine Wirkung vielleicht mit dem bloßen Melodram getan, das der Film ja war. Nun aber spielte die Geschichte in unserer Wirklichkeit, und diese machte ihn politisch.

Was Kommunismus war, wusste und verstand ich nicht. Was man mit dem Anzünden des Reichstags bewirken wollte oder konnte, erst recht nicht. Aber eben dass ich das nicht wusste, bewies ja, dass es nicht zu meiner Welt gehörte. In der wurde »Deutschland, Deutschland über alles« gesungen, in der wurde der Alte Fritz verehrt, der in der Garnisonkirche in Potsdam ruhte, in der gab es Traditionen und Tugenden, in der herrschte Ordnung.

Mein Vater war durchaus national gesinnt und hätte, wenn dazu aufgefordert, diesen oder jenen Gedanken der Nationalsozialisten mit Sympathie bedacht: den verordneten samstäglichen Eintopf, die Winterhilfe, die Volksgesundheit, den Arbeitsdienst, lauter soziale Korrektive zum Nachkriegskapitalismus, dazu die proklamierte, sich erst anbahnende Modernisierung durch Technik und New-Deal-Operationen, die Hitler Amerika abgeguckt hatte. Aber der Vater traute den Nazis nicht zu, große Gedanken zu verwirklichen; für ihn waren das kleine Leute in großer Pose, waren Dilettanten und durch und durch verlogen. Wie sehr er sie verachtete, erkannten wir Kinder leicht, wenn er sie nachahmte. Das laute Geschrei mochte man – wie die ständigen Aufmärsche uniformierter Einheiten – für eine Frage des politischen Geschmacks halten, die Hetze gegen die Juden und andere zu Feinden erklärte Personengruppen waren eine Sache der politischen Moral. Dass Vater jüdische Freunde hatte, wussten wir, obwohl sie nie so genannt wurden. Um die musste man nun ernstlich besorgt sein. Nicht weniger gefährdet war ein lauterer Idealist wie Adolf Morsbach. Wie mein Vater s. v. v. von der Jugendbewegung bewegt, war er für die Nazis schlimmer als ein Feind, er war ein verhasster, weil überlegener Rivale. Er wurde im Zuge des Röhm-Putsches, bei dem die Nazis andere Unliebsame gleich mitbeseitigten, verhaftet. Auch wir Kinder erfuhren davon. Er starb an den Folgen einer Lungenentzündung, die er sich im Gefängnis zugezogen hatte, und kehrte nicht mehr nach Landin zurück. Als wir den Vater nach ihm fragten, mutete er uns die Geschichte eines politischen Mordes zu. Er mutete uns zugleich zu, zu wissen, dass dies niemand wissen durfte.

Er hat mit uns damals nicht darüber gesprochen, aber es teilte sich Helga und mir mit: dass »gebraucht werden« auch »benutzt werden« heißen kann, also »missbraucht werden«. Der Boden unter uns, die Gewissheit von Kindern, dass die Welt bei den Erwachsenen in guten Händen ist, war wankend geworden. Diese unbestimmte Wahrnehmung machte mich wachsam, brachte mich in Lauerstellung. Ich musste selbständig beobachten und selbständig entscheiden. Dies nahm ich mit Bangen wahr.

1935, in dem Jahr, in dem der Großvater Hentig starb, wurde meinem Vater die Gesandtschaft in Bogotá angeboten. Da er das ständige Drängeln, er solle »der Partei«, wie es von nun an konsequent hieß, beitreten, hartnäckig überhörte, war mit einem einflussreicheren und seinen Vorlieben und Fähigkeiten angemesseneren Posten nicht zu rechnen – und raus aus Deutschland trieb es ihn nun mit Macht. Er nahm an, traf die notwendigen Dispositionen und reiste der Familie voraus. In Bogotá fand er die alte, in der Innenstadt befindliche Gesandtschaft für unsere Familie unbrauchbar und bewog die Regierung zum Kauf eines im spanischen Stil gehaltenen Neubaus im Chapinero, einem im Entstehen befindlichen Vorort in der Savanne. Das auffälligste Gebäude in diesem Viertel war die Villa des kürzlich ausgeschiedenen

Präsidenten Olaya Herrera im Stil von Frank Lloyd Wright, wenn nicht gar von diesem selbst gebaut.

Als abzusehen war, dass unser Haus fertig würde, gab Vater der Miezi-Mutter das Zeichen zum Aufbruch. Diese hatte große Einkaufslisten abzuarbeiten – von Bettwäsche bis Schallplatten, von Ürziger Würzgarten bis Pumpernickel in Dosen, von Fahrrädern für uns »Große« bis Stassfurter Badesalz (StaBasa) –, eine tropentaugliche Kinderschwester einzustellen (Schwester Traudel war dies nicht), uns impfen zu lassen, einer Spedition die vom Vater bestimmten Teppiche, Bilder und Bücher zum Transport zu übergeben und alles übrige einem Speicher zu überantworten, denn das Mobiliar der Gesandtschaft in Bogotá wurde natürlich weiter benutzt. Anfang April bestiegen wir die »Heinz Horn«, ein 8000-Tonnen-Frachtschiff mit dreißig Doppelkabinen für Passagiere und vierwöchiger Reisedauer von Hamburg bis Barranquilla. Das Schiff hätte mit seinen lackierten Holzkojen, Holztüren, Holzgeländern und seinen blank geputzten Messing-Bullaugen, -Klinken, -Badezimmerarmaturen, mit seinen weiß geschrubbten Decks draußen und seinem schallschluckenden hellgrünen Bodenbelag im Innern, mit seinem eleganten Schornstein und dem schneeweißen Aufbau über dem schnittigen schwarzen Rumpf jeden Schönheitswettbewerb gewonnen. Eine Überquerung des Atlantik mit einem solchen relativ kleinen Schiff ist für mich bis heute der Inbegriff glücklichen Reisens, ja hoher Lebensart: Man ist an jeglicher Mühsal, an allem *labor* gehindert und treibt doch nicht Müßiggang, vielmehr etwas Notwendiges, indem man von hier nach dort gelangt und dabei des Schiffes überschüssige Kapazität – Raum, Mannschaft, Kraft – ausnutzt.

Die Familie des Herrn Gesandten bewohnte Kabinen erster Klasse; die Miezi-Mutter saß selbstverständlich am Tisch des Kapitäns (die Kinder, Gott sei Dank, nicht!); die Annehmlichkeiten eines vornehmen Hotels kamen uns wie von allein zu: eine jederzeit höfliche Bedienung, freie Wahl des Menüs, des Aufenthalts, der Tätigkeit, eine allseitige Großzügigkeit, deren Preis man nicht sieht. Insofern mag mein Urteil buchstäblich auf Voreingenommenheit beruhen. Was aber käme diesem moralisch wohltemperierten Zustand, dieser sorglosen Normalität gleich, sofern man weder Asket noch Sybarit ist? Und: Wie konnte die zivilisierte Menschheit diese Möglichkeit bescheidenen Glücks austerben lassen – sie dem titanischen Übermut der großen Liner, dem peinlichen Luxus schwimmender Hotels, dem verlogenen Unfug »exklusiver« Massenkreuzfahrten opfern?

Der Leser leide bitte einmal mit: In den achtziger Jahren sollte ich in Finnland Vorträge halten und bat die Veranstalter, mit dem Schiff dorthin reisen zu dürfen. Den Preisunterschied zwischen Flug und Seefahrt würde ich selber zahlen. Eine Horn-Linie gab es auf der Ostsee nicht und auch sonst keine Frachter, die Passagiere mitnahmen. Ich buchte also auf der gewaltigen Finn-Jet mit Bedacht eine Kabine erster Klasse an der Außenwand, deren es schätzungsweise hundert gab, fünfhundert hingegen im Inneren des Schiffes mit Klimaanlage und künstlichem Licht. Die Hülle dieses Riesen bestand aus Eisen, der Rest aus Plastik. Die Einheitskabinen waren offensichtlich in Serie gegossen oder gepresst worden: Duschbecken, Waschbecken, Seifenbecken, Aschenbecher, zwei Betten, zwei Sitzmulden, eine Andeutung eines Schreibtischs in der Form einer Ausbuchtung der Fensterwand, ein Kleiderschrank – das Ganze in einem einzigen Stück. Da nur die Kabinen auf dem obersten Deck Fenster hatten, alle darunter Bullaugen, hatte ich auf dieser Lage bestanden. Nicht bedacht hatte ich, dass das Promenadendeck – Eisen pur – über dieser verlief und ich 20 von 24 Stunden von dem Klack klack klack der über mich hinweggehenden Stöckelschuhe zugeschüttet werden würde. Die Mahlzeiten waren in drei Schichten einzunehmen, für die man sich im Voraus entschied – Frühstück um 8, 9 und 10 Uhr, das Mittagessen um 12, 13 und 14 Uhr, das Abendessen um 18, 19 und 20 Uhr, stets das gleiche Total-Büfett mit Tonnen von Mayonnaise und Bergen von Krabben und Roastbeef. Es gab ein Spielcasino, einen Saal voller Glücksautomaten, mehrere Bars, ein Kino, eine Disko, ein Nippes-Geschäft und die drei Nächte und zwei Tage der Reise hindurch DDR-Fernsehen in jeder Lounge. Viele der Passagiere wollten gar nicht nach Finnland – sie wollten nur die Reise machen, »tagten« vielleicht in irgendwelchen Konferenzräumen und kauften *dutyfree* ein. Der Menschheit ganzes Elend fasst mich an ...

Da wir Kinder außerplanmäßig »Ferien« hatten und obendrein nicht seekrank wurden – wie die Erwachsenen schon beim mittleren Seegang im Kanal –, war unser Paradies komplett. Erst gab es noch allerhand außerhalb des Schiffs zu sehen: Dover mit seiner Steilküste; Antwer-

Überfahrt nach Südamerika 61

pen, das uns die Frau des deutschen Gesandten in Holland während des zweitägigen Aufenthalts zeigte, gekrönt von einem Besuch im Zoo; nach einem zünftigen Sturm in der Biskaya nächtliche Einfahrt in Santander und Ausfahrt am frühen Morgen. Dann, nachdem man in der Ferne die Azoren wahrgenommen hatte, beschäftigten uns das Schiff und das Meer mit seinen fliegenden Fischen, den uns begleitenden Delphinen, dem nächtlichen Meeresleuchten.

In dem Maß, in dem es wärmer und die See ruhiger wurde, übernahmen die Erwachsenen die Regie wieder, sofern es ihnen gelang, uns aus dem uns allein gehörenden Segeltuch-Swimmingpool herauszuholen. Wir mussten täglich eine Stunde lang in »Tausend Worte Spanisch« alberne Konversationssätze lernen: »Haga el favor de cortarme el pelo« / »Hoy: Gran corrida de toros« / »Lo siento mucho« und neben: »¿Como está Ud.?« ein ordinäres »¿Ola, hombre, qué tal?«. Das fiel uns nicht schwer und blieb, wie man sieht, sogar hängen. Die wichtigen Wörter lernten wir »vor Ort« von den Dienstmädchen: »mañana«, »sucio«, »lo quiero« – Wörter, die wir nach kurzer Zeit mit immer korrekter konjugierten Verben, geschmeidiger Syntax und »entonces« verbanden.

Wenn ich früher von dieser Schiffsreise erzählte, war ich stolz, dass ich dabei die Reihenfolge der Zwischenstationen an der südamerikanischen Nordküste, ohne zu überlegen, einhalten konnte. Heute muss ich den Atlas zu Hilfe nehmen. Port of Spain wird unser erster tropischer Hafen gewesen sein. Unser Schiff legte nicht an, sondern ankerte vor dem Hafen. Im Nu war es von kleinen Booten umgeben, von denen aus Früchte, Papageien, Panamahüte, Korallenketten und Kunststücke – Tauchen, Akrobatik, Gesang – (an)geboten wurden. Eine Barkasse brachte uns Passagiere an Land, wo uns der »Pech-See«, ein gewaltiges Naturasphaltvorkommen gezeigt wurde. Es folgte La Guaira, der Hafen von Caracas, wo uns der deutsche Gesandte von Tattenbach empfing und wir einen Geschmack von Diplomaten-Highlife bekamen: Die Villa, in der er und seine Familie residierten, war von einem großen, gepflegten Park umgeben und hätte in jedem Hollywood-Film über Kolonialherren-Herrlichkeit mitspielen können. Von den Mangobäumen fielen die schweren reifen Früchte herab, die »eigentlich nur in der Badewanne zu essen sind«, wie der Gastgeber scherzte – so reichlich, dass auch ein am äußersten Rand des Parks herumspringender Affe sich ihrer nur gelangweilt bediente. Als Helga, magisch von allem, was Fell trägt, angezogen, sich ihm näherte, umklammerte er seine Beute und biss Helga plötzlich in die Hand, von der er fürchtete, sie wolle sie ihm wegnehmen. Ich lief zu den Limonade trinkenden Erwachsenen und schrie triumphierend: »Helga ist vom Affen gebissen worden!« – ein später Ausgleich für Helgas allzu große Zufriedenheit, als mich der Spitz in Sea Cliff gebissen hatte.

Noch einmal landeten wir in Venezuela an: in Puerto Cabello, wo ebenso viel Ladung aufgenommen wie abgegeben wurde: ganz grüne Bananenstauden, Kaffeesäcke, gebündeltes Zuckerrohr. Dann folgte das noch holländische Curaçao, der bunteste aller Häfen dieser Reise. Um unser Schiff tummelte sich alles, was die Karibik an Exotischem zu bieten hat – vor dem Hintergrund des gänzlich europäischen Willemstad mit Faktoreien aus dem 17. und 18. Jahrhundert. Wir tranken zum ersten Mal richtige Schokolade – ein Getränk, das mit unserem Milchkakao, gar mit Nesquik, keine entfernte Ähnlichkeit hat.

In Maracaibo schossen schon Bohrtürme hoch – Vorboten künftigen Reichtums und künftiger Hässlichkeit. Unser Interesse weckten sie nicht. Auch die Erwachsenen schienen nur an der Aussprache interessiert: Maraca-ibo oder als Diphtong Maracaibo – was alsbald Streit über die Ukra*i*ne und *K*airo nach sich zog.

Wir Kinder wollten nun doch endlich in Kolumbien ankommen. Puerto Colombia / Barranquilla empfing uns mit brütender Hitze – und ohne den Vater. Wir bezogen ein großes, mir sehr gefallendes Hotel mit mächtigen Ventilatoren an den Zimmerdecken und Betten, die nur mit Laken bedeckt waren. Die drei Frauen – die Miezi-Mutter, die Kinderschwester Irene von Zimmermann und die Köchin Gertrud Rabe – waren sich in ihrem Urteil einig: sehr primitiv. Dann erschien der Vater plötzlich, während wir Kinder unser erstes Bad im Meer nahmen. Er selbst war vor Monaten mit dem Raddampfer den Magdalenenstrom bis zum Bahnanschluss nach Bogotá hinaufgefahren. Diese Flussfahrt wollte er seiner Familie nicht zumuten und mietete für diese Strecke ein Wasserflugzeug, das wir gerade ausfüllten und alsbald auch vollkotzten; ich jedenfalls hatte die dafür vorgesehene Papiertüte nicht schnell genug zur Hand, da ich sie doch für überflüssig hielt.

Die Bahnfahrt brachte uns zunächst in die *tierra templada* – auf eine mittlere Höhe von 1500 Metern, nach La Esperanza, wo wir uns akklimatisieren, vor allem auf die Höhenluft in der fast 3000 Meter hoch gelegenen Hauptstadt vorbereiten sollten. Das Ausladen von fünf Kindern und dreizehn Stück Gepäck war ein Drama; schon auf der Fahrt war immer wieder alles, was sich zählen ließ, gezählt worden – Kolumbien sei ein Land der Diebe, hatte man gewarnt; vollends groß war das Geschrei, als der Zug nach kurzem Aufenthalt davonfuhr und wir, im Urwald neben dem Gleis stehend, feststellten, dass ein Koffer fehlte.

Unser Ziel war die Finca eines Mitglieds der deutschen Kolonie – eine halbe Stunde zu Fuß auf einem Eselspfad am Hang entlang in einer Talsenke. Jeder von uns musste wenigstens etwas tragen. Die Mutter hielt Heidi im Arm, Vater hatte Roland geschultert. Als zwei Indianerinnen uns entgegenkamen, wichen sie uns zunächst scheu aus und fielen dann auf die Knie: »Por Dios, un angelito!« rief die eine beim Anblick des blonden Lockenkopfs. So etwas hatten sie noch nie gesehen.

Die Finca bestand aus einem modernen, von einer Veranda rings umgebenen Holzhaus, einem Schuppen, einem Häuschen für den Elektrogenerator, einer Anlage zum Waschen der Kaffeebohnen, einer großen Betonfläche zum Trocken derselben, einem mächtigen viereckigen Wasserbehälter, den wir sofort als Swimmingpool aussahen. Ringsum Kaffeeplantagen, Bananenpalmen, Apfelsinenbäume, Mangroven. Wir waren im Paradies angekommen.

Am Tag nach unserer Ankunft hatte die Miezi-Mutter Geburtstag. In Landin hatte ich mir angewöhnt, ihr einen Strauß Flieder zu schenken – ich konnte ihn irgendwo in dem großen verwilderten Park pflücken, und es war, wie sie bekundet hatte, ihr liebster, weil sicherster Frühlingsbote. In La Esperanza gab es natürlich keinen Flieder, aber hier und da auf den Bäumen, nicht leicht zugänglich, blühte eine Blume, die, obwohl ganz anders »gebaut«, doch in leuchtendem Lila prangte. Ich erkletterte also den schlankesten Stamm, riss mit der freien Linken so viel dieser ärgerlich zäh-stieligen Blumen aus ihren Halterungen, wie ich für einen Fliederstrauß gebraucht hätte, und überbrachte ihn mit der gebührenden Gratulation der Jubilarin. Die fiel fast in Ohnmacht: Es waren, wie sie mir erklärte, Orchideen, von denen in Deutschland jeder einzelne Stängel zwischen fünfzehn und zwanzig

Mark kostete. Aus der Geburtstagsfreude war ein Geburtstagsfrevel geworden.

Nach etwa vier Wochen werden wir nach Bogotá weitergereist sein – in das noch immer unfertige Haus. Als wir ankamen, war gerade wieder die Wasserpumpe ausgefallen. Was wir zum Trinken und Kochen brauchten, kam in großen 40-Liter-Flaschen, für die es fertige Gestelle gab – viele Haushalte scheinen unser Problem gehabt oder der Sauberkeit des Leitungswassers misstraut zu haben. Waschwasser kam in Eimern vom Nachbarn. Im Hause roch es nach Kalk und Farbe; die Räume waren wohlproportioniert; das Mobiliar auf eine wesenlose Weise »fein«; und ich bekam mein eigenes Zimmer, in das ein freundlicher Mensch einen Topf mit einer Primel gestellt hatte. Diese nicht sterben zu lassen war mein Ehrgeiz.

Um das Haus herum hatte Vater Rasen säen lassen – gegen den seltsamen Rat des Gärtners, der – wohl um mehr daran zu verdienen – behauptete: Rasen müsse gepflanzt werden. Aber die Saat ging auch beim zweiten Mal nicht auf, und Vater beugte sich schließlich dem Widersinn, den alle Deutschen bestätigten: Hier oben muss das so gemacht werden. Es kam also ein Männlein und pflanzte Tausende von kleinen Grasbündeln in den wohlgeharkten Boden. Nach zwei Monaten war er zu einem ordentlichen Teppich zusammengewachsen, den Helga und ich abwechselnd mit unserem amerikanischen Mäher zu stutzen hatten; gegossen wurde er vom täglich um ein Uhr pünktlich einsetzenden Regen, der unsere 78. dürftig geschotterte »Straße« in einen Wildbach verwandelte, um nach einer Stunde der Sonne wieder zu weichen, die ihrerseits pünktlich um sechs senkrecht in der Savanne verschwand. Bogotá liegt nur 500 Kilometer nördlich des Äquators. Eine Dämmerung gibt es nicht.

Wir wurden im Colegio Alemán eingeschult, dessen neuer Bus (der alte schien meinem Vater wohl lebensgefährlich) uns morgens um 7 Uhr 15 abholte – uns als erste, bis er an der Grenze zur Innenstadt voll war. So begann jeder Morgen mit einer Dreiviertelstunde Schonzeit – und zugleich aufregend, denn unterwegs gab es »rassistische« Ausschreitungen: An einer bestimmten Stelle kamen wir an einer Ansammlung von Kindern vorbei – einer kolumbianischen Schule? –, die kämpferisch »Colegio animal« schrien, während wir sie, weniger geistvoll, als »chinos« beschimpften – nicht einmal Indianer, sondern Halbindianer! Dazu schossen wir Salven von vorbereiteten Papierbolzen aus unseren Gummibandschleudern auf sie ab. Die Chance, einen »Feind« zu treffen, war freilich eins zu tausend.

Die Schule lag im Stadtinneren und wurde wenigstens zu zwei Fünfteln von Kolumbianern oder nichtdeutschen Ausländern besucht. Ich war mit meinem Klassenlehrer, Herrn Esperstedt zufriedener als er mit mir: »Hartmut könnte im Allgemeinen noch mehr leisten, wenn er der Arbeit mehr Sorgfalt widmen würde. Schrift und Führung der Hefte sind recht mangelhaft. Hartmut muss sich bemühen, die Kraft, die er im deutschen Unterricht spart, auf andere Fächer zu übertragen«, schrieb er mit fester Grundschullehrerhandschrift in mein Zeugnis, dessen allgemeiner Teil meinen Vater ziemlich bekümmert haben muss: Betragen 1, Fleiß 1, Aufmerksamkeit 2, Ordnung 3. Herr Esperstedt unterrichtete meine Klasse in allem, auch im Spanischen – Castellano, wie man in Kolumbien stolz sagte. Nur das Singen und Turnen war Herrn Martin vorbehalten, der, glaube ich, Helgas Klassenlehrer war. In beidem nahm er uns hart ran. Beim Turnen standen wir in Reih und Glied und trugen einheitliche Sportkleidung, die wir in einem Turnbeutel mitbrachten. Diesen hatte Gertrud Rabe für mich mit einem leuchtend roten H v H bestickt; Helga, weil ein Mädchen, musste das wohl selber machen, und ihr H H v H (Helga Hadidje) kam mir weit weniger prächtig vor. Im Hof der Schule machten wir gymnastische Übungen, immer erstens für ein mögliches Publikum (also streng im Takt) und zweitens zur Ausbildung unserer Mannhaftigkeit (Brust-raus-Bauchrein). Mich fand Herr Martin hoffnungslos waschlappig. Dass ich seine Muskelkontraktionen an den »zusammengekniffenen Gesäßbacken« selber erfühlen musste, machte mich nicht strammer, als ich nun einmal war. Leichtathletik betrieben wir im Parque Gaïtán, wo auch die Sportfeste stattfanden. Da lief und sprang ich nicht schlecht.

Groß, geradezu verehrungswürdig war Herr Martin auf drei anderen Gebieten: wenn er unseren Schulchor zu Höchstleistungen brachte, wenn er das Weihnachtsfest mit uns vorbereitete, wenn er mit uns auf Fahrt ging. Herr Martin war »jugendbewegt« – Herr Esperstedt war ein Produkt deutscher Seminarausbildung. Das sind zwei Welten, und so beneidete ich Helga auch ein wenig, die stolz zu ihrem Herrn Martin hielt, wenn es zu Vergleichen kam.

Wieso ich beim Schulchor mitsang, weiß ich nicht. Nicht alle Schüler und Schülerinnen gehörten ihm an – aber an eine Auswahl kann ich mich auch nicht erinnern. Wir probten ausgiebig, durften nicht »e« und nicht »i« singen, sondern statt dessen »ö« und »ü«, und auch das »ei« musste eher wie »a« klingen (Ün anöm kühlön Gru-undö da göht an Mühlönrad); man musste den Mund weit aufmachen, sonst fuhr Herr Martin mit seinem Dirigentenstab da hinein. Das Ergebnis wurde im Radio Bogotá gesendet.

Das Weihnachtsfest fand in dem nüchternen Saal der Schule statt, dessen Fenster im Laufe der Adventszeit mit wunderbaren Transparenten und dessen Wände mit innig-deutschen Weihnachtsidyllen überzogen wurden; wir lernten Blockflöte und Gitarre spielen und werkelten die unnützesten Dinge, in denen sich aber Gemüt und Stilstrenge vereinten. Das beste daran war nicht das Produkt, sondern das emsige, ernste, gemeinschaftliche Arbeiten, bei dem man nicht auf die Uhr sah.

Nachdem auch ich die fünf wichtigsten Griffe an der Gitarre gelernt hatte, war ich reif für die Fahrten, die Herr Martin machte. Eine ist mir in besonders deutlicher Erinnerung: die zur Laguna de Fúquene. Als rechter Deutscher hatte man einen Rucksack – das wurde vorausgesetzt. Aber man hatte wahrscheinlich keinen Schlafsack – und so wurden die Eltern genötigt, ihn herzustellen wie auch ein halbes Dutzend Beutel für Waschsachen, Besteck, Ersatzwäsche, Lebensmittel. Kochgeschirr konnte durch einen anderen haltbaren Napf ersetzt werden. Man fuhr erst mit der Bahn ziemlich weit weg, dann marschierte man noch weiter, und schließlich kam man an den großen schilfumrandeten See und setzte auf langen, von Indianern oder Chinos geruderten Booten irgendwohin über. Es war immer zu neblig, immer zu kalt, und dann brach auch noch der Regen los. Das Feuer, auf dem der Tee oder die Erbsensuppe gekocht wurde und an dem wir unsere Kleidung trocknen sollten, erzeugte weniger Wärme als Rauch, der, wo immer man stand, in die Augen biss. Aber irgendein Kamerad teilte seine Schokolade mit einem, irgendeiner legte den Arm um einen, irgendein Landsknechtlied sagte uns, dass wir Abenteurer und wilde Gesellen seien, und vereinigte uns. Wenn wir dann auch noch »Jetzt gang i ans Brünnele, trink aber net« sangen und an die schlimme Stelle kamen »... da seh i mein hérztraulichen Schatz bei 'nem anderen stehen«, war die

Fahrt gerettet: Da sprach ein Lied aus, was mein ständig verliebtes Kinderherz hatte sagen wollen und nicht hatte sagen können.

Auf einer weniger kalten Fahrt schloss ich mich Dietrich Wöckner an. Er war vierzehn, strohblond und gerade aus Deutschland gekommen; er trug ein Hitlerjungen-Koppel und hatte einen Hitlerjungen-Dolch, ja auch einen richtigen Affen, in dem er alles übersichtlich verstauen konnte, bis er schließlich seine sorgfältig gerollte Decke adrett um das Ordnungskunstwerk legte. Er schüttelte mich nicht ab; er belehrte mich vielmehr über Durchfall und Sandflöhe; vor allem aber erzählte er von der Hitlerjugend in der »Heimat«, zu der nun alle deutschen Jungen und Mädchen gehörten und bei der Fahrten, Zelten und Lagerfeuer überhaupt die Regel waren. Er erlaubte mir, in seinem Zelt zu schlafen, und half mir am Morgen, meine Habseligkeiten zu packen. Ich beschloss: Zu diesen Hitlerjungen möchte auch ich gehören.

Religion wurde von Frau Stein unterrichtet. Bei ihr war ich glücklich. Sie erzählte die biblische Geschichte – in ihrer Sprache, anschaulich und ausführlich. Um Aufmerksamkeit und Kontrolle des »Gelernten« musste sie sich nicht sorgen. Schon gar nicht erwartete sie Gläubigkeit. Sind die Geschichten gut, muss man um das Aufgehen der Bedeutung nicht bangen.

Ähnlich befriedigend war der Werkunterricht. Den hatte Herr Esperstedt in Deutschland gelernt und sich die nötige Ausstattung dafür mitgebracht. Wir lernten zum Beispiel das Binden von Büchern – *ab ovo*: das Ausmessen und Zurechtschneiden der Pappen; das Anrühren der Farben mit einer Mini-Dosis Mehlkleister für den Einband – gleichmäßig aufgetragene, noch feuchte Farbe wurde mit Pappkämmen unterschiedlicher Dichte mit regelmäßigen Mustern versehen; das Beziehen der Buchdeckel; die Versteifung der Ecken mit Leinwand und das Abdecken der Innenseite; schließlich das Zurechtschneiden und sorgfältige Aufleimen des Leinenrückens ... Wir mussten schwere Winkeleisen und scharfe Messer handhaben, den Leim kochen, das Ganze in Zwingen festlegen – und geduldig den nächsten Tag abwarten, bis alles getrocknet war. Die leichte Überforderung, vereinigt mit unauffällig geleisteter Hilfe, führte zu einem vorzeigbaren, heute würde man sagen (fast) »professionellen« Ergebnis.

Helga und ich nahmen außerhalb des eigenen Stundenplans auch am

Englischunterricht der Großen beim vornehm aussehenden Herrn Anwander teil, dem alle Respekt bezeugten, ohne dass er etwas Besonderes dazu tat, während sein Stellvertreter, Herr Risch, tun konnte, was einer nur tun kann, er blieb lächerlich: »Herr Risch, der hat 'n Vogel, 'n Vogel hat Herr Risch«, sangen die Schüler hinter ihm her. Dass er mir leid tat, hinderte mich nicht daran, eifrig mitzusingen.

Der Herr Gesandte kümmerte sich sehr um die Schule – nicht nur weil seine Kinder dort hingingen. Deutsche Schulen waren ein wichtiges Mittel deutscher Kultur-Außenpolitik. Das hatte er bei seinem Vater, dem Mitbegründer des Allgemeinen Deutschen Schulvereins für das Deutschtum im Ausland, dem späteren VDA, gelernt. Aber um seines Sohnes willen hätte er das Colegio Alemán doch gern um einen früh beginnenden Lateinunterricht erweitert. Das scheiterte an der Realität der Realschule. Pünktlich mit meinem zehnten Geburtstag begannen darum Privatstunden in dieser Sprache, in der sich mühelos die Mutter des Spanischen erkennen ließ. Dazu erschien dreimal in der Woche ein Jesuitenpater mit schwarzem Kleid und breitem Hut und dem Ludus Latinus in der Hand. Das »Germania-est-patria-nautae«– und »avia-gallinas-vocat«-Latein gefiel mir gut. Es war ein Spiel, das nach genauen, sich immer weiter verzweigenden Regeln zu spielen war und bei dem die nach ihnen zu bewegenden Gegenstände selbst so langweilig sein durften wie die Steine von Mühle und Dame. Diese Meinung habe ich später geändert. In meinem eigenen Lateinunterricht sollten dereinst die Gegenstände und Vorgänge kurzweilig sein und die Regeln ihrerseits erkennbar machen, ja hervorbringen.

Dass mir der Vater diesen zusätzlichen Unterricht zutraute, obwohl er sowohl Helga wie auch mich schon eine Klasse höher hatte einstufen lassen und mein Zeugnis nahelegte, dass ich die »normalen« Anforderungen durchaus noch besser erfüllen könne, entsprach nicht nur seiner vorsorglichen Einsicht – irgendwann würden wir wieder in Deutschland sein, wo ich ein Gymnasium besuchen sollte –, sondern auch seinem Charakter. Er hatte von sich selbst stets das Äußerste verlangt; seine Kinder sollten nicht weniger gefordert werden.

Das galt vor allem außerhalb dessen, was die Schule lehrt. Ich musste im Alexander-von-Humboldt-Verein auftreten; vor großem deutschkolumbianischem Publikum trug ich dort in einer für uns drei Jungen geschneiderten bayerischen Trachtenjacke erst Schillers »Mit dem Pfeil, dem Bogen durch Gebirg und Tal« vor (die zu diesem Auftritt gehörigen »Waffen« waren gerade unser Lieblingsspielzeug und natürlich selbstgemacht); sodann zog ich mich um und deklamierte – mit Ruana, Alpargatas, Strohhut, umgehängter Pansflöte und einer Machete gerüstet – ein längeres spanisches Gedicht. Die Leiterin des Humboldt-Vereins, Señorita Quijano-Mantilla, liebte mich abgöttisch; Briefe, die sie mir noch Jahre später nach Deutschland schrieb, sind erhalten; nicht die Spuren von Lippenstift auf meiner Wange, die die Miezi-Mutter mit einem Anflug von Ärger entfernte. Oder: Es gab deutschen Flottenbesuch: Die »Karlsruhe« hatte in Buenaventura angelegt; deren Führungsmannschaft kam in die Hauptstadt; gleichzeitig fuhren Schüler des Colegio Alemán in die Hafenstadt. Ich hatte Anzeichen einer Gelbsucht und durfte nicht mitreisen. Dass ich dafür auf dem großen Empfang in der Gesandtschaft nacheinander dem alle überragenden Präsidenten López, dem würdigen Nuntius und einem richtigen deutschen Admiral meine Verbeugung machen und allen anderen Exzellenzen am Eingang die Schuhe putzen durfte – ich hatte zum zehnten Geburtstag einen Schuhputzkasten mit einer Stufe zum Aufsetzen des Fußes bekommen, wie ihn die kleinen Chinos in der Stadt benutzten –, entschädigte mich nur mäßig. Da ich meine Krankheit nicht spürte, schlug ich die strenge Mahnung, ja nichts zu essen, angesichts der Zitronencreme und der umherstehenden Schalen mit Konfekt in den Wind und bekam prompt das große Kotzen. Als Helga auch noch mit einem Affenfell, das sie von erspartem Geld in Buenaventura auf dem Markt gekauft hatte, heimkehrte und ich nur mit einer mir vom Admiral geschenkten Matrosenpuppe aufwarten konnte, standen Sieger und Verlierer deutlich fest. Oder: Nicht weit von unserer Gesandtschaft entfernt gab es eine Ausbildungsstätte für Lehrerinnen – das Institutio Pedagógico. Die Leiterin war eine Deutsche und lud zu ihren Festen ein, auf denen die Junglehrerinnen selber oder mit ihren »Laborschülerinnen« vorführten, was sie gelernt hatten. Diese tanzten »Una vez aquí, una vez allá«, also unser deutsches »Zeigt her eure Füße, zeigt her eure Schuh'« mit dem Kehrreim »einmal hin, einmal her, ringsherum, das ist nicht schwer«. Wir wurden gefragt, ob wir das wiedererkennen. »Ja, das haben wir früher auch gemacht«, antwortete ich und ließ durchblicken, dass ich das für Kinderkram hielt. »Und was würdest du heute gern spielen?« Das machte mich verlegen. »Schornsteinfeger ging spazieren« war ja noch primitiver als das Waschweiber-Lied, und »Es war einmal ein kleiner Mann« endete ziemlich unschicklich, das konnte ich den katholischen Damen doch nicht nennen. Ich sagte kurz entschlossen: »Ziehe durch, ziehe durch, durch die Goldene Brücke ...« mit dem Vers »Machet auf das Tor, machet auf das Tor, es kommt ein goldener Wagen«. Aber ich konnte den Text nicht mehr, konnte nur noch vormachen, wie man die Brücke und das Tor darstellt: »Wie in ›London Bridge is falling down‹.« Und die Frau Doctora notierte sich meine Auskunft.

Hier, wie bei allen anderen öffentlichen Ereignissen, setzte Vater seine Kinder in geeigneter Funktion ein. Eine erfüllte ich besonders gern: das Dekorieren der Tafel bei kleinen und großen Diners, die die Eltern gaben. Meist hatte der benachbarte Gärtner nur Orchideen oder Nelken oder Babyrosen – und die gab es auf allen Partys aller Diplomaten. Ich kombinierte bescheidenere Blumen mit Eukalyptus oder Immergrün oder Mimosenzweigen, und einmal standen mehrere flache Schalen, nur mit schwimmenden Löwenzahnblüten gefüllt, auf dem Tisch. Der Vater lobte mich und erzählte den Gästen, dies sei das Werk seines zehnjährigen Sohnes, was Applaus auslöste und die merkwürdige Banalität alsbald in ein originelles Kunstwerk verwandelte. Dass er selber Wert auf Schönheit legte und dass diese nicht auffallen, aber auch nicht gemeinplätzig sein durfte, war eine wirksame Form der ästhetischen Erziehung. Nie hat er seine Feste und Gastlichkeit durch andere ausrichten lassen, nie wurden Effekte gekauft, nie auf sie verzichtet. Wie bei einem guten Koch war meist ein kleines Geheimnis im Spiel. So eilte er, kurz bevor die ersten Gäste eintrafen, mit der erhitzten Kamin-Kohlenschaufel durchs Haus und ließ Kölnisch Wasser darauf verzischen. Er nannte das »Schlossgeruch verbreiten«.

In meiner Zunft unterscheidet man zwischen der »intentionalen« und der »funktionalen« Pädagogik. Der erste Begriff bezeichnet eine geplante, also bewusste und systematische Veranstaltung, der zweite alle Vorgänge oder Umstände, die pädagogische Wirkungen haben, ohne dass jemand sie ausdrücklich gewollt hätte. Zu welchem der beiden ein pädagogisches Phänomen gehört, ist oft schwer auszumachen. Der Ausdruck »aus Fehlern lernen« macht das Dilemma deutlich. Soll man nun Fehler herbeiführen, um diese Chance zu nutzen? Auch das »Vorbild« sträubt sich gegen eine Zuordnung zum einen oder dem anderen.

Denke ich an meine Kindheit und Jugend zurück, erkenne ich, wie viele der zunächst nur denkbaren Einflussmöglichkeiten mein Vater seinen Absichten dienstbar machte. Dass Helga und ich täglich eine Stunde bei einem zwielichtigen, jedenfalls häufig betrunkenen und sich um seinen Auftrag wenig scherenden Pferdebesitzer, der sich Reitlehrer nannte, Reitunterricht bekamen, setzte unsere mit Burka begonnene equestrische Ausbildung fort. Vater wusste sehr genau, dass Herr Henke (?) uns nichts von der hohen Reitkunst beibrachte; aber indem er angeordnet hatte, dass wir eine Dreiviertelstunde auf dem nackten Pferd zu sitzen hatten und es hinterher am Halfter »trockenführen« und schließlich tränken mussten, hat er sein wichtigstes Ziel erreicht: Wir bewegten uns gern und »draußen« (was bei meiner Neigung zum Stubenhocker sehr viel bedeutete); wir härteten uns ab; wir probierten, weil wir keine Anleitung bekamen, alles Mögliche selber aus; wir versorgten ganz selbstverständlich den Spender unserer Lustbarkeit.

Aus dem letztgenannten Grund bekam Helga wohl auch eine junge Schäferhündin. Gewiss konnte das Grundstück der Gesandtschaft einen Wachhund gut gebrauchen, vor allem jetzt am Anfang. Die Diebe umschlichen das neue Revier mit den unkundigen und also unsicheren Bewohnern nicht nur, sie drangen mehrfach erfolgreich ein, gleichsam unter den Augen des vor dem Tor postierten Polizisten. Aber das Haus und uns zu beschützen war Medelline (wie die Hündin nach ihrem Herkunftsort hieß) sicher erst nach zwei bis drei Jahren in der Lage. Nein, mit Medelline erhielt Helga eine wichtige, sie fördernde Aufgabe: das Tier zu erziehen, es art- und ordnungsgemäß zu füttern, es periodisch in einem Lysolbad von seinen Flöhen und Zecken zu befreien. Helga leistete das alles mit der ihr eigentümlichen Beharrlichkeit. Eine Hoffnung, die der Vater mit seiner Gabe gehegt haben mag, erfüllte diese freilich nicht: Helga vom Füttern der vielen hungernden Köter abzubringen, die überall herumstreunten. Helga erbettelte Essensreste in der Küche, sparte ihre Schulbrote auf und stahl vermutlich für die scheuen mageren Wesen, die nun schon am Tor der Gesandtschaft in immer größerer Zahl auf sie warteten.

Helga hielt auch Meerschweinchen. Mir traute man die dazu nötige Disziplin noch nicht zu, was mich ärgerte. Als ich vom Commandante Cuevas ein Kaninchen geschenkt bekam, bemühte ich mich sehr, meine Verantwortungsfähigkeit zu beweisen. Aber dreimal am Tag einen Spankorb voll frischen Löwenzahns auf der Wiese nebenan zu raufen schien mir unökonomisch: Warum nicht einmal am Tag gleich drei Körbe voll?! Wenn das Futter nach mehreren Stunden welk im Käfig lag, erbarmte sich Helga und gab meinem Kaninchen etwas von dem ab, was sie für ihre Meerschweine herbeigeschafft hatte. Ich hätte damals schon lernen können, dass Pädagogik (gleich ob intentional oder funktional) vornehmlich die Anlagen fördert, die man schon erkennbar besitzt, dass sie uns selten mit neuen Möglichkeiten »begabt«. Als eines Tages mein Kaninchen mit gelähmter Hinterhand im Käfig lag, galt ich als der Schuldige. Das »Männlein«, das das Grundstück nachts bewachte, wurde mit der Tötung des Kaninchens beauftragt – und zeigte mir, wie man ihm das Fell abzieht. Ich habe dabei geweint, ich glaube: mehr aus Scham als aus Trauer. Das Fell gerben zu lassen lohnte nicht, kam jedenfalls niemandem in den Sinn. Ich habe es – steif und unangenehm riechend – bewahrt, bis wir Kolumbien verließen. Es nach Deutschland mitzunehmen kam mir sentimental vor – es war schließlich kein Affenfell.

Funktionale Erziehung leistete auch der mir geschenkte Fotoapparat – eine einfache Kleinbild-Box, die mich sowohl die Wirklichkeit als auch andere Bilder aufmerksamer betrachten lehrte. Der Konsularbeamte Klöcker, ein lustiger, umtriebiger Mann, reiste viel im Land umher, wie uns schien: mehr um zu fotografieren als um seine Dienstgeschäfte zu erledigen. Er entdeckte das »schöne« Kolumbien für mich – in weiten majestätisch-einsamen Landschaften ebenso wie im archaischen Idyll der Bergdörfer, in den Laubhütten am Stadtrand, auf den turbulenten Märkten. Den Monserrate mit der leuchtend weißen Kirche, den Tequendama-Wasserfall, das Capitolio – das konnte jeder »Knipser« einfangen. Aber zum Beispiel den romantischen Innenhof des Hauses, in dem Fräulein Micke, Vaters Sekretärin, wohnte, oder die verwunschene Gasse, in der das alte spanische Haus des Professor Martini, unseres deutschen Arztes, lag, wurde erst durch Klöckers fotografischen Blick bemerkenswert. Mit meinem Apparat ging ich

Kaninchen und Fotoapparat

gleichsam auf seinen Spuren durch die mir erreichbare Vorstadtwelt, »sah« plötzlich den lustigen Filzhut auf dem Kopf des kleinen Flötenspielers, der später die Ausstellung des Museum of Modern Art »The Family of Men« zieren sollte und den es millionenfach in Südamerika gibt, erkannte den Charme des »Männleins«, unseres Wächters in seiner Ruana, die so lang wirkte, weil er so kurz war, und an der sich sein Papagei in kunstvoller Schrägstellung festkrallte, versuchte mit langer Belichtung in das Dunkel von Evangelinas Behausung einzudringen: eines der beiden Holzcontainer, die unser Umzugsgut enthalten hatten und die nun im hinteren Teil des Grundstücks – als Funkstation der eine, als Mädchenkammer der andere – dienten.

Das meiste Spanisch, das ich nach eineinhalb Jahren konnte, habe ich von der Indianerin Evangelina gelernt. Sie war uns als Hausmädchen vom Instituto Pedagógico vermittelt worden, nachdem ihre Vorgängerin wegen anhaltenden Diebstahls entlassen werden musste. Evangelina war eine »Perle« – fleißig, liebenswürdig und sauber. Sie zeigte mir, was sie in ihrer Holztruhe von zu Hause mitgebracht hatte: einen Handspiegel mit Kamm und Bürste aus dem gleichen beschnitzten und bemalten Holz, bestickte Alpargatas (im Dienst trug sie hässliche schwarze Lackschuhe), ein buntes Ausgehkleid mit schwarzem Umhang und eine Sammlung von Heiligenbildern. Sie erzählte mir von ihrer Familie, von deren kleinem Hof, deren Tieren, Krankheiten, Festen und Arbeiten. Kein Wunder, dass sich mein Wortschatz bei ihr ungleich stärker vermehrte als in der Schule! Und nur bei ihr wagte ich die Süßigkeiten zu kosten, die sie von zu Hause mitgebracht hatte und die genauso aussahen wie die, die die Straßenhändler vor dem Schultor uns aufdrängen wollten. Zu gern hätte ich die heißbegehrten *dulces* für ein paar *centavos* gekauft, aber das hatte man uns streng verboten. »Wollt ihr noch mehr Krankheiten haben!?«

In der Tat waren wir anfangs von Tropenkrankheiten, vor allem von Hautinfektionen schwer heimgesucht. Meine Furunkulose hielt mich wochenlang vom Schulbesuch ab, bis mich die Langeweile deutlich mehr plagte als die Schwären. Also zog Vater seine »Feenschuhe« (seidengefütterte persische »Mokassins«) über meinen unförmig verbundenen vereiterten Fuß und trug mich auf seinen Schultern in die Schule. Professor Martini und die ihm assistierende energische Schwester Betty taten ihr Bestes, uns mit Antiphlogistin und Hefesuppe zu heilen. Die Miezi-Mutter tröstete der kauzige Mann mit dem Satz, der in den Familienwortschatz übergegangen ist: »Verehrte gnädige Frau, seien Sie zufrieden mit dem gegenwärtigen Zustand – es kommt alles noch viel schlimmer!« Während er unsere Wunden behandelte, erzählte er zur Ablenkung immer neue Geschichten aus dem Leben eines genialen Räubers. Eines Tages konnte dieser den Obrigkeiten nicht mehr entrinnen, wurde verurteilt und kam aufs Schafott. Der junge Henker, der ihn enthaupten sollte, entschuldigte sich beim Delinquenten dafür, dass seine Hand zittere: »Es ist nämlich meine erste Hinrichtung.« Der Räuber: »Meine auch!« Sigmund Freud hätte diese Geschichte in seiner Analyse des Witzes gut gebrauchen können, und hängen geblieben ist sie auch.

Überhaupt: Geschichten in der häuslichen Pädagogik! Wenn der Vater einmal in der Woche mit allen fünf Kindern in ein heißes, mit Stassfurter Badesalz gesättigtes Bad stieg, dann hatte das zunächst einen praktischen medizinischen und einen ökonomischen Grund, nämlich erstens Vorbeugung gegen die tropischen Hautkrankheiten und zweitens Sparsamkeit – ein StaBasa-Bad statt vieler. Der Effekt war ein anderer und ungleich wichtigerer: Wir Kinder ertrugen nicht nur das lästige Gesundheitsprogramm, wir freuten uns auf die schweißtreibende enge Veranstaltung, weil Vater uns dabei eine gute Dreiviertelstunde (es wurde ständig heißes Wasser nachgelassen) erzählte – in Fortsetzungen den gesamten Trojanischen Krieg mit Vor- und Nachgeschichte, das ganze Nibelungenlied, seine Lieblingspassagen aus der Bibel (David und Goliath, Samson und Dalila, Pharao und Moses) und zwischendrein erfundene Romane, in die er seine eigenen Vorlieben und Ereignisse aus seiner Amtstätigkeit einfließen ließ: Geschichten von Polarforschern und Bärenjägern, von Heiratsschwindlern und Meisterdieben. Hier erwarben wir unser »Weltwissen«, wie man heute sagt.

Unser Aufenthalt in Bogotá nahm ein vorzeitiges Ende. Die Geschichte, die dazu führte, haben die Beteiligten in verschiedener Erinnerung. Meine Version ist weniger bedeutungsvoll als die meines Vaters, was möglicherweise für ihre Richtigkeit, zugleich aber auch gegen ihre Aufzeichnung spricht. Er kann sich ja nicht gegen sie wehren. Erzählt habe ich sie freilich schon immer so, wie ich sie nun in einem Buch niederschreibe, dessen Titel wie der des seinen mit »*Mein* Leben ...« beginnt.

Am Himmelfahrtstag des Jahres 1935 wollte ich meinem Vater einen Wasserfall zeigen, den ich in dem unweit unseres Hauses steil aufsteigenden Gebirge entdeckt hatte. Wir gingen, begleitet von Medelline, nach dem Mittagessen los, erreichten das kleine Naturwunder auf schmalem Eselspfad nach etwa fünf Viertelstunden und waren schon ein gut Stück wieder abwärts gestiegen, als uns drei Männer und drei Frauen entgegenkamen. Sie redeten laut und hatten offenbar reichlich Chicha getrunken, jenen Schnaps, der aus vorgekautem Mais hergestellt wird, was wir Kinder besonders gruselig fanden. Sie wollten dem Vater nicht ausweichen, rempelten ihn an, und während er den erhobenen Hartholzstock des einen ergriff, um nicht von ihm geschlagen zu werden, sauste schon der Schlag des zweiten Mannes auf ihn nieder. Dann prasselten die Schläge nur so, vornehmlich auf Vaters Kopf, den dieser mit beiden Händen bedeckte. Medelline wurde mit einem Fußtritt in den Abgrund gestoßen; ich verkroch mich nach dem ersten Schlag auf meine Brust ins Dickicht; die Kerle prügelten in sich steigernder Wut auf den niedergestürzten Vater – bis sie ihn für tot hielten. Als die Meute unter dem Gekreisch der Frauen abzog, wagte ich mich hervor und fand einen gegen die Feldwand gepressten, in sich zusammengefalteten, bis zur Unkenntlichkeit von Blut überströmten Körper ohne das geringste Lebenszeichen. Mein anhaltendes lautes Weinen – ein Weinen der völligen Verlassenheit – rief ihn ins Bewusstsein zurück. Er atmete und versuchte etwas zu sagen. Mein Bemühen, sein Gesicht von den Händen zu befreien, damit er atmen und reden könne, löste nur einen furchtbaren Schmerzensschrei aus. Was Hände hätten sein sollen, waren blutige Fleischlappen. Ich konnte ihm nicht helfen, nicht weil ich als Zehnjähriger zu schwach, sondern weil er überall schwer verletzt und nirgends mehr zu berühren war. Ich flehte ihn nun an, bitte, bitte am Leben zu bleiben und aufzustehen. Wie lange es dauerte, bis ihm dies gelang, weiß ich nicht, auch nicht, wie lange es dauerte, bis wir an die Straße gelangten – er brach immer wieder zusammen, und jedes Mal musste ich fürchten, dass er nicht wieder hochkam. Darum stützte er sich beim Weitergehen trotz der Schmerzen auf meine Schulter. Es war inzwischen dunkel geworden. Auf der Straße fuhren die Autos schnell weiter, wenn ihre Scheinwerfer das Schreckensbild erfasst hatten. Mit so etwas wollte man nichts zu tun haben. Zwischen acht und neun Uhr kamen wir bei der Gesandtschaft an, wo man in größter Sorge war. Professor Martini wurde herbeigerufen und ein Mitglied der Gesandtschaft. Vaters letzte Anordnung an diesen war: Keine »Erklärung« abgeben; abwarten, bis er selber Auskunft geben könne; Hartmut in Ruhe lassen.

Das Letztere tat man natürlich nicht. Ich war ja die einzige Auskunftsquelle. Vollends am anderen Morgen war das Haus von der Presse umlagert, und wichtige Personen gingen aus und ein. Mein Vater war bewusstlos geworden und blieb dies für zwei Tage. Er war sofort in die Klinik gebracht worden, wo Professor Martini wochenlang nicht von seiner Seite wich.

Die Regierung, gerade im Begriff, sich mit Hitler-Deutschland einigermaßen gut zu stellen, entschuldigte sich und gab alsbald den Kommunisten die Schuld. Auch der deutschen Reichsregierung kam diese Darstellung zupass. Die Unwahrscheinlichkeit, dass ausgerechnet die disziplinierteste aller Parteien so abenteuerlich vorgehen würde, wenn sie den »Vertreter des faschistischen Deutschland« umbringen wollte, machte niemandem zu schaffen. Am dritten Tag nach dem Vorfall lud mich der Staatspräsident in seinen Palast ein, erklärte mich zum Helden und versprach, die ruchlosen Täter zu fassen und zu bestrafen – und ich sollte dabei helfen. Am vierten Tag ritt der Kommandeur der berittenen Gendarmerie, Cuevas, vor – mit einer ganzen Schwadron und einem Pferd für mich. Ich sollte ihn zum Tatort begleiten. Dies war zwar ein spektakuläres Unternehmen (»Seht her, wir tun etwas!«), aber so unsinnig wie die Verschwörungstheorie, der es folgte. Wie wollte man in dem unwegsamen Gebirge Männer finden, die den Lärm so vieler Reiter doch von ferne hören mussten und sich einfach weiter nach oben verzogen, wo diese bestimmt nicht hinkamen. Schon im Begriff umzukehren, stießen wir auf ein paar Hütten, aus denen Rauch aufstieg; eine Frau trat aus der einen und schrie angesichts der Soldaten laut: »Ich habe immer gesagt, sie sollen aufhören!« Es bedurfte einer »Erkennung« durch mich gar nicht. Sie wurde ergriffen und verhört. Drei Männer wurden im Laufe der nächsten Tage verhaftet. Einen konnte ich identifizieren.

Warum mein Vater sich die Auslegung eines gewöhnlichen Gewaltaktes als eines politischen »Attentats« zu eigen machte (oder ihr doch nicht widersprach), auch noch meinte, die Leute seien uns schon gefolgt, als wir das Haus verließen, weiß ich nicht. In seinen Erinnerungen schreibt er, die Partei habe ihm »gleich nach dem Attentat die Erklärung ... abnötigen wollen, es sei ein bolschewistischer Überfall gewesen«, und deutet wirtschaftspolitische Gründe an, warum er diesem Ansinnen widerstand. Widersprochen hat er dem behaupteten Tatbestand nicht. Er hat wohl in der Auseinandersetzung mit den örtlichen Parteileuten – Männern der Auslandsorganisation der NSDAP – diesen Coup gut brauchen können: Er, dem sie parteischädigendes Verhalten unterstellten, wenn er ihnen nicht zustehende Aktivitäten untersagte, konnte nun gleichsam als ein »Blutopfer« der Bewegung gelten. Das stopfte ihnen einstweilen das Maul. Aber das ist nur eine nachträgliche Vermutung, die ich nie mit ihm besprochen habe. Die Behauptung, es habe sich später herausgestellt, das Ganze sei von den Nazis inszeniert worden, habe ich nie gehört, sie erst in den Memoiren meiner Schwester gefunden, die sie einem kolumbianischen Wichtigtuer in den Mund legt.

In einem Punkt kann ich des Vaters Darstellung mit Sicherheit »verbessern«. Zu meinem 75. Geburtstag schenkte mir meine Mutter die Armbanduhr meines Vaters – einen mir innig vertrauten Gegenstand. Vater habe sie ihr bei seinem Deutschland-Aufenthalt im Jahre 1935 gegeben (er hatte sie also aufgesucht!) mit dem Satz: »Sie ist ordnungsgemäß stehen geblieben, als mein Leben zu Ende sein sollte. Hartmuts Jammer hat das Herz wieder in Gang gebracht, die Uhr nicht.« Die Zeiger sagen, der tödliche Streich sei um 15.45 Uhr geführt worden.

Nach mehreren Wochen in der Intensivstation heilten die drei Schädelbasisbrüche, die gebrochenen Handknochen und Rippen wuchsen wieder zusammen, ein Erholungsaufenthalt in San Pablo, Finca des Optikers Schmidt, brachte den Fünfzigjährigen wieder zu Kräften, und so konnte er – mit einer Kappe, die sein geschorenes Haupt bedeckte – im Herbst nach Berlin reisen, um »Bericht zu erstatten«, wohl auch, um sich bei seiner Mutter in Garmisch-Partenkirchen ein wenig zu erholen. Zu Weihnachten wollte er zurück sein.

Die Ankunft seines Schiffes wurde durch Winterstürme verzögert. Im Weihnachtszimmer stand seit dem 24. Dezember der geschmückte

Wacholderbaum, der die Tanne ersetzte, die Geschenke waren ausgebreitet, der Raum fest verschlossen. Wir mussten dies bis zum 26. Dezember aushalten, feierten dann aber ein durch die angestaute Erwartung und den wiedergekehrten Vater doppelt gesteigertes Fest.

Als Belohnung für mein zwar nicht gerade »heldenmütiges«, dafür aber, wie der Vater behauptete, lebensrettendes Weinen nahm er mich auf einen vierzehntägigen Ritt in die Llanos mit, in das ausgedehnte Quellgebiet des Orinoco – halb Urwald, halb Steppe. Täglich etwa acht Stunden zu Pferde, große Hitze, Moskitos, die regelmäßige Erledigung bestimmter Aufgaben, zum Beispiel die Zubereitung der mitgebrachten »Expeditionsnahrung« – das waren schon Zumutungen für einen Zehnjährigen. Dass ich sie freudig bestanden habe, war gewiss den außerordentlichen Erlebnissen zuzuschreiben, die der abenteuerliche Ritt *in terram incognitam* bot. Ich habe sie noch im gleichen Jahr in einem Bericht für eine Schülerzeitung festgehalten, den man in meinem Buch »Fahrten und Gefährten« nachlesen kann. Heute weiß ich, dass die Hauptquelle meiner Leistungskraft in dem Stolz zu suchen ist, den ich darüber empfand, dass mein Vater mir dies alles zutraute.

Vater hatte in Berlin um Versetzung gebeten. Warum man ihm die Bitte gewährte und welche Intrigen der Parteileute im Auswärtigen Amt dabei mitwirkten, habe ich erst aus seinen Memoiren erfahren – auch welche Rolle mein Lehrer Esperstedt dabei spielte: Er hatte Vater bei seinen Parteioberen in Berlin angezeigt, weil er als deutscher Gesandter einen amerikanischen Wagen fuhr. Wer mochte auf einem Posten bleiben, um den herum solche Giftkräuter wuchsen?

Schon auf der »Waltraut Horn«, mit der wir im Februar 1936 zurückreisten, ereilte ihn der Auftrag, das Generalkonsulat in Amsterdam »provisorisch« zu übernehmen. Was sich durch die geschilderten Ereignisse schon anbahnte, sollte dort vollzogen werden: meine Verselbstständigung.

5. Verselbständigung

Die Führung des Generalkonsulats in Amsterdam war als Interim gedacht. Für dessen Dauer konnte die Familie eine Wohnung im Souterrain des Hauses beziehen, das die Großmutter Hentig in Garmisch-Partenkirchen gekauft hatte. Sie selbst hatte sich in den beiden großzügig angelegten mittleren Etagen eingerichtet; die Tante Lore, Witwe des Kriegskameraden meines Vaters, Hans Röhr, bewohnte mit ihren Kindern Hans Christoph und Rosemarie (Toffi und Mosi) das gemütliche Dachgeschoss. Das Haus war an einem Hang gebaut, und was einst nur »Keller« war, hatte ein örtlicher Architekt zu einer wunderschönen ebenerdigen Wohnung ausgebaut, die eigentlich vermietet werden sollte und uns nun einen ersten Unterschlupf bot. Sie war vollständig mit duftendem Kiefernholz verschalt und mit Einbauschränken, Klappbetten, Kachelofen, blau oder rot karierten Vorhängen versehen: eine oberbayerische Musterwohnung. Man darf das »ober-« in diesem Fall durchaus als Steigerung der Eigenart und nicht nur als Ortsangabe lesen. Ich war sofort einverstanden, ja glücklich mit dem Tausch: Gesandtschaft gegen »Wohnwagen«. Von den Hotelzimmern nicht zu reden, die wir nach der Überfahrt vorübergehend im Kaiserhof in Berlin bezogen hatten und in denen alles so fein wie fremd war, ja feindlich anmutete. Wir mussten Schuhe anziehen, wenn wir über den Flur zu dem Zimmer der Eltern gehen wollten, »gehen« natürlich, nicht »rennen«. Das wurde allenfalls geduldet, wenn es galt, auf den langen, mit roten Teppichen ausgeschlagenen Gängen und Treppen die entlaufenen Meerschweinchen wieder einzufangen, die mitzunehmen Helga tatsächlich durchgesetzt hatte (»… wenn wir schon Medelline zurücklassen müssen!«).

Helga wurde im Lyzeum der gelehrten katholischen Nonnen, ich im Progymnasium angemeldet, das den Gymnasien in Murnau und Bad Tölz und dem Kloster Ettal zuarbeitete und schon zu Garmisch gehörte.

Großmutters Haus befand sich in Partenkirchen, und man legte Wert auf die Unterscheidung. Garmisch hatte zwar die schönere Kirche und die teureren Hotels, Partenkirchen aber war der sportlichere Ort, nicht nur weil sich dort die Sprungschanzen – für die bevorstehende Olympiade neu gebaut – und das Kainzenbad – traumschön und immer zu kalt – befanden.

Das Progymnasium war eines der ansehnlichsten Gebäude in dem noch sehr ländlichen, von Protz und Gedränge des heutigen Tourismus weit entfernten Städtchens. Es glich einem Bauernhaus, breit gelagert mit schöner Bemalung und dunkler Holzverkleidung des Obergeschosses und Daches. Die breiten Dielen im Flur und in den Klassenzimmern waren geölt (nicht gewachst) und fast schwarz, so dass überall der Eindruck tiefer Dunkelheit herrschte. Wir saßen an uralten Pulten und wurden nach uralten Methoden in lateinischer Formenlehre gebimst. Es muss dort auch anderen Unterricht gegeben haben, aber das Gemüt war von Deklination und Konjugation, von Casus und Vokabeln verschiedenen Genus und Numerus so besetzt, dass es anderes nicht recht wahrnahm und schon gar nicht behalten konnte.

Zugleich mit dem Latein lernte ich eine zweite Fremdsprache – das Bayerische. Zwar bemühten sich die Lehrer um Hochdeutsch, aber dann verstanden die Bauernjungen sie schlecht. »Zwarafuchzg« ging ihnen besser ein als »zweiundfünfzig«, und die Übersetzung von »crambe« als »Kohl« bedurfte ihrerseits einer Übersetzung in »Kraut«.

Ein Neuer, der nur Hochdeutsch sprach, war für meine Schulkameraden nicht zu gebrauchen. Nie bin ich anders als allein die wenigstens fünfzig Minuten ins Gsteig, wie unsere Bergstraße passend hieß, heimgegangen. Unterwegs rätselte ich darüber, wie »Topf« mit »Topfen« (Quark) zusammenhängen mochte, betrachtete den Heiligen Sebastian, den vielfach grausig durchbohrten, an der nach ihm benannten Kapelle, widerstand der Verführung, beim Bäcker Ijsseldijk aus Holland, der im übrigen perfekt Bayerisch sprach, für fünf Pfennige eine einzelne Marzipankartoffel zu kaufen, bis ich genug Geld zusammengespart hätte, um eine kleine Zellophantüte voll davon kaufen und dem Franzl davon anbieten zu können.

Wir saßen in der Klasse nebeneinander; er war Sohn eines Tischlers und Pimpf; ich hoffte, er würde mir sagen, wie man das wird. Das tat er auch, fügte aber bestimmt hinzu: »A Uniform musst scho ham!« Ich konnte bald selbst sehen und nachempfinden, worauf das zielte: Eine Gruppe (sie hieß militärisch »ein Zug«), in der die Hälfte mit Lederhose und also ohne Koppel, mit bunten Socken statt mit grauen Wadenstrümpfen und somit unvorschriftsmäßig daherkommt, ist ein kränkender Anblick. Die sollte lieber ganz in Zivil erscheinen!

Vater war im entfernten Amsterdam; die Miezi-Mutter war nicht autorisiert, mir eine teure Uniform zu kaufen; und ich selber kannte ja die Prinzipien, die bei uns galten: Kleidung bekam man, wenn dies nötig wurde – wenn die alte nicht mehr brauchbar oder zu klein geworden war; sie musste unauffällig und strapazierbar sein; und sie wurde immer etwas zu groß – auf Zuwachs – gekauft. Das Wichtigste an der Pimpfen-Uniform war jedoch, dass sie eher knapp als genau saß. Und »benötigt« wurde sie schon gar nicht.

Als ich meinem Vater bei einem seiner Besuche meinen Wunsch vortrug, der Hitlerjugend beizutreten, hat er drei Sätze gesagt: »Du weißt, mein Sohn, wie ich zu den Leuten stehe. Aber wenn du unbedingt dabeisein willst, werde ich dir nicht im Wege stehen. Noch freilich muss niemand mitmachen.« Ein aufkommendes Gefühl von Peinlichkeit unterdrückend nahm ich die Erlaubnis stumm entgegen. Von der Uniform wagte ich nicht mehr zu reden. In diese Stille fiel ein vierter Satz, der sich mir tief einprägte: »Ich vertraue fest darauf, dass du dich an nichts Unanständigem beteiligen wirst.« Diese Versicherung war mein wichtigstes Vademecum während der ganzen Nazizeit.

Als ich später Gelegenheit fand, den Uniformwunsch doch noch anzubringen, überging mein Vater ihn kühl. Vielleicht hatte er etwas von »Wir werden demnächst wieder im Ausland sein« gesagt, das ich nicht als Antwort verstand.

Kurz darauf sollte ich meine Mutter zum ersten Mal sehen – für zwei Wochen in den Osterferien. München, wo sie in der Borstei, einer modernen Wohnsiedlung, wohnte, lag ja nur eine Eisenbahnstunde entfernt.

In den voraufgegangenen Jahren hatte ich natürlich von ihr gehört, nie etwas Schlechtes, aber auch nichts, was ein Bild von ihr hätte entstehen lassen können. Einmal im Jahr – zu Weihnachten – forderte mich mein Vater auf, ihr zu schreiben. An Briefe von ihr, die es sicher gegeben hat, erinnere ich mich nicht. Wie sollte ich! Sie schrieb zwar an ihr Kind, aber wer ich geworden war, konnte sie nicht wissen.

Sie hatte inzwischen wieder geheiratet und hatte drei Kinder; das vierte war unterwegs. Ihre Wohnung und ihr Lebenszuschnitt kamen mir eng vor. Ich war zwar nie verwöhnt worden, aber unsere Verhältnisse waren großbürgerlich, gediegen. Sie ging mit meinen Halbgeschwistern anders um, als ich es gewohnt war, und ich fürchtete, sobald ich den Schutz des »zu Gast Seins« abgelegt hatte, würde sie mich auch so behandeln. Sie erwartete kindliche Liebe, die Hingabe an die so lange entbehrte Mutter; ich aber hatte nichts entbehrt. Ich war zudem an der Liebe des Vaters vorsichtig geworden, die mit so viel Forderung verbunden war. – Mein Besuch muss eine große Enttäuschung gewesen sein. Ich schließe das aus der Erleichterung, die ich selber verspürte, als ich wieder abfuhr.

Zum Abschied nun erfüllte sie mir meinen großen Wunsch: Sie kaufte mir eine komplette und vorschriftsmäßige Pimpfen-Uniform – mit Schulterriemen zwar, aber ohne den Dolch, den zu halten die ursprüngliche Funktion dieses sonst überflüssigen, nur zum Schlagen geeigneten Lederstreifens war. Wirklich »schneidig« sah ich freilich darin nicht aus, nach dem gestellten Foto zu urteilen, das es aus dieser Zeit gibt: Weil ich zu dünn war und keine Hüften hatte, hing das Koppel schief, die Bluse bauschte sich unförmig darüber, die schwarzen Velvet-Hosen endeten da, wo sie auch sonst endeten – über dem Knie – und nicht auf halbem Oberschenkel (diesen Look stellten die richtigen Pimpfe mit Hilfe ihrer richtigen Pimpfen-Mütter erst in Heimarbeit her).

Die Erfüllung meines Wunsches kann der Mutter nicht leicht gefallen sein. Sie war alles andere als wohlhabend, und ihr Mann, Anthroposoph und Priester in der »Christengemeinschaft«, hatte seinen Beruf verloren, als die Nazis diese verboten. Sympathie für meinen Wunsch, dem Hitler-Jungvolk beizutreten, war folglich bei ihr nicht zu vermuten. Aber sie begriff spontan, was es mir bedeutete, »dazuzugehören« – zur großen Gemeinschaft von Jungen, die, wie ich meinte, männlicher, unabhängiger, wichtiger waren, als die Schule und die bürgerliche Gesellschaft ihnen einzeln zugestand.

Als ich später hierüber berichtete, um meine besondere Dankschuld für die zwiespältige Gabe zu bekennen, hat meine Mutter merkwürdigerweise energisch bestritten, mir je eine Pimpfen-Uniform geschenkt zu haben. Vermutlich hat sie dies ihrem Mann damals verbergen müssen, und dieser wiederum war über meine Kennzeichnung der Lebensverhältnisse in der Borstei als »karg« und der Erziehung der Mutter als »streng« empört und nahm dies zum Anlass, meine ganze Darstellung als »verletzende Unwahrheit« abzutun.

Das legt nahe, über die Sprache und die Urteile der Erinnerung nachzudenken. Diese handeln vornehmlich von Wirkungen. Ich kam aus der sprichwörtlichen »großen weiten Welt«; in Vaters Haus hatte ich schon seit Jahren ein eigenes Zimmer; es herrschte Helligkeit; es gab Personal und darum nicht nur größere Gelassenheit, sondern auch einen stets gemäßigten Ton. Die Wohnung in der Borstei war klein, mit Sachen und Personen überfüllt; man hielt sich hauptsächlich drinnen auf, weil das deutsche Wetter so ist, wie es ist; Gedrängtheit, Gespanntheit, Dunkelheit waren die vorwaltenden Eindrücke – das, woran sich mein Seelengedächtnis hält. Vermutlich sehnte ich mich in den zwei Wochen auch deshalb nach den Äußerlichkeiten des Vaterhauses, weil ich mit den schwierigen »Innerlichkeiten« nicht fertig wurde. Ich habe das Wort »karg« dafür gewählt, weil es für mich keine Wertung enthält – es bezeichnet den Unterschied zu üppig, reich, unbekümmert; einer, der »karg« lebt, denkt über seine Mittel nach. Mein Vater hat uns Preußentum gelehrt – das Lob freiwilliger Kargheit, und das war etwas anderes als die hier waltende Beschränkung. Ähnlich steht es mit dem Wort »streng«. Wenn ich es heute gebrauche, dann wiederum, weil ich eine Wertung vermeiden will. Damals hätte ich – zu Ehrlichkeit ermahnt – gesagt: »Ich fürchte mich vor meiner Mutter.« Die Furcht galt ihrer Ungeduld und der Unberechenbarkeit ihrer Erwartungen und ihres Unmuts. Es wird in dieser Aufzeichnung Gelegenheiten geben, diese Erinnerung durch andere zu ergänzen und abzuwandeln – vor allem aber darüber nachzudenken, was eine Mutter entbehrlich und was sie unentbehrlich macht.

Mit der Uniform vollzog ich meinen Eintritt in Hitlers Jungvolk. Man traf sich einmal in der Woche am Nachmittag, lernte wenig zu dem hinzu, was man schon vom Sportunterricht kannte und konnte: in Reih und Glied antreten, im Gleichschritt marschieren, stramme Haltung. Die drei Heimabende, die es während unseres halbjährigen Aufenthalts in Garmisch-Partenkirchen gab und an denen ich teilgenommen habe, obwohl der Weg dorthin sehr weit war, galten der Vorbereitung eines Gau-Parteitags (so ähnlich hieß das) in Schongau. Uns wurden die Namen der »Bonzen« (das war damals schon Pimpfen-Jargon) genannt, die aus München und Berlin kommen würden, und wir erhielten Anweisung, was man dabeihaben solle, wann man sich wo einfinden müsse und unter welchem Kommando und welchem Wimpel welche Einheit stehe; wir übten noch einmal die Heil-Rufe und die zwei wichtigsten, von zigtausend jungen Kehlen zu singenden Lieder und trotteten danach müde nach Haus. Auf der Fahrt zu dem Ereignis ging es noch erwartungsvoll zu: Man bot sich gegenseitig an, was der Brotbeutel und die Feldflasche enthielten, saure Drops und lauwarme Limonade; man hängte sich weit aus dem Zugfenster; man suchte seinen Kameraden. Nach Ankunft und Aufmarsch stand man stundenlang in der Sonne, sah, als die Führer erschienen, doch nur die Nacken der Vordermänner und brüllte, was die Lunge hergab. Von den Reden verstand ich kein Wort; Franzl war irgendwo anders; die Heimreise hüllten wir in Gegröl und Schweißgeruch. Die Uniform hatte mir keine Erlebnisgemeinschaft aufgeschlossen, sondern den Lärm, die Leere und die Langweile des Kollektivs.

Vielleicht wäre ich am Ende doch gern in Partenkirchen geblieben, hätte mich mit Franzl befreundet, mich der wunderbaren Bergwelt erfreut, deren schönste Zeit ich ja noch nicht kannte, den Winter. Aber auf dem Heimweg nach dem ersten Schulhalbjahr bin ich unten am Gsteig stehen geblieben, habe mein Zeugnis aus dem Ranzen genommen und mit dem Füller vor die beiden hässlichen Ziffern »3« für Fleiß und für Latein ein »2–« gemalt: Mit so schändlichen Noten glaubte ich nicht vor die Eltern treten zu können. Ich kannte das Wort »Urkundenfälschung« noch nicht, hätte es aber sofort als die korrekte Bezeichnung meiner Tätigkeit anerkannt. Dass man diese zu Hause nicht durchschaut hat, zeugte von großartigem Selbstbewusstsein der Eltern und ist mir noch heute unverständlich. Umso verständlicher ist mir, dass ich von da an alles daransetzte, nicht auf das Partenkirchener Progymnasium zurückkehren zu müssen. Dort wäre der Schwindel aufgeflogen – und was dann?

Vorerst fuhren wir nach Berlin und erlebten die Olympischen Spiele, für die Vater als Mitglied des Deutschen Olympischen Komitees (dies wiederum war eine Folge seines Generalkonsulats in San Francisco während der Spiele von 1932 in Los Angeles) zwei Dauerkarten in der Ehrenloge, gleich unterhalb der Führerloge, hatte und zwei weitere auf der gegenüberliegenden Seite. Die Miezi-Mutter, Helga und ich wechselten uns in der Begleitung des Vaters ab, und so habe ich als Zehnjähriger Hitler so nahe gesehen wie nie wieder in den späteren Jahren, wenn wir in Berlin die Straßen säumten, um zu »jubeln«. Bei Jesse Owens' dreifachem Sieg dabeigewesen zu sein war erregend, und ich habe dieses Renommierstück vor Schulkameraden später ebenso wirksam eingesetzt wie das »Ich war keine zwanzig Meter von Hitler entfernt«. Aber das bleibende Erlebnis kam durch Vaters Kommentare zustande: Er hat mich auf die Grazie des Läufers und auf die lächerliche Steifheit des Führers aufmerksam gemacht. Beides hat er mich damals – ganz nebenbei – zu sehen gelehrt.

Das rettende Wunder geschah: Vater nahm mich mit nach Amsterdam – mich allein, bis wir dort eine Bleibe für die Familie gefunden haben würden; sein dortiger Auftrag sollte nun doch sehr viel länger dauern als vorgesehen. Wir setzten uns in seinen Chevrolet und fuhren – Vater und Sohn – durch das sommerliche Deutschland, seine unglaubliche Schönheit genießend, Umwege über die gastlichen Güter von Freunden und besondere Sehenswürdigkeiten fahrend: erste Nacht bei Exweihnachtsmann Wasmod von dem Knesebeck in Langenapel bei Salzwedel, erstes ausgiebiges Mittagessen in Hugenbergs Villa, erste Einkehr in einem feinen Restaurant in Braunschweig mit anschließender sorgfältiger Erkundung dieser Stadt ebenso wie von Hameln, Rinteln, Lemgo, Osnabrück, Rheine und schließlich Hengelo schon in Holland. Vater feierte sein Wiedersehen mit diesen Orten, indem er sie mir zeigte – kundig und verliebt. Drei Jahre später habe ich, von ihm angesteckt, zu Rade Thüringen und Franken für mich erobert. Drei weitere Jahre später begann die Vernichtung dieser Welt. Ich habe, sage ich mir seither staunend, noch das alte Deutschland gesehen, ein Ludwig-Richter-Deutschland, das sich in den drei Jahrhunderten zwischen Luther und den Brüdern Grimm weniger verändert hatte als in den drei Jahrzehnten zwischen den Weltkriegen. Mein Kindheits-Deutschland jedenfalls hätte Goethe noch wiedererkannt.

Auf der letzten Strecke geschah uns etwas, das dieses Schönheitsglück zu vernichten geeignet gewesen wäre und es doch nicht tat – und das mich der metaphysischen Bewusstlosigkeit entriss, die die Kindheit umgibt. Wir werden nicht durch die Fülle der Erfahrung, sondern durch deren Intensität erwachsen, nicht durch bloßes Zutrauen, wie es mein Vater dem noch nicht Elfjährigen mit der Zweisamkeit wie selbstverständlich schenkte, sondern durch Zumutung, ja durch Schrecken.

Vater überlegte seine Ausgaben genau. Das ist keine liebevolle Umschreibung von Geiz, konnte doch diese Überlegung sowohl zu erstaunlicher Großzügigkeit führen wie zum Knausern. Auf Benzinpreise zu achten und an der billigsten Tankstelle möglichst viel (also möglichst spät) zu tanken, war bei ihm zu einem kitzeligen Sport gediehen. Hatten die Schilder schon einmal auf 35 Pfennige pro Liter gelautet, konnte man doch nicht ohne innere Kränkung 37 Pfennige dafür zahlen. Der Sohn und Beifahrer spielte das Spiel eifrig mit. Kurz vor Rheine war es dann tatsächlich passiert: Der Motor stotterte, und das Auto kam zum Stehen. Einen Reservekanister hat ein amerikanisches Auto nicht. Die Straße war wenig befahren; auf Hilfe zu warten, hätte uns Stunden kosten können. Vater beschloss also, zu Fuß zum nächsten Ort zu gehen; vorher schoben wir den Wagen so weit an den rechten Rand wie möglich. In dem Augenblick kam uns ein Pferdefuhrwerk entgegen. Der Bauer gab ermutigende Auskunft: Die nächste Tankstelle sei nur etwa drei Kilometer entfernt – hinter der vor uns liegenden Anhöhe gehe es bis dorthin nur bergab. Wenn wir es schafften, den Wagen die 500 Meter »da« hinaufzuschieben, könnten wir ihn bis vor die Zapfsäule rollen lassen. Der Anstieg der Straße war sanft und regelmäßig. Wir meinten dem Rat folgen zu sollen. Vater setzte seine Manneskraft am Heck ein; ich übernahm die Lenkung durch das offene Fenster und konnte meine Knabenkraft nebenbei auf dem Kotflügel mit einsetzen. Es war mühsam, aber wir kamen voran. Als wir die höchste Stelle erreicht hatten, rief ich meinem Vater zu, jetzt sei es genug. Aber da der Wagen noch nicht rollte, schob der Vater weiter. Er sah die beginnende Abschüssigkeit ja nicht. Ich mahnte nun heftiger und schließlich ängstlich, er solle jetzt nach vorn kommen und einsteigen. Als er schließlich kam, hatte der Wagen schon das Tempo eines strammen Gehers und innerhalb von Sekunden das eines Läufers. Ich machte den Platz am Fens-

Todesnähe

ter frei, bestieg das Trittbrett und hielt mich am Griff der rückwärtigen Tür fest. Vater, ebenfalls auf dem Trittbrett, übernahm das Steuer, hätte dies nun aber loslassen müssen, um die Tür zu öffnen; dies wiederum wagte er offenbar nicht vor der unmittelbar bevorstehenden Kurve. Hinter dieser kamen uns zwei Radfahrer entgegen – quer über die Fahrbahn mäandernd, wie man das tut, um die Steigerung zu mindern, und ungewarnt, denn wir machten ja kein Geräusch. Angesichts des schlingernden Autos warfen sie ihre Räder in Panik hin und stoben auseinander in den Straßengraben. Rumms rumms fuhr das Auto über die Drahtgestelle und raste auf die nächste Kurve zu, unter der sich ein tiefes Tal des hier auslaufenden Teutoburger Waldes auftat. In diesem, dem letzten Augenblick vollzog der Vater das heikle Manöver, brachte das Fahrzeug unter seine Kontrolle – und fuhr mit einem »Halt dich gut fest!« weiter. Flehentlich bat ich ihn anzuhalten, was er aber angesichts der ausgestandenen Gefahr wohl für ein überflüssiges Mätzchen hielt. »Wir sind ja gleich da – lass uns erst tanken!« Das wurde ihm von einem gewaltigen amerikanischen Straßenkreuzer verwehrt, der uns überholte und dann zu halten zwang. Ein zu seinem Chrysler passender dicker Olympiadebesucher stieg aus und kam sichtbar wütend auf den Chevrolet-Kollegen zu, der da offensichtlich Fahrerflucht zu begehen im Begriff war. Vater kam ihm zuvor: »Thanks to God, you came ...« begann er in natürlichster Unbefangenheit und bat den Amerikaner, entweder sich um die beiden Radfahrer zu kümmern, ihnen zu sagen, wir kämen in spätestens zehn Minuten an den »Unfallort« – oder uns zu Benzin zu verhelfen. Der Sheriff zog das Erstere vor, nicht ohne Vater, den er für einen Landsmann hielt, zu warnen: »No dirty tricks in a foreign country!« – In mir addierte sich die Angst vor einer großen Beschämung zu der Angst vor der Katastrophe, der wir eben entronnen waren. Ich kauerte mich auf den Rücksitz und verfolgte das weitere – das Tanken, das Umkehren, das Erklärungs-, Versicherungs- und Tröstungsgespräch mit den ebenfalls noch einmal Davongekommenen – in bleicher Reglosigkeit.

Ich bin mir der Wahrheit meiner Aussage ganz gewiss: dass ich mich nie vorher und nie nachher dem Tode so nah gefühlt habe wie damals. Als Soldat im Krieg ist man selber aktiv und wähnt sich darum immer noch an einer möglichen Rettung beteiligt; im Luftschutzkeller bei

Bombenhagel ist man zwar gänzlich ohne Einfluss auf die Gefahr, aber man rechnet mit dem gnädigen Zufall; Mörder, die einem nach dem Leben trachten, gibt es in der Regel nur im Traum, dessen Ziel das Wachwerden ist; auf der Landstraße bei Rheine jedoch sah ich den unausweichlichen rasenden Sturz in den Abgrund voraus – und das viele Ewigkeitssekunden lang. Ich habe die Geschichte erst Jahre später meinen jüngeren Geschwistern erzählt. Mit dem Vater habe ich nie über sie gesprochen. Dass ich es nicht tat, war keinem Unvermögen zuzuschreiben, sondern einer Entscheidung. Ich wollte keine Erklärung von ihm hören. Ich hatte ja alles selber und deutlich wahrgenommen – die Arglosigkeit, die Zufälle, die Absolutheit des bevorstehenden Endes, das ebenso rettende wie kaltblütige Aussetzen der Verfügung über den Wagen, die irrwitzige Rückkehr in die Normalität. Mit diesem Erlebnis war ich nun endgültig Ich geworden.

Die deutsche Pension, in der Vater und ich wohnten, lag am Vondelpark, eine halbe Stunde Fußmarsch von der Deutschen Schule in der Niewe Looijer Straat entfernt; von dieser wiederum – sie hieß noch immer »Kaiser-Wilhelm-Gymnasium« – ging man weniger als zehn Minuten zum Deutschen Generalkonsulat. Vater sah also keinen Grund, mir ein Fahrrad zu kaufen, das in Amsterdam zur Ausstattung eines selbständigen Menschen gehört. Die Pension nahm die drei Stockwerke des schmalen Gebäudes ein; eine steile Treppe verband diese im Inneren; uns »gehörte« die Frontseite in der zweiten Etage des adretten Klinkergebäudes mit frisch geweißter Balustrade: ein größeres Schlafzimmer, ein kleineres Schlafzimmer und eine Wohndiele. Hier servierte eine freundliche Rheinländerin das holländische Frühstück – Milchkaffee, schweres rechteckiges Schwarzbrot mit dick Butter und Honig, frisches Weißbrot mit Streuschokolade, die »hagelslag« hieß. Vater und ich verließen das Haus zusammen um halb acht – wir hatten ja ein gutes Stück gemeinsamen Weges, auf dem er mich Vokabeln und vor allem die für Herrn Kniffler zu lernenden Gedichte abfrug. Herr Kniffler unterrichtete Deutsch – ein übergroßer, darum gebeugt gehender Mann, den sein Beruf nicht zu plagen schien: Seine Forderungen stellte er plaudernd, seine Urteile fällte er beiläufig und endgültig, die Geschichten und Gedichte in unserem Lesebuch interessierten auch ihn – und dass ich dieses Lesebuch nicht hatte (für den Rest des Jahres lohne sich der Kauf nicht, hatte mein Vater beschlossen), nahm er gelassen hin, ja er nutzte es didaktisch geschickt: »Weil der Hartmut das Gedicht nur gehört und nicht gelesen hat, sagt der Günter es jetzt *noch* einmal für ihn auf!« Dem folgte regelmäßig die Aufforderung: »So, Hartmut, jetzt zeig du, dass man auch ohne Buch lernen kann!«, und er ließ mich die Geschichte nacherzählen, das Gedicht wiederholen, was ebenso regelmäßig gelang.

Mein Klassenlehrer war Herr Kumpan, der seinen Namen widrigerweise auf der ersten Silbe betonte und aus Sachsen stammte; er brachte uns freundlichere Lieder bei als Herr Martin in Bogotá (»Hoch auf dem gelben Wagen«, »Ännchen von Tharau«, »Heute an Bord, morgen geht's fort«) und vor allem, die Blockflöte zu spielen. Alle Kinder der Klasse bekamen dieses hübsche und sorgfältig zu pflegende Gerät; die einen kauften es von der Schule, die anderen liehen es sich; Herr Kumpan führte uns in die französische Sprache ein (mit implodierendem »p«, das wir vor der Fensterscheibe übten: sie durfte keine Hauchspuren zeigen) und stattete die Schulfeiern mit seinem furiosen Klavierspiel aus. Er war es, der mich veranlasste, den Kameraden von Kolumbien und dem Ritt in die Llanos zu erzählen, und ermutigte mich, dies für die Schülerzeitschrift aufzuschreiben, was ich auch unbefangen tat. Er war freundlich, ohne sich anzubiedern, streng ohne Härte, vielseitig, einer der seltenen »künstlerischen« Pädagogen, und – oder muss ich nun »aber« schreiben? – er gehörte der NSDAP an.

Lateinunterricht gab es nur in den oberen Klassen; er wurde vom Direktor erteilt, und da er nachmittags stattfand, konnte ich ihn zusätzlich zu meinem normalen Unterricht besuchen. Ich hatte eigentlich nur das in Bogotá gelernte Pensum der Sexta verstanden; im Garmischer Progymnasium hatte sich die wunderbare Klarheit des Gegenstandes eingetrübt, ich war in der dunklen Brühe des Unterrichts mitgeschwommen und nur eben nicht untergegangen; hier musste ich höchste Denkakrobatik aufwenden, um ein nie gehörtes Phänomen, genannt a.c.i. – also *credo te amicum esse* – in einen verständlichen deutschen Satz zu verwandeln. Das glückte mir, wenn ich die Vokabeln kannte (diejenigen, bei denen ich stockte, zischten die neben mir sitzenden Großen zu) und weil ich fest voraussetzte: Dies *müsse* einen Sinn haben, sonst machte man so etwas doch nicht mit uns! Aber wie der

Sinn zustande kam, hätte ich nicht sagen können. Bei der entscheidenden Klassenarbeit vor dem Zeugnis war ich bei einem mich quälenden Hals-Nasen-Ohren-Arzt gewesen. Als ich mit dem Text gar nicht zurechtkam, presste ich die Wattepfropfen aus meiner Nase und ließ das Blut über das Klassenarbeitsheft pladdern. Das »Kann nicht beurteilt werden« war allemal besser als das sonst fällige »Ungenügend«.

Holländisch zu lernen weigerte ich mich, nachdem ich an »Onze eigen tal«, dem dafür verwendeten Schulbuch, erkannt hatte, wie kompliziert diese Sprache ist – eben nicht nur ein deutscher Dialekt wie das Bayerische – und sehr genau geregelt. Es verstand mich ja jedermann auch so, und ich umgekehrt auch jedermann. Blieb etwas rätselhaft wie die Mitteilung an Haustüren »Aan deze deur wordt niet gekocht« (Hausieren verboten) oder die Werbung »nuttig« (nützlich) für einen Gegenstand im Schaufenster, dann war es reizvoll, die Lösung auszudenken.

Lehrer machen eine Schule erfreulich oder schrecklich. Beglückung kommt von den Mitschülern, oder sie bleibt aus. In meiner Klasse sah ich mich vergebens um. Aber im Pausenhof – er war öde und so eng, dass man gesittet im Kreise gehen musste – entdeckte ich Manzi und verlangsamte meinen Gang, so dass er mich einholen konnte. Er eröffnete das Gespräch, indem er mich das Offensichtliche fragte: ob ich neu sei. Er selber hieß Karl Erich, hatte aber eingewilligt, dass man ihn so nannte, wie seine Mutter das tat. Er war Sohn eines berühmten österreichischen Sportpädagogen (Karl Gaulhofer) und lebte mit seiner Mutter – ich weiß nicht, aus welchem Grund – allein in Amsterdam. Er war ein Jahr älter als ich und entsprechend eine Klasse über mir. Er trug eine Trachtenjacke (oder gar einen Janker) und hätte mit seinem gezähmten Lockenkopf und einem fein geschnittenen Gesicht in jedem Visconti-Film den Prinzen oder den kleinen Wundergeiger spielen können. Wir fanden in den kommenden Pausen schnell zueinander, und statt mittags ins Generalkonsulat zu gehen und mit Vater an der Koffietafel teilzunehmen (mein Hauptinteresse daran: die Staniolkappen der Joghurt-Flaschen, die in der Altmaterialsammlung für Deutschland viel hermachten), war ich gelegentlich bei ihm zum Essen eingeladen. Als unsere Familie später in Zandvoort wohnte, durfte ich ihn auch dorthin mitnehmen, praktischerweise gleich über die Pfingstferien. Mein Zimmer war groß genug; ich schlief auf der Couch und überließ dem

Gast das Bett. Aber in den Tagen stellte sich heraus, wie verschieden wir waren und lebten: er ein sanfter Melancholiker, der am liebsten mit mir auf den Dünen saß und stumm aufs Meer hinausschaute; ich ständig auf Gespräch und Tätigkeit und am Ende auch Tätlichkeit aus. Er wehrte mich ab, hielt sich allein aber nicht aus und suchte meine Nähe immer wieder. Was gibt es Süßeres als die Rückkehr des Freundes – und so werde ich wohl dieses Spiel nicht ohne Mutwillen gespielt haben. Zu meinem Abschied im November 1937 schenkte er mir ein Foto von sich, das er auf die säuberliche Abschrift eines Gedichtes geklebt hatte. Es handelte von Freundschaft und Liebe und gefiel mir nicht. Ich habe das Foto abgelöst und das ungeschützte Bekenntnis vernichtet. Sieben Jahre später – während des Krieges – habe ich das Foto wieder hervorgeholt, als mir seine Mutter schrieb, dass er gefallen sei. Sie schrieb auch, nach so vielen Jahren, dass ich der ihm liebste Freund seines kurzen Lebens gewesen sei. Noch heute schäme ich mich – meines Kleinmuts mehr als der Strategie, mit der ich ihn in jenen Pfingsttagen an mich zu binden versucht hatte.

Ich habe vorgegriffen – zurück in die familienlose, die köstliche Zeit. Die Nachmittage waren fast täglich der wenn schon widersinnigen, so doch vergnüglichen Bemühung gewidmet, sie zu beseitigen: Vater und ich fuhren mit dem Auto in die nähere und weitere Umgebung Amsterdams, um ein Haus für die in Deutschland zurückgelassene, mir ach so entbehrliche Familie zu finden. Es gab schier unendliche Angebote – und Vater war es wichtig, meine Meinung zu hören. Aber alles, was mir wirklich gefiel – es waren betörende Anwesen darunter –, war zu teuer, und der Rest gefiel auch ihm nicht. Fast immer war mit diesen Fahrten ein Ausflug nach Zandvoort ans Meer verbunden, in dem wir bis in den November hinein badeten, wenn man das Sich-in-die-Brandung-Werfen und Sich-von-ihr-herumwirbeln-Lassen so nennen konnte. Um diese Zeit gehörte der Strand uns allein; wir sparten die Badehose und stürzten nach heldenmütigem Kampf mit den Wellen über den gefrorenen Sand direkt unter die heiße Dusche unseres Gastgebers, des Herrn von der Heydt.

Dieser – ein Bankier und Kunstsammler – löste dann auch unser Wohnungsproblem: Sein schon früher angebotenes, aber als zu weit entfernt befundenes Haus kam Amsterdam durch diese Ausflüge immer näher und erhielt schließlich sogar das Prädikat »geeignet«, was es nach vernünftigem Ermessen nicht war. Das weitläufige hochmoderne Gebäude – Erich Mendelsohn hätte der Erbauer sein können – war ein einziges Museum voller Kostbarkeiten und also nichts für Kinder. Großmutters Weisheit »Alles Unglück kommt vom Anfassen« würde hier übermäßig strapaziert werden. Aber das ließ sich durch Umräumen ändern. Wir brauchten ja nur ein Drittel der Räume; ein weiteres, am anderen Ende gelegenes Drittel war ohnehin für den Sommeraufenthalt von Kaiser Wilhelm II. reserviert; das mittlere Drittel sollte nun als Speicher für die ausgelagerten Kunstgegenstände dienen.

Es blieb noch genug an den Wänden und im »öffentlichen Bereich« von Esszimmer, Wohnzimmer, designiertem Arbeitszimmer, um wundersame Wirkungen zu tun. Man stelle sich vor: Ein »deutscher Junge« isst, schläft, spielt, arbeitet inmitten dessen, was die Nazis als »entartete Kunst« verpönten – und weiß das nicht! In dem mir zugedachten Zimmer hingen ein Bild badender (?) Männer und Frauen von Otto Mueller und entweder ein Ernst Ludwig Kirchner oder Erich Heckel – wiederum nackte, aber ganz unsinnliche Gestalten; im Arbeitszimmer fiel das Abendlicht auf eine von Vater hochgeschätzte Farblandschaft von Emil Nolde und ein uns alle gleichermaßen fesselndes zartes Kinderportrait von Edvard Munch – Namen, die die Erwachsenen wie die von Planeten benutzten und die ich mir merkte; in dem für die Miezi-Mutter bestimmten Zimmer gab es eine Zeichnung, die ich heute Karl Schmidt-Rottluff zuschreiben würde und deren Flüchtigkeit, ja Lieblosigkeit mich sehr beschäftigte (»Warum malt man so etwas, wenn es einem nicht größere Sorgfalt wert ist?«); im Treppenhaus zierten Fayencen und Waffen die mit Samt bezogenen Wände, ja auf dem Absatz standen mehrere Ritterrüstungen – eingeöltes, kunstvoll verbundenes und verziertes Eisen vom Klapphelm bis zum Fußschutz. (Ach, wären sie doch auch magaziniert worden! Um meinen Kameraden zu imponieren, brachte ich einmal einen ganzen gegliederten Finger aus dem 13. Jahrhundert mit in die Schule.) Es gab auch eine bizarre moderne Plastik. Hätte ich der ein Glied abgenommen, man hätte es nicht so gemerkt! Wir besuchten im übrigen die Museen in Amsterdam und Harlem so regelmäßig, dass für die Seele des »deutschen Jungen« kein ernster Schaden zu befürchten war.

Dieser deutsche Junge besuchte auch hier die Heimabende der Hitlerjugend im Erdgeschoss eines Hauses, das der Schule gegenüberlag. Unsere Uniform bestand nur noch aus schwarzer Hose, weißem Hemd und Halstuch mit Knoten, weil diese ausländische Organisation – anders als die Mussert-Jugend – in Holland verboten war. Aber auch dieser Umstand verlor schnell seinen Reiz, und als wir in Zandvoort wohnten, entschuldigte der weite Weg mein Ausbleiben.

Die Übersiedlung der Familie aus Bukow in der Mark nach Zandvoort fand im November 1936 statt – ohne Helga: sie wurde dem Potsdamer Kaiserin-Augusta-Stift, dem Schauplatz von »Mädchen in Uniform«, anvertraut, und mit Christel Freiwald, einer Kindergärtnerin, die die Kinderschwestern der Kleinen ablöste und ausgerechnet für meine Entwicklung eine außerordentliche Bedeutung haben sollte.

Man war noch mit dem Einzug beschäftigt, da ertönte ein Nebelhorn und wollte gar nicht aufhören. Menschen strömten zum Strand, auf dem mehrere Rettungsboote ausgefahren waren: eine Übung, hieß es, die richtigerweise bei Sturm vorgenommen wurde. Ich lief hinaus, mir das anzuschauen: wie die Männer die Boote von Hand durch die gewaltige Brandung aufs Meer hinausschoben, bevor sie dann die Motoren einsetzen konnten. Aus der Übung wurde ein schrecklicher Ernstfall. Eines der Boote schlug um und drückte die Besatzung unter Wasser. Mit anderen Booten war da nichts auszurichten. Deren Mannschaften sprangen nun ins Wasser, um ihre Kameraden zu retten, wurden aber von den aufschlagenden Wellen umgerissen und kamen dem gekenterten Boot nicht näher, das obendrein von der Strömung immer weiter hinausgezogen wurde. Nach Stunden waren zwölf blaugefrorene Leichen geborgen und lagen auf dem Strand aufgereiht. Das Entsetzen brachte die Aufregung zum Verstummen.

In der Schule fragte man mich am anderen Tag, ob ich das, was die Zeitungen berichteten, gesehen habe. Ich machte mich sonst gern mit interessanten Erlebnissen wichtig. Diesmal konnte ich nur sagen: »Es war scheußlich«, bevor mir die Tränen kamen und Herr Kniffler abwinkte. Als nächstes Gedicht lernten wir »John Maynard«.

Vater und ich fuhren jetzt täglich um sieben Uhr mit dem Auto über Harlem nach Amsterdam – er in seinen Dienst, ich in meine Schule. Da innerhalb der Stadt ständig irgendwelche Brücken hochgezogen waren und der breite Strom der selbstbewussten Radfahrer die Straßen füllte, kam ich ständig zu spät zum Unterricht, und so musste eine andere Lösung gesucht werden. Ich erhielt eine Monatskarte für die Bahn zwischen Zandvoort und Amsterdam und nun endlich – für 18 Gulden – ein Fahrrad, das am Hauptbahnhof in Aufbewahrung gegeben wurde (»Fietsen te plaatsen« / »[Hier kann man] Fahrräder abstellen«) und aus 50 Minuten Fußmarsch zur Schule 7 Minuten Velozipedie machte. Der ganze »Schulweg« war, einschließlich des Anmarschs zum Zandvoorter Bahnhof, keine Minute länger geworden und ungleich angenehmer: Auf beiden Bahnfahrten brachte ich die Hausaufgaben – bei kluger Einteilung derselben – zur Gänze unter und war »frei«, wenn ich zu Hause ankam, auch »frei«, vor der Heimfahrt mit dem Rad Amsterdam zu erkunden – den Fischmarkt, das aufregende Judenviertel, den langweiligen, weil nur von Lastkähnen benutzten Hafen, die romantischen Grachten, die lichten gotischen Kirchen, die damals noch zu befahrende Kalver Straat.

Die häusliche Freiheit galt den Künsten, die Christel Freiwald entfaltete. Weihnachten stand in sieben Wochen bevor, und sie fragte mich: »Was habt ihr denn vor, euren Eltern zu schenken?« Ich also sollte für die drei Kleinen und mich antworten – und wusste nichts. Denn zu den aus Papierschlangen gedrehten und mit Wasserglas gefestigten »Aschbechern«, den aus Peddigrohr geflochtenen Untersetzern, den mit der Laubsäge ausgesägten Haltern für Abreißkalender, die Toffi und Mosi im Hause der Großmutter herzustellen pflegten, hatte ich keine Lust mehr. Aber vielleicht zu einem richtigen großen Papierkorb? Oder zu einem Fotoalbum, einer Taschenkamm-Hülle, einem Reisebucheinband aus schönem Leder, einem neuen Schirm für die Tischlampe zur Beseitigung des zerquetschten alten? – Sie mache für ihren Bruder dies und für ihre Schwester das und für ihre Eltern jenes, sagte Christel Freiwald, wir könnten ja mal sehen, wie das gehe. Sie kaufte Materialien, das eine oder andere noch fehlende Werkzeug und fing an, einen Holzrahmen für einen aus Wolle zu »webenden« kleinen Teppich zu zimmern und die Kette zu spannen – und kaum hatte sie begonnen, den Schuss mit einer großen Stopfnadel durchzuziehen, reizte es mich, weiterzumachen; oder sie lochte mit der Lederzange ein zurechtgeschnittenes Stück Papier, das ihr als Vorlage für ein Stück Leder diente, aus dem seinerseits ein Füllfederhalter- und Bleistift-Etui werden sollte – und wieder erkannte ich sofort meine Möglichkeiten; oder sie maß ein Stück fester Pappe aus, das, geeignet gefaltet, eine Schachtel ergab, die es dann zu kleben und mit Leinen zu beziehen galt – und ich versuchte, mich zu beteiligen. Die Kleinen verfolgten diese Wunder, und da Tante Christel, wie sie sie nannten, dabei dauernd erklärte, was sie tat, waren sie auch in diese Wichtigkeiten einbezogen – einfallsreiche kindliche Spiele trieb Tante Christel ohnedies genug mit ihnen. Sie war der Demiurg, ich dessen Nachahmer, den später die Kleinen nachahmten.

Vor ihnen verborgen wurde die große Weihnachtsüberraschung. Christel Freiwald baute für sie einen Zigeunerwagen von der Größe eines Weinkartons mit aufklappbarem Dach und zierlichstem, im Laufe der Zeit immer weiter vervollständigtem Mobiliar. Hieran mitzuwirken – an der kleinteiligen Tischlerarbeit, an der umständlichen Bemalung, am Nähen der Vorhänge – war eine Erziehung zur Sorgfalt, die dem eilfertigen, aber schusseligen Hartmut mindestens so gut getan hat wie die lateinische Grammatik. Dass ich durch Christel Freiwalds Anregungen zu einem tauglichen Musageten meiner jüngeren Geschwister und einem Landerziehungsheim-Lehrer mit beträchtlichen pädagogischen Wirkungen wurde, war nicht vorhersehbar, kam mir aber zum Bewusstsein, als diese eintraten, und lässt mich heute junge Menschen bedauern, die nur noch Knöpfe drücken und nichts selbst herstellen können – die nie ein Ei ausgepustet haben, die nicht wissen, wie man Pappmaché herstellt, die ratlos sind, wie man Siegellack verwendet, denen niemand gezeigt hat, wie man ein Auge malt, das traurig oder staunend, liebevoll oder böse oder auch nur unschuldig dreinblickt. Alles das hat mir Christel Freiwald beigebracht – eine gute Portion Lebensgeschick und Vorstellungsglück vor allem für die entbehrungsreichen Kriegs- und Nachkriegszeiten.

Den Pfingstferien mit Manzi folgte das bisher selbständigste Ferienunternehmen meines elfeinhalbjährigen Lebens. Vater hatte von einer Reit- und Fahrschule im Großherzoglich-Oldenburgischen Schloss und Marstall zu Eutin gelesen, auf der man im Laufe von vier Wochen auf das Reiterabzeichen vorbereitet wurde. Zu der schickte er mich, hatte aber übersehen, dass man dort Jungen über 15 erwartete. Die meisten »Mitschüler« waren vom Reichsnährstand ausgesuchte Bauernsöhne von 16 und 17 Jahren, kurz vor dem Militärdienst. »Reiten« war etwas anderes als »auf dem Pferd sitzen können«, was diese Jungen alle besser konnten als ich. Aber nervöse Vollblüter an die Kandare nehmen war ihre Sache (noch) nicht. Ich konnte in der Reitbahn und auf dem Parcours gut mithalten, und das Hantieren mit den acht Leinen des Vierspänners am abstrakten Fahrlehrgerät gelang mir sogar besser als ihnen. Der Tagesablauf glich eher dem eines Reiterregiments – mit Frühaufstehen, Pferdepflege, Stalldienst, Stubenappell, Reitübung – und die Abende auch: Man ging – ohne mich – Bier trinken oder – mit mir – ins Kino, wo ich im Schutz der Großen Einlass in Filme fand, zu denen ich noch nicht zugelassen war. Ein Dreivierteljahr später bin ich noch einmal in Eutin gewesen. Diesmal machte ich nicht nur mein Jugendreiterabzeichen (und bestand sogar die Fahrprüfung mit dem Vierergespann), ich sah auch meinen ersten Film mit Zarah Leander. Meine große und anhaltende Faszination durch diese Schauspielerin wurde von meinem Vater ridikülisiert, aber nicht beschädigt. Ich hielt meiner Leinwandliebe auch öffentlich die Treue und konnte das, weil ich den Geschmack meines Elternhauses dem eigenen ja nicht opfern musste, sondern ihn nur um diesen erweiterte.

In Zandvoort waren in der Zwischenzeit die kaiserlichen Majestäten zum alljährlichen Sommeraufenthalt gewesen. Mein Vater hatte die drei Kleinen angemeldet, damit sie den zu Nachbarn gewordenen hohen Herrschaften ihre »Aufwartung« machten, wie er es nannte. Er hatte sie mit kleinen Blumensträußchen versehen und begleitete sie; beiläufig bedauerte er, dass sein Ältester nicht dabei sein könne, weil er gerade in Deutschland weile. Einige Wochen später ging ein pompöses Kuvert ein – »An seine Hochwohlgeboren Herrn Hartmut von Hentig«, der gebeten wurde, dann und dann mit seiner Majestät auf Schloss Doorn den Tee (mit bestimmtem Artikel!) einzunehmen – »in Begleitung seiner Eltern«. Das Schreiben war in wahrhaft majestätischer Maschinenschrift geschrieben und mit »Wilhelm II.« gezeichnet. Beziehungen des deutschen Generalkonsuls zum Kaiser waren nicht ausdrücklich untersagt, wurden aber natürlich in Berlin beargwöhnt. Dass die Einladung an mich und nicht an den Vater erging, war eine taktvolle Rücksichtnahme und wurde schon deshalb mit einer Zusage belohnt. Ich schrieb also – der Vater diktierte – meinen ersten Brief an eine kaiserliche Majestät und bestätigte ausdrücklich, dass meine Eltern sich freuen, mitzukommen. (Mein letzter Brief an eine kaiserliche Majestät war das höfliche Dankschreiben an dieselbe Person.) Wir fuhren pünktlich vor und wurden von Kaiserin Hermine auf der Schlosstreppe empfangen; ich wurde vorgeschickt, ihr die Hand zu küssen; die Vorstellung meiner Eltern wurde mir lächelnd erspart. Wir legten ab und ich bekam eine Rose in die Hand, die ich auf dem Sterbebett der Kaiserin Auguste Viktoria niederlegen sollte. Nach diesem offenbar üblichen Akt ging man in das Arbeitszimmer des Kaisers, wo der Tee serviert wurde und der Gastgeber den Vater alsbald in ein Herrengespräch über die Weltpolitik verstrickte; die Kaiserin – mit meiner Mutter Belangloses plaudernd – stopfte mich derweil mit *petits fours* voll. Zum Abschied erhielt ich eine Fotografie des Kaisers mit dem bekannten Ungetüm von Unterschrift und zwei Bücher: »Aus meinem Leben / 1859 bis 1888« und »Meine Vorfahren« mit einer auf den Überfall in Bogotá anspielenden Widmung »Dem kleinen Helden Hartmut«. Ich habe beide Bücher alsbald gelesen; sie waren dem Quintaner gut verständlich und überraschend interessant, ja, die schwere Jugendzeit des Kronprinzen Wilhelm hat mich sehr berührt. Des Kaisers Darstellung der Pädagogik seines Erziehers, Georg Hinzpeter, ist die erste, die ich über diese Kunst gelesen habe – bis dahin war sie mir nur widerfahren. Dass sie einem Plan folgt, war mir nicht bewusst geworden. Gewiss war das, was Johanna Spyris Heidi oder Frances H. Burnetts Little Lord Fauntleroy geschehen ist, jeweils deutlich zweierlei, und die Absichten und Maßnahmen der Miss Rathjen von der Alamo School unterschieden sich gründlich von denen, die man im Struwwelpeter erlebt. Ein System freilich hatte ich darin nicht erkannt. Hier wurde es für mich ausbuchstabiert und zugleich veranschaulicht.

Ich erlaube mir, ein paar Auszüge aus den Jugenderinnerungen Wilhelms II. wiederzugeben. Sie werden meinem Leser verständlich machen, warum der Besuch in Doorn sich mir so eingeprägt hat und hier so viel Raum einnimmt – und warum das Buch einer *persona non grata* der Weltgeschichte so viel Aufmerksamkeit erfährt.

(Hinzpeters) Pädagogik war ganz auf harte, nüchterne Pflichterfüllung und auf »Dienen« eingestellt: der Charakter muss durch stetes

»Entsagen« gestählt werden, das Leben des Prinzen hat sich im Sinne »altpreußischer Einfachheit« zu gestalten, die raue Erziehung der Spartaner ist das Ideal. Kamen die Meiningischen Vettern zu Besuch, so war es meine Pflicht, ihnen gastfreundlich Kuchen anzubieten – selbst aber durfte ich nichts nehmen: »Entsagen« war die Losung. Zum Frühstück gab es trockenes Brot – die Schwarze Suppe der Spartaner kann auch nicht frugaler gewesen sein. Lob spendete er nie – denn der kategorische Imperativ der Pflicht verlangte sein Recht an sich, was brauchte es da des auffordernden oder anerkennenden Wortes? [...]
Mein Arbeitspensum begann unter Hinzpeters Leitung morgens um sechs Uhr im Sommer, um sieben Uhr im Winter. Es endete erst gegen sechs Uhr oder sieben Uhr des abends, und es waren nur zwei Pausen eingelegt, die zu den Mahlzeiten und zu den körperlichen Übungen genutzt wurden.
[...]
Ein warmes Herz besaß Hinzpeter für die soziale Frage, die damals noch so gut wie unbeachtet war. Jeden Mittwoch- und Sonnabendnachmittag, wenn schulfrei war, ging er mit meinem Bruder Heinrich und mir in Fabriken und Werkstätten, in eine Schmiede, eine Gießerei oder sonst einen Produktionsbetrieb [...] Als bezeichnenden Zug für Hinzpeters soziale Einstellung will ich erwähnen, dass wir nach jedesmaligem Besuch einer Werkstatt an den betreffenden Meister herantreten, den Hut abnehmen und in geziemenden Worten unseren Dank abstatten mussten.
[...]
Ein ausgesprochenes Hemmnis war es für mich, dass mein linker Arm infolge einer bei der Geburt entstandenen, anfangs übersehenen Verletzung in der Entwicklung zurückgeblieben war und seine freie Beweglichkeit eingebüßt hatte. Ich wurde auf die verschiedensten Arten behandelt, [...] die das einzige Ergebnis hatten, dass ich in schmerzvoller Weise gequält wurde.
Das Schwierigste von allem aber war für mich, Reiten zu lernen [...]

Hier fügt Wilhelm II. Hinzpeters eigene Beschreibung seines Verfahrens ein:

Der Prinz war achteinhalb Jahre alt, und noch führte ein Lakai sein Pony am Zügel, weil seine körperliche Unsicherheit ihm selbst wie anderen unüberwindliche Angst einflößte. So lange diese aber bei ihm dauerte, war an Reitenlernen nicht zu denken; sie musste um jeden Preis besiegt werden. Da weder Reitknecht noch Stallmeister dazu imstande waren, hob der Erzieher [also Hinzpeter selbst], seine inzwischen unbedingt gewordene moralische Autorität mit einsetzend, den weinenden Prinzen auf sein Pferd ohne Bügel und erzwang die Übung der verschiedenen Gangarten, taub gegen alles Bitten und Weinen, erbarmungslos den unaufhörlich herunterstürzenden Reiter hinaufhebend, bis endlich nach wochenlanger Quälerei das nötige schwer zu erwerbende Gleichgewicht erlangt war.

Dass ich über meinen Unterricht in Religion, Geschichte, Literatur, Fremdsprachen und vor allem die altsprachliche Lektüre nicht entfernt so genaue und ausgiebige Auskunft, so begründetes und eigenwilliges Urteil abgeben kann wie der bei der Aufzeichnung fast siebzigjährige Exmonarch, ist für den Pädagogen und Lehrer der alten Sprachen blamabel.

An dieser Kindheit in der Welt der Mächtigen konnte ich ermessen, wie liberal mein Elternhaus war – und wie human unsere neue Zeit! Die Dankbarkeit, die Wilhelm II. seinem harten Erzieher für das erlittene »Martyrium« am Ende bezeugte, blieb mir unverständlich. Das von seiner Großmutter gegründete Stift, auf dem meine Schwester so glücklich wurde, verband ich mit der Zwangsanstalt, die ich im Zandvoorter Kino gesehen habe – in der ersten Verfilmung von »Mädchen in Uniform«, die, wenn ich mich recht erinnere, den Titel »Das Mädchen Irene« trug –, und beides mit einem tiefen Widerwillen gegen Reglementierung, ob aus Fürsorge oder Prinzip. Andere fanden es lieblos und »unverantwortlich«, wenn der elfjährige Hartmut in Amsterdam in den Zug gesetzt wurde, um alleine zur Großmutter in Garmisch-Partenkirchen zu reisen – mit Grenzübergang, zweimaligem Umsteigen in Köln und München und Geld in der Tasche, wenn auch nicht so viel, wie Emil Tischbein in »Emil und die Detektive« mit sich führte. Der *bread-and-butter*-Brief, den ich nach der Rückkehr an Omama schrieb, bekundet einen lässigen Stolz über die gut gemeisterten Verspätungen mit versäumtem Anschluss: Ich habe bei Thelen gefrühstückt, bin auf den Turm des Kölner Doms gestiegen, habe die Schatzkammer besichtigt und »fuhr um 12 Uhr 5« weiter – weltmännisch.

Eine Zumutung konnte man eher nennen, was Vater mich über seine beruflichen Schwierigkeiten wissen ließ. Schon in der Pension, in der er seine jüdischen Schützlinge unterbrachte, war mir äußerste Zurückhaltung anbefohlen. »Sprich in ihrer Gegenwart nicht über Nazis und Politik und vor allem nicht über Juden – das muss sie verlegen machen.« Sie sollten nicht wissen, dass ich wusste, wer die Kosten trug.

Über »Politik« zu sprechen hatte ich noch wenig Anlass. Ich las die Zeitung nur, um zu verfolgen, wie der Spanische Bürgerkrieg verlief – mit Selbstverständlichkeit für den aufständischen Franco Partei ergreifend. Jüngere Freunde konnten nach dem Zweiten Weltkrieg nicht verstehen, warum der Widerstand der Internationalen Brigaden in Madrid (»Staat pal!« / »Bleibt standhaft!« lautete die Überschrift in den holländischen Zeitungen) mich nicht beglückte, die Beschießung des Panzerkreuzers »Deutschland« empörte, die Bomben der Legion Kondor von mir unter »Krieg ist Krieg« verbucht wurden. Internationalität und Republikanismus sind Ideale aufgeklärter Erwachsener – und leicht zu vertreten, nachdem Diktatur und Nationalstaat die Welt zerstört haben. Vater schwieg zu meinem törichten Eifer für »unsere Bundesgenossen«, aber auch zu Guernica. Er wollte mir wohl weitere Konflikte ersparen. Er selbst war einerseits, wie erwähnt, national gesinnt, er war andererseits um die Weltpolitik besorgt; er wird sich für das barbarische Bombardement von Guernica geschämt haben, hatte jedoch zugleich seine eigenen Nöte mit der deutschen Politik. Also schwieg er auch zu den Ereignissen.

Zwiespalt dieser Art war sein tägliches Los. Gelegentlich erlebte ich dies mit: Die Stimmung der Holländer war gereizt; häufig bekannten sie sich offen als Feinde des großen Nachbarn. Als Vater mit mir ein Reitturnier besuchte, auf dem die deutsche Reiterin, Frau von Opel, Siegerin wurde, verließ die Königin das Stadion vor der Ehrung und die Kapelle spielte »Lippe Detmold, eine wunderschöne Stadt« anstelle der Deutschlandhymne. Das holländische Publikum amüsierte sich darüber und mein Vater lachte mit – aber natürlich musste sich der Herr Generalkonsul anderntags über diesen Affront beschweren.

Dass Vorsicht bei Äußerungen vor Fremden geboten war, konnte ich also gut verstehen, und erst recht, warum es Rücksicht in der Gegenwart von Juden zu üben galt, die sich Vater anvertraut hatten. Sie waren ins Generalkonsulat gekommen, die einen mit deutschem Pass, der verlängert werden musste, die anderen, weil sie ohne einen solchen über die Grenze gekommen (oder gejagt worden) waren und diesen nun von der dafür vorgesehenen Behörde beanspruchten. Konnten sie keinen beibringen, wurden sie von den Holländern nach Deutschland zurückverschoben. Vaters Rettungsmaßnahmen glückten in der Regel mit Hilfe zweier Sätze: »Die Verweigerung des Erbetenen schadet dem deutschen Reich, indem das Devisengeschäft XYZ zunichte gemacht wird.« Und: »Ich übernehme als die zuständige Person die Verantwortung.« Im Fall eines besonders liebenswürdigen Herrn, der eine Haltungslehre entwickelt hatte und diese erfolgreich vor großem deutsch-holländischem Publikum vortrug, schlug Vaters Protektion fehl, er wurde mehrfach angezeigt und harsch von seinem Posten in Amsterdam abberufen. Die eigenartige Fußübung dieses Herrn Schroeder hat mein Vater noch lange fortgesetzt – ich glaube, nicht weil seine Füße dies brauchten, sondern aus Trotz und Treue.

Bevor ich dieses Kapitel schließe, noch eine harmlose Reminiszenz: Ungleich schöner als das Schloss des Kaisers war das Anwesen der Frau von Pannwitz, einer in Argentinien im Wortsinn begüterten Dame. Ihre dortigen Rinderherden erlaubten ihr ein Leben in großem Stil, und das heißt vor allem mit splendider Gastlichkeit. Diese entfaltete sie in einem Herrenhaus, neben dessen Vornehmheit, Alter und Ausmaß sich Doorn putzig ausnahm. Vater hatte von den Abendfestlichkeiten erzählt – den Diners bei Kerzenlicht und den anschließenden *drinks* in einer Bibliothek, die nur aus Lederbänden des 18. und 19. Jahrhunderts bestand und nicht gelesen wurde. Der Anlass seiner Erzählung war meine Frage nach Bedeutung und Zweck des Smokings gewesen. Die Folge war, dass ich mir Gedanken über den Sinn von Reichtum machte. Eines Tages lud Frau von Pannwitz die ganze Familie zum Tee ein; er wurde auf einer Gartenterrasse eingenommen, die in einen weitläufigen Park abfiel. Als aus diesem laute, mir unbekannte Schreie ertönten, hieß es, das seien die Pfauen – und ob ich mir die ansehen wolle. Etwa 200 Meter vom Haus entfernt traf ich auch auf mehrere, einer hatte seinen Schweif aufgestellt. In dem Augenblick kam ein weißer Hund, ein Spitz, angerast, die Pfauen flohen zu ihrem Gehege, der eine flatterte in dessen hohe Drahtumzäunung. Der Hund sprang ihm nach und raufte ihm ein gutes Dutzend seiner Schwanzfedern aus. Ein Mann kommandierte den Hund energisch zurück, der Vogel eilte zu den anderen – und ich sammelte befriedigt die Federn auf. Die Dame des Hauses war sichtbar entsetzt; ich erzählte, was vorgefallen war, und bekam zu hören: »Vielleicht hättest du einschreiten können, mein Junge.« Die Federn seien kostbar. Es gebe Regionen auf dieser Erde, in denen sie als Geld benutzt würden wie anderswo schöne Muscheln. Ich hielt meine Beute umso fester in der Hand und sagte vorbeugend, diese seien leider etwas beschädigt und würden wohl als Geld nicht mehr taugen. Etwas später durfte ich auch mit Vater zusammen die mir gerühmte Bibliothek ansehen. Wir waren allein und er machte mich darauf aufmerksam, dass an einer Stelle nur Bücherrücken, keine Bücher die Wand bedeckten: Dahinter verberge sich der Tresor der Frau von Pannwitz. »Und was ist in dem Tresor?« »Ihr gesamter Schmuck,« war die Antwort. »Und wenn sie eine andere Kette anlegen will – geht sie dann dort hinein?« »Nein, sie trägt nur Imitationen ihres Schmucks.« Die Welt ist reich an Merkwürdigkeiten, vor allem die Welt der Reichen.

Im November 1937 kehrten wir erneut nach Berlin zurück.

6. Ein deutscher Jüngling

Ja, ein solcher war ich – und ich wusste es auch. Vermutlich bringt dieses Bewusstsein die Intensität, den hohen Ton, die Stärke und Einsamkeit hervor, die diesen Lebensabschnitt kennzeichnen. Das Wort »Jüngling« klang damals für uns, die wir in dem Alter standen[1], nach Literatur, und nie hätten wir uns selber so genannt. Aber es war ein Gegenbegriff zu der »Mannhaftigkeit«, zu der uns die Zeit verpflichtete. Es schützte auch gegen das Odium der »Pubertät« – diese Erfindung, die sich die Pädagogen mit den Medizinern teilten. (»Sexualwissenschaftler« kannten wir damals noch nicht.) Und das Adjektiv »deutsch« fügte zu dieser Schutzwirkung gerade so viel Ironie hinzu, dass wir das Wort »Jüngling« durchaus in unseren Gesprächen verwenden und einüben konnten. Wir? Nein, doch wohl nur ich in meinen Selbstgesprächen oder in Briefen, die ich mit mir geheimnisvoll zugewandten Erwachsenen austauschte. Mit Dora Ringleb, geborener Springer, zum Beispiel, die mich in ihrer rauen Kutscherstimme unbekümmert »Mein Ephebe« anredete – »Tante Dora«, die herbste, unsentimentalste Frau, die man sich denken kann und von der zu gegebenem Zeitpunkt in diesen Erinnerungen die Rede sein wird.

Die geräumige Wohnung direkt am Tiergarten war nach Lage und Ausmaß deutlich großartiger als unsere Verhältnisse und erfüllte damit die Maxime preußischer Beamter: »Iss unter deinem Stand, kleide dich nach deinem Stand, wohne über deinem Stand.« Wir haben gewiss

---

[1] JÜNGLING, *m. juvenis. ahd* jungeling, *mhd.* jungelinc; [...]
unter jüngling *ist zunächst auch der knabe verstanden: item danach als man zält* 1407, *do was ich ain jüngling bei ailf jaren.* [...]
aber gewöhnlich wird jüngling *von den zwischen dem knaben- und mannesalter stehenden gebraucht und demgemäsz zwischen* kind *und* jüngling, knabe *und* jüngling *unterschieden* [...] *ebenso zwischen* jüngling *und* mann (Deutsches Wörterbuch von Jacob und Wilhelm Grimm)

nicht gehungert, aber gespart wurde an allen Ecken und Enden, außer an der Gastlichkeit. Es gab keine Zahnpasta, sondern Zahnpulver; man ging möglichst zu Fuß und telefonierte nur, um eine notwendige Verabredung zu treffen; Schuhe wurden mit dem bloßen Finger eingewichst, nicht mit der Bürste – der Verbrauch an Creme war auf diese Weise geringer und die »Einwirkung« auf das Leder angeblich größer; das Einwickelpapier für das Schul-Frühstücksbrot wurde glatt gestrichen, gefaltet und zur morgigen Wiederverwendung heimgebracht; nie wurde auswärts gegessen; auf den Tisch kamen die Gemüse und Obstsorten der Jahreszeit – Südfrüchte waren Luxus wie Taxifahren, Schmerztabletten und Speisewagen – und ein Apfel wurde nie geschält und immer mit dem ganzen »Butzen« verzehrt. Noch immer fanden sich irgendwo Stoffe, Mäntel vom Großvater, Uniformen vom Vater, aus denen wir Jungen Jacken und Hosen geschneidert bekamen – dies besorgte weiterhin Schneidermeister Dičun in der Hardenbergstraße; das war zwar gewiss nicht billiger als die Konfektion von Peek & Cloppenburg, aber man hatte Vorhandenes nützlich verwendet, was dem Auftragen von Kleidern, dem Aufessen von Resten entsprach.

Diese Lebensführung waren wir gewohnt, sie fiel mir nicht schwer. Dass unsere Wohnung jedoch so blieb, wie sie offenbar Jahrzehnte hindurch vom Vorgänger verwohnt worden war, kränkte mich. Die Tapeten waren verstaubt und vergilbt; an den Fensterrahmen blätterte die Farbe; die Türkanten hatten Stoßstellen; in der herrschaftlichen, weiß gekachelten Küche waren etliche Fliesen zerbrochen; von den Decken starrte morbider Stuck auf uns hernieder – im Esszimmer ein wahrer Alptraum aus dunkelbraunen Rosetten mit verblichenem Goldrand, im Salon schwülstige Girlanden; auf den zwei großen Balkons bröckelte der schnörkelige Putz, und Spatzen flogen durch die Löcher in dem halbrunden Windschutz aus Butzenscheiben. (Als mir Vater zu Weihnachten ein Luftgewehr schenkte, damit ich dereinst ein guter Jäger würde, schoss ich in halb lustvoller Verachtung, halb bösem Mutwillen etliche weitere Zugänge für die Vögel frei, bis mir – ich gestehe beides mit Scham – die entfernteren Laternen ein schwierigeres und dadurch lohnenderes Ziel boten.) Nein, hiermit war kein Staat zu machen. Als kurz nach unserem Einzug die Hochparterre-Wohnung einen neuen Mieter erhielt, führte dieser uns vor, was man auch aus unserer Wohnung hätte machen können – ein würdiges lichtes Gehäuse für Vaters unendliche Schätze.

Seit Landin hatte er weder seine Möbel aufstellen noch seine Teppiche auslegen noch seine Bilder aufhängen noch seine Kunstgegenstände ausstellen können. Hier in der Händelallee hat er beim Einzug in wenigen Tagen traumwandlerisch für jedes Ding den richtigen Platz gefunden – und für sehr vieles doch nur eine Unterbringung in einer Truhe, einem Schrank, einer Kommode: chinesische Gewänder, kostbare chinesische Bilder (aufgerollt und in maßgearbeiteten edlen Holzkästen verpackt), Sammlungen von chinesischen *snuff-bottles*, arabischen Stichblättern, Zeichnungen, Radierungen, Lithographien aus allen Zeiten – lauter Herrlichkeiten, die wir nur gelegentlich zu sehen bekamen, wenn die Eltern ein Diner oder einen Empfang gaben und nach dem Essen statt der Cocktails eine Augenweide »servierten« – von Vaters originellen und kenntnisreichen Kommentaren begleitet.

Einen Eindruck von der Vielfalt, der Eigenart, dem ästhetischen und historischen Rang dieses »irdischen Besitzes«, vor allem aber der damit verknüpften persönlichen Beziehungen zu geben, wage ich nicht, zumal der Vater unmittelbar nach dessen völliger Vernichtung im November 1943 eine ausführliche Darstellung der ganzen »Komposition« wie jedes einzelnen Gegenstandes, seiner Besonderheit, seiner Herkunft, seines Erwerbs gegeben hat – liebevoll erinnernd, anschaulich erzählend und ganz ohne Wehleidigkeit. Sein »Brief an die Kinder« (in: Zeugnisse und Selbstzeugnisse, München 1971, Langewiesche-Brandt, hg. von Hans Wolfram von Hentig) dürfte dereinst zu den erstaunlichsten Dokumenten des ausgehenden Großbürgertums in Deutschland gerechnet werden.

Der Fülle der Kunstgegenstände, Trouvaillen und Exotika, die er, begütert und begabt, auf seinen vielen Reisen in vier Kontinenten zusammengetragen hatte, wäre ein Museum, nicht eine Sieben-Zimmer-Wohnung angemessen gewesen, in der eine so genannte »kinderreiche Familie« auch noch ein normales Leben führen wollte.

Eben dieses normale (also bewegte) Leben verhinderte, dass die Einrichtung der Wohnung je beendet wurde. In der Bibliothek stapelten sich die Bücher, die auch in der zweiten Reihe des acht Meter langen und zweieinhalb Meter hohen Regals nicht mehr untergekommen waren; im Arbeitszimmer nahmen die Aktenberge neben dem Schreibtisch und in den Ecken ständig zu; Vorhänge waren geplant, aber als zwei Jahre später Verdunkelungsrollos angebracht werden mussten – die Aufgabe fiel mir zu –, gab es sie immer noch nicht außer im Esszimmer und in dem für die neue Kinderfrau bestimmten Zimmer; die anderen Räume hatten ja kein Gegenüber, und Kinder brauchten keinen Schutz vor nachbarlichen Blicken.

Für die nun nicht mehr ganz so »Kleinen« wurde eine neue Kinderfrau gesucht, denn Christel Freiwald hatte im Ausland bleiben wollen. Unter den Damen, die sich vorstellten, fiel die Wahl auf eine hagere, hässliche Halbspanierin. Sie sei »gebildet«, wurde dies dem unzufriedenen Hartmut begründet. Die anderen seien es nicht – sie könnten nur Deutsch. Mir würde die Dame helfen, mein Spanisch wieder aufzufrischen, was sie alsbald eifrig in Angriff nahm. Sie vereinbarte mit mir drei Stunden in der Woche, in denen wir zusammen den »Don Quixote« lesen würden. Das ging so schief wie ihr wortreicher Umgang mit den Kleinen – und so trennte man sich nach zwei Monaten von ihr zugunsten einer tüchtigen Wirtschafterin, die der Miezi-Mutter mehr Zeit für uns verschaffen sollte. Die Wirtschafterin kochte, wusch die Wäsche und »putzte« die Wohnung – und dies für fünfzig Reichsmark im Monat »bei freier Kost und freiem Logis«. Das war »fast so viel«, wie die Kinderfrau gekostet hatte, womit die Eltern nicht nur der erkennbaren Tüchtigkeit der Frau aus dem Sudetenland ihren Tribut zollten, sondern auch Vaters pädagogischer Überzeugung: Es bekomme der Selbständigkeit der Kinder schlecht, wenn sie zu lange zu gut betreut würden. In der Tat hatte sich ja auch die Lage verändert: Der eine »kleine« Bruder wurde zu Ostern eingeschult, der andere würde ihm im nächsten Jahr folgen. Und Helga war ohnedies seit der Olympiade schon »im Stift«, also nicht mehr im Hause.

Der eigentliche Nutznießer dieses Arrangements war ich: Mir wurde das Zimmer der Kinderfrau zuteil. Einer Wirtschafterin konnte man damals noch zumuten, auf dem sogenannten Hängeboden zu schlafen, der in den alten Berliner Wohnungen dadurch entstand, dass man einen Raum horizontal teilte (was die Deckenhöhe erlaubte): Die unteren zwei Meter wurden Badezimmer, die oberen zwei Meter Mädchenkammer – über eine ein- und aushängbare Leiter zu erreichen. Kein

Kindermädchen, geschweige denn ein »gebildetes«, hätte damit vorlieb genommen. Dem geistigen Fortschreiten, der Ausbildung meines Selbstbewusstseins, dem Experimentieren mit meinen Neigungen und Abneigungen kam die Möglichkeit, mich in meinem eigenen Zimmer abzukapseln, zu Hilfe und zugute. Ich nahm es gern in Kauf, meine Domäne gelegentlich für Logiergäste frei zu machen. Sie lag an dem langen Gang, der auch in dieser Wohnung das »Berliner Zimmer« mit der Küche verband. Der Schreibtisch stand vor dem Fenster zum Hof. Ein schöner Biedermeierschrank – wegen seines halbrunden Oberteils »Taubenschlag« genannt –, ein ebenfalls aus der Goethe-Zeit stammendes Bett mit hoher Kopf- und niedriger Fußwand, ein anfangs noch mehr als ausreichendes Bücherregal, ein heller Schirwan (aus dem östlichen Kaukasus), eine Rembrandt-Radierung und vier Zeichnungen der schönsten Tore Neubrandenburgs, die Vaters alte Freundin, Dora Hauer, in bunter Kreide zugleich zart und fest auf das Papier gebannt hatte – dies alles bildete ein wohnliches Gehäuse, dessen Dunkelheit (hier fiel nie ein Sonnenstrahl ein) mich nicht störte. Im Gegenteil. Sie erlaubte mir, zumal im Winter, auch tagsüber die anmutige Tischlampe anzumachen. Diese war aus einer alten Öllampe zu einem elektrischen Gerät umgearbeitet worden, dessen Lichtquelle an einem gebogenen Halter nach oben oder unten verschoben werden konnte und dessen Helligkeit durch ein gebauschtes rohseidenes Tuch gebändigt wurde – eine bleibende Improvisation meiner Mutter aus den Posener Tagen. Mörike hätte ihre Schönheit – selig in sich selbst – besungen; mir genügte es, in ihrem Schein meine Schularbeiten zu machen und dem anderen Schein nachzusinnen, der von Maria und ihrem prunkvollen Sterbebett ausging. Freilich, lange habe ich nicht gewusst, wessen Tod Rembrandt da so großartig inszeniert hatte. Aber ich, der ich mit breitem Turban angetan und mein Buch vor mir – in der Wirklichkeit wie auf dem Bilde – direkt davor saß, hatte keine allzu große Mühe zu erkennen, dass die Fülle des Lichts aus der bloßen Weiße des Papiers kam. Rembrandt hat nur die Dunkelheit dargestellt, viel und wechselvoll. Aus ihr brach das Leuchten ganz von allein hervor.

Nun bin ich schon bei Schularbeiten, noch bevor ich erzählt habe, dass ich und in welche Schule ich ging! Vater hatte mir die Entscheidung überlassen: ob ich auf das Joachimsthalsche Gymnasium gehen wolle, das der Großvater und er zusammen mit seinem Bruder Hans besucht hatten, oder in Berlin bleiben und hier das Französische Gymnasium besuchen. Das Joachimsthalsche Gymnasium war inzwischen aus dem eindrucksvollen Palast, den das Bürgertum seiner Bildung in der Joachimsthaler Straße errichtet hatte, nach Templin in der Uckermark ausgewandert und ein Internat geworden. Nach der Enttäuschung in der Hitlerjugend belebte die Vorstellung, dort »Alumnus« zu werden, eine Empfindung, die die Franzosen mit »nostalgie de caserne« bezeichnen: Ich würde unter Altersgenossen leben, einer Gemeinschaft angehören, mich in ihr und für sie »bewähren« können – nicht immer nur der älteste Sohn und das vorzügliche Bildungs- und Erziehungsobjekt des Vaters sein. Aber ich machte mir schnell klar, dass ich dort so frei nicht leben würde wie bisher, und auch, dass ich jetzt, da es uns wirtschaftlich nicht mehr so gut ging wie auf Vaters Auslandsposten, hier gebraucht würde, ja dass Templin eine zusätzliche Bürde für die Familie bedeute. Ich entschied mich für das Französische Gymnasium – eine huldvolle Lenkung der Götter, wie ich bald wusste.

Wir hatten einen halben Tag und eine Nacht in der Händelallee verbracht, da marschierte der Vater schon mit mir meinen künftigen Schulweg zum »FG« – durch den Bellevue-Park, an den »Zelten« vorüber, durch den Tiergarten zum Reichstagsufer, wo Direktor Max Roethig uns um 11 Uhr erwartete. Der Eindruck, den ich ihm machte, muss hinreichend günstig gewesen sein, mein Kumpan-Französisch reichte aus, wenn ich das eine beim Wechsel von Garmisch nach Amsterdam gewonnene Jahr wieder hergab, und ein Platz in Quinta war auch noch frei. Vater ging in sein Amt – und ich in meine Klasse, in der Herr Woltmann, Oberstudienrat und Klassenlehrer, gerade Unterricht erteilte. Dieser trug mich in das Klassenbuch ein und wies mir einen der beiden freien Plätze an: neben einem rundlichen Mädchen, das mich – »cool« würde man heute sagen – musterte. Sie hieß Käthe Beuge, trug ihre Haare in Schnecken über den beiden Ohren gerollt und wurde eines der drei »Schicksale« des Jünglings Hartmut.

An diesem Tag gab es nach der für die anderen so erfreulich unterbrochenen Französischstunde, in der natürlicherweise nicht Deutsch gesprochen wurde und ich das meiste erfreulicherweise verstand, nur noch eine Stunde Sport, dessen Lehrer vom Gebrauch der *langue maternelle du Collège Français* dispensiert war: Er konnte sie nicht, und einen »Sportstudienrat«, der es gekonnt hätte, gab es wohl in Berlin damals nicht. Weil ich kein Turnzeug dabei hatte, musste ich mich mit Zusehen begnügen. An diesem Tag wurden nur Stafetten gelaufen und allerlei Turnübungen gemacht. Ich lernte immerhin, wie einige meiner Kameraden hießen (unter ihnen Ulrich Fitzner, mein zweites »Schicksal«), dass sie den Lehrer den »Hepp« nannten (es war die Nominalisierung des Lautes, mit dem er die Schüler anfeuerte) und – an der bloßen Ausstattung der Turnhalle – auf die Ausübung welcher mir bisher unbekannten Künste ich gefasst sein musste: Von der Decke hingen Ringe; die ganze südliche Breite war mit Sprossenwänden, Kletterstangen und Klettertauen bedeckt; davor warteten die Pferde, Böcke und Kästen; auf der nördlichen Seite waren die Barren und Recks aufgereiht; in den Ecken stapelten sich die schweren Lederpolster und Absprungbretter. Eher erwartungsvoll als eingeschüchtert durch so viel Ertüchtigungsgerät stapfte ich um 13.45 Uhr heim – eine Dreiviertelstunde auf dem fortan immer gleichen romantischen Weg – und wurde, zugleich mit dem Vater, um 14.30 Uhr zum Mittagessen erwartet. »Alors, qu'est-ce que tu as appris aujourd'hui?«, lautete die Begrüßung. »J'ai appris que le sport pue!«, schallte es zurück.

In meiner Klasse gab es vierundzwanzig Jungen und drei Mädchen; eines der Mädchen und zwei der Jungen waren – an ihren Namen erkennbar – Hugenotten, für die die Schule eigentlich vor (damals) einem Vierteljahrtausend vom Großen Kurfürsten gegründet worden war; unter den Jungen befanden sich weiter ein Österreicher, ein Belgier und zwei Söhne von Diplomaten, der Iraker Nedjas und der Norweger Ulrich Stang. Fünf meiner Kameraden waren Juden oder Halbjuden, einer davon im Klassenbuch als »mosaischen Glaubens« eingetragen.

Klassen sind Zufallsverbände – diese war, das hatte ich schon nach wenigen Monaten verstanden, eine Schicksalsgemeinschaft. Die üblichen, sich spontan bildenden und auch wieder auflösenden Gruppen hatten alle ein deutliches Bewusstsein von der Funktion und der Gefährdung des Ganzen: Die Hugenotten boten den Vorwand für die fremde Sprache, in der man hier aufwuchs; die Ausländer, geborene Nutznießer dieses Umstands, stellten die zivilisierte Weltöffentlichkeit dar, in deren Schutz wiederum die »Nichtarier« hier überlebten; und wir anderen hatten durch unser Verhalten dafür zu sorgen, dass es so blieb: dass niemand überfordert, niemand bloßgestellt, niemand bedrängt wurde. Ja, und dass die zweieinhalb Nazis, die wir unter uns ausgemacht hatten, ihr Maul hielten.

Die Ausbildung eines gemeinsamen Oppositionsgeistes – und eines ihm dienenden *double-talk* – förderten vor allem die drei missionierenden Nazilehrer, die es unter den sich sonst auf ihren Fachauftrag beschränkenden Kollegen gab: der gelegentlich in seiner SA-Uniform erscheinende Biologielehrer, Herr Elsässer, der gelehrte, gehemmte Geschichtslehrer, Herr Pohlmeier, und der grobschlächtige, mit goldenem Parteiabzeichen geschmückte Sportlehrer, Herr Hartmann, der »Hepp«. Elsässer war gefährlich, dumm, abstoßend – da tat man gut, seine Mendelschen Gesetze zu lernen und »freudig« vorzutragen, die Entstehung von Hochmooren mit sorgfältigen Zeichnungen zu illustrieren (Zwerg-Klosettbürsten stellten die Kiefern, von waagerechten Strichen unterbrochene winzige Grasbüschel den Sumpf dar) und einen Groschen in die von ihm hingehaltene Winterhilfsbüchse zu stecken. Pohlmeier war von seiner Wissenschaft und von seiner Angst besessen – einer panischen Angst vor Wörtern oder Gedanken, gegen die er hätte einschreiten müssen. Unruhe im Raum, Geräusche oder Äußerungen, die er nicht verstand, ließen ihn hektisch auf das Podium eilen, um die Klasse zu überblicken, und, wenn er den Täter oder Verdächtigen erkannt hatte, zu seiner einzigen Waffe – dem Notizbuch mit den Noten – greifen. Sein Gegenstand war hochinteressant, ja gegen seine Absicht hochbrisant, seine Didaktik hingegen äußerst primitiv. Er trug den Stoff – Ereignisse, Namen, Zitate, Daten – vor, diktierte die Kerngedanken und verlangte, dass wir dies alles »das nächste Mal« wiederholen konnten. Ein Geschichtsbuch hatten wir nicht – dies hätte ja ein französisches sein müssen, und in Frankreich oder in der Schweiz sah man die Geschichte anders, als der gewissenhafte Nazi Pohlmeier sie sah. In allen anderen Fächern, in denen es um neutrale Sachverhalte ging, bezog das FG seine Schulbücher aus der Schweiz. Zwischen Herrn Pohlmeier und mir waltete eine unausdrückliche Abmachung: Er ließ mich zeichnen (»Hartmut fait mieux attention quand ses mains sont occupées«, erklärte er den anderen), und ich half aus, wenn keiner von diesen etwas wusste. Sich total unwissend zu stellen, war ihre Art, ihn zu demütigen. Ich hingegen interessierte mich für seine Geschichte, unbekümmert um die Färbung, die er ihr gab. – Wie man Elsässer fürchtete und Pohlmeier quälte, so verachtete man den dritten Nazi, den Hepp. Alle drei schweißten uns zusammen.

Später – ich greife hier praktischerweise vor – kam vorübergehend ein vierter Nazi hinzu, ein Deutschlehrer namens Dr. Büsche, graumeliert, gebildet, zu gescheit für die Alltags-Nazipropaganda, einer, der der Naziideologie den Geist einhauchen wollte, den diese nicht hatte – mit Stefan Georges »Neuen adel den ihr suchet / Führt nicht her von schild und krone ...« und »Wer je die flamme umschritt / Bleibe der flamme trabant ...«, mit Nietzsches Fernstenliebe, mit Ernst Jüngers »In Stahlgewittern«. Das Pensum verlangte, dass er mit uns Walther von der Vogelweide »behandelte«. Auswendig lernen mussten wir diesen auch. Dr. Büsche ließ uns »Ir sult sprechen willekommen« aufsagen, wechselte dann mitten im Vortrag: »Beuge (oder Wagner oder Fitzner), fortfahren!« und rief nach der vierten Strophe Ulrich Stang auf. Dieser erhob sich und trug in unbefangenem Ernst vor: »Büsche man sint wol gezogen / Rehte als engel sint diu wîp getân ...« und wurde unterbrochen: »Bitte deutlicher, noch einmal!« »Büsche man sint wol gezogen ...« »Können Sie nicht lesen oder haben Sie einen Sprachfehler?« »Ich gebe mir Mühe, Herr Studienrat.« »Ein letzter Versuch!« »Büsche man ...« »Hinsetzen!« Herr Büsche hat niemanden mehr aufgefordert, dieses Gedicht aufzusagen. Wie schon vermerkt: Er war gescheit. Bald ist er einer anderen Aushilfskraft gewichen.

Auch der »Direx« trug das Parteiabzeichen. Ein Idealist, der den Ersten Weltkrieg gerade »verpasst« hatte, und in der philosophischen Prüfung nicht bewandert, war er früh den Verlockungen der nationalen Erneuerung erlegen. Diese stand im Einklang mit seiner allgemeinen Zuversicht und seinem Glauben an Freiwilligkeit und Ordnung; sein pädagogisches Programm hieß »Selbstdisziplin«. Und die lebte er vor – mit pünktlichem Unterrichtsbeginn, sofort korrigierten Hausarbeiten, hoher Aufmerksamkeit, herumliegendes Papier aufhebend, jederzeit jeden Vertretungsunterricht leistend – beflügelt durch eine unsentimentale Liebe zu seinen Schülern.

Als ich an das FG kam, gab er in meiner Klasse Latein – anregend, ja antreibend, auf eine mir wohltuende Weise straff. Im Durchhalten des Französischen war er von bemerkenswerter Erfindungsgabe. Nie fiel ein deutsches Wort. Als ich mich am Ende der Stunde bei ihm entschuldigte, dass sich unter den eben eingesammelten Heften mit der Hausaufgabe das meine nicht befinde, und ihm, meinen verbundenen Daumen hinhaltend, auf Deutsch erklärte: »Ich habe eine Nagelbettentzündung«, wandte er sich zu einem neben uns stehenden Mitschüler Hans: »Qu'est-ce qu'il a dit, Jean?« Der stotterte: »Il est malade, Monsieur, – malade à la main.« »Tu dis ›malade‹? Ce jeune homme n'est pas malade! Tu vois tout bien: Il s'est blessé le pouce.« Dann zu mir: »Alors, tu t'es couté?« »Non, Monsieur, j'ai une – en Allemand cela s'appelle ›Entzündung‹. Je ne connais pas le mot français.« »Tu le connais très bien!« Er holte ein Feuerzeug heraus, zündete es an, zeigte auf die Flamme und fragte: »Cela est une ...?« »Flamme.« »Et cet acte s'appelle« – er entzündete die Flamme erneut – »une ›inflammation‹.« Ich wiederholte dies brav. »Ci-après«, er nahm meine andere Hand und zeigte auf die Fingernägel: »Ce sont tes ...?« »Ongles«, fiel der Mitschüler ein. »Mes ongles«, wiederholte ich schuldigst. Dann zeigte er auf das Nagelbett: »Et ton ongle repose sur le même truc sur lequel tu te reposes.« Er machte eine Geste, die schlafen bedeutete. Ich stutzte. »Où est-ce que tu dors?« »Dans mon lit!« »Bravo! Voyons ce que nous avons maintenant: une inflammation – du lit – de l'ongle.« Auch das habe ich wiederholt und, wie man sieht, bis heute behalten, obwohl ich das Wort gottlob nie wieder gebraucht habe.

Ich bin nachträglich überzeugt, dass die eiserne Konsequenz dieses Prinzips für den überwältigenden Erfolg des ja auch sonst gut begründeten Verfahrens verantwortlich war: die Sachwelt der Schulbildung in einer anderen Sprache zu erschließen. Die Schule, die dieses Verfahren nicht nutzt, vergibt eine der größten Lernchancen, die junge Menschen haben.

Max Roethig war, obwohl Gymnasialdirektor, ein Universallehrer: Er bot uns Humanisten einen zusätzlichen Englischkurs an, weil er fand, das sei in der heutigen Zeit so unentbehrlich wie Stenographie nützlich, die er Freiwilligen aus allen Klassen in einer Frühstunde beibrachte. (Er sorgte auch dafür, dass sich möglichst viele von uns in Quarta zum Schreibmaschinenunterricht anmeldeten.) Er war Senior-Mitglied unseres Schülerrudervereins, führte uns selbst wochenlang im Souterrain der Universität – zwei Blöcke von der Schule entfernt – in diese disziplinierende Kraftkunst ein (»Kastenrudern« hieß das, nach dem Behälter, in dem sich das Wasser, nicht das Boot bewegt); er leitete das feierliche »Anrudern« und ruderte selbst auf unseren Fahrten mit. Wenn wir jedes Jahr im Winter eine Woche lang im Riesengebirge oder im Harz Ski fuhren, hatte er das arrangiert, nicht der Hepp. Mit einem halben Dutzend Freunden seines Adoptivsohns – er war in meiner Klasse, ein verschlossener, zarter Mensch und Wundergeiger – machte er ebenso fordernde wie vergnügte Ausflüge mit dem Fahrrad, die in einem ausgiebigen »Schwumm« (das war unser Wort) in einem der Havel-Seen endeten. Als ich bedauerte, dass es an dem flachen Ufer keine Möglichkeit zum Springen gebe, stemmte der untersetzte Mann sein Knie vor, hieß mich so auf seine Schultern steigen und von dort meinen *plongeon* machen, wobei er selber meist umfiel.

In den Aufzeichnungen meiner Großmutter habe ich folgenden Passus über mich – ihren erklärten Lieblingsenkel – gefunden: »Der große Charme dieses Jungen, sein zärtliches warmherziges Wesen leidet unter dem Kult, der von [unleserlich] Seite betrieben wird. Dass ihn der Direktor der Schule liebt, verstehe ich, dass er ihn aber sichtlich vorzieht, ist unpädagogisch.« Was kann sie gemeint haben? Doch nur etwas, das sie Erzählungen wie dieser entnahm, die ich damals arglos begeistert von mir gab, ohne die ganze Wahrheit zu sagen: Max Roethig habe ich bewundert – aber mehr noch gefürchtet. Sein Anspruch war so unerbittlich, weil er ihm selber vollkommen entsprach, und schien sich unerklärlich und unabwendbar auf meine Schwächen, meine Untüchtigkeit, meine Unsicherheit zu richten. Die Kameraden hatten aus »Hartmut« schon längst »Weichfeige« gemacht – und dem wollte er wohl abhelfen.

Wenn wir ehemaligen Collégiens uns heute treffen und die Sprache auf Max Roethig kommt, sind die Meinungen geteilt. Die einen wehrten sich schon damals gegen seine Erziehung zur *maîtrise de soi*, seinen *élan perpétuel*, seinen aufdringlichen *esprit de sport*, indem sie dies alles verächtlich machten, und sie verurteilen heute noch entschieden seinen, wie sie es nennen, »Mannhaftigkeitsdrall«. Die anderen merkten, dass ihnen das alles half in einer Zeit, in der ungefestigt zu sein – der Mangel an Selbstbeherrschung und eigener Härte – so viel hieß, wie dem Druck der Nazis, der Massen, der Organisation ausgeliefert zu sein. Mit kultivierter Innerlichkeit allein konnte man nicht bestehen.

Und das Parteiabzeichen? Da waren sich alle einig: Max Roethig trug es als Schutzschild für seine Schule vor sich her. Er nahm jüdische und halbjüdische Schüler auf und hielt die Letzteren bis zum Schluss, warnte die Eltern der Ersteren rechtzeitig: Sie sollten aus ihren Ferien im Ausland nicht nach Deutschland zurückkehren. Am Tag nach der Pogromnacht 1938 sorgte er dafür, dass ein jüdischer Schulkamerad durch eine christliche Familie von der Schule abgeholt wurde, so hoffte er dessen Heimweg zu sichern. Nie habe ich die Wörter »Jude« und »jüdisch«, die einen herabsetzenden, feindlichen, tödlichen Beigeschmack angenommen hatten, aus seinem Munde gehört – er brauchte sie nicht, weil er keinen Unterschied zwischen uns machte. Mit dem Lehrerkollegen Ernst Lindenborn stritt er in unserer Gegenwart, nicht weil er nicht duldete, dass man an der Staatsführung zweifelte, sondern weil er durch Lindenborns Äußerungen die Schule gefährdet sah, wie er umgekehrt sie durch seine so bezeugte Linientreue vor dem Zugriff der Nazis bewahren konnte.

Das Wort »Mannhaftigkeit« kam übrigens nur im deutschen Teil von Roethigs Ansprachen vor, für die es viele regelmäßige Anlässe – Schulbeginn, Schulende, Abiturientenfeier und dergleichen – gab und zunehmend besondere: die Einweihung der umgebauten Aula, die Feier des zweihundertfünfzigjährigen Bestehens der Schule, der Kriegsausbruch und die Verabschiedung der ersten Schüler, die einberufen wurden, das Gedenken der ersten, die gefallen waren. Im französischen Teil der Ansprachen – Roethig redete immer frei, immer wohlgesetzt – ging es um das *lien entre la France et l'Allemagne* und um das Vermächtnis der Hugenotten: um ihr *génie scientifique et industriel* und um *la diligeance des métiers*, um das Sich-selbst- und um das Dem-Glauben-treu-Bleiben, um das »résister« der Marie Durand. Das Wort tat eine so große Wirkung auf mich, weil es das Objekt des Widerstands nicht nannte. Eine so kühne Auslassung glaubte ich in meiner Abiturienten- und Abschiedsrede, in der es vorkommen sollte, nicht leisten zu können. Ich dankte dem »FG« dafür, dass es uns die *faculté de tenir bon et de résister aux difficultés* gegeben habe. Mochte hier jeder das Widerstandsobjekt einsetzen, mit dem er es zu tun hatte.

Max Roethig hat in meinen Vorstellungen »vom guten Leben in bösen Zeiten«, in meinem Versuch, mich und die Menschen zu verstehen, deutliche Spuren hinterlassen; als ein »Schicksal«, eine nicht zu verändernde Bestimmung, habe ich seinen Einfluss auf mich nicht empfunden. Außer der Prägung durch Käthe Beuge und Ulrich Fitzner, die ich oben mit dem nur in Anführungszeichen erträglichen Wort belegt habe (und unten eingehender würdigen werde), hat mich in jenen Jahren zwischen 1937 und 1943 nichts so sehr geformt und »zu mir selbst gemacht« wie die Führung und Freundschaft von Ernst Lindenborn.

Ernst Lindenborn war mein Deutschlehrer von Anfang an und löste im zweiten Jahr auch Herrn Woltmann als meinen Klassenlehrer ab. Klein, im Alter von 47 Jahren schon leicht ergraut, mit einem Sigmund-Freud-Bart versehen, war er die Unscheinbarkeit selbst. Nur seine Augen, genauer: ihr Blick, fielen auf – durch die gänzlich unverhohlene Intensität, mit der sie ihres Amtes walteten: den anderen erkannten oder übersahen, Verständnis oder Abscheu ausdrückten, Vergnügen oder Trauer, Vertrauen oder Zorn. Mir haben diese Augen – durch die nur gelegentlich abgesenkte Brille – mitgeteilt: »Du interessierst mich« und im gleichen Augen-Blick: »Das muss dich überhaupt nicht beunruhigen!« Ich weiß nicht, was mein Blick ihm sagte; ich stelle mir vor, er fragte – fragte vermutlich immer öfter: »Was muss man hiervon halten?« »Wo führt das wohl hin?« Gerade hatte Herr Woltmann als letzte Klassenlehrer-Amtshandlung alle feierlich aufstehen lassen, um im Klassenbuch hinter dem Namen des Österreichers (sein Name ist mir entfallen) die – durch den »Anschluss« und die Proklamation des »Großdeutschen Reichs« am 15. März 1938 erledigte – Staatszugehörigkeit zu streichen und »Deutscher« hinzuschreiben, da kam Lindenborn in unsere Klasse und – die noch aufgeschlagene Eintragung betrachtend – redete vor sich hin: »Wie wunderbar – wir werden immer deutscher!« Als er aufblickte, trafen sich unsere Blicke. Der meine fragte: »Wie soll ich das verstehen?« und der seine sagte: »Du verstehst ganz richtig: Ich hasse die Kerle.«

Ja, dieser Mann hasste die Nazis. Das konnte man zunächst nur vermuten, weil Ernst Lindenborn zugleich auch Pastor am Französischen Dom war. Wer sich diese Vermutung bestätigen lassen wollte, musste nur sonntags dort hingehen und hören, was er – im Schutz der französischen Sprache – zu sagen wagte. In der Schule verhüllte er sich durch *eironeia*, durch die sokratische Kunst, sich harmlos zu stellen. Ernst Lindenborn hat uns nie, wie es befohlen war, mit »Heil Hitler« begrüßt. Sich dadurch dem Strafgericht der Nazis einfach auszuliefern, war er freilich auch nicht gesonnen. Er machte das so: Wenn er die Klasse betrat, streckte er die rechte Hand leicht erhoben über dem Lehrerpult aus, öffnete die Faust, in der er das Schlüsselbund hielt, ließ dieses fallen, hielt noch einen Moment in dieser Stellung inne, so dass, wer wollte, darin den Führergruß erblicken konnte, und begann dann seinen Unterricht mit irgendeinem menschlichen Satz, der dann *seinen* Gruß enthielt: »Scheußlich kaltes Wetter heute! Umso mehr muss ich euch allen einen schönen guten Tag wünschen.«

Er umging die Lehrpläne, wo sie von Ideologie diktiert waren. So brachte er zu Beginn der Obertertia den »Fahrplan« – sein Name für den Lehrplan – mit, schlug umständlich die Seite auf, an der unser Pensum zu stehen hatte, las vor: »In der 5. Gymnasialklasse wird das Nibelungenlied behandelt«, dachte sichtbar nach und machte uns, die wir in Theaterfragen mannigfach bewandert waren, zu seinen unschuldigen Komplizen: »Die ›Nibelungen‹ sind doch von Hebbel, nicht wahr!?« Zur nächsten Stunde brachten wir den entsprechenden Reclam-Band mit.

Er machte das Sprachgebaren der Machthaber lächerlich, indem er ihre Lieblingsworte mutwillig häufte: »… und so wird denn Tell zum einmaligen Garanten urdeutschen Mannestums und heldenhafter Vaterlandsliebe«, um in arglosem Stolz zuzufügen: »Hab' ich das nicht schön gesagt?«

Aber er war nicht nur ein intellektueller Schwejk. Er wagte – schlimmstes Verbrechen in einer Zeit, in der die Rettung der Nation vom Durchhalten erhofft wurde – den Krieg offen für verloren zu erklären und bekam, als sich dies in der Schule herumzusprechen begann, von Max Roethig ein zweiwöchiges Hausverbot. Mit dieser bis dahin unerhörten Maßnahme galt Lindenborn als »bestraft«, war gleichsam aus der Schusslinie genommen und bot keinen Anlass zu einer Anzeige von wem auch immer, die ihm sicher das Genick gebrochen hätte.

Den eigentlichen Widerstand leistete Lindenborn durch die ganz und gar unzeitgemäße Höflichkeit, mit der er uns behandelte, seine liebenswürdige, geistvolle Umgangsform, seine allen Zwang, alle Kollektivierung, allen Pomp verachtende Denkweise. Hatten wir einen Aufsatz zu schreiben, gab er uns mehrere Themen zur Auswahl und unter ihnen immer eines, das erlaubte, zu schreiben, was und wie man wollte: »Grenzen der Menschheit«, »Ein wichtiger Unterschied«, »Drama«. Auf diese letzteren wich ich oft vor den sonst geforderten völkischen Bekenntnissen oder der gefährlichen Kritik an diesen aus. Ich schuf eigenwillige lange Kunstwerke, übte mich in der Nachahmung der mich gerade faszinierenden Stilform eines Rainer Maria Rilke oder eines Heinrich von Kleist oder eines Hermann Sudermann, entdeckte meine eigene Gedankenwelt – und konnte Ernst Lindenborns Zustimmung dazu gewiss sein. Mochten den Gelehrten, die es in meiner Klasse schon gab, die Fantasien des Altersgenossen, seine Lust am Melodram, seine Bemühung um Pointe und Tiefsinn kitschig erscheinen – Ernst Lindenborn rettete mich und mein Produkt durch meisterliches Vorlesen, kluge Auslassungen, den rechtzeitigen Abbruch und belehrte mich dadurch nebenbei, wo mein Text tauglich, wo verbesserungsbedürftig, wo unrettbar war. In schöner, kunstvoll geschwungener Goetheschrift stand ein langes Urteil darunter, in dem unbekümmert das Wort »ich« gebraucht wurde – die Antwort eines belesenen, geschmackssicheren, vor allem aber mich und meine Absicht erkennenden älteren Freundes. Eine solche Freundschaft war die eigentliche Kampfansage gegen den Faschismus. Ernst Lindenborn ließ mich durch sie wissen: Hierauf komme es an – auf freies Einverständnis, auf die Achtung vor der Individualität des anderen, auf die Kraft auch zu Einsamkeit, auf etwas Humor, auf gemeinsame Arbeit an erkannten Mängeln und auf die Abschirmung der Schwächen, die man so nicht hatte überwinden können. Die Nazis waren für das Gegenteil von alledem.

Es muss noch etwas über den Gegenstand seines Unterrichts gesagt werden, weil sich an ihm mehr als an irgendeinem anderen Schulgegenstand der Übergang vom Knaben zum Mann, eben das Jüngling-Sein, erkennen und erklären lässt. Zufällig haben sich drei Hefte mit Klassenaufsätzen und die Kladden einiger längerer Hausarbeiten erhalten und erstaunen mich durch die halsbrecherischen intellektuellen und seelischen Wagnisse, auf die ich mich da einließ. In der 7. Klasse, im

Oktober 1941, ich war also gerade 16 geworden, füllte ich ein halbes Heft mit meinen Gedanken zu dem Thema »Der Streit zwischen Tasso und Antonio«; die zweite Hälfte des Heftes reichte nicht mehr aus für das zwei Monate später gewählte Thema »Diotimas Stellung in Hölderlins Hyperion«. (Es mussten noch vier Seiten eingelegt werden.) Da hatte ich also die harten germanistischen Themen gewählt. Beide lese ich heute mit weniger Pein als etwa die erfundene Schnulze, die ich unter dem Titel »Ein Konflikt« schrieb – mit eingestreuten »ach!«, mit so triefenden Wörtern wie »überströmendes Innere«, »pochendes Herz«, »qualvolle Muße«, »blasse Schläfen«, »Wollust« und »Ekel« und einem Schluss, der die falsche Erfindung bloßlegt: »Auf und nieder geht der Konflikt – wie das flimmernde Meer, wie die Brandung von La Muerta.« Wie recht hatte Ernst Lindenborn: Haltlos und unbefriedigt sei mein Held, von einem Konflikt handele die Geschichte nicht; den hätte ein starker, lebensbejahender Mensch in sie hineinbringen können. Der Aufsatz über Goethes Drama und Hölderlins Roman ebenso wie ein langes Traktat über den »Leidensweg König Lears«, ein anderes über Schillers »Wallenstein« und ein noch längeres über sein Gedicht »Die Künstler« beweisen alle zunächst eine sorgfältige Lektüre schwieriger Texte, die weitab von der Erlebniswelt eines Knaben liegen; sie alle raffen sodann einen komplexen Vorgang, ziehen ihn auf einen Bruchteil des ursprünglichen Ausmaßes zusammen; sie vollbringen dadurch schließlich eine beträchtliche Ordnungs- und Abstraktionsleistung. Das eigentlich Erstaunliche an jenen Schulübungen ist freilich für mich heute, in welchem Maß ich mit der Anteilnahme, die ich den Personen und Gedanken schenkte, bekunde: *mea res agitur*, hierin finde ich mich – in der Verletztheit des Dichters Tasso, in der Inkongruenz der Liebe Diotimas und Hyperions, in dem sich selbst zum Wahnsinn treibenden Zornes-Schmerz Lears, im Ehrgeiz, im Hochmut, in der Vereinzelung Wallensteins. Der mit Recht geschmähte deutsche Besinnungsaufsatz hat *mir* einen geistigen Vorsprung vor mir selbst, vor meiner physischen Unreife und psychischen Unangepasstheit ermöglicht, und der kluge Mentor Lindenborn hat mich an dem ausgedachten Selbstbild arbeiten und meine Wirklichkeit deutlich und kritisch sehen lassen.

Schon meine Schrift wurde damals zugleich fester und flüssiger und von mir, wie die Rechtschreibung und Interpunktion, als Stütze meines

Aufsätze

Ausdrucks verstanden. Die Sprache übte sich an der Übernahme fremder Gebilde in den eigenen Gedanken. Mühelos erkenne ich heute die Stellen, die ich aus der Literaturgeschichte einfach abgeschrieben habe: »Wallensteins Lager« – ein Lustspiel, »Piccolomini« – ein Schauspiel, »Wallensteins Tod« – ein Trauerspiel, das ist weder Schiller noch Hentig, sondern direkt Arthur Eloessers geistvollem Werk »Die Deutsche Literatur« (von 1930) entnommen. In den zwei großformatigen Bänden hat der Sechzehnjährige das für ihn Taugliche herausgelesen und konnte sicher sein, dass niemand ihm dies nachweisen werde – auf 1500 Seiten verteilte Aperçus eines vergessenen jüdischen Literaten, dessen »Machwerk« man gar nicht besitzen durfte. Ernst Lindenborn freilich dürfte meine Anleihen bemerkt haben (»Hölderlin ist mehr Parzifal als Tristan«, »Diotima, eine Schwester der Sophie des Novalis«, »Tasso ist sein [Goethes] zweiter Werther«) und wird sich gedacht haben: »Das ist zwar geflunkert, aber gut, dass du's nun weißt!« Auch solche Übernahmen fordern ein einigermaßen genaues Begreifen der Sache. Diese war im Fall von Schillers Gedicht »Die Künstler« besonders anspruchsvoll. Es kostet mich heute eine beträchtliche Anstrengung, erstens das Gedicht lesend zu verstehen und zweitens meinem – diesmal offenkundig ganz selbständigen – Kondensat oder auch Explikat desselben zu folgen.

Ich war damals überzeugt, alles zu verstehen und damit meine *akme*, die höchste Höhe meiner Entwicklung, erreicht zu haben; eine Weile würde ich mich dort noch halten können, dann aber nur noch absteigen. In diesem Zustand konnte ich es wagen, eine dramatische Szene in fünffüßigen Jamben zu schreiben: »Heinrich von Kleist liest seine ›Hermannsschlacht‹ vor Caspar David Friedrich.« Der Titel sagt nur die eine Hälfte und verschweigt die andere, fast wichtigere: Der Maler zeigt dem Dichter seine »Landschaft mit dem Regenbogen« (1810). Indem er dies tut, schilt er ihn, dass »die Kunst, die Dichtung stets / den Kampf der Welt an ihrem Busen nährt«, statt die hässliche, harte, ungestüme Wirklichkeit zu überwinden und »um des Friedens willen im Reich der Fantasie« das Heil zu suchen: »Sieh hier! In dieser weiten, andächtig stillen Einsamkeit …« Es klopft. Der Staatsmann Adam Müller tritt ein und erlöst die beiden Träumer aus ihren einander entgegengesetzten Irrungen.

Mit alledem war ich nicht frühreif, sondern naiv. »Frühreif« waren meine Mitschüler Klaus Hardt und Friedrich Wilhelm Backhaus, denen Analyse und Vergleich, Ableitung und Zuordnung wichtig waren. Mein Dramolett und vollends mein Versuch, es ihnen gleichzutun, als ich zu dem Thema »Deutsche, die nach Italien zogen« tatsächlich erst den Staufer Friedrich II. mit Goethe und Nietzsche verglich, dann aber doch ein Selbstgespräch Konradins niederschrieb, fiel ihrer Verachtung anheim. Sie meinten wohl auch, Ernst Lindenborn, der mir für so etwas eine gute Note gab, sei nicht ernst zu nehmen – ein passabler Kinderbuchautor mit Sinn für seinesgleichen. Damit spielten sie auf Lindenborns uns in Quinta am letzten Tag vor den Ferien vorgelesene Parodien an, die »Der Schatz vom Fehrbelliner Platz« oder »Der blutige Knochen in der Hutschachtel« (von Edgar Walross) hießen.

Wie schon berichtet, war Ernst Lindenborn Pastor am Französischen Dom. Um seinetwillen besuchte ich dort gelegentlich den Gottesdienst. Danach oder an eigens dafür ausgemachten Nachmittagen half ich ihm, das in den Nebenräumen von ihm zusammengetragene Hugenottenmuseum einzurichten: alte Fotografien auf neue Pappen aufzuziehen, die einzelnen Exponate zu beschriften (eine Kunst, die ich am FG in einem Unterricht gelernt hatte, der noch bescheiden »Zeichnen« hieß) und alte Scharteken auf interessantes Material hin zu sichten.

Zweimal bin ich übrigens selber im Dom aufgetreten und erinnere mich daran, wenn ich den heute vollkommen umgestalteten, in seine ursprüngliche Ausrichtung gebrachten Raum betrete. Es gab einen von einem Monsieur Monod gestifteten Preis, der für den besten französischen »Essay« – einmal für die unteren Altersstufen, einmal für die oberen – vergeben wurde. Meine »Louise Henriette«, erste Gemahlin des Großen Kurfürsten, und meine »Marquise de Maintenon« erhielten die begehrten zwanzig Reichsmark. Es war nicht so schwer, im immer geschmeidiger verfügbaren Französisch etwas Preistaugliches über diese Damen zu schreiben, wie sich für sie zu erwärmen. Über beide musste ich Forschungen anstellen. In Vaters Bibliothek fand ich nichts Geeignetes, ging also in die Staatsbibliothek, in der ein älterer Bibliothekar sich meiner annahm: »Louise heißt die Gesuchte?«, versicherte er sich und trällerte von da an »Ach, wein' nicht, Louise, wisch ab det Jesicht, jede Kugel, die trifft ja nicht« – bis wir die richtigen Bücher zusammengefunden hatten. Louise Henriette von Oranien – sie war die »Gute« – hatte viel mit der Einladung an die Hugenotten zu tun, die nach der Aufhebung des Edikts von Nantes aus Frankreich in die Niederlande und nach Brandenburg auswanderten; das musste und konnte als Motiv ausreichen. Die Marquise de Maintenon – sie war die »Böse« – verlangte eine andere literarische Strategie. In der Dankrede des Quartaners hieß es: »Ce n'était pas seulement contre la Marquise cruelle qui menaçait leur existence, c'était contre leur propre manque d'âme, leur manque d'actions vivifiantes et l'ennuie, que je devais défendre les Huguenots ...« Der kleine Preisträger hatte damit deutlich noch anderes im Sinn. Ebenso mit einer späteren dritten Eingabe als Obertertianer über »Frédéric von der Trenck«. Der bewegte ihn bei weitem am meisten – und erhielt keinen Preis, nur eine »mention honorable«.

Die Freundschaft zu Ernst Lindenborn hat bis zu seinem Tode 1973 – an meinem Geburtstag! – fortbestanden. Seine Briefe – lang, liebevoll, von leichter Hand, sorgfältig und künstlerisch zugleich – wären noch heute, wenn ich dessen bedürfte, ein Trost; so sind sie pure Freude. Als ich des Trostes wirklich bedurfte, Oktober 1944 im Lazarett, erhielt ich diesen, wobei er einmal und dann nie wieder zum »Du« griff.

Wilmersdorf, 13. 10. 44.
Mein lieber guter H.
Du weißt gar nicht, wie glücklich ich war, als ich heute morgen Deinen Brief erhielt. Nach mehreren Wochen (es kommt mir vor, als seien es Monate gewesen) des Hoffens und Wartens – endlich wieder ein Lebenszeichen! Ich habe Dich in Gedanken in das Grauen des Ostens begleitet, und immer habe ich meine guten Wünsche und Gebete wie Schwalben ausgeschickt, um Dir Kraft und Zuversicht aus der alten Heimat zu bringen – und immer sind diese Schwalben zu mir zurückgekommen, ohne Dich zu finden. Jetzt bist Du aber innerhalb der Reichsgrenzen, und ich hoffe, daß ich Deine Spur nicht so schnell verliere.
Eine kurze Mitteilung von Deiner Verwundung, die Du sozusagen nur nebenbei machst, hat mich beunruhigt und geängstigt. Ich hoffe, daß Du schon über den Berg bist und daß Du recht bald nach Parten-

kirchen fahren kannst. Lieber, ich will nicht nach dem fragen, was Du inzwischen erlebt hast, auch nicht, wo Du das erste Feuer um Dich und über Dir hattest. Das wollen wir später einmal, wenn es uns gegönnt sein sollte, in einer ruhigen Stunde hier oder anderswo nachholen. Heute soll uns nur der eine Gedanke erfüllen – und er erfüllt mich ganz! – daß wir danken wollen!
Ich kenne das Lazarettleben aus vielen Wochen, die ich allein und hilflos unter Verwundeten und Kranken verlebte. Bei Deinen kurzen Andeutungen sind mir viele trostlose Bilder aus längst versunkener Zeit wieder lebendig geworden. – Aber, sei versichert, Lieber, Du bist *nicht* allein! Ich weiß, daß viele Menschen, denen Du nicht fortzudenken bist, mit ihrer ganzen Seele bei Dir sind und Dich einhüllen in ihre Liebe und Sorge. Wie schmerzlich empfinde ich die Not, in der wir leben, die es mir verbietet, Dir irgendwie Freude zu machen. Ich will Dir wenigstens recht oft schreiben, ohne daß Du aber die Verpflichtung verspürst, jedesmal zu antworten.
Meine Briefe können freilich nicht ohne jenen Untergrund von Scham sein, die jeder empfinden wird, der täglich von dem »blutigen Ringen um deutschen Boden« liest, der aber selbst in ruhigen Bahnen einer friedlichen Arbeit nachgehen kann. Du kennst ja unser Leben hier! Es hat sich kaum etwas daran geändert. Im Flak-Turm, bei den Luftwaffenhelfern, die oft genug über ihr Leben maulen und sich heraussehnen in der kindlichen Annahme, daß sie, wenn der Zwang der Unteroffiziere gesprengt ist, ihre Freiheit von ehedem genießen könnten, hat sich der letzte Rest des einstigen FG gerettet. Wir treiben z. Zt. Kleist, lesen seinen Katechismus und beginnen morgen mit dem »Homburg«. Wenn ich den Glauben aufgeben sollte, daß diese Dinge wertvoll sind, müßte ich verzweifeln. Heimwärts gehe ich durch den bunten Tiergarten, der unter strahlend blauem Himmel wie ein verwunschener Märchengarten aussieht. Könntest Du doch dabei sein! Wir wollten dann die S-Bahn nehmen und nach Potsdam fahren. Ob wir uns dort dann wohl von uns selber lösen könnten? Ich fürchte, es wird uns nicht gelingen, wie Schlemihl den Schatten los zu werden. Er wird uns folgen, wohin wir uns auch wenden. Drum ist es besser, ihn als Freund zu begrüßen und sich mit ihm zu vertragen! Aber tröstlich ist es doch, daß die Sonne scheinen

muß, um überhaupt einen Schatten sehen zu können. Und Dein Brief heute ist für mich eine schöne, große strahlende Sonne, die mich glücklich macht. Du lebst noch! Das ist vorläufig das Wichtigste! Nimm für heute meine herzlichsten Grüße und Wünsche und in Ermangelung lebender Blumen den gemalten Strauß. Er soll neben Deinem Bett stehen und Dich anlachen und anduften und Dir sagen, daß Dein alter Pauker ständig an Dich denkt.

In alter Freundschaft
Dein Lindenborn

Es ist bedenkenswert, aber wohl leider die Regel, dass auch an guten Schulen immer nur wenige Lehrer so starke Eindrücke hinterlassen, dass ihre Schüler noch nach Jahrzehnten sagen könnten, was sie ihnen wirklich Gutes verdanken. Mir fallen eher die schrulligen, unangenehmen, lächerlichen Gestalten ein, unter deren Macken und Stumpfsinn wir gelitten oder mit denen wir unseren Schabernack getrieben haben, zumal wenn dies Folgen hatte. Ich übergehe sie gnädig – man kann von ihnen und ihresgleichen ja allenthalben in der Literatur lesen, Ergötzliches und Beschämendes. Einmal bekam ich zwei Stunden Arrest (ein einziges Mal in meinen sechs Jahren am FG!), weil ich, immer wenn die Zeichenlehrerin Fräulein Krug irgendwo zu sehen war, vernehmlich und wohlintoniert »Täubchen, das ich oft geküsst, stille mein Verlangen« sang, dabei natürlich in eine ganz andere Richtung blickte und offenkundig einem in meinem Alter doch verzeihlichen inneren Sehnen nachhing. Wieso die dem Vogel der Aphrodite so gänzlich unähnliche Dame diesen Gesang auf sich bezog, konnte sie auch in der Konferenz, die über den Fall zu befinden hatte, nicht plausibel erklären, so dass sich ihre Kollegen amüsiert und vertraulich bei mir nach dem Tatbestand erkundigten. Ich beteuerte, »überhaupt nicht an Fräulein Krug gedacht« zu haben, ertrug aber den Justizirrtum tapfer, den die Vergrämte durchgesetzt hatte.

Der Krieg brachte es mit sich, dass jüngere Lehrer, die eingezogen wurden, auch an dem fast ausschließlich männlichen humanistischen Gymnasium durch Lehrerinnen ersetzt wurden – darunter zwei ganz außerordentliche: eine junge Musiklehrerin, die unsere Schlaksigkeit und Arroganz mit der Anmut ihres Gesangs und Klavierspiels und durch die Fasslichkeit der Belehrung zu dem eben vorgetragenen Lied von Schumann, der Sonate von Schubert abfing; sodann eine Lehrerin, die den Deutschunterricht im letzten Schuljahr an Lindenborns Statt übernahm, der mit den unteren Klassen nach Züllichau im Wartegau verschickt worden war; sie tastete sich behutsam an unsere Bedürfnisse heran: Trakl, Hesse, Rilke. Als ich dessen »Malte Laurids Brigge« in der Bibliothek meines Vaters entdeckte und ihn selbstgefällig erwähnte, sagte sie nur: »Hentig, ich traue Ihnen sehr viel zu, werde aber über dieses Buch kein Gespräch mit Ihnen führen. Manches sollte man sich bewusst für später aufheben.« Sie hatte meine Angeberei durchschaut.

Nicht nur bedenkenswert, sondern bedenklich ist, dass auch die »Gegenstände« der Schule wenig Nachdrückliches und Nachhaltiges hinterlassen haben. Ich hoffe keine Ungerechtigkeit zu begehen und vor allem nicht in Widerspruch zu dem, was ich früher über die »Bundesgenossenschaft der großen Geister« gesagt habe, zu geraten, wenn ich dies bekenne. Erst im allerletzten Jahr kam durch den Lateinlehrer Koch – einen »einsamen Wolf« – ein Hauch von Philosophie in die fußgängerische Schulbildung. Koch griff von Ciceros *De re publica* auf Platon und die von dem Römer teils übergangene, teils vergröberte Ideenlehre über und vermochte es auch, Horaz und Catull kurz für uns erblühen zu lassen. Aber dass wir den Thukydides »gelesen« hätten, konnte keiner von uns guten Gewissens behaupten: Wir haben vier Monate lang seine mühseligen griechischen Sprachgebilde in ebensolche deutsche verwandelt. Sogar die zur eigenen Abschiedsfeier von mir vorgesehene Aufführung des »Empedokles« von Hölderlin, für die ich über dreihundert Verse des Titelhelden auswendig gelernt hatte, bescherte mir nicht mehr als ein Gedächtnistraining und bewahrte mir nicht mehr als die Fabel von seinem Todessturz in den Ätna, die man in jedem Volksbrockhaus lesen kann. Seine Philosophie habe ich nicht verstanden, den dramatischen Plan Hölderlins auch nicht und konnte selbst mit der von mir drastisch gekürzten Fassung keinen Kameraden für die Rolle des Pausanias gewinnen. Im mündlichen Abitur durfte ich immerhin den gerührten Damen und Herren des Prüfungskollegiums vordeklamieren:

O gebt euch der Natur, eh sie euch nimmt! –
Ihr dürstet längst nach Ungewöhnlichem,
Und wie aus krankem Körper, sehnt der Geist
Von Agrigent sich aus dem alten Gleis.
So wagt's! Was ihr geerbt, was ihr erworben,
Was euch der Väter Mund erzählt, gelehrt,
Gesetz' und Bräuch', der alten Götter Namen,
Vergeßt es kühn, und hebt, wie Neugeborne,
Die Augen auf zur göttlichen Natur!

– um anderntags auf dem Anhalter Bahnhof meinen Reichsarbeitsdienst anzutreten.

Bildungserlebnisse hatte ich außerhalb der Schule: in Büchern, im Theater, in der Oper, auf den Ruder- und Radfahrten ins deutsche Kulturland, in der großen Kirchenmusik. Es gab damals in Berlin ein Abonnement, das Schülern die Uraufführungen an den Berliner Bühnen zugänglich machte – vierzehn im Jahr. Da konnte man dann zwischen Grillparzers »Bruderzwist in Habsburg« und den ebenso unzeitgemäßen »Freiern« von Eichendorff im Staatlichen Schauspielhaus, zwischen dem »Vogelhändler« im Metropol und der »Götterdämmerung« in Poelzigs Großem Schauspielhaus wählen. Dort habe ich in der Tat den gesamten »Ring« durchschmarutzt. Wollte man ein bestimmtes, schon länger auf dem Spielplan stehendes Stück sehen, musste man sich selber bemühen und konnte, wenn man Schüler und unbemittelt war, auch keine Theaterkasse in Anspruch nehmen; man musste anstehen. Von 1940 an bot sich uns dazu erstens eine Geldquelle, der Luftschutzdienst, der für eine in der Schule verbrachte Nacht, ich glaube, 3 Reichsmark einbrachte, zweitens die Möglichkeit, eine Nacht *vor* dem Theater zu verbringen, um zwei Abende *in* ihm zu verbringen. (Man erklärte den Eltern, die das alles nicht zugelassen hätten, mit leidender Miene, man sei schon wieder ärgerlicherweise zum Luftschutz eingeteilt worden, in Wirklichkeit stritten wir uns um diese Erwerbsmöglichkeit.) Da die Vorverkaufskasse der Staatsoper Unter den Linden sonntags um 9 Uhr öffnete und die des Staatlichen Schauspielhauses am Gendarmenmarkt um 9.30 Uhr, die pfiffigen Berliner zudem ein System des Anstehens erdacht hatten, das einem erlaubte, zwischen den beiden Einrichtungen hin- und herzupendeln, bekam man für die – im Winter nicht unbeträchtliche – Strapaze insgesamt vier Karten – natürlich immer für die billigsten Plätze im vierten Rang. Das Unternehmen umfasste eine vergnügliche und kundige Vorbereitung auf die jeweiligen Aufführungen durch die alten Theaterhasen und Opernfans, aus denen die Schlange im Wesentlichen bestand: »Achten Sie darauf, wie die Berger das ›E strano ... Cessarano gli spasmi del dolore. In me rinasce ... insolito vigore!‹[2] der sterbenden Violetta singt: zart, gebrochen, sehr glaubhaft. Das ist deshalb so schwer, weil ja das ganze Orchester sie dabei begleitet. Die Lehmann, die gar nicht leise singen konnte, half sich damit, dass sie in die Bühne hineinsang ...« »Die XY ist eine völlige Fehlbesetzung für den Cherubino. Das muss eine Vera Schröder machen: ganz hell, ganz ätherisch, genauso wie den Amor im ›Orpheus‹.« »Die Lemnitz – das ist was für Marschallin und Gräfin Almaviva, aber doch bitte nicht für Senta!« »Jetzt unbedingt noch jede Aufführung von Schlusnus hören – der ist bald hinüber, und einer, der ihn ersetzt, ist weit und breit nicht zu sehen ...« – und so fort mit prononcierten akustischen und histrionischen Illustrationen.

Die Freude, die ich an der Oper hatte, war etwas genierlich. Die Elite in meiner Klasse hielt sich ans Theater. Was immer man damals schon an Gründgens auszusetzen hatte – seine Inszenierungen, mehr noch als sein Spiel, führten den Hochmut und die Gebrochenheit des Geistes gegen die Gebaren der Macht ins Feld, die Schönheit der individuellen Gestalt gegen das Ideal der Einheitlichkeit, die Wahrhaftigkeit gegen den Protz. Wer seinen »Cäsar«, seinen »Hamlet«, seinen »Faust/Mephisto« gesehen hatte, war nicht nur je in den drei Stunden der erniedrigenden Wirklichkeit entrückt, er nahm – gleichsam von den Antipoden der Nazis – ein Gefühl der Überlegenheit mit: Er hatte von der Verheißung der Getriebenen und Erleuchteten, der Verletzbaren und Nichtunterworfenen gekostet.

Das sind rätselhafte Worte für etwas, was letztlich nur am Beispiel überzeugend erlebt werden kann. Ich könnte das Gemeinte an einer Aufführung eines zeitgenössischen Stückes, das »Heinrich VIII. und

---

2 Seltsam ... Die Qualen des Schmerzes hören auf. In mir wächst ... mich belebt ... eine ungeheure Kraft!

seine Frauen« hieß, erzählend darstellen – und würde den Leser, der das Stück nicht kennt, doch nur verwirren. Ich käme vielleicht mit dem »Don Carlos« weiter, der im Schillertheater von Will Quadflieg gespielt wurde, begleitet von Horst Caspar als Marquis Posa und tragisch bekämpft von Werner Krauss als König Philipp – aber ich käme bei einer abgenutzten Pointe heraus: Natürlich sieht und hört man das Stück unter einem auf seine Gleichschaltungsideologie stolzen Regime anders als in Zeiten wuchernder »Freiheiten«. Ich habe bessere Aussicht, wenn ich den Leser in den »Fidelio« mitnehme – hinab in das Verlies, wo dessen Grab schon geschaufelt wird – und ihm sage: »Und jetzt horch auf dein Herzklopfen in Erwartung des Trompetensignals, und vernimm es wie einer, der diese Erwartung nicht mehr haben konnte – dann erfährst du etwas von der Wirkung, die dies auf uns hatte. Dann verstehst du das buchstäblich unsägliche Glück, das jene Szene bereitet, die tiefe Genugtuung, wenn Rocco ausruft: ›Gelobt sei Gott! Wir kommen, ja wir kommen augenblicklich, und Leute mit Fackeln sollen heruntersteigen und den Herrn Gouverneur hinaufbegleiten!‹« Wann und wodurch kann das Theater je wieder so viel wichtiger sein als das wirkliche Leben?

Ich bin verführt, dasselbe von unseren Fahrten zu sagen. Der Primaner Ulrich Trendelenburg und sein halbjüdischer Klassenkamerad »Mafi« hatten mich, den vier Jahre Jüngeren, schon auf etliche Ruderfahrten mitgenommen – im Zweier mit Steuermann; regelmäßig geschah das zu Himmelfahrt, woraus eine Himmelfahrtfahrtfahrt wurde (man musste ja zunächst mit der S-Bahn nach Wannsee zum Bootshaus fahren). Immer hatten wir außer der Lust am Rudern, Schwimmen, Zelten, Abkochen ein bedeutendes Ziel auf dem Programm. Das Kloster Lehnin ist mir deshalb besonders in Erinnerung, weil ich, im Angesicht des verwunschenen Gemäuers, einen Spirituskocher in unserem Zelt umkippte, im Nu alles in Brand setzte und oberhalb meiner Trainingsbluse alle Haut und jedes Haar verlor. Nach sechs Wochen nicht unbeträchtlicher Qual tauchte ich jedoch mit blütenweißem, von allen verhassten Sommersprossen gereinigtem Gesicht und ersten Borsten auf dem Schädel aus dem Lebertranverband wieder auf. 1939 beschlossen wir, bevor Uli (der dritte unter meinen engen Freunden, der diesen verschmorten Namen trug) eingezogen werden würde, eine große Radfahrt durch Thüringen und Franken zu machen. Man folge mir in Gedanken nach: Weimar, Naumburg, Saaletal, Coburg, Banz und Vierzehnheiligen, Staffelstein, Bamberg, Maintal, Würzburg, Tauberbischofsheim, Rothenburg, Dinkelsbühl, Nördlingen, Schloss Colmberg und letzte fünf Tage in Nürnberg. Die Strecke war in drei Abschnitte eingeteilt, jeder von uns dreien hatte einen davon anhand des Dehio und einer Wegekarte sorgfältig vorbereitet und »führte« den anderen beiden seine Herrlichkeiten »vor«. Unterwegs wurde in berechneten Abständen den Eltern die Verzögerung der Heimkehr und der entstandene zusätzliche Geldbedarf per Postkarte mitgeteilt. (Bei Klaus Mann habe ich später gelesen, wie stümperhaft das war: »Wer nicht telegrafiert, kriegt nichts.«) Fünf Tage pausenlos Cocktail aus Freiheit, Bewegungsrausch, Lernfreude! Ich könnte noch heute sagen, ob ich mich in Sankt Sebaldus oder Sankt Lorenz oder in der Frauenkirche befinde – und wo welcher Veit-Stoß- und welcher Riemenschneider-Altar steht.

Über meine Entdeckung von Johann Sebastian Bach habe ich in »Deutsche Gestalten« (München 2004, dtv) geschrieben. Ich zitiere daraus:

Ostern 1940 war in der Marienkirche die Matthäuspassion angekündigt. Es sprach sich herum. Der Erb singe den Evangelisten, schon deshalb sollte man versuchen, Karten zu bekommen. Hoffentlich werde es bis dahin etwas wärmer – die Kirchen würden ja nicht mehr geheizt.
Ich erstand eine Karte; ich ging hin mit meiner Konfirmationsbibel in der Manteltasche; ich war mit mir und meinem Entschluss allein. Den Text hatte ich vorher noch einmal gelesen. Ich saß hinter einem Pfeiler, weiß also bis heute nicht, wie der Erb (er war sogar Professor!) aussah. Mit den ersten zwanzig Takten geschah mir dann etwas, was einem im Leben nur selten geschieht, ein halbes Dutzend Mal, wenn's hoch kommt: Man hört oder sieht etwas zum ersten Mal und weiß sofort, dass man es schon immer gesucht, ja, dass man es längst »gewusst« hat. Und dann steigerte es sich: die große Schuld, die bange Frage: »Herr, bin ich's?«, der dich verrät, die Einsicht: »Ich bin's, ich sollte büßen«, die aufrichtige Entschlossenheit: »Ich will hier bei dir stehen«, der klägliche Rückfall, die Verleugnung:

»Ich kenne des Menschen nicht«, die tiefe Einsamkeit der Scham: »Und ging hinaus und weinete bitterlich«.
In der Musik wurde aus dem »Wissen« Erfahrung. Die Kreuzigung des Jesus von Nazareth, der freche und fanatische Mutwille seiner Feinde, der Kleinmut seiner Jünger gingen auf in unserem Krieg, in der gegenwärtigen Verfolgung Unschuldiger, in der ängstlichen Hinnahme des Unrechts durch uns – sie gingen auf durch die Musik. Die Macht der Sanftmut des Eingangschorals, das im Scheitel des Werkes in erlösende Schönheit verwandelte Gebot: »O Mensch, bewein dein' Sünde groß«, die Wohltat der Trauer am nicht enden wollenden Ende – hier breche ich ab, denn das, was ich auf dem langen Weg Unter den Linden und durch den Tiergarten heimtrug, glaubhaft zu beschreiben vermag nur ein Dichter oder ein Musik-Handwerker, der das Ereignis Satz um Satz für seinesgleichen wiedererschafft. Mir und meinesgleichen freilich hilft das nicht. (S. 140–141)

Das klingt nach Zerknirschung. Das war es gewiss nicht, es war ein normaler Wachstumsschmerz. Was das Schullied der Bielefelder Laborschule den Kindern einredet, ist Papperlapapp.

Wir werden immer größer, jeden Tag ein Stück,
wir werden immer größer, das ist ein Glück.

Nein, der Weg führt durch allerlei Mutwillen, Dummheit, Peinlichkeit und leidvolle Einsicht, wenn mit »größer« nicht nur die Zahl der Zentimeter gemeint ist.

Ich komme darauf zurück, nachdem ich weitere »außerschulische Lerngelegenheiten« / »extracurricular learning opportunities«, wie der Terminus meiner Zunft hierfür heißt, aufgeführt habe. Ihre Fülle und Vielfalt mache ich mir überhaupt erst jetzt aus Anlass dieser Aufzeichnungen bewusst. Indem ich sie mir vergegenwärtige, bin ich geneigt, erneut und anders über den Vorsprung nachzudenken, den Kinder aus den gehobenen und gebildeten Schichten in der Schule haben und der offenbar nicht durch veränderte Schulorganisation und durch »mitnehmende« Unterrichtsformen zugunsten der anderen aufzuheben ist. Es kann jedenfalls sein, dass ich deshalb so gern auf mein olles, didaktisch rückständiges Französisches Gymnasium ging, weil es mich nicht »mit-nahm«, weil es nur einen mäßigen Anspruch an mich stellte, weil dieser Anspruch geordnet und überschaubar war, weil sich die Routine der Anstalt leicht aneignen ließ, weil mir genug Spielraum für eigene Versuche und eigene Irrwege blieb. Ich kann es auch anders ausdrücken: In meinem »Leben« lernte ich so viel, in ihm war so viel eigene Initiative, so viel intensive Teilnahme gefordert, dass ein paar Stunden am Gängelband der Studienräte und ihres Lehrplans zu gehen als durchaus bekömmlicher Ausgleich gelten konnte.

Ich zähle auf, was da draußen alles auf mich wartete und eindrängte: Am Mittagstisch vernahm ich die Gespräche meines Vaters mit anregenden Gästen, die entweder aus Höflichkeit oder Neugier den »Repräsentanten der Jugend« miteinbezogen. Spontan fallen mir ein der Patenonkel Ulrich von Hassell, der Botschafter Rudolf Nadolny, der Dichter Friedrich Alfred Schmid Noerr, Marion Gräfin Dönhoff, Yvonne von Kuenheim, die Journalistin Margret Boveri, Vaters Weltkriegskamerad Dr. Karl Becker, Freunde aus der Jugendbewegung wie Klaus Mehnert und Heinz Rocholl, jüngere Mitverschwörer wie Littmann, Plewe, Jansen – von den Herren nicht zu reden, die aus Vaters Dienstbereich, dem Nahen und Mittleren Osten, zu uns kamen (es wird ihrer im nächsten Kapitel gedacht).

Andere Personen von Bedeutung wurden aufgesucht: Ich begleitete Vater mit Vorliebe zu Max Baron von Oppenheim, dem Entdecker und Ausgräber der Tell-Halaf-Kultur. Er hatte am Savignyplatz eine mit Orientalia vollgestopfte Wohnung; eines der Zimmer war *tel quel* aus Damaskus nach Berlin verpflanzt worden, hatte getäfelte Wände aus beschnitztem dunklem Holz, einen rundum laufenden Divan, Berge von Kissen, zwischen denen Wasserpfeifen, Kamelsättel und Kaffee-Tischchen herumstanden. Dieser gelehrte und »arisierte« Junggeselle brachte es fertig, im tiefsten Krieg ein Mittagessen wie im tiefsten Frieden servieren zu lassen; nach der Zitronencreme wurde Mokka gereicht; zum Abschluss des ebenfalls ausgiebigen und gewürzten Gesprächs befahl der Baron: »Jean, den Schnabus!«, bei dem er mir noch schnell eine Anekdote aus seinem Leben erzählte.

Vater nahm mich in den Senatssaal der Universität mit, deren Dozent er war, damit ich den in der Tat wunderbaren Gelehrtenkopf von

Max Planck sehe. Auf einer Vortragsreise durfte ich erleben, wie er den Ober in Dresdens feinem Belvedere beauftragte, seine Visitenkarte dem am anderen Saalende frühstückenden Gerhart Hauptmann zu bringen, – und siehe da, der hochgewachsene und hochbetagte Herr mit dem Goethe-Haupt stand auf, kam an unseren Tisch und freute sich, »Sie, hochverehrter Freund« wiederzusehen. (Der große Dichter freilich sprach dann leider nur darüber, wie schlecht das Hotel geworden sei.) Im Berliner Kaiserhof durfte ich Sven Hedin »guten Tag« sagen, der mir meinen Vater als den bedeutendsten Weltumrunder pries.

Am Leben von »Großen« konnte ich auch in Friedrichstein, dem Schloss meines Patenonkels Heinrich Dönhoff teilnehmen – und wenigstens mit den Namen der gekrönten Häupter Europas umzugehen lehrte mich die eigene Großmutter in Partenkirchen. Der Großvater war als Coburg-Gothaischer Staats- und Hausminister der erste Berater einer Fürstenfamilie gewesen, deren Mitglieder zu seiner Zeit auf fünf Königsthronen Europas saßen (ein Leopold als Gemahl der Königin von Schweden, ein anderer als König von Belgien, ein Karl als König von Portugal, ein Boris als Zar von Bulgarien und ein Albert als Gemahl der Königin von England).

Das Leben der kleinen Leute lernte ich handfester kennen, wenn Vater in Gehlfeld/Ostpreußen auf Jagd ging und wir beide beim Förster wohnten, aber auch in Paplauken, das gleichsam mein »Suleyken« wurde. Dort verbrachte ich den Tag mit den Schweizern und Landarbeitern und tauchte abends in die Welt der Groschenromane, die mir das Küchenmädchen zusteckte. Die Schicksale des Lokomotivführers, der während seiner nächtlichen Fahrten von seiner Frau betrogen wird, der kleinen Friseuse, die ein nicht erwartetes Kind erwartet, der Rentnerin, die auf einen Heiratsschwindler hereinfällt – die nahmen es mühelos mit »Ivanhoe« auf, den ich »offiziell« las.

Dafür, dass meine körperliche Ertüchtigung nicht der Stümperei des Hepp und dem für mich aussichtslosen und darum erniedrigenden Wettbewerb erlag, sorgte mein Vater mit der Fortsetzung meiner reiterlichen Ausbildung – eher schlecht im Tattersall in der Grolmanstraße, eher gut, wenn er mich auf seine Reserveoffiziersübung in Angerburg mitnahm. Ein Feldbett wurde neben seiner Liegestatt in der Kaserne aufgestellt, ich bekam ein »Käppi« von Kammer und trat morgens mit der Schwadron an. Solange es durch das vielgestaltige Gelände ging, ritt ich mit dem Wachtmeister an der Queue; hingegen an der Tête, als wir einen breiten Fluss überqueren sollten und die Soldaten Mühe hatten, ihre Gäule ins Wasser zu bringen; der meine hatte nur ein Fliegengewicht zu tragen und gehorchte mir willig, worauf es ihm die anderen nachtaten – und ich bekam Applaus.

Mein Leben lang bin ich für das Dutzend Schwimmstunden dankbar gewesen, die Vater Helga und mir von einem meisterlichen Schwimmlehrer in Heringsdorf erteilen ließ; die richtige Atmung, die Ökonomie der Bewegungen, deren bewusste Koordination – das bringt man sich nicht leicht selber bei.

Ob die Jagd ein »Sport« ist, darüber mag man streiten; dass die in ihr verlangte Körperbeherrschung auch sonst von Nutzen sein dürfte, wird niemand leugnen wollen. Die Anstrengung und die Geschicklichkeit, die ich auf der Pirsch erwarb – die Kunst des Anschleichens und die Geduld des Ansitzens, das Aushalten der Schnaken, die mit zunehmender Dämmerung zunehmende Anspannung des Beobachtens, das Abpassen des richtigen Augenblicks, die ruhige Hand bei der Abgabe des Schusses und die feste Hand beim Ausweiden –, kommen mir noch heute nicht unwichtig vor. Unzählige Male war ich Vaters lebhaft beteiligter Aide-de-Camp; selber erlegt habe ich nichts.

Nicht weniger Wert maß Vater meiner künstlerischen Ausbildung zu. Der geniale und, wie sich's gehört: verschuldete und versoffene Maler Max Malitz durfte einen Teil seiner Schulden durch Zeichen- und Malunterricht abzahlen, den er mir erteilte. Die acht bis zehn Stunden, die ich insgesamt unter seiner Anleitung arbeiten durfte – sie bestand in wenigen Sätzen (»Siehst du das wirklich? Wenn nicht, dann lass es weg!« / »Versuch es mal so!« [er zeichnete] / »Hör rechtzeitig auf!«) –, haben mein auf diesem Gebiet mittleres Talent mehr gefördert als Aberhunderte von Stunden in meiner gesamten Schulzeit.

Das lag nicht nur an der individuellen Zuwendung des Meisters, es war auch eine Gabe der Freiwilligkeit. An manchen Sonntagen habe ich von morgens bis abends an komplizierten mathematischen Aufgaben gebastelt, nur weil ich das Prinzip der Lösung selber entdeckt hatte. Ebenso freiwillig habe ich die Fahrt in den Spreewald aufgezeichnet und der Miezi-Mutter diktiert. Allein um Tante Dora Ringleb eine Freude zu machen, schrieb ich Gedichte ab wie sie umgekehrt für mich. Zwei der ihren sind in meine (damals noch embryonale) große Sammlung eingegangen: Bergengruens prangendes »Dir zum guten Jahrgeleit« und Maeterlincks »Et s'il revenait un jour ...«

Dieses Einnehmen und Ausgeben von Erfahrungen unter befreundeten Menschen, dieser freie Umgang mit den eigenen Kräften, Vorstellungen, Empfindungen, dieses Verstehenlernen der Dinge durch ihren Gebrauch ist allem organisierten Lernen unendlich überlegen, so sehr jedenfalls, dass man sich das »Hereinholen des Lebens in die Schule« gründlich überlegen sollte. Die in der Schule »von allein« anfallenden Erlebnisse, Herausforderungen, Aufgaben erkennen und nutzen ist etwas anderes. Wer die Schule zum Lebens- und Erfahrungsraum machen will, muss diesen Unterschied kennen – und er wird dann auch »von allein« darauf achten, dass die Schule nicht überhand nimmt. Meine vielzitierte Formulierung, man lerne auch *an* der Schule, nicht nur *in* der Schule (Die Schule neu denken, Weinheim 2003, S. 226), ist nur eine Vorstufe dieser Unterscheidung.

Was ich mit den in der Schule anfallenden Lerngelegenheiten meine, habe ich in den 26 Briefen an Tobias (Warum muss ich zur Schule gehen?, München 2001) an vielen Beispielen dargestellt. Eines von diesen ist meiner Schulzeit am Französischen Gymnasium entnommen – und hat sich wortwörtlich so zugetragen, nur: »Die Detto« war in Wahrheit ein Junge und hieß Wolfgang Detto. Ich habe als Lehrer täglich das tun können, was diese Geschichte nahelegt: den Lehrstoff, der gleichsam im Klassenzimmer, im Schulhaus, auf dem Pausenhof »umherliegt«, erkennen, aufgreifen, nutzen. In diesem Fall »belehrte« uns Collégiens das Versagen unseres Kollektivs sowohl im Erkennen wie im (moralischen) Handeln. Wir, die wir uns als Gegner der Nazis so viel zugute hielten, haben uns Wolfgang Detto gegenüber wie Nazis verhalten. Dieses Versagen ist die nachhaltigste der Belehrungen, die ich *in* der Schule, aber, wie gesagt, nicht *durch* sie erhalten habe.

Die erfreulichsten unter diesen waren mit Individuen verbunden, den zwei Mitschülern, die ich oben dem Lehrer Lindenborn zur Seite gestellt habe.

Käthe Beuge, Tochter eines Lehrers, wohnhaft in Adlershof, also im fernen Südosten Berlins, wohin den Westberliner allenfalls die Nachbarschaft zu Köpenick und zum Müggelsee lockte, war ein Prachtexemplar Berliner Kaltschnäuzigkeit, praktischer Intelligenz, Unabhängigkeit. Sie machte kein Aufhebens aus der ihr oktroyierten Banknachbarschaft, war neugierig genug, um mich in den berechneten Horizont ihrer Aufmerksamkeit einzubeziehen, und genoss wohl auch meine Gelehrigkeit. Ich hatte viel von ihr zu lernen. Sie musste täglich zweimal fünfzig Minuten S-Bahn-Fahrt bestehen und tat das mit Hilfe der ihr benachbarten Volksbibliothek, die sie systematisch konsumierte. Zunächst wird ihr Vater sie bei der Auswahl angeleitet haben, später gaben der Unterricht und das schon Gelesene Anregung, was als Nächstes auszuleihen war. Sie – von den unnützen Nöten eines Jünglings nicht geplagt – hielt sich an zwei Kriterien für das Durchhalten einer Lektüre: Die Geschichte musste sie fesseln und die Darstellung musste dem Gegenstand angemessen sein. Berühmtheit eines Werkes genügte nicht. Hatte ein Autor sich mit einem Werk bewährt, gab sie ihm weitere Chancen, ja nahm gelegentlich auch mäßige Beiträge in Kauf. Mir schien, als sich unser Nebeneinander in ein Miteinander wandelte, also etwa in der zweiten Hälfte der Quarta, dass sie alle »klassischen« deutschen Erzähler schon absolviert hatte: Keller und Gotthelf, C. F. Meyer und E. T. A. Hoffmann, Tieck und Raabe, Storm und Reuter, Mörike und Stifter, von denen ich oft keine Zeile, ja nicht einmal die Namen kannte. Nach dem eben beendeten Gustav Freytag begann sie gerade mit Fontane. Unbefangen zählte sie auf, was sie von Jakob Wassermann und Stefan Zweig hatte erwischen können und was sie von ihnen hielt; die großen Ausländer – Balzac und Maupassant, Tolstoi und Dostojewski, Hamsun und de Coster, Dickens und Conrad – waren nicht ausgelassen worden; nach den Romanciers plante sie eine geordnete Lektüre der Dramatiker; die »Moderne« fand ihre Aufmerksamkeit sporadisch, und die Klassiker, die ja ohnedies in der Schule und für diese gelesen wurden, ergänzte sie willig, je dort, wo es angebracht schien. Lasen wir »Tasso«, nahm sie es nebenher mit »Clavigo« und »Stella« auf (»Sehr pikant!«). Zeitgenossen, dazu gehörten noch Gustav Frenssen und Hermann Hesse, Paul Ernst und Hermann Stehr, die unvermeidlichen Ina Seidel und Agnes Miegel, kamen mit einzelnen Werken unter die Lupe, die öffentlich Propagierten – von Kolbenheyer bis Grimm, von Dwinger bis

Schenzinger, von Werner Jansen bis Otto Gmelin – prüfte sie mit großer Strenge ganz: Man musste doch Bescheid wissen! Nie hätte ich es mit der Fülle des Versäumten aufgenommen, hätte Käthe mich nicht kundig und bestimmt beraten: »Dieses Stück von Hebbel (oder Ibsen, Hauptmann, Shaw) musst du lesen, das hingegen kannst du dir schenken.«

Ich folgte ihrem Rat, aber nicht immer ihrem Urteil und stritt mich hinterher gern: »Die Magd des Jürgen Doskocil« fand ich wichtiger, die »Marmorklippen« ärgerlicher als sie. Wir sagten einander, warum, bemühten uns aber nicht, den anderen umzustimmen.

Einig waren wir uns über die Nazis – die draußen und die in der Schule. Einig auch in der nicht nachlassenden Lust an den Liedern und Filmen der Zarah Leander. Und notwendig einig, wenn wir zu zweit an einem Theaterstück schrieben, das die Klasse aufführen sollte: als Vierzehnjährige das Stück »Kreuz 10«, einen Bauernschwank nach einer eigentlich bei Johann Peter Hebel zu suchenden, aber dort leider nicht zu findenden Geschichte, als Fünfzehnjährige eine Luftschutzkeller-Komödie, eine freche Parodie der Volksgemeinschaft dort, wo sie eigentlich hätte stattfinden können. Von Käthe kamen die Redensarten, die beim Skatspielen fallen, und die Namen der Zigeuner, Imre und Bicul, die den Bauern Krischan übertölpeln, von mir kamen die lateinischen Beschwörungsformeln, von uns beiden die im Ritornell erzeugten Dialoge. Alexander Wagner, das Musikgenie unserer Klasse, komponierte eigens eine Ouvertüre und die musikalische Untermalung. Im Luftschutzkeller erklangen zu unseren Texten die damals gängigen Schlager von Marika Röck und Lieselotte Pulver. Käthe und ich lernten um die Wette immer längere Gedichte auswendig. (»Wenn du den ›Gang zum Eisenhammer‹ [240 Zeilen] lernst, lerne ich den ›Kampf mit dem Drachen‹ [300 Zeilen].«) Ich bewunderte Käthes unermüdliche Hervorbringung schmissiger und origineller Modeentwürfe, sie meine Bühnenbildnerei; ich ihre persönliche Courage, sie insgeheim meinen »politischen« Mut. (Später erzählte sie mir, alle Gesinnungsgenossen hätten wegen meiner offenen Rede dauernd Angst um mich gehabt; ich konnte nur entgegnen: Mir sei meine Kühnheit nicht bewusst gewesen.)

Die Freundschaft mit Käthe war meine unkomplizierteste Menschenbeziehung überhaupt. Keiner machte dem anderen etwas vor; beide hatten Freude an der gegenseitigen Herausforderung; das Publikum war uns gleichgültig. Und ich wurde von beiden Rollen befreit – der des Klassenclowns und der des Eremiten, von dem Ernst Lindenborn gelegentlich mitten in den Unterricht hinein sagen konnte: »Der Hartmut sieht heute wieder so traurig aus.«

Ulrich Fitzner war mir schon am ersten Tag aufgefallen – in der Sportstunde, die ich als Beobachter erlebte. Der Hepp hatte die beiden Ulrichs – Uli Fitzner und Uli Stang – als Mannschaftsführer eingeteilt, die daraufhin ihre Spieler auswählten. Die Ulis waren gleich groß und gleich beliebt und sonst ganz und gar verschieden: Uli Stang dunkelhaarig, schmal, geschmeidig; im Auftreten weltmännisch, ironisch, munter bis zur Keckheit. Uli Fitzner blond, breitschultrig, wohlgebaut; im Umgang mit der Welt verhalten, ernst, eine freundliche Ruhe ausstrahlend. Uli Fitzner war der bei weitem beste Sportler im gesamten mittleren Trakt der Schule, in den Schulfächern gleichmäßig gewissenhaft und unauffällig, in politischen Äußerungen eindeutig und besonnen. Seinen Vater, einen preußischen Regierungspräsidenten, hatten die Nazis aus dem Amt gejagt und zeitweise ins KZ gesteckt; er blieb als politisch unzuverlässig bis zum Kriegsende unter Polizeiaufsicht in seiner Wohnung in der Levetzowstraße, wo ich Uli gelegentlich besuchte. Er hatte einen älteren Bruder. Warum es keine Mutter gab, weiß ich nicht mehr.

Unzufrieden mit mir selbst – mit meiner Erscheinung und mit meinen Verbergungen – wollte ich sein wie Ulrich Fitzner: so männlich, so wohlgeraten und so erkennbar. Er hatte schon als Junge die Sicherheit eines Erwachsenen, ja er hatte eine gleichsam unschuldige, keine Macht über den anderen beanspruchende Autorität. Er konnte darum großzügig sein – und aufmerksam. Nie hat er die notorischen Schwächlinge (die »Flaschen«, die »Nulpen«, die »Pflaumen«, wie sie von den anderen während des Spiels beschimpft wurden) beim Zusammenstellen der Mannschaft als Letzte stehen lassen. Diese Rücksichtnahme kam ohne Allüre, ohne Zweideutigkeit, ohne Wankelmut daher. Uli beugte sich nicht herab – das war jedenfalls die Wahrnehmung der »Pulle« Hartmut, der das zugute kam. Er radelte mit mir zum Olympiastadion oder zur Krummen Lanke, um dort zu schwimmen, und hätte doch lustigere Partner haben können.

Es war nicht zu hoffen, dass ich je das Spielfeld so übersehen würde wie er oder den Ball so kraftvoll und präzis aus 20 Metern Entfernung ins Tor setzen oder gar so schnell die hundert Meter laufen, so weit springen, mit solcher Körperbeherrschung an den Geräten turnen könne. Aber wie man die Achtung und Sympathie der anderen allein durch Mäßigung und Unaufdringlichkeit gewinnt – das durfte ich mir bei ihm abgucken, da hatte ich Aussicht auf Erfolg, da war auch Veränderung bei mir nötig. Mit meinem Bewährungsdrang und meiner Ungeduld muss ich den anderen ganz schön lästig geworden sein.

Ich gebe ein etwas ernsteres Beispiel: Mein Vater erhielt im Auswärtigen Amt die täglich von seiner Behörde aufgenommenen Auslandsnachrichten, die den übrigen Deutschen ja verwehrt waren. Er nahm sie mit nach Hause, um sie dort zu lesen, verbarg sie aber dort nicht. Da ich gelegentlich an seinem Schreibtisch arbeitete, las ich sie – was er wohl nicht nur duldete, sondern vermutlich sogar wünschte. Eitel, nein, um eine wichtige Rolle bemüht, habe ich Ulrich Fitzner mehrfach an meinem geheimen Wissen teilnehmen lassen, am Ende nicht nur mündlich. Ich habe ihm vielmehr die auf Saugpapier vervielfältigten Berichte ausgeliefert. Eines Tages stand dann sein Vater bei uns in der Tür, wünschte den meinen zu sprechen, wurde von diesem im Arbeitszimmer empfangen und verließ unsere Wohnung nach einem für beide offensichtlich befriedigenden Gespräch. Dann bat mich mein Vater zu sich und stellte mir eindringlich die Folgen vor Augen, die meine Handlung hätte, wenn der falsche Mensch diese Nachrichten in die Hände bekäme. Ulis Vater war gottlob kein solcher und hatte den meinen offenbar ebenso freundlich wie besorgt über meine »Leichtfertigkeit« ins Bild gesetzt. Aber gerade das wollte meine Tat nicht sein. Sie sollte Ulrich vielmehr beweisen, wie weit ich für eine Freundschaft mit ihm zu gehen bereit war. Ich wollte ihm etwas außerordentlich Gewichtiges schenken – ein lebensgefährliches Vertrauen.

Ich sah mit Neid, wie er ein großes Akkordeon und mit ihm unsere Geselligkeit auf Fahrten und Festen bediente – und beschloss, diese Kunst selber zu lernen. Meine Eltern freuten sich über meinen Wunsch und fanden für den Anfang ein Gerät mit 24 Bässen ausreichend. Als ich nach mehrmonatigem Unterricht (im Berliner Konservatorium) noch immer nichts außer Improvisationen auf dem Instrument vollbrachte, versteifte ich mich darauf, dies liege an der Dürftigkeit des Instruments. Aber mit der unterschiedlichen Bewegung der rechten und der linken Hand kam ich auf dem mir schließlich geschenkten großen Gerät erst recht nicht zu Rande. Auch übte ich wohl nicht genug. Die Scham über dieses Versagen verdeckte nicht den ursächlichen Irrtum: ich könne damit meinem Idol im doppelten Sinn »näherkommen«. Wenn ein Akkordeon spielt, braucht man kein zweites – und Ulis Vorsprung maß in dieser Sache wenigstens fünf Jahre.

Ich hatte nichts, womit ich ihm imponieren konnte, vermochte nichts, als ihm meine Seele zu Füßen zu legen, und musste bezweifeln, dass ihm das etwas bedeute. Immerhin wagte ich es, ihn in die Weihnachts- und das hieß vor allem die Skiferien nach Partenkirchen einzuladen; die Großmutter hatte sofort in den Plan eingewilligt. Uli kam gern mit; unterdrückte kameradschaftlich seine Überlegenheit, die er natürlich auch auf den Brettern und am Hang hatte; er ließ mich erkennen, dass Freundschaft zumeist von der Fähigkeit lebt, die Unterschiedlichkeit der gegenseitigen Erwartungen auszuhalten. Aufdringlichkeit verdirbt sie. Das Letztere hatte ich zu lernen.

Ich glaube nicht, dass ich damals darüber nachgedacht habe, was die drei Personen, die ich mein »Schicksal« genannt habe, dazu gemacht hat. Heute weiß ich: Ernst Lindenborn hat der sittlichen Person in mir Recht gegeben; Käthe Beuge hat meinem Verstand und seiner Funktion für meine politische Person Recht gegeben; Ulrich Fitzner hat meiner Eigenart, meinen schwierigen Neigungen und damit meiner privaten Person Recht gegeben. Ohne diese drei Ermutigungen hätte mein Leben einen anderen Verlauf genommen.

Ich habe von Bildungserlebnissen gesprochen, die die Schule mir nicht bereitet hat. Gehört der Glaube zur Bildung? Die Religion gewiss! Man versteht die Menschenwelt nicht, ja man kennt sie nicht einmal, wenn man über die Religion hinwegsieht – über ihre vielfältigen Erscheinungsformen, ihre offenkundigen und verborgenen, gewollten und ungewollten Wirkungen. Zum Glauben kann man zwar auch *in* der Schule kommen, aber nicht *durch* sie. Ihr ist nichts vorzuwerfen, wenn sie die Vorstellungen von Gott, vom Ursprung und vom Sinn der Welt, von Seelenheil und von dem, was nach dem Tode kommt, allenfalls ordnet, mit tauglicher Sprache versieht, den richtigen Fragen unterwirft. Auch das hat sie in meinem Fall wohl nicht getan – außer in Bogotá, wo uns, wie berichtet, Frau Stein die biblische Geschichte erzählt und mit uns verständig darüber gesprochen hat. Was da versäumt – und von mir nicht vermisst – worden war, wurde mir durch den Konfirmandenunterricht zuteil. Das ist nicht selbstverständlich. Einerseits wird, wie der Name sagt, durch die Konfirmation der Glaube nur »befestigt«, muss also schon mitgebracht werden; andererseits wird der Konfirmand durch diesen Akt in die Gemeinde der Erwachsenen aufgenommen; es handelt sich vornehmlich um ein soziales Ereignis, eben um den »Übergang«, den der Mensch auch sonst in diesem Alter vollzieht.

Mein Konfirmandenunterricht dauerte eineinhalb Jahre und fand jeden Donnerstagnachmittag statt – zwei Stunden lang. Pfarrer Eichstätt hielt ihn in seiner Wohnung ab, in der es einen dafür geeigneten Raum gab. Mehr als fünfzehn Personen freilich fasste er nicht – wir waren nur zwölf. Sehr schnell erkannte der ergraute, hochgewachsene Herr Pastor in mir einen interessierten Schüler und hatte es am Ende schwer, seine Zuwendung einigermaßen gerecht auf alle zu verteilen. Ich hatte begonnen, Nietzsche zu lesen – und lernte gut lutherisch meinen Glauben an meinen Zweifeln. Pfarrer Eichstätt half dabei. Er war früh den Deutschen Christen beigetreten, die ein mit dem Nationalsozialismus vereinbares Evangelium lehrten und dessen jüdischen Ursprung abzustreiten suchten. Nun, im Jahr 1940/1941 bereute er seinen Schritt. Da kamen ihm meine skeptischen Fragen gerade recht, war es doch seine Pflicht, auf sie zu antworten: War Jesus nicht in erster Linie Mensch, dem hier und jetzt zu lebenden Leben zugewandt? Woher und warum die Gottes-Furcht? Wozu die Sorge um das Fortleben nach dem Tode? Wieso die Auszeichnung des Schwachen vor dem Starken, des Sündenbewusstseins und der Bußfertigkeit vor der Selbstbehauptung, der Sanftmut vor dem Kampfgeist? Warum muss Gott seinen Sohn opfern – um unserer Verfehlungen willen? Kann er nicht, wenn er uns denn vergeben will, dies einfach tun? Aber auch Fragen der anderen schwierigen Art: War Jesus nicht Jude? War der Jude Jesus überhaupt zu »uns anderen« gekommen? Oder umgekehrt: Was bedeutet es, wenn Christen meinen, sich von den Juden absondern zu müssen?

Pastor Eichstätts Konfirmandenunterricht geriet zu einem theologischen Disput, in dem er mich zum Zeugen seiner Umkehr machte und mir zugleich den Weg in einen Aufklärungsprozess wies, den ich heute noch gehe: den der Entmythologisierung des Alten und Neuen Testaments. Die Schöpfungsgeschichte, die Weihnachtsgeschichte, die Passionsgeschichte sind die drei großen mythischen Verdichtungen, die mir die Welt verständig, das ist »mit Verstand und Befriedigung«, zu lesen erlauben. »Lesen« freilich heißt auflesend, in Sprache verwandelnd (legōn) den Sinn (logos) erkennen. Man kann auch sagen: Lesen ist ein Übersetzen, nämlich aus Buchstaben Wörter und aus Wörtern Vorstellungen machen und nur ja nicht die »Buchstaben« für die Mitteilung halten. Sie sind ein Erkenntnisbehelf.

Dieser Entmythologisierung kam Eichstätts Abfall vom konservativen gläubigen Christentum entgegen, also von Karl Barths Überzeugung, Gottes Wort spreche letztlich Gott selber. Mit diesem von Eichstätt zitierten Satz haderte der Jüngling Hartmut und wurde von Arthur Drews' psychologischer und Franz Overbecks formgeschichtlicher Auslegung der Erscheinung Jesu bestärkt. Wenn die Evangelien eine »Christusmythe« verbreiten, dann muss man sie als heutiger Mensch für sich entmythologisieren. Ein kritisches Buch über die Leben-Jesu-Forschung hatte ich in meines Vaters Bibliothek entdeckt und brauchte weder Drews noch Overbeck zu lesen, die da ausführlich zitiert wurden. Die Hauptnahrung zog meine Skepsis aus dem soeben erschienenen Buch von Frank Thiess, »Das Reich der Dämonen«, das ich geradezu verschlang.

Später habe ich bei Rousseau, bei Lessing, bei Bultmann andere »Übersetzungen« gefunden und mich zur eigenen ermutigt gefühlt. Mit 50 habe ich einem Patenkind zur Konfirmation die meine von der Gottessohnschaft Christi vorgetragen (in: Bibelarbeit, München 1988, Hanser, S. 129–139); heute, mit 80, habe ich noch immer Freude an dem bei Pfarrer Eichstätt entdeckten Verfahren, welches das Johannesevangelium in die schlüssige Figur gebracht hat: »Am Anfang war das Wort« und »Das Wort ward/wurde Fleisch.«

Ich gebe hier – planwidrig – eine Rekonstruktion, nicht eine Erinnerung meiner Theologie zur Zeit meiner Konfirmation. So hätte sie aussehen können, wenn ich meine damaligen geistlichen Bedürfnisse und geistigen Vorbehalte ernst nehme. Ich gehe an den drei großen *Mythoi* (was ja Erzählungen heißt) entlang und entnehme ihnen den jeweiligen *logos*:

Die *Schöpfungsgeschichte* bestätigt uns eine Vermutung: In der Fülle der Erscheinungen steckt ein Sinn, ein Logos. Diejenigen, die das erste Buch Mose aufgeschrieben haben, legen das, »was ist«, für uns in ein »wie es geworden ist« auseinander. Da niemand dabei war, als die Welt erschaffen wurde, bleibt das Erzählte eine Hypothese, eine Unterstellung des deutenden Verstandes, bekräftigt durch den Befund. Am klarsten wird dieses Verfahren in der Geschichte vom Sündenfall. Der Mensch weiß, dass er, um zu leben, anderes Leben vernichtet. Dafür kann er nichts. Er ist unschuldig schuldig. Er hat ein Bewusstsein davon, und dieses stört sein Glück. Die anderen Geschöpfe haben ein solches Bewusstsein nicht. Er hat Wissen, das sich als Gewissen meldet. Er hat »vom Baum der Erkenntnis gegessen« – ihm ist die Unterscheidung von Gut und Böse gegeben. Er kennt den Logos, die sinngebende Gesetzlichkeit der Welt (»Und Gott sprach ...«) – und verliert damit das Paradies der bloß sinnlichen Existenz. Aber »eigentlich« ist das alles kein Vorgang, sondern ein/sein Zustand.

Zu Weihnachten lesen wir sowohl das Johannesevangelium als auch Lukas, 2. Dies ist der zweite Anlauf des Menschen nach der Schöpfungsgeschichte. Die Vertreibung aus dem Paradies, die »Versündigung« des Menschen, nämlich seine Herauslösung aus dem Ganzen, der Brudermord, das übermütige Ausufern der Lebenszeit, der Turmbau zu Babel – diese einprägsamen Folgen der Verselbständigung lassen den Menschen nicht mehr nur das Paradies wiederersehen, sondern das Heil, eine dauerhafte Versöhnung mit dem Gesetz der Welt. Wenn der Mensch den Sinn seiner Existenz erkennt, wird er richtig leben. Den Sinn muss er erfahren können. Eines Nachts tritt dieser leibhaftig in die Welt:

Die *Weihnachtsgeschichte* ist von unübertrefflicher Deutlichkeit und Radikalität. Das Heil ist einfach, unscheinbar, jedermann zugänglich, kommt nicht mit Macht, Reichtum, Gelehrsamkeit daher; Hirten erkennen es eher als Herrscher, Menschen, die von weit her kommen, eher als ganz nahe Stehende (»und sein Vater und seine Mutter wunderten sich über das, was von ihm gesagt wurde«); das Heil ist umgeben von der natürlichen Umwelt (Ochs und Esel sind dabei), ja es ist selber Natur (»nackt und bloß«), vor aller Zivilisation und Gescheitheit; und es ist universal (»bereitet ... vor allen Völkern, ein Licht zu erleuchten die Heiden ...«).

Das Fleischwerden des Sinns/Logos ist das ganze Leben Jesu – makellos und anstößig, das größte aller Wunder für uns, nämlich dass ein Mensch so leben kann! Wir ahnen die Wahrheit. Wenn wir so lebten – liebend, uneitel, barmherzig, demütig, Gewalt nicht erwidernd –, wir lebten richtig.

Jesus hat nicht nur gelebt, sondern auch gelehrt. Manchmal haben die Theologen, die sein Leben aufzeichneten, das »Fleisch« in das »Wort« zurückübersetzt. In der Regel sind auch Jesu Lehren Anschauung, Fleisch. Die drei großen Lehren sind eine Zusammenfassung der Heilsbotschaft: die Geschichte vom barmherzigen Samariter – »erkenne den, der Hilfe braucht«; die Geschichte von der Sünderin – »erkenne dich in ihr«; die Geschichte vom verlorenen Sohn – »wer umkehrt, findet Gnade«.

Die *Passionsgeschichte* Christi schließlich sagt: Das »richtige Leben« ist nicht gleichzusetzen mit glücklichem oder gelingendem Leben; es geht nicht ohne Leid und ohne Opfer ab.

Mit diesen großen Lehren konnte ich Christentum und Aufklärung miteinander verträglich machen. In der Kaiser-Friedrich-Gedächtniskirche habe ich das »Glaubensbekenntnis« freilich mit einem eher feigen als trotzigen Vorbehalt gesprochen. Pfarrer Eichstätt hätte mir vermutlich verziehen, wenn ich es nicht gesprochen hätte, nicht aber, dass ich es mitsprach, ohne es zu meinen. Er hatte mir den Konfirmationsspruch zugedacht: »Alles, was ihr tut, das tut von Herzen als dem Herrn und nicht den Menschen« (Kolosser 3,23). Als er ihn sprach – dicht vor mir stehend – fügte er in aller Ruhe hinzu: »Hartmut, es ist der Spruch, den ich selber gebraucht hätte.«

Diese Erinnerung hat sich in meinem Gedächtnis fest eingeprägt, so fest wie der noch heute von mir gegen meine Umgebung hergesagte Wortlaut: »Vater unser, *der du bist* im Himmel ..., dein Wille geschehe, wie im Himmel *also auch* auf Erden ..., und ... erlöse uns von dem Übel«. An diesen Stellen gerate ich außer Tritt.

Ob ich bei der Theo-Logie bleibe, die ich 1940 für mich auszudenken begann, hängt nicht von mir, sondern von Gott ab: Wenn er mir bei wachen Sinnen und klarem Verstand *erscheint*, werde ich meinen Logos-Glauben ändern. Dies erwarte ich freilich nicht, ja ich empfinde kein ernstes Bedürfnis danach.

Meine Konfirmation wurde gutbürgerlich gefeiert – mit Geschenken, einem festlichen Essen in kleiner Runde, einer Ansprache meines Vaters. Meine drei Paten konnten nicht dabei sein. So war das in Kriegszeiten. Von Tante Mieze bekam ich die Buber-Rosenzweig-Übersetzung der Bibel. Es war ihr einziges, nicht ersetzbares Exemplar des hochgeschätzten Werkes, das ich ihr zuliebe zu lesen begann. Es hätte ebenso gut in germanischen Runen geschrieben sein können – ich verstand weder die Wörter noch was sie meinten. Ulrich von Hassell schenkte mir ein Falzbein aus Elfenbein, das sich erhalten hat. Sonst ist mir nur noch eine riesige Azalee in Erinnerung, die der Ägypter und Freund meines Vaters Cotta-Bey schicken ließ: So etwas bekommen wirklich nur Erwachsene!

Der sicher wirksamste, aber auch unauffälligste Wandel vom Knaben über den Jüngling zum Erwachsenen vollzog sich in der Familie. Immer selbstverständlicher wurden mir die Geschwister zur Obhut und Förderung überlassen, und stetig wuchs meine nicht ganz unproblematische Freude daran: Von den Jüngeren wurde ich ja nicht nur gebraucht, was an sich schon befriedigend ist, sondern auch bewundert, was die Eitelkeit nährt. Andererseits wirkte meine Verantwortung – als Vorbild und Belehrer – auf mein eigenes Verhalten zurück. Ich versuchte mir keine Blößen zu geben, überwand meine Launen, gab mich besonnen und wurde es dadurch. Ich folgte der taktvollen Aufforderung meines Vaters, der um 6.30 Uhr an meine Tür klopfte: Er mache jetzt seinen Morgenlauf (bei dem der 55-Jährige auch noch über die Parkbänke sprang!); ich machte sichtbar und stöhnend Klimmzüge am Reck, das er im Gang neben der Leiter zum Hängeboden hatte einrichten lassen. Hier sahen mich nicht nur die kleineren Geschwister, sondern auch das Pflichtjahrmädchen, auf das wir inzwischen »herabgekommen« waren. Die Kriegswirtschaft hatte uns die Köchin fortgenommen und statt ihrer ein 16-jähriges Pummelchen aus Kärnten beschert – Aurelia Salbrechter, deren Brüder Konstantin und Cölestin hießen und die mit der »semantischen Kongruenz« im Deutschen nicht oder, sagen wir lieber, »anders« zurechtkam: »Jösses, nu hats mir den Teller zerrissen!«

und »Deiffi, mei Schubanderl is zerbrochen.« Die lugte nun aus ihrer Kammer, wenn ich am Reck hing – da musste ich schon eine gewisse Leistung zeigen. Als etwas später, im Jahr 1942, Sinaida Fomotschkina aus der Ukraine meinen Übungen zusah, brachte ich es auf dreizehn Züge und damit zu einer beträchtlichen Wehrtauglichkeit.

Aber weg vom »Küchenpersonal«, zu dem jeder Jüngling nach Wilhelm Busch »wohl mal« einen Hang hat, zurück zu den Objekten meiner Pädagogik: Im Sommer gingen wir fast täglich in den Zoo. Der Großvater hatte eine Zoo-Aktie erworben, ein noch vorhandenes pompöses Dokument, das dem Besitzer desselben eine Dauerkarte für seine gesamte Familie als Dividende auswarf. Wenn man täglich hingeht, sind Löwen und Giraffen zwar immer noch anziehend, aber auch Marder und Mungos, Faultiere und Füchse, Wölfe und Wildpferde, ja sogar Zwerghühner und Hausmäuse können sehr fesseln, wenn man sie regelmäßig und genau beobachtet. Jeder von uns hatte seine Lieblinge, nach denen er »erst einmal« gucken musste; alle vier vereinte das nicht auszuschöpfende Vergnügen an unseren Verwandten, den Affen. Eines Tages nimmt jeder Dauer-Zoobesucher die ausführlichen amtlichen Belehrungen wahr, die ihm helfen, Meerkatzen von Makaken zu unterscheiden und die Familie der Gibbons artgerecht aufzugliedern, womit überhaupt erst das lustvolle Schauen und verständige Genießen beginnt. Kinder sind sehr hartnäckige Beobachter. Der bis zur Pedanterie genaue Roland stellte mir ständig Fragen, die ich nicht beantworten konnte, und weil nicht zu erwarten war, dass sich dies änderte, habe ich auch keine Ausflucht mehr gesucht, sondern mit zunehmender Glaubwürdigkeit erklärt, das werde ich bis zum nächsten Zoobesuch im Brehm nachlesen. Das tat ich und hatte nun endlich selber einen tauglichen Biologieunterricht.

Die Anlagen des Berliner Zoos wurden damals immer schöner, und das heißt vor allem natürlicher: Die Gemsen bekamen kleine Alpen, die Löwen eine richtige Steppe, die Affen ein deutsches Gibraltar. Die Gitterkäfige verschwanden weitgehend.

Aus beidem, der Ökonomie der von mir aufzubringenden Belehrung und dem Spaß am Lernen der Geschwister, habe ich als 15-/16-Jähriger im Berliner Zoo eine andere (als die mir selbst widerfahrene) Didaktik entwickelt, eine »moderne«, die die Begegnung mit dem Phänomen an den Anfang stellt, die Fragen geduldig kommen lässt oder hinhaltend herauskitzelt, zu selbständigen Antworten ermutigt und erst am Ende mit einer meist vorbereiteten und doch alle bis dahin vollzogenen Schritte einbeziehenden »Klärung des Sachverhalts« aufwartet. Im Winter spielte sich das Gleiche im Berliner Aquarium ab.

Wenn wir in der Wohnung blieben, arbeiteten wir an einem »Projekt«, wie man heute sagen würde. Beispielsweise sollte es zum Geburtstag der jüngsten Schwester, Heidi, ein Kasperletheater geben. Eine Geschichte wurde erdacht oder gewählt, die Auftretenden und Auftritte geplant, die Figurensammlung (auf die von Christel Freiwald gelernte Weise) ergänzt, die Bühnenbilder gemalt, die Beleuchtung installiert, die Einladungen geschrieben, die Billets »gedruckt« und an einer Kasse verkauft – und jeder hatte dabei seine Aufgaben, die ihm angemessen waren und ihn darum befriedigten, jeder hatte auch die Chance, einfach Zuschauer zu sein.

Vom Vater hatten wir eine reiche Kinderbuchbibliothek geerbt – Kostbarkeiten ohnegleichen gemessen an den Kinderbüchern der Zeit. Diese vorzulesen und anzuschauen war ein weniger aktives Projekt, aber doch auch eines: durch die Ritualisierung und Feierlichkeit des Vorgangs. Ganz wichtig waren die Brett- und Gesellschaftsspiele: von »Fang den Hut« über »Lebendes Bild« bis zum »Mörderspiel« im total dunklen Zimmer, eine Veranstaltung, die das Gruseln mit Aufklärung geschickt verbindet. Unschlagbar war unter diesen Vergnügungen das Mah-Jongg, das man einfach spielen kann (auf schnellen Sieg) oder raffiniert, genauer: immer raffinierter (unter Berechnung der Werte).

Natürliche Projektgelegenheiten, vor allem aber Höhepunkte planbarer Erregung waren die beiden großen Feste des Jahres, Ostern und Weihnachten, das eine nie ohne Lesung des Osterspaziergangs aus dem »Faust«, das andere nie ohne die Weihnachtsgeschichte. Beide Feste sind herkömmliche Anlässe zu freudiger Üppigkeit; und so musste zunächst einmal das Zügeln der Begierden geübt werden. Der nun schon »fast erwachsene« Hartmut wurde dabei zwar auch als Helfer, in erster Linie aber als Vorbild eingesetzt: So still hört man zu, so beherrscht man sich, so zeigt man Freude, Dankbarkeit und Rücksicht. Bei Hentigs zählte man nach dem Finden der versteckten Eier erst einmal nach, ob auch alle entdeckt worden waren (man konnte also nicht beim Suchen schnell mal eines probieren) und verteilte dann – wie schon berichtet (S. 35) – die Ausbeute gleichmäßig unter den Geschwistern. Man nannte das »gerecht«, was mir dieses Wort einst unsympathisch gemacht hatte. Nun musste ich es und seine Funktion mit Würde vertreten. Erst nach dieser Strapaze konnte man ein Marzipanei ins Maul stopfen. Zu Weihnachten wurde der *run* auf die Geschenke vor allem durch immer noch ein Lied gebremst. Dann aber wurden die Geschenke nicht nur sofort »in Besitz«, sondern auch »in Gebrauch« genommen: das komplexe Nagelnecessaire, der kostspielige Zirkelkasten, der neue Füller. Es begann auch gleich das Studium der wahren Hundertschaften von Zinnsoldaten, die man doch erst alle erkennen und ordnen musste, bevor man die Schlachten Napoleons nachstellte. Das tat ich wochenlang, bis das Terrain dem häuslichen Bedarf und dem Reinigungsprogramm zu weichen hatte.

Fast jeden Sonntag unternahm Vater mit uns einen großen Spaziergang – sei es zum Alten Fritzen in Potsdam, sei es zu Tante Elfriede in Klein Machnow, sei es zum Juliusturm in Spandau; oder er besuchte mit uns ein Museum. Wir Kinder hatten es schwer, uns bei der Fülle der Berliner Möglichkeiten zu entscheiden. Besonders beliebt waren das Märkische Museum wegen der Folterinstrumente, das Verkehrsmuseum wegen der wunderbaren Schiffs-, Eisenbahn- und Kutschenmodelle, die Nationalgalerie, das Alte Museum, das Pergamonmuseum – also eigentlich alles. Auch dorthin ging man zu Fuß, ertrug das aber wegen Vaters Erzählungen und in der von ihm entfachten Vorfreude auf die Lieblingsbilder: »Was wirst du dir als Erstes ansehen?«, fragte Vater uns drei Jungen einen nach dem anderen. (Heidi wurde der lange Marsch noch nicht zugemutet.) Was wir ihm dann sagten, war ein trefflicher Stoff für Unterhaltung-und-Belehrung, bis wir – noch immer erwartungsvoll – am Schau-Ort ankamen. Museen sind umso beglückender, je bewusster man zu ihnen heimkehrt.

Mit mir, dem Ältesten, ging Vater auch ins Planetarium, das auf halbem Weg zwischen unserer Wohnung und dem Zoo lag. Der meisterhaften Erklärung eines Phänomens an unserem Himmel, dessen natürliche Schönheit und Ordnung durch ihre künstliche Nachbildung bewusst und noch einmal erhöht wurden, folgte nach der Abendvorstellung ein Film. Mir ging es eigentlich um diesen, und Vater ließ sich nicht ungern auf diesen *deal* – Bildung plus Lustbarkeit – ein. Als er eines Abends im Anschluss an »Manuel« oder »Mein Leben für Irland« mit mir zum Kurfürstendamm weiterging und wir dort ein Bier tranken (ich mein erstes!), vollendete er mein Glück, indem er mir bekannte: Der Film habe auch ihm gefallen.

Der absolute, weil gänzlich unplanbare Höhepunkt war freilich, wenn Vater eines Abends Zeit hatte und uns etwas vorlas – im Salon, mit der Ernsthaftigkeit, die dieser dem Vorgang verlieh. Mir unvergesslich: die Balladen (die er selber fast »auswendig« vorlas), Hauffs Märchen und, stetig aufsteigend, Hebels Schatzkästlein, James Moriers Hajji Baba, Goethes Reineke Fuchs bis zum Cornet von Rilke, dem er Festigkeit und Wohlklang verlieh und das poetische Pathos, die artifizielle Geste nahm, mit dem man dieses große Gedicht meist verdirbt. Der 16-jährige Hartmut wollte dann – lieber noch als ein zweiter Ulrich Fitzner – der Cornet sein: beauftragt, geprüft, erwählt, in der Liebe den feindlichen Überfall verschlafend, in einem Strahl von feindlichen Säbeln sterbend. Der dies tat und wollte, war der vollendete deutsche Jüngling.

7. Kein Held

Ich habe die politischen Ereignisse der Jahre 1937 bis 1943 ausgespart, um ihre Wirkung auf mein Leben zusammenhängend darstellen zu können. Tatbestände und Vorstellungen bringen einander hervor, die Zeitgenossenschaft färbt das individuelle Erleben, und dieses wiederum erst macht mich zum Zeugen der Zeit.

Jede Zeit, behaupte ich überspitzt, ist in der bisherigen Menschheitsgeschichte sowohl eine Vorkriegszeit wie eine Nachkriegszeit gewesen. Es kommt auf das Bewusstsein davon an. Nach dem »Anschluss« Österreichs im März 1938, während des Einmarschs deutscher Truppen im Sudetenland im Oktober 1938, als Hitler im November 1938 »auf Wunsch des tschechischen Staatspräsidenten Dr. Hacha« das Reichsprotektorat über Böhmen und Mähren übernahm und Deutschland damit eine ganze benachbarte Staatsnation verschluckte, lebten wir in der Vorahnung eines kommenden Krieges, nicht mehr im Nachhall des vergangenen – es war »Vorkriegszeit«. Es gab auch andere Indizien dafür. Als wir durch Thüringen und Franken radelten, war die Kriegswirtschaft schon angelaufen. Viele Lebensmittel waren rationiert; ich kaufte in bayerischen Dörfern, wo offenbar die Lage anders war oder anders eingeschätzt wurde als in Berlin, kiloweise Haferflocken und Mehl ein und schickte sie der Miezi-Mutter für die kommende Not. Es gab auch Vorzeichen, die weniger leicht zu erkennen waren: den »Rücktritt« des Reichskriegsministers Werner von Blomberg und des Oberbefehlshabers des Heeres Werner von Fritsch im Februar 1938, wodurch Hitler der »alleinige und oberste Befehlshaber« der emsig wiederhergestellten Wehr-Macht Deutschlands wurde; die schamlose Weise, in der der österreichische Regierungschef Schuschnigg erst hintergangen, dann erpresst wurde, das Berchtesgadener Abkommen zu unterzeichnen; die gelenkten Machenschaften des Konrad Henlein im Sudetenland; das kaltblütige »Ausschlachten« des Attentats auf den Gesandtschaftsrat Ernst vom Rath in Paris. Hitler reizte seine Möglichkeiten rücksichtslos aus und versetzte uns in die widerwillige Erwartung eines Zweiten Weltkriegs. Dass auch die Zeiten, die unmittelbar auf einen Krieg folgen, als Anlauf zu einem nächsten Krieg gelten können, haben wir in den Jahren 1945 bis 1948 erlebt, die auf einen Dritten Weltkrieg zuliefen; der ist nur nicht ausgebrochen, sondern als Kalter Krieg in die Geschichte eingegangen – als Krieg immerhin.

Nie zuvor in der Weltgeschichte, schien es uns damals, habe eine Regierung so viel Geräusch erzeugt, um das eigene Volk zu betäuben (= taub zu machen), die anderen Völker zu verwirren, die anderen Regierungen einzuschüchtern. Wir Schüler waren keine Analytiker, aber die mit gewaltigem Aufwand inszenierten Staatsbesuche – es folgten einander Mussolini, Eden, Halifax, Horthy, Ciano, Molotow – im umgebauten oder verkleideten Berlin (die Rigips-Pylonen, die Fahnenwälder, die Tribünen entlang der neuen, durch Verdoppelung der Charlottenburger Chaussee entstandenen Ost-West-Achse wurden gar nicht mehr abgebaut), die ganztägigen Militärparaden zu Führers Geburtstag (zu ihnen wie zu den Staatsbesuchen wurden die benachbarten Schulen abkommandiert und wohl auch sonst Betriebe und natürlich die nationalsozialistischen Organisationen), das Propaganda-Gedröhn im Radio (wer nur einen Volksempfänger hatte, konnte gar nichts anderes empfangen, nicht einmal später den Soldatensender Belgrad mit der unsterblichen »Lili Marleen«) – dies alles ließ uns spüren, welche Entschlossenheit zur Anwendung der demonstrierten Macht hier waltete. Als am 1. September nach des Führers Worten »seit 5 Uhr zurückgeschossen« wurde, trat nichts Überraschendes ein, allenfalls etwas überraschend Unapokalyptisches: ein Krieg eben, wie ihn unsere Eltern schon kannten, in dem man Fehler machen oder Glück haben und zunächst sogar siegen konnte.

Ich kam an diesem Tag wie immer mittags um 14.30 Uhr nach Hause. Dass Krieg war, hatte die Miezi-Mutter schon am Radio gehört, als sie mir das Frühstück machte; in der Schule gab es eine Versammlung in der Aula und eine kurze Ansprache von Max Roethig, in der vom »Ernst der Stunde« gesprochen wurde und davon, dass ein jeder an seinem Platz seine Pflicht tun müsse: »Und jetzt zurück an die Arbeit!« Ich erinnere mich deshalb so genau daran, weil ich mir vorzustellen versuchte, was es heiße, »an seinem Platz seine Pflicht« zu tun. Wo und wie würde ich mich bewähren? Ich war ja noch nicht einmal fünfzehn.

Auf dem Heimweg kaute ich an den wütenden Äußerungen des Pastorensohns Friedrich Wilhelm Backhaus und der Lehrerstochter Käthe Beuge: »Das mit den Morden in Bromberg und dem Überfall auf den Sender Gleiwitz ist doch alles geschwindelt!« Dieser Gedanke schien mir unerträglich. Und nun setzte ich mich an den Mittagstisch, an dem die ganze Familie mitsamt der Köchin in ungewohnter Stille die Suppe löffelte, und erwartete die klärende Auskunft, den Kommentar, eine Deutung meines Vaters. Nach einigen Minuten, die eine Ewigkeit dauerten, hörte ich das Aufschlagen seines Löffels auf den Rand des nicht geleerten Tellers und dann den Satz, den ich in den nächsten zehn Jahren nicht wieder loswerden sollte: »Es kann uns nichts Schlimmeres passieren, als dass wir diesen Krieg gewinnen.« Vater stand auf und verließ das Zimmer. Das war seine Mitteilung an uns, unabhängig von unserem Alter und Verstand. Sie sollte offenbar durch nichts verwässert, durch kein »Wie meinst du das?« zerfranst, durch keine Mahnung »Behaltet das für euch!« relativiert werden. Sie hat mich bei jeder in diesem Krieg zu treffenden Entscheidung begleitet und bei fast jeder in Not gebracht, und noch in den Nachkriegsjahren kam sie mir immer wieder in den Sinn, wenn andere unser Los so furchtbar »schlimm« fanden. Ich glaube fest, dass meinem Vater die uns gemachte Zumutung bewusst war.

Schon in den ersten Kriegstagen fiel der älteste Sohn von Staatssekretär Ernst von Weizsäcker, mit dem Vater nicht auf bestem Fuß stand, und verwandelte die gespannte Dienstbeziehung in schmerzliches Mitgefühl – und stummen Hader. Der gleiche ergriff auch mich, als der erste Schulkamerad betrauert wurde. Volker Niemeyer war fünf Jahre älter als ich und gerade ein Jahr Soldat, einer von den »Großen«, zu denen die Jüngeren ehrfurchtsvoll und dankbar aufschauen, weil sie umgekehrt freundlich herabschauen. Man malte sich aus: Wie es denen ergehen werde, die sich jetzt zu den Fahnen meldeten. Wird der Krieg Ulrich Trendelenburg verschonen? Wird alles lang genug dauern, so dass wir nicht einfach »übrig bleiben«, nachdem die eben noch unter uns weilenden Kameraden ihre Taten getan und ihr Leben gelassen hatten?

Der Polenkrieg wurde zum Blitzkrieg; die Armee der Sowjetunion – durch den im August 1939 überraschend geschlossenen Nichtangriffspakt fast schon zum Verbündeten der Nazis geworden – marschierte am 17. September von Osten her in Polen ein; Ende des Monats schien es, als sei Polen nicht nur bestraft und aufgeteilt, sondern habe durch sein Verschwinden von der Landkarte die Bündnispflicht Englands und Frankreichs erledigt.

Die Ablehnung von Hitlers Friedensangebot an die Westmächte war das Scheidewasser für die Einstellung der Deutschen zu Hitlers Krieg. Wer diese Ablehnung innerlich bejahte, weil man Hitlers Willkür Schranken setzen musste, nahm in Kauf, dass der Krieg nicht nur weiterging und unabsehbare Opfer forderte, sondern natürlich auch, dass er verloren ging; wer diese Ablehnung bedauerte, weil der Friede allemal besser ist als der Krieg, nahm in Kauf, dass Hitler nunmehr »gesiegt« hatte, dass also eben das geschehen war, was mein Vater zu dem Schlimmsten erklärt hatte, das uns passieren könne. In dieser Einschätzung steckte ja die Annahme, dass Hitler selber mehr wollte, als Deutschland nur einen Teil Polens einverleiben.

Ich entschloss mich für die erste Position, aber ich blieb im Zweifel, ich wankte. Das Wanken geriet manchmal in die Nähe eines Verrats am eigenen moralischen Einstand, beispielsweise wenn ich mich über Siege der Wehrmacht in Frankreich mitfreute, die schließlich zum Waffenstillstand mit Frankreich führten. Der Einmarsch deutscher Soldaten in Paris war ein schwindelerregendes Ereignis – wie sollte man da zu einer abstrakten Konstruktion von Welt-Gerechtigkeit stehen? Auch als Hitler Russland überfiel, den Komplizen bei der Aufteilung Polens, und als deutsche Panzer in kurzer Zeit vor Leningrad, Moskau und im Kaukasus standen, weckte dies noch einmal ein perfides Hoffen auf den perfiden Sieg: Der galt zwar der falschen Sache, würde aber wenigstens den Krieg beenden. Da hatte sich freilich die Hybris dieses Unternehmens schon längst offenbart und sprach für die unvermeidliche Atē: Die Besetzung Dänemarks und Norwegens, Hollands und Belgiens, halb Frankreichs, Jugoslawiens und Griechenlands bis hin nach Kreta – die konnte Deutschland auf die Dauer gar nicht leisten, auch nicht mit Verbündeten, die sich ja nicht wirklich mit uns verbunden fühlten.

Im Durchhalten von Überzeugungen war ich nicht stark, wenn ihre

Bestätigung in so weiter Ferne lag und wenn sie so viel Verneinung der täglichen Verrichtungen, die Unterdrückung von starken Empfindungen bedeutete. Haben wir nicht dauernd diesen Krieg genährt – auch wir Schüler, die wir formal außerhalb der Kriegsproduktion und abseits des Kampfes standen: als Luftschutzwache, als Erntehelfer, als Sammler von »Lumpen, Flaschen, Silberpapier ...«, als Hausierer mit der Winterhilfsbüchse?

Zwar hat unsere Schule nicht gebrannt, solange ich sie besuchte, aber als Brandbomben in der Nachbarschaft fielen, habe ich meine Löschkünste eingesetzt; beim Bauern Liesegang in der Mark habe ich zwei Wochen lang täglich zehn Stunden Kartoffeln gebuddelt – mit klammen Händen, krummem Rücken, durchnässten Hosenbeinen (das hat mir immerhin die Achtung der Leute eingebracht, die dem schmächtigen Städter mit dem adeligen Namen diese Arbeit nicht zugetraut hatten und mich am liebsten gleich wieder nach Hause geschickt hätten); die erwartete Altpapier-Mindestleistung habe ich erfüllt, indem ich die beim Luftschutzdienst auf dem Dachboden des FG entdeckten alten Scharteken heimlich mit nach Hause nahm und sie am folgenden Tag von dort ostentativ herbeischleppte; die Winterhilfsbüchse einigermaßen voll zu kriegen war schwer – die Leute schlugen einem die Tür vor der Nase zu oder erbarmten sich des bedauernswerten Jungen mit ein paar Groschen. (Als Strafe für Hitler habe ich mir ausgedacht: er müsse, wie wir, alle Groschen von Hand zählen, die wir für ihn gesammelt haben – und auch noch die, die er jedesmal hinzuschwindelte.) Als ich meinem Onkel Eisenlohr mein Leid mit der Bettelei klagte, fragte er mich: »Wie viel etwa muss denn am Ende in deiner Büchse sein, damit du keinen Ärger kriegst?« Ich schätzte acht bis zehn Mark. Da holte er einen Zehn-Mark-Schein aus dem Portemonnaie – Tante Ilse, die geborene Hentig, fiel fast in Ohnmacht –, steckte sie in das dafür vorgesehene runde Loch und sagte: »Nun kannst du wieder an deine eigene Arbeit gehen. Versprich mir, dass du nicht weitersammelst!«

Und auch dies war ein Beitrag zum Krieg: Als die Bombenangriffe auf Berlin zunahmen, wurde die Familie erst nach Partenkirchen »ausgelagert«; ich blieb mit Vater in Berlin und habe dort für uns beide »Haus gehalten«: auf unsere Lebensmittelkarten eingekauft, für nicht rationiertes Gemüse angestanden, gekocht und mich um ein Minimum an Sauberkeit in der Wohnung bemüht. Jetzt wusste ich, was der Satz meinte: »Jeder tut seine Pflicht an seinem Platz.« Vater brachte fast immer Gäste mit, häufig unangekündigt. Dann hieß es improvisieren – die Suppe ein wenig verlängern (wobei Vaters ironischer Rat an die verzweifelte Mutter zitiert wurde: »... mit einem kräftigen Lorbeerblatt«) oder in das Glas mit den eingelegten Eiern greifen. Oft jedoch brachten die Gäste ihrerseits etwas mit, vor allem, wenn sie aus dem Ausland kamen. Mit dem Sieg über Frankreich hatte meines Vaters Ressort im Auswärtigen Amt an Umfang, Aufgaben und Schwierigkeiten zugenommen: Es umschloss das französische Mandatsgebiet im Nahen Osten, wohin Vater strapaziöse, aber auch einträgliche Reisen machte. Am deutlichsten erinnere ich mich eines gewaltigen Kubus gepresster Datteln, die Vater in meine Verwaltung gab und aus denen ich entweder unter Zuhilfenahme von Milei (einem Kunstschaum) oder mit Eierkuchenteig aparte Nachtische bereitete – süß ohne Zucker! Wie der politische Ertrag der Reisen aussah, muss man in meines Vaters Memoiren (Mein Leben eine Dienstreise, Göttingen 1962, Vandenhoeck & Ruprecht) nachlesen.

Zu den Gästen zählten so interessante Gestalten wie der liebenswürdige Chalid Al Hud Al Gargani, Sonderbotschafter des Königs Ibn Saud, der dicke, eindrucksvoll gescheite Gulham Siddik Chan, ehemaliger afghanischer Außenminister, der Rivale Gandhis, Subbas Chandra Bose, Rashid Ali Ghilani, abgesetzter Regierungschef des Mandatsgebiets Syrien, Muhammed Said Al Husseini, Mufti von Jerusalem (einen *Groß*-Mufti gebe es nicht, wusste mein Vater besser als die damaligen Zeitungen und heutigen Lexika) – sie alle, von den Engländern oder Franzosen verdächtigt und verfolgt, hatten sich auf die Seite der Achsenmächte geschlagen und betrieben von dort aus ihre Unabhängigkeitspolitik. Vater war ihre »Anlaufstelle« – und warnte sie vor zu hohen Erwartungen an ihren neuen Partner, lud die gelangweilten Herren in die Händelallee 26 ein, wo der Mufti mit Schwester Helga flirtete, zum Gebet seine Schuhe – mit Gummizug statt Schnürsenkeln – abstreifte, mit Vater und mir Medizinball auf dem Großen Weg im Tiergarten spielte. Und sie alle sprachen fließend Französisch und ich musste die *honneurs* machen. Auch dies war »eine Pflicht« im Dienst des Vaterlandes.

Auf der andern Seite tat ich ganz andere Dienste: Ich wartete im Dunkeln vor der Tür des Hauses auf Vaters jüdische Gäste, mit denen er in dienstlichen Angelegenheiten, aber nicht in dienstlichen Gebäuden sprechen wollte – sie sollten sicher sein können, dass niemand mithörte; ich ließ sie mit meinem Schlüssel ein, damit sie nicht den Portier und Blockwart herausklingeln mussten (das Haus hatte noch keine Sprechanlage und kein *buzzer*-System); ich musste sie nach der Unterredung auch wieder hinauslassen, nachdem der Hauswart Vater einmal »gestellt« hatte: »Ich habe es gesehen – Ihr Gast trug einen Judenstern!«; ich ging nun voraus und »sicherte«. Ich brachte einem jüdischen Schulfreund von Vater, der in der Nähe des Alexanderplatzes wohnte, Lebensmittel, gab sie nach flüchtigem Gruß im Treppenhaus ab, das ich ebenso flüchtig verließ – ein freundliches Gespräch wäre vermutlich stärkender gewesen als die Schokolade, das Mehl und die Mandeln in dem Paket, hätte aber die Gefahr, erwischt zu werden, erhöht. Dem Leiter des jüdischen Hilfskomitees Löwenstein übergab ich in seiner Wohnung hinter dem Bahnhof Tiergarten ein von Vater geschossenes und von mir sorgfältig abgezogenes Kaninchen, das er aber als leider nicht koscher zurückreichte. An Sonntagen besuchten wir vormittags und für alle Welt sichtbar die alte Frau Rießer, die man bis zu ihrem Abtransport nach Theresienstadt in ihrem Haus auf der anderen Seite des Tiergartens beließ; es tröstete sie, wenn ihre Freunde sie nicht schon deshalb verließen, weil sie Jüdin war. Wir nahmen für vier oder fünf Tage eine Jüdin mit zwei kleinen Kindern in der Wohnung auf – sie schliefen im evakuierten Kinderzimmer, dessen Rollos noch lange danach heruntergezogen blieben, damit wir sagen konnten, das sei so, weil der Raum zur Zeit nicht benutzt werde.

1942, im Jahr vor dem Tode der Großmutter, war die Miezi-Mutter von Partenkirchen wieder nach Berlin zurückgekehrt und beantragte ein neues Pflichtjahrmädchen. Wir bekamen eine junge Ukrainerin zugewiesen, die schon erwähnte Sinaïda Fomotschkina. Man hatte sie morgens um vier Uhr aus dem Haus ihrer Eltern herausgeholt und nach Deutschland verschleppt – ein verschüchtertes, kräftiges Bauernmädchen, das sich selbst zum Trost ständig dieselbe Melodie vorsang. Ich versuchte mitzusingen – gänzlich unverstandene Laute, die mir so im Gedächtnis geblieben sind: Mil habi lu lubischembo. Ich führte sie einmal am Tage aus (wie man einen Hund ausführt, dachte ich). Sie nie allein aus der Wohnung zu lassen, hatten sich die Eltern verpflichtet. Wir besuchten Onkel Ottos Eisdiele. Unterwegs brachte ich ihr Deutsch bei: Baum, Haus, Sonne, Himmel, grün, gelb, rot, essen, trinken, zahlen. Sie fasste Zutrauen zu uns, nicht zu unseren Gewohnheiten: Strümpfe und Schuhe zog sie sofort aus, wenn meine Mutter fort war, und stand mit nackten Füßen auf den Küchenfliesen. Schon ein halbes Jahr später verließen die Miezi-Mutter und die Geschwister das von Angriffen immer häufiger heimgesuchte Berlin wieder und zogen nach Januschau, dem ostpreußischen Gut der Gräfin Lehndorff, Tochter des alten Elard von Oldenburg-Januschau, die es ihrerseits ihrer Tochter Ria übergeben hatte. Sie selber lebte mit ihrem Mann, dem ehemaligen Leiter des Gestüts Trakehnen, in der Meinekestraße in Berlin. Bei ihr wiederum wurde ich untergebracht, weil Vater als Vertreter des Auswärtigen Amtes an die Heeresgruppe Süd/von Manstein versetzt worden war. Me Lehndorff, wie sie genannt wurde, brachte mir Skat bei und sprühte vor Hass auf die Nazis. Dass sie – ausgerechnet sie! – von einmarschierenden Sowjetsoldaten in Januschau erschlagen wurde, in das sie 1944 aus dem schwer heimgesuchten Berlin zurückgekehrt war, gehört zu den Ungeheuerlichkeiten, die der Krieg sich ausdenkt. Sinaïda wurde den Behörden zurückgegeben. Ich habe sie Ende 1943 zufällig auf der Straße wiedergesehen – herausgeputzt, mit onduliertem Haar und, oh Wunder!, hochhackigen Schuhen. Sie strahlte: »Ich jetzt Fabrik!«, kam aber nicht weiter, entweder weil sie mehr nicht sagen konnte oder weil ich in Uniform war. Hatte sie Angst oder hat sich der Gefreite Hentig geniert? Ich hoffe nicht. Ich war doch belehrt – nicht nur durch die in solchen Lagen so tapfere und erfolgreiche Schwester Helga, sondern auch durch die Scham über eigene unrühmliche Reaktionen:

Es wird im Jahre 1940 gewesen sein. Ich hatte mit einem Schulkameraden irgendeine komplizierte Form des Kunst-Radfahrens ausgedacht, die wir auf dem Großen Weg um die Wette vollführten. Es ging laut und gickelich dabei zu, und ein deutscher Volksgenosse höhnte mir nach: »Wie ein kleiner Itzig!« Da mein Freund meines Wissens Halbjude war, hielt ich an und ging auf den Mann zu: »Ja, dich meine ich!«, sagte er, denn in der Tat, mein Kamerad sah ganz und gar nicht jüdisch aus. Ich erwiderte erregt:»Sagen Sie das noch einmal – richtig laut und deutlich, damit alle hier dies hören. Sie wollen einen deutschen Hitlerjungen beleidigen? Das wird Ihnen mein Scharführer austreiben!« Ein paar Umsitzende schauten auf uns; der Mann knickte nicht ein; aber er ging doch schnell davon, und ich bestieg stolz wieder mein Rad. Stolz? Worauf? Ich hatte mich seines dummen Vorurteils, seiner niedrigen Absicht bedient, um ihn einzuschüchtern. Warum hatte ich ihn nicht gefragt:»Ach, bitte, was wollen Sie mit ›wie ein Itzig‹ sagen?« Und wenn er Itzig mit»Jude« übersetzte:»Was wäre daran schlimm?« Und:»Was missfällt Ihnen an meinem Verhalten?« Hätte er geantwortet:»Ihr lautes Geschrei«, hätte ich sagen können:»Sehen Sie: Ich bin der Sohn eines arischen deutschen Beamten – und der schreit auch so!« Ja, schließlich:»Haben Sie selber noch nie geschrien?« Aber so habe ich nicht geredet. Nein, ich war kein Held.

Wie viele andere hatte ich mich daran gewöhnt, dass man gegen die Nazis (das waren nicht nur die»Macht-Haber«, das war die Mehrheit der Mitmenschen, die sich gegenseitig misstrauisch beobachteten) nichts *tun*, sich aber vor der Scham und einem beißenden Gewissen retten konnte, indem man seinen Hass und seinen Hohn wenigstens unter Freunden *bekundete*. Den vom Volksmund zum Zweck der Sagbarkeit als»Reichskristallnacht« verkleideten Pogrom in der Nacht vom 9. November 1939 hat auch in Berlin nur der wahrgenommen, der in der Nähe von Juden und jüdischen Einrichtungen wohnte. Ich habe diesen abscheulichen Vorgang verschlafen. In der Schule erfuhr ich anderntags von Schulkameraden, was passiert war. Auf der Heimfahrt beschloss ich, nicht am Bahnhof Tiergarten aus der S-Bahn auszusteigen, sondern zwei Stationen weiter zu fahren – über die Fasanenstraße hinweg, in der eine große, sehr schöne Synagoge stand. Als der S-Bahn-Zug auf dem Bahnhof Zoo abfuhr, erhoben sich die Insassen und drängten an die Türen und Fenster auf der linken Seite, von denen aus man auf die noch immer schwelenden Trümmer blickte. Mir traten die Tränen in die Augen – Verräter meiner Ohnmacht und meiner Wut. Während ich damit beschäftigt war, sie unauffällig zu beseitigen, hörte ich eine Stimme, die mehrfach»Schande!« sagte. Niemand suchte den Worttäter mit den Augen auf. Alle setzten sich wieder. Am Bahnhof Savignyplatz stieg ich aus, ging die Kantstraße zurück, wurde aber von

Schupos abgehalten, in die Fasanenstraße zu gehen. »Machen Sie, dass Sie weiterkommen!« Ich trug in diesem Winter meine ersten langen Hosen – gesiezt zu werden schien mir in dieser Lage angebracht. Ein Jahr später habe ich in einem der Kinos am Kurfürstendamm den Film »Jud Süß« gesehen. Der Weg führte an der stattlichen Ruine der Synagoge vorbei. Freunde wussten zu berichten, es handele sich um ein ebenso gemeines wie raffiniertes Machwerk. Ich habe etwa in der Mitte des Films das Kino verlassen – gewärtig, dass man mich nach dem Grund fragt. Für den Fall hatte ich mir vorgenommen zu sagen, ich hätte Darmbeschwerden und suchte die Toilette. Es hat mich niemand gefragt. Die Wahrheit wäre nicht tapferer gewesen: Der »Jüngling« war angewidert durch die ungewohnt drastischen »Sexszenen«, die damals freilich noch nicht so hießen. Sie entlarvten die Filmmacher mehr als das Filmobjekt, den getriebenen Jud Süß; sie waren die eigentlichen Lüstlinge; sie drängten dem Zuschauer auf, was er nicht sehen wollte. Im Übrigen war der württembergische Hof so eklig geraten wie sein jüdischer Geldmacher. Der Herzog brach sein Wort, der Jude nutzte die ihm eingeräumten Privilegien. Es fiel den Herstellern nicht schwer, ihn den deutschen Zuschauern als skrupellos und abgefeimt hinzustellen, weil er aufgeklärt und intelligent war. Dass ausgerechnet Werner Krauss gleich fünf jüdische Gestalten karikierte (vom Ghettojuden bis zum Rabbiner), galt seinen Bewunderern als Beweis seiner Schauspielkunst. Me Lehndorff nannte dies die eigentliche Lumperei dieses Machwerks. Wäre ich bis zum Schluss geblieben, ich hätte Jud Süß als Opfer gesehen – eine historische und dramaturgische Notwendigkeit, aber auch ein psychologisches Risiko. Anlass zu einer Tat gab mir der Kinobesuch nicht, aber auch nicht zu kühnen Gedanken.

Veit Harlan, dem Regisseur, ist 1949 in Hamburg der Prozess wegen – wie wir heute sagen würden – »Volksverhetzung« gemacht worden. Er habe sich ohne Not der propagandistischen Vorbereitung der systematischen Judenvernichtung mitschuldig gemacht. Ich war in den USA und konnte den Prozess, der mit einem Freispruch endete, nur unvollständig verfolgen; ich weiß bis heute nicht, wie berechtigt die Vorwürfe gegen Veit Harlan waren. Hätte man mich als Zeugen geladen und gefragt: »Hat Ihrer Meinung und Erinnerung nach der Film den Judenhass in der deutschen Bevölkerung wahrnehmbar gesteigert?«, ich hätte geantwortet: »Die Rechnung, die Goebbels sich für diesen Film gemacht hatte, ist nicht aufgegangen. Alle Widerwärtigkeiten, mit denen die Nazis die Juden verunglimpfen wollten, hatten sie schon ausgespielt. Auch Abscheu nutzt sich ab. Der eben inszenierte Pogrom hatte Ressentiment, Habgier, Zerstörungswut noch einmal gegen die Juden gebündelt und verbraucht. Hätte Goebbels damals vor und nach dem Film ein *opinion poll* gemacht: ›Sollen die Juden heute aus Deutschland vertrieben werden wie damals aus Stuttgart?‹, die Zahl der Befürworter wäre wahrscheinlich gesunken, nicht gestiegen.« – Aber nicht über die Wirkungen, sondern über die Absichten hatte das Hamburger Gericht zu urteilen. Es hätte die an mich gerichtete Frage allenfalls nebenbei gestellt.

Die von der Familie geräumte Wohnung erlaubte übrigens, Helga gelegentlich aus Potsdam kommen zu lassen. Dann feierte diese mit ihren Stiftsfreundinnen kleine heimliche Feste oder wir konnten zusammen ins Kino gehen (französische Filme wie »Le premier rendez-vous« mit der bezaubernden Danielle Darieux gab es in der Provinz Potsdam nicht, nur im Marmorhaus am Kurfürstendamm). Unser Verhältnis war seit der Trennung gänzlich verändert; wir schrieben einander Briefe; sie weihte mich in ihre Freundschaften ein; wir kochten zusammen für ihre Gäste; ich stand für sie an, um das nur selten zu habende Gesichtswasser von Scherk zu ergattern; wir hingen stundenlang über der Schallplatte, die einer meiner Kameraden mir ausgeborgt hatte, um den Text von »We're gonna hang our washing on the Siegfried Line, have you any dirty washing, mother dear« bis in die letzte Silbe hinein auszuhorchen; sie machte mir klar, dass ich Tanzstunden nehmen müsse – mit gutem Tanzen fange das Leben eigentlich erst an.

Die Klassenkameraden nannten mir die Tanzschule von Else Bockfisch am Hohenzollerndamm; sie hatten das schon hinter sich. Ich meldete mich für den Winterkurs 1942/43 an, zahlte meinen Einsatz, lernte, wie man einen Stuhl trägt, sich mit einer Dame bekannt macht, sie auffordert, sie am Arm zum Tanzplatz führt ... Die meine war vor lauter Aufregung steif wie ein Stock, sie roch nach altem Handtuch, und zu mehr als »Schrittwechsel« (ohne Musik) kam es an diesem ersten Abend nicht. Als eine Woche später wegen des Falls von Stalingrad alle Tanzvergnügungen in Deutschland verboten wurden und damit auch die Tanzstunden entfielen, war ich so froh, dass ich nicht einmal mehr den Einsatz wieder abholte. Auch in dieser Beziehung war ich kein Held.

Dass ich später unter vielen Sätzen von Bertolt Brecht den besonders gern gelesen und oft zitiert habe, in dem er das Land unglücklich nennt, das Helden nötig hat (Leben des Galilei, 13. Szene), kann man nach all dem leicht verstehen. Der Satz schließt nicht aus, dass man Helden hoch achtet und selber gerne einer wäre. Aber niemand sollte von einem anderen verlangen, dass er es sei, vor allem nicht von denen, die es nicht sein können, wofür es meist gute Gründe gibt. Niemand sollte auch versuchen, andere, zumal Kinder, dazu zu machen. Sie werden nur unglücklich und anfällig oder zu Heuchlern.

Die Frage bleibt, warum so viele Menschen gegenüber der Mediokrität der Nazis nicht einmal das Gewohnte, das einigermaßen Bewährte taten. Es bleibt erst recht unverständlich, wie anspruchslos diejenigen, die damals »Widerstand« zu leisten beanspruchten, diesen Auftrag verstanden. Ernst Jüngers Roman »Auf den Marmorklippen« kaufte ich 1939 in einer Buchhandlung am Savignyplatz. Ihm ging der Ruf eines Schlüsselromans voraus, ihm folgte die Fama einer mutigen Bloßlegung des Bösen. Was auch immer Ernst Jünger gewollt hat, es blieb unklar, verlor sich in der Metaphorik von Schlössern, Schlangen, Leuchtkäfern, Cuba-Doggen, Förstern und Oberförstern und sehr viel Wald. Unsere Wirklichkeit war darin nicht wiederzuerkennen. Und eine harte Tat in so viel schöner Sprache schon gar nicht!

Über mich selbst nachdenkend – wie ich damals empfand und lebte –, behaupte ich, dass ich nicht aus mangelndem Mut so oft die richtige Tat versäumt habe, sondern aus Mangel an Vorstellungskraft. Mein Vater hatte sie, aber sein Vorbild, seine Leistung waren zugleich selbstverständlich und unerreichbar: Er wusste das Notwendige, und er war ja in der Lage, politisch zu handeln. Ich konnte nur »Gesinnung« zeigen – mir selbst.

8. Soldatsein

Das Soldatsein begann ein halbes Jahr vor dem Militärdienst: im Arbeitsdienst, genauer im Reichsarbeitsdienst. Die Nazis hatten ihn 1935 geschaffen, eine scheinbare Fortentwicklung und gründliche Veränderung des freiwilligen Arbeitsdienstes, mit dem die Regierung Brüning 1931 der bedrohlich anwachsenden Arbeitslosigkeit unter den Jugendlichen entgegenzuwirken versucht hatte. Unter Hitler wurde daraus zunächst eine halbjährige gemeinnützige land- oder hauswirtschaftliche Arbeitspflicht, die alle jungen Männer und Frauen zwischen dem 18. und 25. Lebensjahr zu erfüllen hatten.

Auch in anderen Ländern – Bulgarien, Polen, der Tschechoslowakei, den Niederlanden und den USA – gab es in den zwanziger Jahren ähnliche Bemühungen, junge Menschen von der Straße fortzuholen und sie in nicht kommerziellen nationalen Projekten zu beschäftigen. Die Jugendbewegung und die Volksbildungsbewegung in Europa hatten die geistigen, der New Deal und das Civilian Conservation Corps in Amerika die letzten praktischen Anstöße gegeben. Die Idee war nobel und zeitgemäß. Die Welt befand sich auf der Suche nach dem »moral equivalent to war«, wie es William James formuliert hatte. Auf ihn beriefen sich Männer wie Kurt Hahn und Eugen Rosenstock-Huessy, zwei höchst unterschiedliche Deutsche jüdischer Herkunft und überzeugte Internationalisten. Sie überführten den Gedanken des »Dienstes« aus der Kaserne, dem Krankenhaus, dem Kloster in pädagogische und soziale Einrichtungen der bürgerlichen Gesellschaft: Hier sollten junge Menschen im Dienst an der Gemeinschaft und in der Bewahrung unserer natürlichen Ressourcen heilsame Alternativen zum »Weltbürgerkrieg«, zu nationalistischer Machtpolitik und zu purem Ökonomismus erfahren. Die Nazis haben daraus – spätestens von 1939 an – eine vormilitärische Ausbildung für die jungen Männer und einen die Kriegswirtschaft entlastenden Einsatz der jungen Frauen gemacht.

Der Soldat ist in erster Linie uniformiert. Was wir am 10. März 1943 zur Sammelstelle auf dem Anhalter Bahnhof mitzubringen hatten, war im Gestellungsbefehl aufgeführt: Kulturbeutel, Brustbeutel, Schuhputzzeug – alles andere, hieß es, werde vom RAD gestellt. Man entkleidete sich der Person, ihrer Herkunft, ihrer Eigenart, ihres Eigenwillens. Das war gut ideologisch gedacht. Es war auch ökonomisch gedacht: Die Kochwäsche übernimmt die jeweilige Einheit; diese gibt sich nicht mit individuellen Bedürfnissen und Größen ab: Unterhosen sind klein »k«, groß »g« oder mittlerer Art »m«. Man bekommt die Wäschestücke in der Kategorie wieder, in der man sie abgegeben hat; einmal in der Woche findet der Austausch statt. Und so steht es mit Arbeitsdrillich und Ausgehuniform, nur dass man selber für deren Sauberkeit zu sorgen hat. Ein paar Kategorien mehr gab es bei den Stiefeln, dem einen Paar für die Arbeit, dem anderen für die Parade.

Also hatten wir alle nur ein kleines Köfferchen oder einen halb gefüllten Rucksack dabei, als wir uns um fünf Uhr in der großen Eingangshalle des Anhalter Bahnhofs einfanden.

Dass alles in nachtschlafender Zeit beginnt, ist ein zweites Kennzeichen des Soldatseins. Hätte der Befehl auf acht Uhr gelautet, er hätte den gleichen Zweck erfüllt. Wir standen noch drei Stunden auf dem Bahnhof herum und rückten erst bei Dunkelheit im Lager ein.

Dies war ein drittes Merkmal des Soldatseins: In ihm spielt Zeit keine Rolle, was seinem Erscheinungsbild widerspricht, das Dringlichkeit, präzise Funktionserfüllung, äußerste Zielstrebigkeit vorspiegelt. Der Soldat – auch der Arbeitssoldat – lernt zu allen Zeiten den müden alten Satz: »Die Hälfte seines Lebens wartet der Soldat vergebens.«

Eltern oder Verwandte, wenn sie denn mitgekommen waren, wurden schnell verabschiedet. Man gab sich gelassen. Einer bot Zigaretten an – wir waren doch erwachsen genug, fürs Vaterland zu sterben, also auch fürs Rauchen. Der Tagesverpflegung – Brot, Margarine, Wurst – lagen fünf Zigaretten pro Tag und Arbeitsdienstmann bei. Nachdem wir sie empfangen hatten, bestiegen wir unseren Zug – Hunderte 17- oder 18-Jährige, die nach Westen und Süden transportiert wurden, immer schon ein ganzes späteres Lager in den gleichen Waggons.

Das meine lag im Saarland. Es umfasste 150 solcher Männer und etliche Vorgesetzte, Kochpersonal, einen Sanitätsdienst. Es gab sechs

Schlafbaracken, eine Baracke für Küche und Abfütterung, eine Stabs- und Unterrichtsbaracke, eine Wasch- und Duschbaracke, eine Baracke für Geräte. Ringsum Landschaft. Das nächste Städtchen – der Name will mir nicht einfallen – war eine halbe Stunde Fußmarsch entfernt.[1] Am anderen Morgen wurden wir eingekleidet und bekamen unsere Braut: den Spaten. Wir »lernten«, Betten zu »bauen« (mit scharfer Kante aus Decke und Kopfkissen), unsere Kleidung auf dem Schemel am Fußende der Doppelbetten rechteckig zu stapeln, die Stube zu reinigen, den Spind einheitlich und übersichtlich einzuräumen. Es folgte eine Instruktionsstunde über die Einheit, die Dienstgrade, die Zeiten, Orte und täglichen Verrichtungen des Lagerlebens. Zu den Letzteren wurden wir alsbald eingeteilt: Kartoffeln schälen, Wege harken, Latrine reinigen. »Aburenten und Intellenz links raus – Scheiße rühren!« lautete die oft wiederholte Wahrnehmung der Betroffenen. Ich zählte zu ihnen – nicht gekränkt, aber auch unfähig, dies komisch zu finden. Eine spätere Instruktionsstunde über die hier verwirklichte »Volksgemeinschaft« nahm ich mit interessierter Skepsis auf; eine über Geschlechtsverkehr und seine Gefahren oder Folgen ebenso wie die über Gesundheitspflege – Füße waschen, Zähne putzen, Morgenlauf – mit Bewunderung für die patente Sachlichkeit des jungen Militärarztes; solche über die Instandhaltung des Gerätes, den Sinn unserer Arbeit und den Kriegsverlauf mit gebotener Aufmerksamkeit.

Am Nachmittag des ersten Tages auch die ersten Übungen. Weil alle in der Hitlerjugend gewesen waren, kannten auch alle die Befehle und die Formationen. Gleichwohl blieb das Antreten, Marschieren, »Griffe klopfen« (»Spaten über«, »Spaten ab«, mit dem Kommando »Habt acht!« herbeigeführte Ehrenbezeugung) drei Stunden lang täglich unsere Hauptbeschäftigung. Erst am dritten oder vierten Tag marschierten wir zu unserer Arbeit aus. Sie bestand darin, einen Graben, der der Bewässerung oder umgekehrt der Drainage diente, von Schlamm und

---

1 Am 19. November 2006 hält mich ein alter Mann auf dem Frankfurter Hauptbahnhof an, sagt fragend erst seinen Namen, dann meinen und fügt, um meiner Ratlosigkeit abzuhelfen, siegesgewiss hinzu: »Hassel – du weißt doch! RAD-Lager Hassel bei Saarbrücken 1943.« Er habe mich seither nicht aus den Augen verloren. – An eben diesem Tag habe ich eben die Korrekturfahnen zu diesem Kapitel gelesen. So etwas muss man seinen Lesern mitteilen.

Unrat zu befreien, der sich mehrere Fuß tief auf seinem Boden abgesetzt hatte, so dass der Graben »verlandete«. Hierzu waren uns Schaufeln ausgeteilt worden, in deren richtige Handhabung man uns einwies. Der Graben war vier bis fünf Meter breit, drei Meter tief und verlief in unregelmäßigen Kurven. Es war immer nur ein begrenzter Abschnitt zu übersehen, sowohl vom Rande aus, wie wenn man in der Grabensohle stand. Die Arbeit war, wenn man sich ihr zügig widmete, recht anstrengend. War die Aufsicht an einem vorübergegangen, ließ die Arbeit nach und hörte später, nachdem sich ein Warnsystem eingespielt hatte, sogar gänzlich auf. Die Mehrzahl hatte bald heraus, dass es schwer zu kontrollieren war, was sie vom Boden des Grabens wirklich herausgeschaufelt hatten, wenn sie nur die Böschung mit Schlick beschmierten und diesen mit leichtem Beguss stets frisch erscheinen ließen. Die tatsächliche Leistung verhielt sich zur vorgetäuschten wie eins zu zehn oder eins zu zwanzig.

Ich hatte verstanden, warum die Arbeit für die Landwirtschaft notwendig war. Auch hatte ich keine Freude daran, mich ängstlich in der Grabensohle herumzudrücken. Faulheit, die sich zu nichts nutzen ließ, kam mir töricht vor. Ich schaufelte also, was meine Kräfte hergaben, und das wiederum gab Kraft her. Ich habe in den sechs Monaten mehr Muskeln zugelegt als je früher oder später in meinem Leben. Darum – nicht dafür – habe ich auch in der Zeit viel gegessen. Die Verpflegung war gut und reichlich – so reichlich, dass ich, übersatt von den warmen Mahlzeiten, einen großen Teil meiner »kalten Verpflegung« nach Hause schickte. »Hungert deine Familie so?«, wurde ich von denen gefragt, die wöchentlich ein Fresspaket von zu Hause bekamen. Die gute RAD-Ernährung sollte uns »fit« für das folgende Militär machen. Ich erfüllte den Zweck des Arbeitsdienstes in diesem Punkt wie in den meisten anderen auch: Ich blieb zwar das Kind, als das ich auf einem erhaltenen RAD-Foto zu sehen bin, härtete mich aber zu meiner eigenen Befriedigung ab; ich gewöhnte mich an das 24-Stunden-Kollektiv; ich leistete meinen Teil für die landwirtschaftliche Erneuerung; ich legte die Keckheit des Gymnasiasten ab. Der RAD befreite die Lehrlinge und Hilfsarbeiter von ihren Lehrherren, von streng beaufsichtigter Arbeit und ohnmächtiger Vereinzelung. Die Bauernsöhne vollends hatten das Gefühl, endlich wahrgenommen, ja endlich »gleich« behandelt zu werden. Sie genossen diesen Lebensabschnitt, den ich als eine Art Prüfung und Gefangenschaft erlitt – als meine völlige Enteignung. Beiden – den Kameraden aus dem Wedding oder der Mark und mir – war dies vom ersten Tag an bewusst. Dass ich weitgehend in Ruhe gelassen, ja von den meisten respektiert wurde, war nur zur Hälfte mein Verdienst; die andere Hälfte fiel dem Verhalten der wenigen anderen Auch-Gymnasiasten zu, die sich schon auf der Anreise der proletarischen Mehrheit anbiederten, Zoten rissen, sich als mit den Tatsachen des Lebens vertraut gebärdeten, kurz als die Abgebrühten aufspielten, die sie nicht waren. Denen wurde dies unbarmherzig »heimgezahlt«. Da ich mich still verhielt, da ich auch weiterhin kein Interesse am lärmenden Leben der vielen zeigte, das nächtliche Entzünden von Furzen mit Distanz beobachtete, nicht mit angeblichen Liebesakten und Saufereien protzte, meine Zigaretten an die verteilte, die mich höflich darum baten, wurde ich auch nicht von der Schwarzen Marie besucht, die den Besuchten bekanntlich von oben bis unten in schwarze Schuhcreme eingewichst hinterlässt. Ja, einen der Kameraden, dem sie es »heimzahlen« wollten, indem sie ihm ein Vorhängeschloss um die Hoden legten, habe ich »angezeigt« – wohlgemerkt ihn, das Opfer, nicht die Täter! Er hatte einen halben Tag mit schmerzverzerrtem Gesicht die Marschübungen mitgemacht und war im Begriff, sich zu ruinieren. Einer musste handeln – er traute sich nicht.

In der folgenden Nacht war ich zur Wache eingeteilt. Das hieß: Dreimal zwei Stunden zu zweit um die Baracken patrouillieren mit geschultertem Spaten. Angriffe auf das Lager waren nicht zu befürchten; der nach der feierlichen »Vergatterung« verkündete Auftrag lautete vielmehr: »Wenn einer aus dem Barackenfenster pisst: den Schwanz abhauen!« Ich hatte dieses Wort in dieser Bedeutung noch nie gehört und hatte lachen müssen. Das trug mir zwei zusätzliche Wachen ein. Zu einer von diesen war zufällig auch der Vorhängeschloss-Kamerad eingeteilt. Unter Tränen der Dankbarkeit bekannte er mir: Der Schmerz sei zwar groß gewesen, aber noch viel größer die Angst davor, was passieren würde, wenn er die Sache meldete. – Ich war zum ersten Mal stolz auf eine Tat, die ich mehr aus Gewissensnot als aus Gewissensmut getan hatte.

Aus Gewissensmut ging ich am Ostersonntag in die Kirche. Das war uns ausdrücklich eingeräumt worden. Von einhundertfünfzig Arbeits-

Einsamer Osterspaziergang 165

dienstmännern nutzten fünf diese Möglichkeit. Unter ihnen war ich der einzige Protestant. Ich erinnere mich weder an die Kirche noch an den Pastor und seine Predigt, wohl aber daran, dass ich hinterher an einem Waldrand in der Frühsonne lag und den »Faust« zu lesen begann – von Anfang an, um so ganz ordentlich zum geliebten, weil gewohnten »Osterspaziergang« zu gelangen. Ich erinnere mich, dass ich von Zeile zu Zeile erschrocken und beglückt wahrnahm: Es geht um dich, um uns, um das Leben hier und jetzt, um Ostern 1943. Und es geht vor allem darum, dass ich dies für mich behalte:

Die wenigen ...
Die töricht gnug ihr volles Herz nicht wahrten,
Dem Pöbel ihr Gefühl, ihr Schauen offenbarten,
Hat man von je gekreuzigt und verbrannt.

Ich ging ins Lager zurück, wo das Mittagessen längst vorbei war, und schrieb Briefe. Sind sie erhalten, muss etwas hiervon in ihnen stehen.

Im August gaben wir unsere blankgeputzten Spaten ab, »verkleideten« uns wieder als Zivilisten und fuhren heim. Ich nahm die Kunst mit, mich im Kollektiv selbst zu bewahren, mir durch das Schreiben von Briefen Trost zu verschaffen, ohne Freundschaft auszukommen. Den Ehrgeiz, aus Knobelbechern Lackstiefel zu machen – worauf die Kameraden einen Großteil ihrer Freizeit verwendeten –, habe ich nie verspürt und darum diese Fähigkeit nicht erlernt.

Zu Hause hatte ich zwei, höchstens drei Tage, mich für den Eintritt ins Panzergrenadier-Ausbildungsbataillon 413 in Insterburg – am entgegengesetzten Ende Deutschlands – umzurüsten. Dass ich zu dieser Einheit eingezogen wurde, hat eine Vorgeschichte:

Das »normale« Alter für die Ableistung des allgemeinen Wehrdienstes war achtzehn. Das erlaubte nach der Verkürzung der Oberschule und des Gymnasiums auf acht Jahre, die Schule vorher abzuschließen. 1943 wurden längst schon Volksschüler und Realschüler mit siebzehn eingezogen und Freiwillige mit sechzehn genommen. Dass der Krieg nicht beendet sein würde, wenn ich im Frühjahr 1943 mein Abitur machte, war um Ostern 1942 unschwer vorauszusehen, als mein Vater mit mir ein ausgiebiges Gespräch über den klügsten von mir einzuschlagenden Weg führte. Einen modernen Krieg zu überleben, so lautete sein Argument, habe derjenige die beste Chance, der gelernt habe, sich in Gefahr richtig zu benehmen. Die Ausbildung, die diese Fähigkeit naturgemäß am meisten im Sinn habe, sei die zum Offizier: Ohne Führung tauge die Truppe nichts; sie also müsse erhalten werden – der einfache Soldat könne »verheizt« werden. Zur Offizierslaufbahn hatte man sich ein Jahr vor dem voraussichtlichen Einberufungstermin zu melden, gab dabei die bevorzugte Waffengattung an und verpflichtete sich, »bei den Fahnen« zu bleiben. Man wurde dann auf seine Eignung hierfür geprüft und hatte, wenn für die gewählte Waffengattung geeignet befunden, sogar die Möglichkeit, das Regiment zu wählen. Die Verpflichtung könne ich getrost eingehen, sagte mein Vater: Deutschland werde den Krieg verlieren, und damit entfalle die Bindung. Eine siegreiche Armee werde hingegen froh sein, wenn viele sie freiwillig wieder verließen; sie werde mehr Zulauf haben, als sie im Frieden gebrauchen könne.

Diese pragmatischen Überlegungen haben mich überzeugt. Ich besorgte die Bewerbungsformulare, trug eines der beiden letzten deutschen Reiterregimente, das in Insterburg, als bevorzugte Einheit ein und hatte Aussicht, dass es mich annehme, sofern ich die »psycho-technische Prüfung« bestand. Marion Dönhoff hatte diese Bereitschaft beim Regimentschef, Oberst von Busse, erkundet und gesichert. Die genannte Prüfung fand im Herbst 1942 in einer alten Berliner Kaserne statt und dauerte zweieinhalb Tage. Vor nichts war mir, dem Un-Soldaten, in meinem bisherigen Leben so bang gewesen wie vor diesem Ereignis – und nichts hätte mich am Ende mit größerer Zuversicht erfüllen können: Die Offiziere behandelten uns wie ihresgleichen; sie erklärten ihre Erwartungen in guter Sprache; sie machten uns zu Partnern dieses »Experiments«; selbst seine eigentlich »militärischen« Bestandteile – jeder von uns hatte zum Beispiel Aufstellungen und Bewegungen der als Truppe dienenden übrigen zu befehligen und sich dabei aus unterschiedlicher Entfernung über den mehrere hundert Meter langen und breiten Exerzierplatz hinweg Geltung zu verschaffen – verliefen unkommissig, ja mit einer gewissen sportlichen Eleganz.

Mir machte es bald Spaß, den jeweiligen Zweck der Prüfung auszudenken, gar vorauszudenken, etwa den der »Instruktionsstunde«, die jeder von uns abhalten musste. »Hentig ...« – ich sprang mit »Hier,

Herr Leutnant!« auf – »erklären Sie Ihren Kameraden den Unterschied zwischen Mut und Tapferkeit. Sie haben drei Minuten Zeit, Ihre Gedanken zurechtzulegen. Sie dürfen dazu den Raum verlassen.« Ich wiederholte den Auftrag und ging auf den Flur. Die »drei Minuten«, sagte ich mir, konnten nur bedeuten: Man hat es auf deine Geistesgegenwart abgesehen und möglicherweise deine Fähigkeit, die Aufmerksamkeit der anderen für eine bestimmte Zeit zu fesseln, gewiss jedenfalls nicht auf die philologische und philosophische Richtigkeit deiner »Instruktion«. Vor allem aber nicht schwafeln, nicht einfach drauflosreden!

Ein Soldat, so fing ich an, werde für »Tapferkeit« vor dem Feind ausgezeichnet. Als Kind sei ich aufgefordert worden, »Mut« zur Wahrheit zu haben, also zuzugeben, dass ich die Scheibe zerbrochen oder von der Schokolade genascht oder die Blumen zu gießen vergessen habe. Sei das eine eine militärische, das andere eine zivile Tugend? Indem ich die anderen nachdenken ließ, gewann ich Zeit. Ich wusste ja selbst nicht, wohin mich dies führen werde – angesichts des »tapferen Schneiderleins« und von »Mut zeiget auch der Mameluck«, die mir im Kopf herumgeisterten. Dann fiel mir gottlob eine Geschichte ein, und ich erzählte sie »tapfer« im vollen Bewusstsein, dass ich hier mogele, denn es kam in ihr weder Mut noch Tapferkeit vor: die Geschichte von dem General, der auf den Düppeler Schanzen steht; die Granaten schlagen rechts und links neben ihm ein; die Kugeln pfeifen ihm um die Ohren. Da wagt der Adjutant, ein junger Leutnant, die Bemerkung: »Euer Exzellenz zittern ja!« »Kerl!«, herrschte ihn der alte General an: »Wenn Sie so viel Angst hätten wie ich, Sie wären längst in den Graben zurückgekrochen.« Wieder rettete ich mich in die Frage: Wer habe hier was gezeigt? – und brachte es am Ende irgendwie dahin, dass »Tapferkeit« die Überwindung von Furcht bezeichne und dass oft am »mutigsten« der aussehe, der Angst gar nicht kenne.

Ich wurde hinterher von einem der Offiziere im Vorbeigehen gelobt: »Gut gemacht, Hentig! Ich habe selber noch nie darüber nachgedacht und werde es künftig tun.« – Bei solchen Prüfern hatte ich eine Chance.

Ich hatte sie auch beim Hindernislauf an der Eskaladierwand. Als ich diese erklommen hatte (dank Vaters Reckstange!), sah ich drei Meter unter mir ein mit Nägeln gespicktes Brett, wie es die Fakire bevorzugen. Es gab nun mehrere Reaktionsmöglichkeiten, aus denen die

Prüfer ihre Aufschlüsse ziehen konnten: sich an der Wand herunterlassen und das Brett seitlich umgehen; versuchen, über das Brett hinaus zu springen; sich in die Nägel zu stürzen und Verletzungen in Kauf zu nehmen. Ich habe das Erstere getan und stellte fest, dass die Nägel aus Gummi waren. Manchmal muss die Angst das Denken ersetzen. »Sich angesichts einer Gefahr richtig benehmen« war hier jedenfalls schon die Voraussetzung und nicht erst das Ergebnis der Offizierslaufbahn.

Die härteste Prüfung war ein 2000-Meter-Lauf. Als die Spitzengruppe etwa hundert Meter vor mir durchs Ziel lief, hörte ich, wie ihr zugerufen wurde: »Noch eine Runde!« Einige hatten sich vollständig verausgabt und fielen auf den Rasen neben der Bahn. Keine weitere Runde! Auch ich hatte nichts mehr zu geben – und lief doch weiter, wissend, dass es darauf ankam: über das Maß hinaus durchzuhalten.

Nun, ich bin aufgenommen worden und rückte zum befohlenen Zeitpunkt in den Neuen Kasernen an einer Ausfallstraße Insterburgs, der Karalener Straße, ein. In einem kleinen Pappkoffer, dem unansehnlichsten, den die Familie Hentig hatte, brachte ich Waschzeug, einen Rasierapparat, der bei mir noch nichts zu verrichten hatte, ein paar Reclambände, einen Satz frischer Wäsche mit – die Möglichkeit des vollständigen Verlusts all dieser Dinge vorwegnehmend. In der Zwölferstube gab es für je zwei Rekruten nur ein Spind. Der, mit dem man es teilte, war mehr als nur der Mitbenutzer von einundhalb Kubikmeter Raum zur Unterbringung von Sachen – er war ein Schicksalsgenosse: Die Verstöße des einen gegen die Spindordnung zogen auch dem anderen die Folgen zu; die »Geheimnisse« des anderen waren notwendig auch die eigenen; wer immer von beiden abzuschließen vergessen hatte – beide waren der »Verführung zum Kameradendiebstahl« schuldig. Beim Betreten der Stube ergriff ein munteres Kerlchen meinen Arm und sagte mit Entschiedenheit: »Wir beide ziehen zusammen.« Er war fast einen Kopf kleiner als ich, strohblond und strotzte vor Gesundheit, Energie und Selbstbewusstsein. Ich hätte ihn nicht gewählt – schon gar nicht, als ich etwas mehr über ihn wusste: Er war Gärtnerlehrling, hatte die Anwartschaft auf den Offiziersberuf in der Hitlerjugend erworben, in der er es zu einer Führerrolle gebracht hatte, und war entschlossen, das Soldatsein rundum zu genießen. Er hieß Hannes und überwältigte mich durch sein völlig bedenkenloses Zutrauen zu mir. Er

Eignungsprüfung

war ebenso reinlich wie unordentlich; er urteilte ebenso schnell, wie er sich durch gute Argumente überzeugen ließ; sein Frohsinn und seine Anmut waren auch in den widrigsten Lagen nicht zerstörbar. Wir wurden Freunde und sind es bis zu seinem Tod, nein über diesen hinaus geblieben. Seine Kinder und Enkel haben seinen Part übernommen.

Sonst gab es in meinem Zug ein halbes Dutzend Adlige, die es zu »Reiter I« hingezogen hatte, zu gelber Biese und zur Aussicht, später einmal »Rittmeister« zu werden statt »Hauptmann«, weiter einige Bauernsöhne aus Ostpreußen und im übrigen Romantiker aus den entsprechenden deutschen Landen – aus Schwaben, Thüringen, dem Rheinland.

Unsere Ausbildungsunteroffiziere erwiesen sich als Kommisshengste von einigem Raffinement; sie hatten schon etliche Jahrgänge zu »richtigen Soldaten« zurechtgeschliffen. Unteroffizier Gramms war ein ruhiger kameradschaftlicher Typ, der einem sagte, *was* man falsch machte, so dass man sich verbessern konnte. Unteroffizier Matzkuhn dünkte sich schlau; wir sollten das Soldatsein gründlich, also »the hard way«, wie die Amerikaner sagen, lernen; von ihm erfuhr man nur, *dass* man etwas falsch gemacht hatte, und wurde so lange von ihm geschunden, bis man den Fehler selber herausgefunden hatte. Wie auch immer man sein pädagogisches Prinzip beurteilt – er selbst war ein Schwein, ein pädagogisches Schwein, was die Sache nur schlimmer macht. Wachtmeister Paschke kannte ich schon aus Erich Maria Remarques »Im Westen nichts Neues«, wo er Unteroffizier Himmelstoß heißt. Dieses Buch hatte Ulrich Stang mir und einigen anderen Vertrauten im Französischen Gymnasium ausgeborgt und damit mein Gemüt in heftige Bewegung versetzt. Was meiner Vorstellungskraft damals noch erhebliche Anstrengungen abforderte (»mit einer Zahnbürste die Korporalschlafstube sauberschrubben«, »nachts um drei Uhr achtmal im Hemd vom obersten Stock der Kaserne heruntergerannt bis auf den Hof, weil meine Unterhose einige Zentimeter über den Rand des Schemels hinausragte, auf dem jeder seine Sachen aufschichten musste«, »mit vollem Gepäck und Gewehr auf losem, nassen Sturzacker ›Sprung auf marsch, marsch!‹ und ›Hinlegen!‹ geübt, bis ich ein Dreckklumpen war« und »vier Stunden später mein tadellos gereinigtes Zeug vorgezeigt, allerdings mit blutig geriebenen Händen«) – das erlebte ich nun täglich am eigenen Leibe. Es waren seit damals neue Folterwerkzeuge hinzugekommen, die Gasmaske zum Beispiel. An einem heißen Tag nach langem Gepäckmarsch plötzlich Gasalarm. Kaum hatten wir das Ding über unsere Gesichter gezogen und die Stahlhelme wieder aufgesetzt, hieß es »Ein Lied!«, und da das Geschnaufe nicht wie das befohlene Lied klang, hieß es alsbald: »Im Laufschritt marsch, marsch!« Natürlich führte das zu nichts – außer Erschöpfung und Hass.

Ein weiteres Mittel, uns unter sachlichem Vorwand persönlich zu demütigen und zu quälen, war das Schleppen von Munitionskästen. Zum Munitionsträger eingeteilt zu werden war, jedenfalls wenn Paschke mit uns übte, schon der halbe Weg ins Lazarett: Die Blechkästen mit mehreren hundert auf Gurte gezogenen Patronen wogen je zwanzig Kilogramm und wirkten schon bei normalem Marsch wie ein mittelalterliches Streckbett für die Arme der Träger. Paschke benutzte den harmlosen 70-Minuten-Marsch zum Schießstand zu allerlei »Einlagen«: »Tiefflieger von vorn«, »Gewehrfeuer von rechts« und jedes Mal »Volle Deckung!« mit anschließendem »MG in Stellung bringen!«, so dass die Munitionsträger mit ausgerenkten Gliedern, aufgeschlagenen Knien, verzerrten Muskeln ankamen.

Es war einzusehen, dass der »moderne«, also schnelle und materialaufwendige Krieg eines besonderen Trainings bedarf – aber nicht dieser sinnlosen Schikane. Willig habe ich das MG 34, später erst recht das MG 42 – eine wahre Wunderkonstruktion – tausende Male auseinandergenommen, um Ladehemmungen zu beseitigen, Munitionsgurte neu einzulegen, den Lauf zu wechseln; es gehörte zu dem Lernprogramm »sich in Gefahren richtig verhalten«. Wenn also Unteroffizier Gramms den »Dubbas« (das Allzweckwort für jeglichen Bestandteil eines Maschinengewehrs oder eines Granatwerfers oder eines Fahrzeugs) schneller und anders gehandhabt haben wollte, als ich es einstweilen konnte, war ich bereit, die Übung zu wiederholen. Unteroffizier Matzkuhns »leichte Schläge auf den Hinterkopf«, die angeblich »die Intelligenz des Soldaten erhöhten« (er benutzte dazu seine Stiefel und den zweiten MG-Lauf) weckten in mir Mordgelüste und jedenfalls den Wunsch nach Kropps und Tjadens und Erich Maria Remarques listiger Dickfelligkeit (alle Befehle auszuführen, aber gleichsam in Zeitlupe) – und die hatte ich nicht.

Ich hatte sie vollends nicht, wenn Wachtmeister Paschke seinen Sadismus in eine bis dahin nie gehörte Sprache kleidete: »Ich werde euch schleifen, bis euch die Scheiße aus dem Arsch rauskocht!« Es war am ersten oder zweiten Tag; wir sollten »in Reihe« und »der Größe nach« antreten. Nach dem »Richt' euch!« und dem folgenden »Augen geradeaus!« begab sich Paschke an die Spitze der vierzig Mann zählenden Reihe und höhnte: »Krumm, wie der Bulle pisst.« Ich musste spontan prusten wie auch über die »Kamele« lachen, die er in meinem Gewehrlauf aufdeckte – eine winzige Fluse –, oder »Brust raus! Hentig. Immer an die Braut denken!«. Die anschließenden Strafübungen haben mir für alle Zeiten das Lachen über den Sprachwitz von Ausbildern ausgetrieben, obwohl dieser doch auf eine solche Anerkennung angelegt war.

Der Gedanke an eine Beschwerde beim Vorgesetzten – ihre bloße Androhung hatte Unteroffizier Himmelstoß immerhin zum Kuschen gebracht – kam einem schnell abhanden, wenn man den Schwadronschef sah. Er mag 23 oder 24 Jahre alt gewesen sein, wohnte mit seiner schwangeren jungen Frau in der Kaserne, erschien nur hoch zu Ross auf dem Exerzierplatz, hatte den Rang eines Oberleutnants und hieß Freiherr von Langermann und Erlenkamp. Er verdankte – wie alle anderen Ausbilder – seinen Heimatdienst einer Verwundung und das sorglose Kasinoleben der vollständigen Auslieferung seiner Rekruten an die Unteroffiziere.

Sie alle waren eine schwere Anfechtung für den idealistischen Offiziersanwärter Hentig, der seinen künftigen »Beruf« anders verstand und der sich äußerste Mühe gab, ein »guter Soldat« zu sein – diszipliniert, aufmerksam, in guter Haltung, seine Pflichten genauestens erfüllend, seine Ehre wahrend. Die »Grundausbildung« ohne Zimperlichkeit durchzustehen gehörte zu seinen Vorsätzen. Die in ihr waltenden Akteure waren die kleinen Ungeheuer und größeren Plagen, denen Tamino standhalten muss, wenn er an das verheißene Ziel gelangen will. Aber es gab noch ein anderes Monster. Es war der NS-Führungsoffizier. Er hatte den Rang eines Fähnrichs und war in allem, was man uns zumutete, ein Waschlappen. An der Front der Weltanschauungen jedoch war er ein Held. Er belog uns bei jeder ihm zugänglichen Gelegenheit – in der Zigarettenpause, beim Gewehrreinigen auf Stube, in den ihm eingeräumten Instruktionsstunden. Und dieser Vomag, »Volksoffizier mit Arbeitergesicht«, spürte meinen Widerstand und legte alles darauf an, mich bloßzustellen und fertigzumachen. Anfang Juli hatten die Amerikaner Sizilien besetzt; am 25. Juli war Mussolini gestürzt worden; Anfang September erfüllten sich meines Vaters Vorhersagen: Es kam zu einem Sonderwaffenstillstand zwischen den Alliierten und der neuen italienischen Regierung unter Badoglio. Ich hatte auf meiner Stube freimütig von diesen Möglichkeiten gesprochen. Nun, da sie eintraten, wurde ihre Erwähnung als Defätismus gewertet. Unser Politruk verkündete: Der Führer habe das alles in der Hand – ob unter uns jemand anderer Meinung sei? Wir schwiegen. Vomag ließ nicht locker: »Vielleicht Sie, Panzergrenadier Hentig?« Ich sprang auf und verneinte. Vomag schob nach: »Sie sollen sich auf Stube ganz anders geäußert haben.« »Ich habe in der Tat an der absoluten Bündnistreue der Italiener gezweifelt und aufgezählt, dass wir jetzt nicht nur einen Kampf in Russland, einen in Afrika, einen in Griechenland, einen auf dem Atlantik, einen in der Luft zu führen hätten, sondern auch einen in Italien, der die Aufgabe der Italiener gewesen wäre.« Er beließ es dabei, schickte mich aber nach einer Weile weg, eine Karte zu holen. Als ich gegangen war, rief er einen kleinen westfälischen Bauernsohn auf und fragte den, was er dazu meine, dass der Soldat Hentig Offizier werden wolle und am Sieg zweifle. Gequält soll der Kamerad vorgebracht haben: »'n beßschen veel is es ja!« Es blieb unter uns Wissenden eine Ermunterungsparole bis zum Ende des Krieges.

Über aller Mühsal und allem Zweifel, über aller Niedertracht und Kleingeisterei stand der Oberst von Busse: ein hochgewachsener schlanker Mann mit dem Kopf eines Helmuth von Moltke, einem genauen Blick für den einzelnen, dem er gerade begegnete, und für die Lage, in die er selber gerade geriet, bedacht, seine Schutzbefohlenen zu erkennen, dies aber niemanden merken zu lassen. Während einer Nachtübung kam er an das Loch, das Hannes und ich uns gegraben hatten, stieg, nachdem ich gemeldet hatte: »Panzergrenadier von Hentig und Panzergrenadier Willisch im Frontabschnitt XYZ, den Feind beobachtend«, zu uns hinab und sagte mit ironischer Erleichterung: »Ja wenn Sie weiter nichts zu tun haben, dann können wir ja endlich einmal ungestört miteinander reden – sofern es Ihrem Kameraden nichts ausmacht.« Er hielt fast drei Stunden in der Eiseskälte mit uns aus, die wir unsererseits in der Nacht ja auch nichts anderes zu lernen hatten. Wir sprachen über Schillers »Abfall der Niederlande«, den ich in meiner Brusttasche trug und der mir die Wartezeiten vertreiben half – und sonst wohl über Gott und die Welt. Über die Ausbilder fiel kein Wort. Er schien selber zu wissen, wie es um uns stand, als er sich ins Dunkel der Nacht mit den Worten verabschiedete: »Lassen Sie sich nicht unterkriegen!«

Eine andere Quelle der Stärkung war Hans Graf Lehndorff, zweiter Sohn von Me, Arzt in einem Insterburger Krankenhaus und als solcher u. k. gestellt. Er lud mich sofort ein, als er erfuhr, dass ich am Ort sei; aber es dauerte vier Wochen, bis wir unseren ersten Ausgang bekamen. Meine Kameraden gingen in ein Café (Alt Wien oder Café Dünkel oder Dessauer Hof, der als das »Erste Haus am Platz« galt) – Hans Lehndorff machte Wanderungen mit mir, an der Angerapp entlang, einem in der Tat lieblichen Fluss mit hohen bewaldeten Böschungen und zahlreichen Windungen, in die ur-ostpreußische Landschaft, die mit den wunderlichsten Dorfnamen aufwartete: Laugallen, Leputschen, Norkitten, Skardupönen, Wirbeln, Kallwischten, Siegmanten.

Je weiter man sich von Insterburg entfernte, umso malerischer nahm sich seine Silhouette mit dem gotischen Turm der Melanchthonkirche und dem barocken Turm der Lutherkirche aus. In die Letztere ging ich sonntags mit Hans Lehndorff, der zu den seltenen ganz innerlich frommen Menschen gehörte. Seine »Dome« waren aus Gottes Wort und Gottesgedanken gebaut. Meinen Vorbehalten aus noch unvollkommener Aufklärung setzte er mir Unverständliches mit Festigkeit entgegen – und ein starkes Zutrauen in meine Person: »Du wirst den Glauben schon noch finden!«

Ohne Hans Lehndorff hätte ich von Insterburg und seiner Umgebung nicht viel mehr kennen gelernt als den Weg von der Kaserne zum Schießplatz und den Weg zum Bahnhof, der mir als architektonisch reizvoll in Erinnerung geblieben ist. Wäre »Reiter I« noch das Regiment gewesen, das dieser Name bezeichnet, man wäre ins Gelände geritten. Für die uns zuteil werdende rein infanteristische Grundausbildung genügte jedoch das Exerziergelände hinter den Kasernen und die Chaussee. Bei Kriegsausbruch waren die Pferde gegen Schützenpanzer ausgetauscht worden. Ein Schützenpanzer ist ein Halbkettenfahrzeug – ein oben offener Stahlkasten, sinnigerweise in der Form eines Sarges, in dem jeweils eine Gruppe (12 bis 15 Mann) Platz hat. Auf dieses nur gegen Infanteriegeschosse schützende Fahrzeug konnte entweder ein doppelläufiges MG 42 oder die leichte Flak / Fliegerabwehrkanone montiert werden.

Wie man mit einem Schützenpanzer – der uns zu »Panzergrenadieren« machte – und dem dazugehörigen Gerät Krieg führt, war dem zweiten Ausbildungsabschnitt vorbehalten, den wir zugleich als Besatzungstruppe in Slobotka, einer ehemals zaristischen Barackenkaserne in der Umgebung von Bialystok absolvierten.

Davor bekamen wir eine ganze Woche Heimaturlaub, wie er jetzt angesichts der bevorstehenden Verlegung in ein Gebiet außerhalb der Reichsgrenzen zu Recht hieß. Das Erste war: die stinkende Uniform ausziehen. Sie hing von da an auf dem Balkon zum Lüften, was nicht sehr viel half, aber eine chemische Reinigung gab es längst nicht mehr. Das Zweite war: ausgiebig baden. Das Dritte war schon wieder Kriegsalltag: Auf dem Markt in den S-Bahn-Bögen gab es Rotkohl, wenn man da nicht gleich ... Ich verstand, ich möge bitte anstehen, und machte mich auf, vergnügt über jeden Vorgesetzten, den ich nicht zu grüßen brauchte. Der Rotkohl sollte zu einer Gans serviert werden, die die Gräfin Lehndorff aus Januschau geschickt hatte. Mein unverhoffter Urlaub war Anlass, sie in aller Feierlichkeit zu verzehren. Die Brüder waren im Internat, Heidi mit dem Französischen Gymnasium aufs Land verschickt, es musste also noch jemand hinzugeladen werden – Prinz Oskar mit seiner Frau, zu denen Vater ein freundschaftliches Verhältnis unterhielt.

Die Gäste trafen pünktlich um neunzehn Uhr ein; ich machte die *honneurs* in Uniform, der durch ein weißes, ja nur einen Zentimeter breit zu sehendes Hemd zu Ansehnlichkeit verholfen wurde; man plauderte, setzte sich zu Tisch – und wurde durch Fliegeralarm unterbrochen. Da im Radio besonders starke Verbände »im Anflug« gemeldet waren, beschlossen unsere Gäste, sofort nach Hause zu fahren. Der Bratofen wurde ausgestellt, wir nahmen unser Luftschutzgepäck auf und trotteten missmutig in den Keller.

Es wurde der bis dahin schwerste Luftangriff auf Berlin, der das gesamte Hansa-Viertel, in dem wir wohnten, in Schutt und Asche legte. Das Hinterhaus, unter dem sich unser Luftschutzkeller befand, brach über uns zusammen; das Licht war längst ausgefallen; Kalkstaub erfüllte die Luft; es wurde unerträglich heiß; die anfängliche Panik der Insassen begann einer Lähmung zu weichen; und noch immer krachten neue Bomben nieder. Nach eineinhalb Stunden hörten wir die Entwarnung wie aus weiter Ferne, aber die beiden eisernen Außentüren ließen sich nicht öffnen. Vater entriss dem konfusen Blockwart das Kommando, erkundigte sich bei den Hinterhausbewohnern, welche Kellerräume sich hinter welchen Wänden befanden, und begann die ihm geeignet erscheinende mit der Pickaxt einzuschlagen. Nach einer halben Stunde war der Durchbruch erzielt, der uns die Hitze erklärte – ein Kohlenvorrat war in Brand geraten – und zugleich freie Bahn zum Garteneingang des Kellers freigab, dorthin, wo im Sommer die Wäsche getrocknet wurde. Nach weiteren zehn Minuten Arbeit, die Vater sich von mir abnehmen ließ, konnten alle heil ins Freie gelangen und versammelten sich auf dem Gelände des gegenüberliegenden Cafés Charlottenhof. Dorthin gelangte man nur durch die breite Hofeinfahrt des Vorderhauses, das offenbar nur von Brandbomben getroffen war. Bis zur Beletage stand alles in fauchenden Flammen. Da aber das Treppenhaus noch begehbar war, stürzte Vater hinauf in den ersten Stock und verschwand in den ihm am Wohnungseingang entgegenquellenden Rauchschwaden. Was bleibt dem Sohn, noch dazu in Uniform, anderes übrig, als dem Heldenvater nachzueilen? Vater riss das große chinesische Gemälde von der Wand des Esszimmers, rollte es auf und legte es für den Abgang zurecht. Ich wollte es ihm gleichtun, den geliebten Pillement retten, den zu erstehen Vater viel Skrupel gekostet hatte – ich war beim Kauf in Amsterdam dabei! Aber im Salon klaffte ein tiefes Loch, durch welches auch der Brand in die Etage unter uns gelangt war. Vaters Kunst- und Sammelgegenstände waren alle so kostbar, dass man weder groß abwägen konnte noch musste. Ich entschied mich für Brauchbares gegen Kostbares, begab mich in das Schlafzimmer der Miezi-Mutter, öffnete den Kleiderschrank, nahm so viele Kleider in den Arm, wie ich fassen konnte, und warf sie zum Balkon hinaus. Unten schrie die Mutter, das Treppenhaus werde sofort einstürzen. Ich schrie dies dem Vater zu, langte noch einmal in den Fonds von Miezi-Mutters Schrank, holte die

Zehn-Pfund-Tafel Schokolade heraus, die Franz von Papen uns einmal mitgebracht hatte und die uns jahrelang vorenthalten worden war, stieß dabei noch auf zwei Flaschen Sekt, je eine für jede Manteltasche, und kündigte Vater an, *ich* werde jetzt das Haus verlassen:»Du weißt ja, ›Nur wer sich in Gefahr richtig zu verhalten gelernt hat ...‹« Anders war ihm nicht beizukommen. Ich erreichte die Straße, Vater folgte mir mit dem aufgerollten chinesischen Bild (mit dem es eine später zu berichtende Bewandtnis hat) und etlichen anderen Gegenständen – unmittelbar danach stürzte auf einmal das gesamte Vorderhaus in sich zusammen, Funken in alle Richtungen stiebend.

Wenn ein ganzes Wohnviertel brennt, entsteht ein gewaltiger Feuersturm. Uns allen waren die Haarspitzen, die Augenbrauen und Wimpern versengt. Der Lärm des Feuers war ungeheuer. Wir schrien einander mit heiseren Stimmen an. Und der Durst schrie auch – er schrie nach dem Sekt, den ich gerettet hatte. Das Café Charlottenhof stiftete sogar die Gläser dazu. Nero beim Brand von Rom? Ernst Jünger beim Brand von Paris? Nein, die Hentigs und einige Freunde, die alsbald aus anderen Teilen Berlins herbeigeeilt waren, um uns beizustehen, Kleider und Quartier anzubieten. Aber die Eltern konnten sich nur schlecht von dem noch munter brennenden Trümmerhaufen ihrer Habe trennen. Nein, sie wollten noch hierbleiben, erklärten sie ganz unsentimental. Die Erleichterung darüber, dass wir selber heil davongekommen waren, ließ keine Wehleidigkeit aufkommen, ja grenzte an Übermut. Und nicht zuletzt hatte uns ein so sichtbar allgemeines Los getroffen, dass das Hadern gut und gerne verschoben werden konnte.

Ein scheinbar kleiner Verlust nagte an meiner Seele. Ich wagte kaum ihn auszusprechen.»Wir haben Heidis Wellensittich oben stehen lassen.« Der Verlust wog so schwer, weil er ein Versäumnis war, eine Schuld. Wie würde ich der kleinen Schwester unter die Augen treten?

Gegen Morgen, es war noch immer dunkel, zogen wir in den Zoo-Bunker um, wo die Eltern eine Matratze bekamen. Ich musste derweil eine Dienststelle finden, die mir Mütze und Koppel anwies. Ich konnte doch unmöglich »halbnackt« nach Ostpreußen zurückreisen. Aber mehr als eine Bescheinigung, dass die mir fehlenden Uniformteile einem Großangriff auf Berlin zum Opfer gefallen seien, bekam ich nicht. Ein Soldat schenkte mir eine Flasche Tokajer, die ihm jemand für seine Hilfeleistung gegeben hatte. Die wollte ich Hannes nach Insterburg mitbringen. Die Eltern reisten nach Kremlin in der Neumark.

Über den Verlust der sämtlichen Habe ernsthaft nachzudenken ist mir damals nicht gelungen. Das Denken erledigte sich ja selbst: Der Verlust bestätigte ihm die Entbehrlichkeit all dieser Dinge. Auch Vaters liebevolle Aufzeichnung über das »Verbrannte Erbe«, die er uns zu Weihnachten schenkte, hat mich nur gelehrt, dass Gegenstände wichtige Erinnerungshilfen sind und dass, wenn sie verschwunden sind, die Einbildungskraft wieder an ihre Stelle tritt. Was hat man sich abgerackert für den Erwerb und die Heimbringung von diesem und jenem Objekt der Begierde – ich denke an meinen Kamelsattel, an meinen gewaltigen javanischen Gong, an die Polyphon-Musiktruhe von 1903 –, aber was man dafür aufgebracht hat, muss sich im Gebrauch, in der Lust des Vorzeigens amortisieren und am Ende im Weiterschenken. »Haben« ist eine schwache Lebenskategorie.

In meiner Vorstellung lag Bialystok nordöstlich von Insterburg. Erst nach dem Kriege habe ich bei der Suche nach dem melancholischen Schauplatz meiner neuen Erfahrungen vom Soldatsein auf der Karte festgestellt, dass es südöstlich von unserer ostpreußischen Garnison liegt und etwa so weit entfernt wie Danzig in der einen und Riga in der anderen Richtung. Die Fahrt dorthin kam uns ewig vor, nicht nur, weil wir in ungemütlichen »Viehwagen« (dies war die allgemeine Bezeichnung von geschlossenen Güterwagen) transportiert wurden – mit den also notwendigen Aufenthalten alle drei Stunden (»So lange muss ein deutscher Soldat an sich halten können!«) –, sondern weil der Weg durch »Partisanengebiet« führte. Unser Zug schob einen mit Steinen beladenen Güterwagen vor uns her. Die Lokomotive stieß diesen auf dem Höhepunkt der von ihr erreichbaren Geschwindigkeit an und bremste dann selbst ab; der Wagen löste sich und rollte im Abstand von zwei- bis dreihundert Metern vor uns her, um möglicherweise ausgelegte Minen zum Detonieren zu bringen; nach zwei Kilometern holte der Zug den Wagen wieder ein, und dasselbe Manöver wiederholte sich – stets mit einem etwa fünfminütigen erhöhten Risiko, solange der Anschub dauerte. Derweil stockte nicht nur die Rede, sondern auch der Atem.

Rechts und links der Gleise war der Wald achtzig bis hundert Meter weit gefällt, ob wegen der Brandgefahr schon in alter Zeit (so sah es aus, weil so viel Gestrüpp nachgewachsen war) oder erst seit dem Kriegsausbruch, der ja nun auch schon vier Jahre zurücklag – darüber rätselten wir. Sicherheit bot dieser Abstand kaum, und die Arbeit muss immens gewesen sein, denn die Bäume waren von außerordentlichem Wuchs, wie ich denn überhaupt nie wieder in meinem Leben einen so herrlichen Mischwald gesehen habe, auch in Masuren nicht.

Ein weiteres Rätsel stellt sich mir heute: Ich bin mir gewiss, dass wir nach Brest gebracht worden sind und von dort nach Norden marschierten. Das mag mit den Bahnlinien zusammenhängen, die die Wehrmacht damals nutzen konnte.

Der Marsch mehrerer Schwadronen (vermutlich nicht des gesamten Bataillons – dafür erwies sich Slobotka später als zu klein) durch »besetztes« Feindesland erfolgte unter Kampfbedingungen: Wir waren jederzeit gefechtsbereit mit geladenem Karabiner, vollen Patronentaschen und mit sämtlichem Kriegsgezottel behängt – Tornister, Zeltbahn, Gasmaske, Feldflasche, Tagesproviant im Brotbeutel ... Die drei Munitionsträger schleppten rechts und links einen Munitionskasten; der MG-Schütze sein Maschinengewehr und den Ersatzlauf. Diese vier Kameraden wurden nach zwei Stunden abgelöst. Die normale Tagesmarschleistung betrug fünfundzwanzig Kilometer. Niemand sagte uns, wie weit es bis zu unserem Ziel sei, nicht einmal den Namen hatte man uns genannt. Als wir an einem Häuflein biwakierender Pioniere vorbeikamen, rief einer von denen uns zu: »Wo geht's hin, Kameraden?« Unser Längster und Gutmütigster antwortete: »Das wissen wir nicht.« »Oh, das ist weit!«, schallte es zurück. Diese Soldatenweisheit hat sich mir eingeprägt, wie auch ein anderer Ausspruch des Kameraden Erhard. Wenn es uns einmal wieder ganz schlecht ging, stöhnte er vernehmlich: »Ich möcht mal wieder nach Kairo!« Irgendeiner unter uns hatte das noch nicht gehört und fragte unfehlbar: »Warst du denn wirklich schon mal dort?« »Nein, aber gemöcht habe ich schon mal.«

Slobotka war eine ehemalige zaristische Garnison und bestand aus einer Ansammlung von malerischen alten Holzbaracken. Eine Ortschaft gab es nicht – nur verstreute kleine Bauernhäuser in der weiten flachen Landschaft, die aus drei Vierteln Wald und einem Viertel Acker bestand. Hoch ragten die Ziehbrunnen in den Sonnenuntergang, wenn wir nach dem Dienst »Ausgang« hatten und zu zweit mit schussbereitem Gewehr das Umland erkundeten. Dabei tauschten wir unser unnötiges feldgrünes Halstuch oder eine Handvoll Kerzen oder ein paar Schachteln Streichhölzer oder – wer sie entbehren konnte, weil er eigene Socken hatte – ein paar Fußlappen gegen Butter oder Eier. Nachdem ich einige Bauern und Bäuerinnen kennen gelernt hatte, bin ich – gegen alle Vorschrift – auch allein über Land zu ihnen gegangen. Sie waren freundlich zu dem schmächtigen Kindersoldaten, boten mir Brombeertee an und ließen mich ihr Kälbchen streicheln. Die stumme Gastlichkeit, das schlichte gegenseitige Einverständnis »*Wir* sind einander nicht Feinde!«, der selbstverständliche Fortgang ihrer uralten notwendigen Verrichtungen in meiner Gegenwart – das Feuer in Gang halten, die Tiere füttern, das Wasser holen – vereinigte sich mit der sanften Schönheit der Abendlandschaft (tags war sie von unseren militärischen Übungen entzaubert) zu einem mich noch heute überkommenden Gefühl glücklichen Versöhntseins. Ich habe meiner Schwester Helga und den kleinen Geschwistern nach dem Krieg davon erzählt und, wie sie mir versichern, auch für sie den Namen Slobotka mit einer ganz unkriegsmäßigen Innigkeit durchtränkt. Eben deshalb habe ich den Ort auf der Landkarte gesucht und wäre nach 1998 dorthin gefahren, wenn ich ihn gefunden hätte.

Die Ausbildung nahm hier »Ernstcharakter« an; es ging nicht mehr um Kasernenhof-Formationen und Grüßen-von-Vorgesetzten-im-Vorbeigehen. Man bewegte sich von morgens bis abends im Gelände, führte Feuergefechte mit dem gedachten Feind, umging Minenfelder, grub sich ständig neu ein. Unwirklich war es doch, weil den Unteroffizieren die Fantasie für die Simulation fehlte. Der Feind war entweder auf der Flucht – dann jagte man ihn mit aufgepflanztem Bajonett durch den Wald und fiel selber dauernd auf die Nase; oder er kam plötzlich von der Seite oder ganz hinten – dann musste man sich schnell mit dem Spaten Deckung verschaffen und eventuell eine Handgranate werfen. Die vier Schützenpanzer (manchmal waren es wegen Reparaturen nur drei) bestanden aus Blech und dienten einer einzigen Übung: in sie hineinsteigen oder aus ihnen herausspringen und jeweils das Maschinengewehr in Stellung bringen.

Diese Felddienstausbildung oblag den schon genannten Unteroffizieren Gramms, Matzkuhn und zwei oder drei anderen, die sich jedoch alle nach einiger Zeit zurückzogen und den Obergefreiten das Geschäft überließen. Diese wiederum kannten nur Routineübungen: mit umgehängtem Gewehr robben, mit vorgehaltenem Gewehr robben, mit Gasmaske robben, das unausschöpfliche »Sprung-auf-marsch-marsch-Spiel« im Wechsel mit »Volle Deckung!«. Danach dann »Zigarettenpause« und große Kumpanei, wenn das Auftauchen von Vorgesetzten ausgeschlossen war.

Unsere Offiziere haben wir in der drei bis vier Monate dauernden Felddienstausbildung nur beim so genannten Partisaneneinsatz gesehen. Dieser hatte einen einzigen Zweck: das Auffüllen der Schnapsvorräte der Einheit. Im Nachhinein erklärt die jetzt zu beschreibende Aktion auch, warum die Vorgesetzten so taten, als wüssten sie von unseren Butter- und Eier-Tauschhandlungen nichts. Das machte uns zu freiwilligen Mittätern.

Da das von der Wehrmacht eroberte Gebiet von Murmansk bis zum Schwarzen Meer nicht »flächendeckend« besetzt werden konnte und Ausbildungseinheiten eine ordentliche Besatzung nicht in einem überzeugenden Maß vorspiegeln konnten, konzentrierte sich die militärische Präsenz der Wehrmacht auf größere Städte, Bahnlinien, Heerstraßen und Verkehrsknotenpunkte. Der Rest des Landes wurde zu »Partisanengebiet« erklärt. An geeigneten Stellen kündete ein Schild in deutscher, polnischer und russischer Sprache, dass, wer sich jenseits der Linie X – Y – Z aufhalte, als Partisan behandelt werde. In dieses Gebiet fuhren wir kriegsmäßig mit unseren vier Schützen-Blech-Wagen ein und erreichten nach etwa fünfzehn Kilometern ein aus sechs bis acht Häusern bestehendes kleines Dorf. Die Bewohner – durch das weithin vernehmbare Motorengeräusch gewarnt – waren mit den unruhig brüllenden Kühen in den umliegenden Wald geflüchtet; die Gehege der Schweine waren geöffnet, so dass diese davonlaufen konnten (wegführen lassen sich Schweine nicht!); die Hühner hatten auf den Hütten Zuflucht gefunden oder unter ihnen; auf dem Herd dampfte noch der Hirsebrei.

Im Dorf hieß es »Absitzen!« und Samagonka, den Kartoffelschnaps, einsammeln, der in jedem Haus irgendwo zu finden war. Hatte man den aufgestöbert und im Schützenpanzerwagen verladen, durfte man das umherlaufende Vieh erjagen. Ein Kamerad erlegte eine Sau; etliche andere hatten Hühner oder Gänse gefangen; einer hielt mir eine Honigwabe hin, die er auf sein Seitengewehr gespießt hatte.

Ich hatte mich zur »Sicherung« des Unternehmens als MG-Schütze einteilen lassen und beobachtete mit gleichem Unbehagen den Waldrand und das Marodieren der Kameraden. Bald war mein Schützenpanzerwagen mit dem Schwein beladen und den Schnapskruken so gefüllt, dass die Besatzung nur noch draußen auf den Munitionskästen Platz fand – gänzlich ungeschützt und, weil sie sich ja festhalten musste, auch unfähig zu schießen. Es erschallte die Parole: »Partisanenübung beendet!« und: »In derselben Reihenfolge umkehren, in der wir gekommen sind.«

Als wir den Waldrand erreichten, ließ der Schwadronschef halten, zog seine Leuchtpistole und schoss – mit bewundernswerter Treffsicherheit – die Strohdächer der Hütten in Brand. Damit hatte er aus den zwei Dutzend vermutlich friedlichen Bewohnern des Dorfes Partisanen gemacht. – Der letzte Schützenpanzerwagen wurde irgendwo auf dem Heimweg beschossen. Mehr als mit dem MG wild in den Wald zurückschießen und schnell davonfahren konnten die Kameraden nicht. Einer war verwundet: ein Querschläger im Hintern. Was war das gegen zweihundert Liter Schnaps!

In der folgenden Nacht betranken sich alle Dienstgrade. Die Baracke unserer Unteroffiziere lag direkt neben der meines Zuges durch nicht mehr als einen Durchgang von drei Metern getrennt. Wir Soldaten waren redlich müde und sollten ja um fünf Uhr wieder zum Frühsport antreten. An Schlaf war jedoch bei dem Gegröl, dem rhythmischen Eindreschen von Männerfäusten auf die Tische, den immer wieder neu angefangenen Liedern nicht zu denken. In meiner Seelennot schrie ich gegen drei Uhr aus Leibeskräften: »Ruhe, zum Teufel!« Das muss so entschieden geklungen haben, dass in der Tat sofort Ruhe eintrat. Es dauerte eine Weile, bis sich die Herren klargemacht hatten, dass der »Befehl« nicht von einem Offizier, sondern aus der Mannschaftsbaracke nebenan gekommen war. In das lebhafte Gemurmel mischten sich Empörung und Drohungen – über denen ich schließlich einschlief.

Am anderen Morgen, beim Antreten zum Kaffeefassen, erschien Matzkuhn, was er sonst nicht tat, fragte, wer da gestern Nacht »Ruhe!« befohlen habe und nahm meine Meldung mit tiefer Befriedigung entgegen: »Also der feine Herr von Hentig, dieser Milchbart, der noch nichts vom Kriege gesehen hat, will alten Unteroffizieren, die ihr Leben fürs Vaterland aufs Spiel gesetzt haben, ihren kleinen nächtlichen Spaß verderben!« Er untermalte seine Landser-Indignation mit pausenlosem »Hinlegen!«, »Auf!«. Den Satz zu äußern, den ich mir für diese Situation zurechtgelegt hatte, dazu kam ich nicht. Ich wurde erstens zu täglichem Nachexerzieren verdonnert und zweitens zu einem »kleinen Liebesdienst« in der Unteroffiziersbaracke gleich nach dem Essenfassen: den Ort der nächtlichen Orgie in Ordnung bringen. Es wiederholte sich buchstäblich, was Erich Maria Remarque in »Im Westen nichts Neues« beschreibt: Da die Kotze sich vor allem in die Dielenritzen zurückgezogen hatte, brauchte ich ein schmales festes Gerät. Das einzige, das mir zur Verfügung stand, war mein Seitengewehr. »Sind Sie wahnsinnig geworden, die Ehrenwaffe des deutschen Soldaten so zu entwürdigen!« Ich holte also mein Schuhputzzeug, in dem sich eine ausrangierte Zahnbürste zum Auftragen der Wichse befand. Ich benutzte diese in dem befriedigenden Gefühl, ein Kapitel Weltliteratur nachzustellen. Als nächstes freilich hatte ich die Unteroffiziersstiefel zu putzen – und das tat ich von nun an jeden Tag, wenn die anderen Mittagsruhe hatten, bis wir Slobotka verließen.

Es ist nicht besonders erniedrigend, wenn kleine Geister sich an dem Privilegierten für ihr Los rächen, zumal wenn die Umstände beiden kein Entrinnen erlauben: Jeder hatte seine Rolle auszuspielen. Aber die anderen, die Kameraden? Bei wem auch immer ich ein bisschen Verständnis für meinen Aufschrei suchte, alle schüttelten den Kopf: *Das hätte ich nicht machen dürfen!* Meistens winkten die Kameraden schon im Vorfeld ab; über den Fall wollte niemand mit mir reden – auch Hannes nicht. Nur Marions Neffe Dellinghausen legte mir die Hand auf den Arm und sagte sanft: »Nimm's nicht so ernst! Mach dir klar: Unsere Kameraden hätten nur zu gerne mitgesoffen.« – Von da an ging ich meinen Sonderweg. Er führte in die Einsamkeit.

Nach drei Monaten und einem schier mörderischen Marsch nach Bialystok gelangten wir nach Insterburg zurück, wo das Ende des Ausbildungsabschnitts mit einem Sportfest gefeiert wurde. Dass ausgerechnet das Hämchen Hentig erster Sieger im 100-Meter-Freistil und dritter Sieger im 100-Meter-Brustschwimmen wurde, brachte mir Schulterklopfen bei den Kameraden ein und von Paschke den Satz:

»Kunststück, wenn man *so* dünn ist!« Danach wurden wir zu Gefreiten ernannt und bekamen einen kurzen Heimaturlaub. Am dritten Tag traf dort eine große Kiste Cox-Orangen ein – die absolut schönsten und köstlichsten Äpfel, die ich je gegessen habe, und das lag nicht nur daran, dass sie von Hannes kamen. Unter der Holzwolle befand sich ein Zettel: »Das nächste Mal schreie ich mit!«

Auf Slobotka folgte die Unteroffiziersschule in Jena-Zwätzen. Dank der hervorragenden Ausbilder, Hauptmann Maaß und Leutnant Prinz zu Oettingen, erfüllte diese Zeit die von Vater in sie gesetzte Erwartung. Mein Zug unterstand dem Prinzen – einem Rokoko-Geschöpf mit riesigem Kopf (ein für ihn passender Stahlhelm musste eigens von der zentralen Heeresmeisterei in Berlin bestellt werden) und einer uns tief beeindruckenden Lässigkeit im Umgang mit den Vorschriften. Seine weichen Haare stießen rundum auf seinen Kragen – und der bestand aus einem edlen Pelz; statt uns anzuraunzen, wenn wir zu spät kamen, zog er die große Stirne kraus und sagte: »Könnt's nicht a bisserl früher losgehen. Man hat doch sonst nur unnötige Scherereien!« Er trug das Ritterkreuz und war gerade erst einundzwanzig! Instruktionsstunden konnte er nicht halten. »Also, wir solln jetzt über die militärpolitische Lage reden ... Schwierig, schwierig. Hat einer von Ihnen was Wichtiges dazu zu sagen? Wisst's was: Wir reden über die Fesselballons, die hier bei jedem Alarm hochgelassen werden ...« In der Tat war die kriegswichtige Jenaer Optik durch ein paar hundert solcher Ballons gesichert – was keinem von uns recht einleuchtete. Die Alliierten überflogen sie einfach, konnten sie als Zielmarke benutzen und ihre Bordwaffen sportlich an ihnen auslassen. Unsere Erörterung begann gerade spannend zu werden, als Hauptmann Maaß eintrat. Der Prinz machte Meldung: »Zug 1 und 2 erörtern den Einsatz von Fesselballons über Jena.« Maaß unterbrach harsch: »Leutnant Prinz Oettingen, das ist heute nicht dran! Ich übernehme den Unterricht. Sie sollten hierbleiben, damit Sie den Gegenstand lernen.«

Maaß überzeugte durch die absolute Sachlichkeit seiner Anordnungen und Urteile. Die Pointe des Unterrichts an jenem Tag war: Die Lage sieht nicht gut aus. Bereiten Sie sich auf das Härteste vor, das ein Soldat leisten muss: geordneten ehrenvollen Rückzug – die Vermeidung unnötiger Verluste bei äußerster Anforderung an sich selbst. Und sein kleiner Prinz bescherte uns die *dafür* geforderte Ausbildung mit größter Zähigkeit, Einprägsamkeit und Fantasie.

In Jena lernten wir mit Granatwerfern, leichter Pak und leichter Flak umzugehen, Truppenführung mit Hilfe von Funkgeräten, vor allem aber Fahrzeugkunde und Fahrunterricht. Der Mot-Marsch – das Fahren auf Deutschlands im allgemeinen schmalen Straßen im großen Verband ist eine schwierige Kunst, ja eine unmögliche. Die Streitmacht will dem Feind »in der Breite« begegnen, gelangt aber nur »in der Länge« dorthin. Allein äußerste Fahrdisziplin verhindert, dass ein Verband von hundert größeren Fahrzeugen, die, im Abstand von zwei Metern aufgestellt, einen Kilometer Straße füllen, allein schon durch zögerliches Anfahren eine Länge von zehn bis fünfzehn Kilometer erhält. Man kann sich leicht vorstellen, was das für die Kriegsführung bedeutet. Ich nahm diese pedantisch anmutenden Anfahrübungen darum ernst. Auf einer solchen Mot-Marsch-Übung hatte ich das Kommando und musste mit allen fingierten zusätzlichen Schwierigkeiten nebenbei fertigwerden: mit Fliegerangriff, gesprengter Brücke, Ausfall von Fahrzeugen oder von Benzin und, fast am schlimmsten, der Funkverbindung. Ich kam drei Tage nicht aus meinem Stahlhelm heraus (der sich übrigens als treffliches Ruhekissen für die eingeräumten wenigen Stunden Schlafs erwies) – stets den aufmerksamen, besonnenen, leisen Prinzen an meiner Seite, der mich erst meine Fehler machen, dann die Folgen ausbaden und schließlich den richtigen Ausweg selber finden ließ.

Auch kamen unsere finnischen Bundesgenossen, um uns auf die Spezialitäten des Winterkriegs vorzubereiten. Sie mokierten sich unverhohlen über unsere Vorstellung davon (»Mit euren grünen Röcken und grauen Fahrzeugen überlebt ihr keinen einzigen Tag! Also: Jeder einen Topf weiße Farbe mitbringen!«); unsere Skier seien »unummöglich«; und zuerst müssten wir überhaupt lernen, Holzhütten zu bauen; was für ein Unfug, in Zelten übernachten zu wollen bei vierzig Grad unter Null!

Von den drei größten Menschenfeinden – Hunger, fehlender Schlaf und Frost – schien mir schon immer der letzte der schlimmste zu sein. Kälte ist das dem Leben entgegengesetzte Prinzip. Schlaf findet der Soldat im Gehen und Stehen; der Hunger tötet erst nach geraumer Zeit; gegen die Kälte sind wir völlig wehrlos – sie überwältigt uns in wenigen Stunden. Ich war sehr für die Holzhütten der Finnen!

Hier in Thüringen freilich kam man auch ohne sie aus. Unsere Übungen wurden immer ausgedehnter und schlossen Einquartierung bei der Bevölkerung ein. In besonders freundlicher Erinnerung ist mir Tannroda. Die Lehrerin, der ich zugeteilt worden war, glaubte inbrünstig an den Endsieg – und gab schon vorher alles, was sie hatte, her: Briketts für das heiße Bad, die eingemachte Wurst, Schokolade, die ihr gefallener Mann aus Frankreich mitgebracht hatte. Immer wieder kam der flehentliche Satz: »All unsere Opfer dürfen doch nicht umsonst gewesen sein!«

Ich selber suchte Stärkung in der schönen Stadt Jena, in ihren Kirchen mit deren geistlicher Musik, die man von Zwätzen aus nur mit Eilfußmärschen erreichte und oft wegen des Zapfenstreichs früher abbrechen musste. Oder ich fand sie bei dem Ehepaar von Willesen, das Tante Ilse mir genannt hatte. Gut, dass ich damals die Scheidungsakten der Eltern noch nicht gelesen hatte: Im Hause dieser zauberhaften Leute haben meine Eltern ihre erste Nacht nach der Hochzeit verbracht – eine, wie beide schildern, grausame und grotesk schwierige. Ein Wochenende durfte ich nach Altenburg fahren, wo Frau von Studnitz, Christas Mutter, mir die meine ersetzte.

Zu Weihnachten fuhr ich zu Lindenbergs. Deren aus Anlass der Ausbombung erwähntes Gut Kremlin in der Neumark war den Eltern vom Auswärtigen Amt als Ausweichquartier zugewiesen worden. Es war das erste Mal in meinem Leben, dass Weihnachten nicht zu Hause gefeiert wurde, und doch war kaum eines je so warm und wohltuend wie dieses: Alle fünf Geschwister und die Eltern waren gesund vereint – da schmeckte auch das Brot des Asyls gut. Meiner Mutter in München schrieb ich: »Unsere Armut spüren wir dort am bittersten, wo wir nicht mehr schenken können, nicht dort, wo wir nicht besitzen«, und machte aus dem Brief das Geschenk, das ich ihr vermutlich viel zu lang vorenthalten hatte. Meine Briefe bewahrten damals häufig meine Lesefrüchte. Ich stoße heute dort mit Rührung auf Funde wie diesen:

Hätten die Nüchternen / Einmal gekostet [von der Liebe], / Alles verließen sie,
Und setzten sich zu uns / An den Tisch der Sehnsucht,
Der nie leer wird ... (Novalis)

Ich hatte mir im Laufe des Frühjahrs eine heimtückische Schilddrüsenunterfunktion zugezogen: alle Organe, vor allem die Verdauung, arbeiteten träge. Die Schmerzen, die von der hartnäckigen Verstopfung ausgingen, waren so groß, dass ich in die Jenaer Klinik eingeliefert und von dort zu ambulanter Behandlung nach Garmisch-Partenkirchen geschickt wurde. Dort bekam ich zusätzliche Rationen, kraxelte in den Bergen umher, sehnte mich nach meinen Kameraden, die nun – endlich – im Krieg eingesetzt wurden. Ich musste mich alle drei Tage melden. Als die Amerikaner am 6. Juni 1944 in der Normandie landeten, sagte der Chefarzt, es lohne sich nicht mehr, mich für diesen Krieg gesund zu machen, und im nächsten Krieg brauche man ja auch Soldaten. Er war entschlossen, mich nicht wieder an die Front gehen zu lassen, hatte aber nicht mit mir und meinem Pflichtgefühl gerechnet. Ich wurde von Tag zu Tag kränker, und der kluge Mann erkannte den Zusammenhang. »Gut denn, sterben Sie den Heldentod – aber vorher verschreibe ich Ihnen noch einen zweimonatigen Genesungsurlaub.« Den verbrachte ich in Quittänen, auf dem Fidei-Commiss-Gut der Dönhoffs, genoss die leichte Gartenarbeit mit Louis, dem mir so vertrauten französischen Gefangenen, schloss eine Art Kinderfreundschaft mit Sylvina von Hirschfeldt, einer Cousine von Marion, bildschön und zu jedem Streich aufgelegt, den sie ihren Nazieltern antun konnte (vorgetäuschte Überfälle auf das Schloss seitens der durchziehenden Flüchtlinge!), und genas dabei tatsächlich.

Eines Tages bat mich Marion, ihr Lieblingspferd, einen Fuchs, von Friedrichstein im Osten Ostpreußens nach Quittänen im Westen Ostpreußens zu reiten. Irgendwann würde der Treck genehmigt – dann sollte Alarich dabeisein. Jede »Absetzbewegung« wurde als Verrat am Endsieg bewertet. Transportwagen zu beantragen kam nicht in Frage. Ich aber konnte mit meinem Urlaubsschein nach Insterburg zurückreisen, unterwegs in Löwenhagen aussteigen und das Pferd auf abgelegenen Wegen nach Quittänen reiten. Marion hatte die Route geplant, drei Tagesetappen von dreißig Kilometern, vier Übernachtungen auf Ostpreußens schönsten Gütern. Wie ein mittelalterlicher Ritter kam ich mir vor, sang mir meine Lieder, führte Alarich, lange Strecken neben ihm gehend, Kopf an Kopf, und versuchte mit dem gescheiterten Attentat auf Hitler fertigzuwerden. Keine Familie, bei der ich einkehrte, war von dem Ereignis unberührt; keine redete darüber; alle lebten das gewohnte und geordnete Leben weiter. Und eben das verband uns stärker als irgendein »Gespräch« darüber. Die Reise habe ich damals für Marion aufgeschrieben und später in »Fahrten und Gefährten« (München 2000, Hanser) abdrucken lassen.

Im August kehrte ich in meine Garnison zurück, nunmehr als Fahnenjunkerunteroffizier (Matzkuhn hätte mich grüßen müssen!), wurde für den Feldeinsatz umgerüstet, erhielt die Feldpostnummer 25 898 und einen Marschbefehl, der mich erst zum Divisionsstab in Lódź, damals Litzmannstadt, und von dort nach Krakau führte. Unser Regiment, hieß es, verteidige den Dukla-Pass in den Ostbeskiden. Das Ganze nannte sich »Frontbewährung« und sollte zwei Monate dauern. Am Nachmittag vor meiner Abreise traf unverhofft Hannes ein – »frontbewährt« und heil, er allein von acht Mann aus unserer Stube in Jena: Laufer, ein stiller, melancholischer Mensch, Carl von Lassaulx und ein weiterer Kamerad waren vom Einsatz einfach nicht zurückgekehrt, die anderen drei verwundet. Hannes gab eindrückliche Schilderungen von »ganz blödsinnigen Angriffen«, die alle stets mit Verlust an Mannschaft und Terrain endeten, schenkte mir seine Pistole, seinen Mückenschleier und so kostbare Dinge wie Hansaplast, eine Taschenlampenbatterie und einen Radiergummi (»Du schreibst doch so viel!«). Wir blieben bis zur Abfahrt meines Zuges am anderen Morgen zusammen im taufeuchten Stadtpark.

Die Verbindungen zum Bestimmungsort musste man selbst herausfinden. Was für eine Gelegenheit zu einer wenn schon nicht bequemen, so doch gemächlichen Sommerreise durch das unbekannte, verträumte, unendlich schöne südliche Polen! Aber der Pflichtteufel und die Hoffnung, doch noch den einen oder anderen Kameraden wiederzusehen, von denen mich etwas so Lächerliches wie eine »Schilddrüsenunterfunktion« getrennt hatte, ließ mich auch diese Reise schnell hinter mich bringen. Bis zu einem Ort Karwin in Oberschlesien habe ich dennoch drei Tage gebraucht: »fast ununterbrochene Bahnfahrt«, wie ich nach Hause schrieb.

Ein Quartier verweigerten mir die Herren Offiziere im Schloss des Grafen Larisch-Mönnichen. Ich schlief auf einer Parkbank, bis mich ein polnischer Polizeibeamter in sein Revier mitnahm; er müsse ja doch wachen, da könne ich derweil sein Bett benutzen. Am Morgen hatten zwei polnische Frauen meine Stiefel geputzt, Waschwasser aufgestellt, den Rock gebürstet. So lernt man den Feind lieben.

Für Krakau habe ich mir einen Tag Zeit genommen. Da musste ich einen zügigen, zielsicheren Schritt einlegen. Wer bummelt, wird kontrolliert. Die Stadt versetzte mich in Erregung, in ein Hochgefühl, ja Glück. Ach, und wie viel europäischer war Europa vor fünfhundert Jahren, als ein Veit Stoss ebenso in Nürnberg wie in Krakau zu Hause sein konnte.

In Neu Sandez hörten die Züge auf. Man musste versuchen, von Militärfahrzeugen mitgenommen zu werden. Wie der Ort hieß, an dem mein Regimentsstab saß, habe ich vergessen. Dort fand ich die zuständige »Schreibstube« und wurde als »vorhanden« eingetragen. Ich sollte mich dreimal am Tage melden – immer im Anschluss an die Proviantausgabe. Für einen Soldaten hätte man vielleicht noch den einen oder anderen Auftrag gehabt. Für den Fahnenjunkeroffizier nicht. Ich begab mich also täglich mit einer Feldflasche voll Milch in die Wälder, pflückte Blaubeeren – dick wie Pflaumen –, häufte noch ordentlich Zucker darauf und ließ es mir gut gehen. Gott sei Dank hatte ich das Alleinsein gelernt. Ich las A. E. Hoches »Jahresringe« und verschlief in der warmen Frühherbstsonne sogar das Mittagsmahl. Die Meldung wurde auch am Abend noch entgegengenommen. Hier brauchte man mich nicht.

Aus den erhaltenen Feldpostbriefen geht hervor, dass mir drei Plagen gleichermaßen schwer zusetzten: die Abgeschnittenheit von Nachrichten; oft war ich acht Wochen ohne einen Brief – und schrieb doch selber fast alle zwei Tage; sodann die völlige Ungewissheit, was wann wohin weitergehen werde (»werden von Bahnhof zu Bahnhof verschoben«/»unseren Standort erst durch halbverstandene Auskünfte der Bevölkerung, komplizierte Zeitberechnung und Hinzunahme des Kompasses ermittelt: etwa 50 km nordöstlich von Warschau«), wobei natürlich das Gefühl nichtsnutzig verbrachter Zeit in einem wütet; und schließlich die Flöhe: Seit dem Aufbruch aus Insterburg »haben mich die Flöhe«, schrieb ich, die Herrschaftsverhältnisse zurechtrückend. »Ich schlafe, wenn es irgend geht, draußen auf freiem Feld, nachdem ich mich völlig entkleidet und alles, was ich an mir trage, bis in den kleinsten Winkel untersucht habe.« Woher ich wusste, was ich den Eltern am 3. September 1944 schrieb, ist mir heute unklar: »Der Divisionschef, General Freiherr von Edelsheim, lässt uns hier [wo?] nur ungern fort. ›Die OBs [Offiziersbewerber] gehen mir draußen vor die Hunde.‹ Er hält uns also im Feldersatzhaufen zurück, wo die jungen, kampfwilligen Leute von abgemüdeten Korporalen beschäftigt werden: mit Diensten statt mit Dienst.« Ich begrüße in einem späteren Brief, dass ich als Fahnenjunkerunteroffizier an die Front geschickt worden bin, weil ich nun »alles Unangenehme gleichsam freiwillig tue und mit Überlegung, statt es befohlen zu bekommen oder gar anderen zu befehlen«.

Eben diesen Briefen entnehme ich, wie die fortgesetzte Lektüre mir das Ausweichen vor der Banalität des Lebens ermöglichte; zu dem Gelesenen folgt jeweils eine längere Frageliste an den Vater: »Wer war Hans von Bülow?« »Was heißt Panaritium?« »Was waren die Plejaden, bevor sie Sterne wurden?« und so fort. Die Hauptfrage hätte er mir bei aller Gelehrsamkeit nicht beantworten können: »Warum veranstaltet man einen alles verschlingenden Krieg – und lässt einen jungen Mann ohne Aufgabe im Niemandsland sitzen?«

Dabei tat der Stab eigentlich die ganze Zeit nichts anderes, als immer wieder neue Ersatzeinheiten aufzustellen.

Aber dann lief ich zu meinem unendlichen Entzücken dem Prinzen Oettingen über den Weg. Der sorgte dafür, dass ich von einem Freund, Oberleutnant von Friedemann, angefordert würde – der gehöre zwar einem Nachbarregiment an, aber hier gerate ohnedies alles durcheinander. Meine Kameraden würde ich nur durch Zufall wiederfinden. Oberleutnant von Friedemann hatte gerade eine neue Kompanie aufgestellt mit gleich drei jungen Leutnants, denen jeweils nur ein Unteroffizier beigegeben werden konnte. Die dreißig Mann meines Zuges beschnüffelten sich freundlich-neugierig – ein bunter Haufen, die Mehrzahl über 40, der Jüngste sechzehneinhalb, ein stämmiger Holsteiner Erbhofbauernsohn, der sich freiwillig aus der heimischen Fron gemeldet hatte und nun nach viermonatiger Ausbildung in Dänemark Krieger unter anderen sein sollte. Ich nahm ihn zu mir. In der Vorderhangstellung, die wir beziehen sollten, gruben sich je zwei ein Loch – die Partner fanden sich noch vor Einbruch der Dunkelheit zusammen. Um

22 Uhr brachen wir bei sternenklarem Himmel auf. Die Anhöhe, hinter der unsere Stellung liegen sollte, war etwa 600 Meter entfernt, die abzulösende Einheit lag in unregelmäßigen Abständen noch weitere 100 bis 150 Meter dahinter. Alles musste völlig lautlos vor sich gehen – und schon klappte hier eine Gasmaskenbüchse gegen ein Seitengewehr, da ein Spaten gegen einen Gewehrlauf. Ich war wütend auf mich, ich hatte nicht gemahnt: »Lasst die verdammte Gasmaskenbüchse im Busch stehen! Die hat hier vier Jahre lang keiner gebraucht.« Was nicht ganz stimmte: Alte Soldaten benutzten die luftdichte Trommel für ihre Fotos, Briefschaften, Zigaretten. Ich hatte auch nicht ausdrücklich befohlen, weil es doch zur Ausbildung gehörte: »Wenn eine Leuchtkugel hochgeht, absolut erstarren!« Als dies nach einer halben Stunde geschah, warf sich mein Bernd der Länge nach hin.

Er und ich erreichten als Erste das hinterste Schützenloch unserer Stellung und sprangen lautlos zu den Kameraden hinein. Auch die blieben lautlos, sie waren kalt und tot.

Es war ausgemacht, dass, sobald einer die Stellung erreichte, dies durch kurzen Pfiff kundtue. Von da an würden wir uns an die weiteren Löcher heranrobben. Ich gab den Pfiff, befahl Bernd, in der Nähe des Loches Sichtdeckung zu suchen und auf mich zu warten. Nach einer weiteren Stunde hatten alle ein Loch gefunden, waren die Kameraden abgelöst, hatte ich eine Vorstellung, welchen Abschnitt unser Zug etwa abzudecken hatte, war mit Leutnant Schmidt verabredet, dass ich am linken Flügel, er am rechten bleiben werde und dass einer der Älteren mir helfen solle, die Toten zu bergen. Als die Sonne über dem Tal aufging, sah man nichts vom Krieg – nichts vom Feind, nichts von uns, nichts von der Veränderung. Nach drei weiteren Tagen haben wir tagsüber bei ausgehendem Tageslicht und solange das Artilleriefeuer ohnedies Lärm machte, ein neues Deckungsloch gegraben – mit überdachter Schlafstelle. Schwierig: die Verrichtung der Notdurft. Ich brachte es nicht über mich, dafür eine Konservenbüchse zu benutzen. Bernd hatte ähnliche Probleme. Wir warteten beide die Dunkelheit ab, um »in die Büsche« zu gehen. Sonst war alles schon Routine: Fahnenjunkerunteroffizier Hentig robbte in der Abenddämmerung von Loch zu Loch und fragte, woran es fehle (»Heute Mittag fehlte das Bier – heute Abend fehlt der Schnaps«), schrieb die Munitionsmeldung, besorgte etliche

Panzerfäuste, kontrollierte die Schussfertigkeit des MG und teilte die Essenholer ein. Das Essen war gut, aber fast immer schon kalt, wenn die Essenholer es empfingen, vollends wenn wir es im Kochgeschirr hatten. In der Nacht dann erneutes Robben von Vorposten zu Vorposten, die wir ausgelegt hatten, damit die anderen ein Minimum an Schlaf erhielten. Ich konnte den Leuten ins Gewissen reden, wie ich wollte: die Kerle schliefen einfach ein. Ich hätte ihnen sämtlich die Kehle durchschneiden können, was man den russischen Spähtrupps nachsagte.

Einschlafen auf Posten war Wachvergehen vor dem Feind und konnte standrechtlich geahndet werden – durch Erschießung. Weil ich keinen deutschen Familienvater und kein deutsches Kind von 16 einer solchen Erschießung ausliefern mochte, erfuhr auch mein Leutnant nur: »Alle Vorposten wach und munter!«, womit ich die Sicherung allein auf mich nahm. Wenigstens dreimal in der Nacht suchte ich jeden Vorposten auf.

Einer dieser Wachgänge wurde unerwartet belohnt. Ich war auf dem Rückweg und machte plötzlich einen russischen Offizier in etwa zwanzig Meter Entfernung aus, der quer zu meinem Weg robbte. Das Herz sprang mir in die Kehle. Ich bewegte mich nicht. Er aber auch nicht. Nach genauer Beobachtung war mir klar: Er war tot. Ich nahm ihm seine vollgeladene Kalaschnikow ab, versuchte auch seine Kartentasche abzustreifen, aber er war schon zu steif und meine Angst zu groß. Mein Leutnant Schmidt platzte vor Neid.

Eines Morgens plötzlich: Angriff der Russen. Bevor ihre Werferbatterien einsetzten, haben sie sich schon auf zweihundert Meter herangearbeitet. Keiner hat's gemerkt. Ich schreie: »Schießen, was das Zeug hergibt!« Mit Zielen verbrachte Zeit ist verlorene Zeit – man trifft doch nicht. Angst müssen die Russen haben – Angst aufzustehen, Angst weiterzulaufen, und das besorgt das große Geknatter. Da fällt »mein« Maschinengewehr aus. Ich weiß, dass wir ohne es verloren sind. Verständigung ist bei dem Lärm unmöglich. Ich laufe, krieche, laufe also die achtzig Meter hinüber, entreiße dem Schützen die Waffe und schleife es hinter einen Busch, wo ich – Unteroffizier Gramm sei gelobt! – mit ein paar Griffen die Hemmung beseitige. Ich bringe das Maschinengewehr gar nicht mehr zum Deckungsloch zurück, sondern schieße selber in kurzen Feuerstößen direkt auf die Russen, die schon auf fünfzig Meter herangekommen sind und laut zu brüllen beginnen. Ich schieße, und sie fallen. Ich habe Menschen getötet – dieses eine Mal in meinem Leben bewusst und ohne Skrupel.

Als der Angriff vor uns zum Erliegen kam, die russische Artillerie schoss nicht mehr, wähnte sie doch ihre Kameraden dort, wo wir noch waren –, wurde daraus der schamlose innere Jubel: Wir sind gerettet! Als es nach vierzehn Tagen zu einem Angriff unsererseits kommen sollte, hatte mich die Schlaflosigkeit fast schon zum Wahnsinn getrieben. Da es seit acht Tagen auch noch pausenlos regnete, da an das Wechseln von Wäsche unter den Umständen nicht zu denken war, da sich, ungewaschen wie wir waren, jede kleine Schramme sofort in einen Eiterherd verwandelte, begann ich mich auf einen der »blödsinnigen Angriffe«, von denen Hannes erzählt hatte, zu freuen: Nur raus aus dieser fauligen Gefangenschaft. »Blödsinnig« war in unserem Fall ein viel zu harmloses Wort: Wir mussten einen Hang hinablaufen, von dessen Gegenüber die wohlverschanzten und schwer auszumachenden Russen uns nur einen nach dem anderen »abknipsen« mussten – es sei denn, unsere Artillerie beharkte die feindlichen Stellungen so, dass niemand aus seinem Loch zu gucken wagte –, und danach hieß es, den steilen Hang im Laufschritt schießend, stechend, keuchend, hurra schreiend einzunehmen bei völlig unbekannten Zahlenverhältnissen. Die Artillerie, vor allem die Granatwerfer, setzten um Punkt zehn Uhr ein und Oberleutnant von Friedemann gab, ich weiß nicht mehr wie, das Kommando, zunächst ohne Hurra-Gebrüll die Talsohle zu erreichen. Dort sollten wir einen Moment verschnaufen und dann mit naturgemäß verringerter Unterstützung durch schwere Waffen den Sturm auf die Höhe beginnen.

In dem Moment, in dem Bernd und ich gleichzeitig aus dem Loch sprangen, hörte ich neben mir ein kurzes »plink« und sah, mich umblickend, das Loch in der Mitte von Bernds Stahlhelm. Ein Scharfschütze hatte sich auf unsere Stellung eingerichtet und den Jungen tödlich getroffen. Unsere Einheit erreichte den Bach – er war tiefer, als wir geahnt hatten. Die Gegenwehr setzte sofort ein; bis der neue Angriffsbefehl erteilt werden konnte, war er schon unsinnig. Die einzige Rettung bestand darin, bis zur Dunkelheit im Bachbett auszuharren und uns dann zurückzuziehen.

Durchgefroren kamen wir zwölf Stunden später am Ausgangspunkt an – Verwundete und Tote mitschleppend. Alle drei Leutnants waren ausgefallen, Schmidt tot, die anderen verwundet. Von Friedemann schickte mich zum Bataillonsstab zurück, wo ich ausführliche Meldung machen sollte – ob ich das könne? Ich bejahte, wiederholte den Auftrag und bat, die persönlichen Sachen (zwei Briefe, drei Fotos und eine Taschenuhr) eines gefallenen Kameraden mitnehmen zu dürfen. In derselben Nacht schrieb ich, ein Achtzehneinhalbjähriger, den Eltern eines Sechzehneinhalbjährigen, dass ihr Sohn gefallen sei. Ich brachte es nicht über mich, ihnen mitzuteilen, was für ein »tapferer« Soldat er gewesen sei und wie stolz sie und das Vaterland auf ihn sein dürften. Ich schrieb, dass wir in den letzten vierzehn Tagen alles miteinander geteilt hätten – die Sonne, einen Himmel ohne Flieger, die lauwarme Mahlzeit, das nasse Brot, die Angst, den Anblick vom Tod anderer. Er sei mir ans Herz gewachsen wie ein Bruder oder ein Sohn.

Das Regiment räumte am Ende die gesamte Stellung. Dazu trug die Nachricht bei, die Russen hätten den Dukla-Pass zwar nicht – zum wiederholten Mal – erobert, wohl aber eingeschlossen. Noch auf dem Abtransport wurde die versprengte Einheit von Friedemann vom Lastwagen geholt und einen Berg hinaufgeschickt, wo wir gebraucht würden. Niemand übersah zu dem Zeitpunkt, wie die Fronten verliefen. Wir waren noch nicht oben, da erhielt ich einen so heftigen Schlag in den Unterleib, dass ich sofort das Bewusstsein verlor. Ich erwachte von dem Satz: »Der ist hinüber!« Ich öffnete die Augen und sah in das über mich gebeugte Gesicht eines Majors. Man hatte meinen Rock aufgeschnitten, meine Brust schwamm in Blut, das aus einer Wunde herausschoss; sie war so groß, dass man eine ausgewachsene Zitrone hätte hineinlegen können. Der Major befahl dem Kradfahrer: »Verbinden und mitnehmen! Vielleicht kommen Sie ja noch raus. Meinen Feldkoffer hier lassen, dann hat der Mann mehr Platz.« Man nahm mir das Koppel ab, zusammen mit einem zweiten und dem des Kradfahrers wurde ich an diesem festgebunden, behielt aber den Spaten in der Hand, der in der Mitte ein großes Loch hatte und auf der Rückseite wie eine metallene Krone aussah. Er sollte die Verwundung erklären helfen: Das Geschoss hatte mich halb von hinten erwischt, war durch den linken Oberarm seitlich in die Brust eingedrungen und haarscharf an Herz und Lunge vorbei vorn wieder ausgetreten; dort hatte es den Spaten durchschlagen, den ich dort vorschriftsmäßig trug. Der wiederum hatte mit seinem unteren Ende in meine Genitalien gestoßen. Ein Brustdurchschuss ist keine Kleinigkeit, und eine Geländefahrt mit dem Krad – und welcher Verwundung auch immer! – ist ein Martyrium. Erneut bewusstlos war ich an einer Sammelstelle für Verwundete abgelegt worden, neben einem älteren Soldaten, der unbeweglich dalag und ebenso leise wie eindringlich sagte: »Gut, dass du aufgewacht bist. Wenn du irgend kannst, kriech rüber auf die andere Seite der Straße; da werden gerade die verladen, die ins Feldlazarett kommen. Hier auf dieser Seite liegen die absolut Hoffnungslosen.« Ich dankte und schleppte mich in einem geeigneten Augenblick hinüber, musste aber aufstehen, um verfrachtet zu werden. Zwei Kameraden schleppten mich aufrecht bis zum Laster und merkten dort erst, dass ich schon wieder bewusstlos war. Man hievte mich hinein, ließ mich als einzigen liegen; alle anderen mussten stehen.

Im Feldlazarett war der Anblick des Elends um mich herum schwerer zu ertragen als die eigenen Schmerzen, die eigene Schwäche. Mein Blutverlust war sehr hoch, die Infektionsgefahr darum wohl stärker als sonst, aber ich spürte das Leben in mir. Morgens und abends kam der Arzt und zog ein in Desinfektionsmittel getauchtes Läppchen durch den Wundkanal, der an seinen Enden zu verheilen neigte. Das durfte er nicht, so lange sich im Inneren noch Eiter sammelte. Störend kam hinzu, dass ich meinen verwundeten linken Arm vom Körper abgewinkelt auf einem Gestell tragen musste, einerseits um die Brustwunde nicht zu stören, andererseits um dessen eigene Heilung zu beschleunigen – und mit einem solchen Gestell fand man in keiner Lage Ruhe, wenn denn das unablässige Gestöhn vor allem der Kopfverletzten dies überhaupt zuließ. Die Verwundung geschah am 30. September. Das Feldlazarett war in Neu Sandez. Von dort wurde ich am 7. Oktober nach Neustadt in Oberschlesien – in ein zum Lazarett umgebautes neues Lyzeum – verbracht. Mein erster Brief von dort an die Eltern stammt vom 10. Oktober. Ich bewundere heute die Leistung der deutschen Rotkreuz-Schwestern, -Ärzte und -Organisatoren. Zwar kam mir damals alles wie eine Ewigkeit vor, aber die Verhältnisse bedenkend, kann man nur staunen, wie ordentlich und, was mehr ist, wie menschlich-vernünftig alles zuging. Die Eltern waren benachrichtigt; sie kamen angereist – der Vater und die leibliche Mutter; die halbe Stadt war ehrenamtlich mit der Betreuung der Verwundeten beschäftigt; Bücher gab es auch. Ich las – wo sonst täte man das? – Hitlers »Mein Kampf« und Rosenbergs »Der Mythos des 20. Jahrhunderts« tapfer von Anfang bis Ende, aber auch Rankes »Männer und Zeiten«, die Briefe der Liselotte von der Pfalz, »Zwischen Jugend und Reife«, die »*Leben*serinnerungen« des »Alten Mannes« wie auch die Ludwig Richters – und jede Menge Carossa, Binding, Alverdes, Bergengruen, die die Schulbibliothek hinterlassen hatte. Als mein Vater kam und ich meinen ersten Gang nach »draußen« machen durfte, nahm er am Ortsausgang von Neustadt den Hinweis wahr: »Gräflich Wiese 3 km«. Er erinnerte sich, dort auf dem Herrensitz eine Verwandte meiner Mutter kennen gelernt zu haben. Drei Kilometer schienen ihm gar nichts; es wäre doch schön, meinte er, wenn sich hier am Ort jemand aus seiner Bekanntschaft meiner annähme. Dieser Zweig der mütterlichen Familie hatte in der Scheidungsaffäre auf Vaters Seite gestanden; kein Wunder, dass Mutti mir nichts von ihm erzählt hatte. Ich willigte ein; wir kamen zu guter Tee-Zeit, ich freilich in schon ziemlich schlechter Verfassung vor dem Schlösschen an, um zu erfahren, dass die Herrschaften leider ausgefahren seien. Vater trug mich fast ins Lazarett zurück. Er schrieb noch am selben Tag einen Brief an Frau von Choltitz, und zwei Tage später, Vater war eben abgereist, erhielt ich eine Einladung nach Gräflich Wiese. Ich wurde von einer Kutsche abgeholt, genoss den Frieden, die gehobene Lebensart, die mir angetanen Verwöhnungen und durfte am Ende der Versicherung glauben, dass dem älteren (etwa fünfzigjährigen) Ehepaar mein Besuch auch Freude bereitet habe. Von da an war ich mindestens zweimal in der Woche bei ihm zu Gast. Beim letzten Besuch hatte ich das Eiserne Kreuz 2. Klasse und das Verwundetenabzeichen angelegt; die hatte mir der Chefarzt überreicht: einen Gruß vom Dukla-Pass.

Die Offiziersschule sollte am 3. Dezember 1944 beginnen. Bis dahin würde ich unter so viel liebevoller Zuwendung gewiss wieder ein »brauchbarer Soldat« sein können.

Wie gesund ich war, spielte zunächst keine Rolle. Nach dem Lazarettaufenthalt bekam ich »auf jeden Fall« erst einmal Genesungsurlaub, und den konnte nur die Heimatdienststelle erteilen. Die war inzwischen in Litzmannstadt, wo man versuchte, den OB-Lehrgang 43 (Offiziersbewerberlehrgang, Einstellungsjahr 1943) wieder zusammenzustellen. Die einzelnen Fähnriche waren versprengt, teils noch nicht genesen, teils in fremde Einheiten gewechselt (wie ich zeitweilig ja auch), teils vermisst. Am 18. Dezember dekretierte ein vernünftiger Mensch: »Fahren Sie sofort in Urlaub; das ergibt noch einmal ein schönes Weihnachtsfest. Vorher wird der Krieg ohnedies nicht entschieden.« Ich konnte es kaum fassen: vierzehn Tage: Das schloss sogar Silvester ein!

In Partenkirchen hatte die Familie Hentig im Hause der Großmutter einen einzigen Wohnraum, eine Glasveranda und eine Mitbenutzung von Bad, Klo und Küche. In der letzteren stritten sich drei zermürbte, obendrein verwandte Hausfrauen um alles: die Kochzeit, den Energieverbrauch, den Abstellplatz. Es gab eben mehrere Kriegsschauplätze.

Ich schlief mit den drei Kleinen auf dem Fußboden der Glasveranda – im »Massengrab«, wie wir es nannten. »Wenn der Soldatenbruder abends erzählt ...«, ja, dann war es mucksmäuschenstill und nicht einmal zu kalt. Die Mutter kochte, was wir tags herbeischafften, buk ein wohlschmeckendes Kartoffelbrot, und wir alle rollten Marzipankartoffeln aus Grieß mit Puderzucker und Bittermandelöl für den Weihnachtsteller, auf dem wenigstens ein paar Haselnüsse (von der Grundstückshecke) und zwei Äpfel so aussahen wie einst und immer. Die Hoffnung, der Vater werde auch noch rechtzeitig zum Heiligen Abend kommen, war nicht erloschen – da brachte ein Feldgendarm den telegrafischen Befehl, meinen Urlaub sofort abzubrechen und mich am 23. Dezember 1944 bis zwölf Uhr in Litzmannstadt zu melden, das hieß: innerhalb von zwei Stunden. Da das Telegramm gebummelt hatte, da der Befehl dadurch absurd geworden war und da ich ohnehin genau wusste, dass ich nicht zu einer »kriegsentscheidenden Schlacht« gerufen wurde, sondern nur zu einem Lehrgang antreten sollte, beschloss ich, bis zum Weihnachtsmorgen zu Hause zu bleiben. An dem würden auch die Militärkontrollen ein wenig milder auf die Welt und die jungen Soldaten schauen; schlimmstenfalls würde ich einen Schwächeanfall simulieren und sagen, eben das sei mir gestern/vorgestern schon einmal passiert ...

Ich kam drei ganze Tage später als befohlen in Litzmannstadt an und ebenso viele Tage früher als erwartet. Man nahm mich kaum zur Kenntnis und brachte mich in einer Unteroffiziersstube unter.

Am 29. Dezember stand der Lehrgang; am 1. Januar begann der Transport; am 31. Januar bezogen die Ex-Insterburger ihre Quartiere in Wischau/Mähren – zusammen mit Hunderten anderer Fähnriche.

Unter ihnen traf ich alte, fast vergessene Bekannte wie den »Vomag«, ganz neue Gestalten wie unseren Hauptmann (der Name will mir nicht einfallen) und vor allem den einen Freund Hannes. Der war zwar etliche Kilometer von mir entfernt untergebracht, aber wir würden schon Wege zueinander finden.

Das Hauptquartier, die Verwaltung mit Versammlungshalle und Aufmarschplatz befand sich im Tal – in Wischau –, die einzelnen Kompanien hatte man in der umliegenden Landschaft verteilt.

Die Ausbildung war vom ersten Tag an sehr intensiv und nicht uninteressant: viel Theorie, viel Sandkasten, viel Herrenkriegsführung. Herausfordernd war, dass, wenn wir das Kommando hatten, wir nur befehlen durften. Wer etwas selber tat, was er einem anderen hätte auftragen können, bekam Minuspunkte. »Strafen« waren jetzt nicht mehr angebracht. Nein, jetzt wurde unser Selbstbewusstsein gepflegt, unser Stolz angestachelt, unsere Eitelkeit in die Siele genommen. Die uns von tschechischen Schneidern und Schustern zu verpassenden Offiziersuniformen und Stiefel spielten dabei eine große, vermutlich gewollte Rolle. *Vanitas* muss etymologisch mit Wahn zu tun haben. Wussten wir nicht, dass »... Sachen/die uns ein Herze machen« nichts sind als »schlechte Nichtigkeit«? Hat keiner von uns Gebildeten des Gryphius Warnungen ernstlich gehört, hat niemand mit ihm die Trauer vorweggenommen, die unser harrte: »Wo itzund Städte stehn, wird eine Wiese sein«? Hat niemand gemerkt, dass uns seine Apokalypse schon eingeholt hatte?

9. 1945 – Das Jahr der Befreiung[1]

Ich habe ein Bild im Kopf: Siebenhundert Fahnenjunker – einer von ihnen bin ich – hocken in ihren von Kanonenöfen überhitzten Stuben. Je acht hausen in einem der beschlagnahmten niedrigen Bauernkaten, die im Abstand von bis zu zwölf Kilometern um das Hauptquartier der Offiziersschule Wischau in den böhmischen Bergwäldern verstreut liegen. Sie werkeln an der ihnen heute ausgelieferten funkelnagelneuen Kluft: Die Mützen müssen einen gewissen »lässigen« Knick rechts und links vom Hoheitsabzeichen haben; die ihnen kunstvoll angeschneiderten Röcke müssen unbedingt kürzer werden; dazu wiederum müssen die Taschen weiter nach oben rutschen, aber so, dass das Koppel noch auf Taille sitzt. Die Kunst des Umbaus besteht darin, die Tragehaken – in Friedenszeiten für den Degen, jetzt für die Pistole – an der richtigen Stelle des knöchellangen Offiziersmantels austreten zu lassen, des Glanzstücks der Uniform. *Sunt pueri pueri* ... Knaben bleiben Knaben. Auch mit zwanzig, auch im April 1945, auch ohne irgendein Publikum sind sie einerseits stolz auf eine echte Uniform und legen andererseits Wert auf die »persönliche Note«.

Einer röstet Brot auf dem Ofen. Bevor er es mit Senf, der »Fahnenjunkerbutter«, beschmiert, holt ein anderer einen Kochgeschirrdeckel mit richtiger Butter aus seinem Spind. Er hat sie bei einer tschechischen Bäuerin gegen eine lange feldgrüne Unterhose eingetauscht. »Leute, es wird Frühling, und der Endsieg steht sicher bevor. Da wird doch die

---

[1] Dieses Kapitel habe ich für einen von Carola Stern erbetenen Beitrag zu einem Buch über den Nationalsozialismus – aus der Sicht von Zeitzeugen und »für junge Menschen« geschrieben, was den didaktischen Gestus erklärt. Die Darstellung des Jahres 1945 für »Mein Leben« umzuschreiben, z. B. die gelegentlich fingierte direkte Rede in indirekte umzuwandeln, habe ich mich nicht überwinden können. Ich habe immerhin einige Passagen ausgelassen. Die ursprüngliche Version des Beitrags erschien in: *Eine Erdbeere für Hitler. Deutschland unterm Hakenkreuz*, hg. von Carola Stern und Ingke Brodersen, Frankfurt/Main: S. Fischer Verlag 2005.

Wehrmacht auf ein Stück Spinnstoff verzichten können!« Die Stimmung ist zynisch und laut. Einer reißt das Fenster auf. Von Mährisch-Ostrau her hört man die Kanonen.

In drei Tagen werden sie alle gemeinsam zu Leutnants gemacht und am Tag darauf sollen sie in einen Zug verladen werden. Das bedeutet: Die junge Mannschaft wird nicht, wie befürchtet, bei Wischau den Russen entgegengeworfen, womit man weniger deren Durchbruch von Norden auf Wien zu hätte verhindern wollen, als vielmehr der demoralisierten Truppe ein Zeichen setzen. Dieser Alptraum weicht einer vagen Ahnung, es könne irgendein vernünftiger Mensch im Oberkommando des Heeres (OKH) beschlossen haben, diese siebenhundert Männer nicht in letzter Minute sinnlos zu opfern. Kein böhmisches Langemark! – Vor einer Woche hat General Patton mit seiner Panzerarmee bei Oppenheim über den Rhein gesetzt.

Wohin unsere Reise gehen würde, wusste keiner. Keiner wusste auch, wo das eigene Regiment stand. Man würde also vorerst zusammenbleiben als sogenannte »Führerreserve« des OKH. Das befand sich in Berlin – noch. Morgens um vier, bei völliger Dunkelheit Abmarsch zu dem auf offenem Gleis bereitgestellten Güterzug: Viehwagen mit je zwei Strohballen darin und schlecht schließenden Schiebetüren. Nicht nur die Nächte waren kalt – wohl dem, der seine lange Unterhose noch hatte!

Unterwegs war die Verpflegung regelmäßig und reichlich. Weiß der Teufel, wie sie das in dem allgemeinen Durcheinander hinkriegten! Überall Rotkreuz-Schwestern, Fahrdienstleiter, Proviantlager, Zahlmeister mit Quittungsformularen. Am Himmel die feindlichen Bomber in gewaltigen Geschwadern hoch über dem Piff-Paff-Puff der deutschen Flak. Hier unten das bestverwaltete Chaos der Kriegsgeschichte.

Die Franzosen hatten inzwischen auch im Süden, bei Karlsruhe, den Rhein überquert; die Amerikaner waren tief ins Ruhrgebiet vorgedrungen; die Russen setzten zum Angriff auf die Reichshauptstadt an. Und auf der Strecke von Brünn nach Berlin erhielten siebenhundert dort nicht vorgesehene Leutnants die täglich vorgesehene Zigarettenration!

Da uns auf offener Strecke Fliegerwarnungen nicht erreichten, erteilten wir sie uns selber, indem wir die Radioansage nachäfften: »Luftschutzgemäßes Verhalten ist dringend erforderlich.«

Als wir nach vier Tagen am Schlesischen Bahnhof ankamen, hatte sich das OKH schon nach Bayern abgesetzt. Der Zugkommandant entschied logisch: Die »Führerreserve« müsse der Führung folgen – raus aus der Trümmerwüste, die bis zur letzten Mauerecke verteidigt werden sollte und in der die »Kettenhunde« (die Feldgendarmen, die die Deserteure aufgriffen) und »Heldenklau« (General von Unruh und seine Leute, die bevollmächtigt waren, Drückeberger wo auch immer aufzustöbern und dem Kriegsdienst mit der Waffe zuzuführen) in vielerlei Gestalt umgingen.

Da die Gleise in der Innenstadt zerstört waren, wurden wir auf LKWs vom Osten zu einer Verladestelle im Südwesten gefahren. Es war Abend, aber noch hell genug, um die deutschen Soldaten auszumachen, die, von den Sonderkommandos aufgegriffen, als Deserteure erschossen und an den Laternenmasten der Frankfurter Allee aufgehängt worden waren.

In der folgenden Nacht sprangen etliche von uns in der Nähe ihrer jeweiligen Heimat ab – bei einem Halt vor Zeitz, das gerade bombardiert wurde, oder bei der langsamen Fahrt das Saaletal hinauf, dann bei Bamberg. Die Berliner Abschreckung hatte bei ihnen nicht gewirkt; ihr Beispiel tat es fortan bei den anderen umso mehr. Keiner hat einen Kameraden gehindert. Das war jetzt nicht mehr »Fahnenflucht«, ein gewissenloses Sich-in-die-Büsche-Schlagen, während die anderen ihr Leben fürs Vaterland und füreinander einsetzen, es war die schadlose Vorwegnahme der Demobilisation.

Wenn schon die jungen Herrn Offiziere so dachten, wie erst der »gemeine Soldat«! Ja, als im Sommer 1944 die V-1- und V-2-Fernraketen auf England abgeschossen wurden, auch noch, als im Herbst der Vormarsch der Alliierten in Frankreich zum Stillstand kam und gleich darauf eine große deutsche Gegenoffensive – mit dreißig Divisionen! – aus den Ardennen heraus über den Maasbogen auf Antwerpen zu gestartet wurde, vollends noch einmal, als am 12. April 1945 der Präsident der Vereinigten Staaten von Amerika, Franklin Delano Roosevelt, starb (und die Propaganda der Nazis eifrig an den Tod der Kaiserin Elisabeth von Russland erinnerte, der Friedrich II. vor der schon besiegelten Niederlage rettete) – da hatte sich manch einer gern den irrationalen Hoffnungen überlassen: Irgendwelche alten Bücher, die angeblich in den Ruinen von Klöstern und Kathedralen gefunden worden waren, weissagten vor Jahrhunderten wundersame Wendungen eines kommenden Krieges, der nur der unsere sein konnte; geheimnisvolle, nie dagewesene Waffen (Messerschmitts Düsenjäger 262, der 200 Stundenkilometer schneller flog als das schnellste Jagdflugzeug der USA) würden den Feind erst vom Himmel, dann vom Erdboden fegen. Jetzt aber wollten nur noch die »durchhalten«, die wussten, dass sie nicht davonkommen würden, die Nach-uns-die-Sintflut-Elite-Einheiten der Waffen-SS, die Division »Adolf Hitler«, die »Leibstandarte Hermann Göring«. Sie hatten von den nun nicht mehr siebenhundert Leutnants gehört, kamen und warben mit »großem Auftrag«, »voller Kampfkraft«, »höchsten Auszeichnungen«.

Man musste schon recht dumm sein, wenn man jetzt noch auf solche Angebote einging. Einige taten es. Hätten sie einen Marschbefehl gehabt, wie wir ihn einige Tage später in Augsburg bekamen, es wäre ihnen leichter gefallen, »nein« zu sagen. Mein nüchterner Kumpel Hubert Kremser sagte auch so »nein«, drehte sich um und ging. Ich folgte ihm.

Man musste wohl auch dumm sein, wenn man für möglich hielt, die »Russische Befreiungsarmee«, von General Wlassow aus russischen Gefangenen gebildet, oder die von Hitler mehr erdachte als tatsächlich existierende Armee Wenck werde die Ostfront zum Stehen bringen und Berlin aus der Umklammerung befreien, der wir siebenhundert eben noch entronnen waren. Der im September 1944 von Hitler ins Leben gerufene »Volkssturm« – Jungen von 16, alte Männer bis zu 60 – grub überall Panzergräben und wurde mit Panzerfäusten ausgestattet: Sein Anblick offenbarte die Trostlosigkeit der Lage auch dem, der sie sonst nicht wahrhaben wollte.

Sträflich dumm schließlich war, wer dem schlauen Geraune glaubte, schon längst verhandelten die westlichen Alliierten mit der deutschen Heeresführung über einen gemeinsamen Kampf gegen die Rote Armee.

»Dumm dran« jedenfalls war, wer glaubte, die Ausführung von Hitlers Nero-Befehl vom 19. März – »alle militärischen Verkehrs-, Nachrichten-, Industrie- sowie Versorgungsanlagen und Sachwerte innerhalb des Reichsgebiets ... zu zerstören« – im Einzelfall mit Vernunftgründen umgehen zu können. Er wurde standrechtlich erschossen, wenn er sich nicht verstecken oder zum Feind überlaufen konnte. Einen Tag vor der Besetzung Frankfurts durch die amerikanischen Truppen ließ die Wehrmacht dort die Eisenbahnbrücke, die Obermainbrücke, den Eisernen Steg, die Alte Brücke, die Untermainbrücke, die Wilhelmsbrücke in die Luft gehen. Wenige Stunden vor der Kapitulation Berlins sprengte die SS den S-Bahn-Tunnel unter dem Landwehrkanal: etwa 1000 dorthin geflüchtete Verwundete und Zivilisten ertranken. Es passte gut zu dieser Gründlichkeit, dass der Sicherheitsdienst zwei Tage, bevor die sowjetischen Truppen in Zehlendorf, Tempelhof und Neukölln eindrangen, am Lehrter Bahnhof Albrecht Haushofer, Klaus Bonhoeffer, Justus Perels und siebzehn andere politische Gefangene erschoss, die er doch schon seit zehn Monaten in Haft hielt. – Die Zerstörungen erfuhren wir (und sollten es auch!), die Erschießungen nicht.

Der Waggon ratterte vor sich hin. Unwillkürlich gingen die Gedanken zum Kameraden v. W. (ich habe seinen Namen vergessen) – in Wischau denunziert und degradiert, dann wahrscheinlich in eine Strafkompanie gesteckt, wo er seine »verlorene Ehre« mit dem Tod wiedergewinnen konnte. Die Strafkompanien wurden eingesetzt, wo es kein Entrinnen gab; sie waren Partner der Elite-Truppen, waren Todeskämpfer. v. W. hatte beim Gewehrreinigen erklärt, er werde den am Ostervormittag erneut zu sprechenden Eid auf den Führer nicht mitsprechen: Einem treulosen Führer könne man nicht Treue schwören. Hitler habe sein Volk und seine auf ihn vereidigten Soldaten belogen und also verraten. Er habe sich zum obersten Kriegsherrn gemacht, habe die Welt neu ordnen wollen und könne nicht einmal die Heimat verteidigen. »Ihr seht's doch: Monate lang haben wir hier geübt, wie man angreift. Dabei gehen unsere Truppen seit zwei Jahren an allen Fronten nur zurück.« Dann hatte er einen Artikel von Joseph Goebbels herausgeholt, hatte vorgelesen, was der über die Ehre schrieb, die die Treue sei, und die Treue, die Gehorsam meine. »In unserer Lage heißt das Kadavergehorsam. Den leiste ich nicht!« – Als man diesen Kameraden abführte, ist keiner von uns aus dem Glied getreten und ihm gefolgt.

Ich sagte laut, woran ich dachte. »Oh je, was ist Ehre?«, seufzte einer im Dunkel des Waggons. Als ein anderer nach einiger Zeit sagte: »Ich will überleben!«, rührte sich niemand. Zigaretten glommen auf, die wegen des Strohs eigentlich verboten waren.

Kurz hinter Nürnberg begann der Himmel zu erzittern. Eine gewaltige Bombereinheit zog vom Westen heran, Hunderte von Maschinen in starrer Ruhe. Unser Zug hielt an, wir verstreuten uns über die anliegenden Wiesen, drückten uns in das schon hohe Gras. Die Flak traf einen Bomber, der sich wie ein zerbrochenes Spielzeug in einzelne Teile auflöste. Man hörte sie heruntersausen. Fünfzehn Meter von mir entfernt: ein dumpfer Aufschlag. Ich blickte auf und sah einen amerikanischen Piloten, der bis zur Brust in der weichen Frühlingserde stak. Ich näherte mich ihm kriechend – mit bleichem Grausen. Die anderen hatten schon den nicht entfalteten Fallschirm entdeckt. Andere schnitten die Schnüre ab, die den Toten damit verbanden. Einer begann, ihm die Pelzjacke auszuziehen. Ein dritter nahm ihm die Erkennungsmarke, ein vierter die Armbanduhr ab. – Der Zug pfiff zum Aufsteigen, der Verband flog unbekümmert weiter. Als ich etwas abseits von den ebenso unbekümmerten Kameraden dem Bahngleis zustrebte, stolperte ich im Wiesengras über ein grün gummiertes Paket von 50 mal 50 mal 25 Zentimeter Ausmaß. Es war das Schlauchboot des Fliegers für den Fall eines Abschusses über dem Meer. Ich habe es in meinem Winkel des Waggons geborgen, verzichtete auf meinen Teil an der Fallschirmseide, verteilte den Seenotproviant aus dem Inneren meines Pakets – hochkonzentrierte, außerordentlich wohlschmeckende Soja-Riegel, Schokolade, Wachhaltepillen – und erbat dafür das ja nicht teilbare Schlauchboot für meine jungen Geschwister. Da niemand mehr schleppen mochte, als er schon zu schleppen hatte, überließ man es mir gern – und mit ihm das verwirrende, verstörende Andenken an den bis zur Brust in deutscher Erde steckenden Amerikaner.

In Augsburg wurden wir am Morgen ausgeladen in der Nähe eines Feldes, auf dem Hunderte von Me 262 standen. Sie konnten nicht aufsteigen, weil es keinen Treibstoff mehr gab. Einige von uns, die es gelernt hatten, wurden anderntags zur Sprengung abkommandiert.

Ich tauschte derweil bei den Gebirgsjägern, in deren Kasernen wir untergebracht waren, meine eitle Ausgehausstattung gegen eine feldtaugliche aus: Windjacke statt »Generalstabsmantel«, Schnürstiefel statt Schaftstiefel, Zeltbahn, Kochgeschirr, Rucksack statt Gasmaske. Mein Mantel reiste zusammen mit dem Schlauchboot per Post nach Partenkirchen – und kam an! Mit dem Kameraden Hubert Kremser erhielt ich den ersehnten Marschbefehl. Er lautete auf »Stadtkommandant Ingolstadt«, wohin wir gemächlich marschierten – auf Feldwegen: Es erwartete uns dort ja doch keiner!»Längst schon sah die Bevölkerung jeden deutschen Soldaten lieber gehen als kommen. Zumal wenn er in Waffen stak«, sollte ich zwanzig Jahre später bei Hans Scholz lesen. Und ich hatte zwei Waffen: meine Pistole und die mir bedeutungsvoll ausgehändigte unhandliche Panzerfaust.

In diesen Tagen nahmen die Sieger täglich Hunderttausende deutscher Soldaten gefangen. Sie errichteten in fabelhafter Schnelligkeit riesige Lager auf offenem Feld: Je 100 Meter im Quadrat von 3 Meter hohem Stacheldraht umgeben nahmen 1000 Mann auf. Zwischen den einzelnen »stockades«/Pferchen waren Fahrbahnen für patrouillierende Jeeps und die Camions ausgespart, die Wasser und die Lebensmittelration heranschafften: im Kalorienwert dessen, was die Bevölkerung draußen bekam. Die Verwaltung der Einheiten legten die Amerikaner in die Hand der Insassen; dafür gab es ein Stabszelt. Alle anderen campierten unter freiem Himmel – wohl dem, der eine Zeltbahn hatte!

Die nächsten vier Monate waren die bis dahin intensivsten meines Lebens. An dem Abend Anfang Mai 1945, an dem ich mich amerikanischen Soldaten ergab, trat ich aus der Welt der Unfreiheit in die Welt der Freiheit ein. Stacheldraht, Lagerordnung, zehn Quadratmeter Bewegungsraum pro Person (abzüglich Appellplatz, Küche, Latrine) widersprachen dem nicht. Freiheit heißt zuallererst Freiheit von Widersinn und Angst.»Die Verdunkelung ist aufgehoben« – diese öffentliche Verlautbarung sprach mein neues Lebensgefühl aus. Die Freiheit meint sodann die Möglichkeit, an Menschlichkeit und Recht zu appellieren – bei jedermann; überall ist gleichsam die Menschheit zugegen:

Als die Amis mich festnahmen und auf Waffen untersuchten, aber meine Uhr begehrten und ich – die Hände an der Wand – *the Hague and the Geneva Conventions* beschwor, höhnten die GIs zurück: »What about Dachau und Bergen-Belsen and Auschwitz?« Aber dann bremste ein Jeep neben dieser Szene, ein Offizier stieg aus, bat um Entschuldigung für seine siegestrunkenen Soldaten. Ob ich Waffen habe? – Nein. – Auch kein Taschenmesser? – Doch. Es war um einen Zoll zu lang, um nicht als »Dolch« zu gelten. Er steckte es in eine Mauerritze, brach es an der kritischen Stelle ab und reichte mir den Rest zurück. Recht schafft Aussicht auf Freiheit.

Mehr wollte ich in diesem Moment nicht. Und erfuhr doch so viel mehr: In unserem »stockade« befanden sich 1000 Offiziere, vom Leutnant bis zum Oberst. Keiner hatte Befehlsgewalt über den anderen. Jeder hatte so viel Geltung, wie er sich durch Klugheit und Anstand verschaffte, oder so wenig, wie ihm sein würdeloses Verhalten übrigließ. Wer bis zum Bauch in den Mülltonnen neben den Kochkesseln hing, um seinen Hunger zu stillen, oder wer sein Ritterkreuz über den Zaun warf, um von den Wachsoldaten eine Zigarette zurückzubekommen, verlor die Achtung der anderen; wer seinen Kameraden einen Kurs in Englisch oder Russisch erteilte oder aus Konservenbüchsen solide Taschensonnenuhren konstruierte oder einen kundigen Vortrag über Hitlers Pläne, das Mittelmeer trockenzulegen, hielt, der gewann Achtung. Vollends wer mit anderen teilte.

Die Wehrmachtszeltbahnen waren so normiert, dass vier von ihnen zusammengeknüpft vier Männern einen geschützten Liegeplatz gewährten. Drängten diese sich sehr zusammen, konnte noch ein weiterer unterkommen. Meine Zeltgemeinschaft nahm einen Mann auf, den ich von früher kannte – und nur ich. Er war Hans Schwarz van Berk, der ehemalige Chefredakteur von Joseph Goebbels' Wochenzeitschrift »Das Reich«. Während wir stundenlang auf der Lagerstraße im Kreis durch den Lehm stapften, erzählte er mir, wie ihn als Achtzehnjährigen der Ehrgeiz packte, den Nationalsozialismus »richtiger« zu denken, als dieser es selber tat: ohne die Ressentiments, die intellektuelle und moralische Borniertheit, die alberne Volks- und Rassenideologie. »Wie?«, konterte ich: »Ist das dann noch der Nationalsozialismus? Was bleibt von ihm übrig, wenn man all das beiseite lässt?« »Man musste die Deutschen aus ihrem Weltkriegstrauma erlösen. Man musste zwischen dem Elend und dem Übermut der zwanziger Jahre, der *roaring twenties*, eine Mitte finden. Man musste vor allem Arbeit schaffen, wofür ein Engländer namens Keynes den Weg gewiesen hatte: In Notzeiten gibt der Staat mehr Geld aus, als er hat – das kommt nachher wieder rein. Man muss schließlich beides mobilisieren: einerseits den Gemeinsinn und damit verbunden Opferbereitschaft oder schlichter: Askese, andererseits den Unternehmergeist. All das hätte der Nationalsozialismus auf die Beine bringen können – ohne den dumpfen Blut-und-Boden-Mythos, ohne den barbarischen Judenhass, ohne Kriegsrüstung und Krieg.« »Woran ist Ihre Taktik gescheitert?« »Jung und eitel, wie ich war, habe ich mir eingebildet, die Machthaber würden mir folgen, wenn ich sie zu Autoren meiner Gedanken machte. Stattdessen haben sie mich zum Komplizen ihrer Untaten gemacht. Ich habe mich schließlich vor zwei Jahren unter Berufung auf mein patriotisches Gewissen als Kriegsberichterstatter an die Front gemeldet. Man hat das angenommen. Deshalb sehen Sie mich hier im grauen Rock und unter falschem Namen.«»Schämen Sie sich für Ihr Verhalten?«»Ich schäme mich dafür, dass ich zu so viel Lüge geschwiegen habe, obwohl ich die Wahrheit wusste.«

Dieser Mann gab den Blick frei auf etwas, das wir im Gedröhn des Krieges und der Propaganda, in der Abgeschnittenheit von allen anderen als den Volksempfänger-Nachrichten, in der gewollten Gedankenlosigkeit unseres Soldatentums nicht wahrgenommen hatten: auf die über uns richtende Weltgeschichte.

Natürlich hatten wir von Casablanca gehört – von der Vereinbarung zwischen dem Präsidenten der USA Roosevelt und dem britischen Premier Churchill, nur eine »bedingungslose« Unterwerfung der Achsenmächte Deutschland, Italien und Japan anzunehmen. Diese Forderung der Alliierten hatte Hitler ja eifrig dazu benutzt, das deutsche Volk im »Kampf bis zum Äußersten« zusammenzuschweißen.»›Bedingungslos‹ heißt: Wer sich ergibt, hat keine Rechte mehr. Mit dem kann man alles machen – und wird es auch«, so hatte es uns die Nazipropaganda vorbuchstabiert. Das ließ sich gut mit dem im September 1944 vorgelegten Plan des Finanzministers der USA, Henry Morgenthau, reimen. Der sah vor, Deutschland nach seiner Niederlage sämtlicher Industrieanlagen zu berauben, es in ein für seine Nachbarn ungefährliches »Bauernland« zu verwandeln. In der Übersetzung der Nazis lautete das: »Wer uns im 20. Jahrhundert zu Fellachen machen will, will uns vernichten.«

Schwarz van Berk, dem bis zuletzt auch die »Feindnachrichten« zugänglich gewesen waren, erklärte mir: »Die Forderung von Casablanca nach einem *unconditional surrender* ist zwar in erster Linie an die deutsche Kriegsführung gerichtet. Zugleich aber sagt sie allen, die in Deutschland einen Umsturz betreiben könnten und wollten, dass es keinen Sonderfrieden mit ihnen geben werde. Und dies wiederum war vor allem für die Sowjets wichtig. Die kapitalistischen Alliierten signalisierten, man werde nicht aus einem Krieg gegen Hitler unversehens einen Krieg gegen den Sozialismus machen.«

Belehrung durch einen Wissenden

Den Morgenthauplan stellte Schwarz van Berk als eine logische Konsequenz aus den zwei Weltkriegen dar. Aber die Logik sei, wie so oft, reine Theorie geblieben, fügte er hinzu. Aus einer nicht minder plausiblen Logik heraus hätten die Westmächte den Plan schnell wieder fallen gelassen: »In ein dadurch geschaffenes Vakuum würden – wenn die Atlantiker schon alle wieder zu Hause sind – die Sowjets vordringen, und *sie* würden das Ruhrgebiet gewiss nicht als Weideland nutzen!«

Wir stapften schweigend weiter. »Wissen Sie, wie viele Staaten in den letzten drei Monaten Deutschland noch den Krieg erklärt haben? Halb Südamerika, die Türkei, das ›verbündete‹ Ungarn, die halbe arabische Welt und kürzlich auch noch Finnland. – Leichenfledderer!«

Anderes hatte ich noch vor der Gefangennahme in den stündlichen Wehrmachtsberichten gehört: Hitler hat am 23. April den Befehl über die Verteidigung Berlins übernommen. Am 25. April: Amerikanische und russische Panzerspitzen treffen an der Elbe bei Torgau zusammen. Am 30. April: Der Führer ist »gefallen« – »an der Spitze der heldenmütigen Verteidiger der Reichshauptstadt«, während das »heroische Ringen« um das Zentrum »mit unverminderter Heftigkeit« anhält: »Von dem Willen beseelt, sein Volk und Europa vor der Vernichtung durch den Bolschewismus zu erretten, hat er sein Leben geopfert«, meldete der Rundfunk mit zwei Tagen Verspätung, was unter uns alsbald die wildesten Spekulationen in Gang setzte – sie reichten von »Attentat« über »Bunker unter dem Bunker« und Doppelgänger bis zur Flucht nach Südamerika. »Hitler hat Selbstmord begangen – mit seiner Geliebten Eva Braun«, war Schwarz van Berks nüchterner Kommentar.[2] Am 1. Mai: Der von Hitler als Nachfolger eingesetzte Großadmiral Dönitz hat eine neue Reichsregierung gebildet.

Als der Kampf in Berlin beendet wurde, war ich schon in Gefangenschaft. Ich hörte davon erst, als die Amerikaner uns am 8. Mai nachmittags antreten ließen und uns die Kapitulation aller deutschen Streitkräfte bekannt gaben.

Was fortan geschah, erreichte uns allenfalls als Gerücht oder durch eine im Stabszelt von einem Amerikaner liegen gelassene Ausgabe der

---

2 Hiervon wie von der Erschießung Mussolinis am 28. April beim Versuch, in die Schweiz zu fliehen, hat das deutsche Volk erst später erfahren.

Armeezeitung »Stars and Stripes«. Eine Zeitung, die zu so großen Teilen aus Fotos bestand, hatte ich noch nie gesehen. In den ersten Wochen herrschten Berichte von Konzentrationslagern vor – die Entdeckung immer neuer Tötungs-, Vernichtungs- und Martermethoden der Nazis. Dann: die Potsdamer Konferenz. Wir hörten und lasen Deutschlands Schicksalsworte, noch ohne recht zu wissen, was sie bedeuteten: »Oder-Neiße-Linie« – sie bildete nun die polnische Westgrenze; »Ostpreußen mit Königsberg wird russisch«, die Stadt Immanuel Kants; westlich davon begann jetzt das neue Polen und westlich davon die »Sowjetische Besatzungszone/SBZ« (immerhin blieb es bei »Zone«, also »Gebietsstreifen«); weiter: »Entmilitarisierung«, »Entnazifizierung«, »lokale Selbstverwaltung«, »Zulassung von Parteien« – CDU, SPD, KPD – und die Namen Konrad Adenauer, Kurt Schumacher, Wilhelm Pieck, Walter Ulbricht; weiter: »Demokratisierung« und »Umerziehung« der Deutschen; sodann: »Bodenreform« und »Entflechtung«; »Kriegsverbrecher«; schließlich: »Aussiedlung«. »Flüchtlingsströme« – das Wort kannten wir schon, die hatten wir selber erlebt. (Was macht Flucht oder Vertreibung zu einem »ordnungsgemäßen« Vorgang, wie ihn das Potsdamer Abkommen vorsah?) Nun kamen die »displaced persons« hinzu, deren Rückführung in die Heimatländer Schwierigkeiten bereitete: Viele fürchteten, dort als Kollaborateure bestraft zu werden.

Vieles von dem, was da »draußen« geschah, war uns nicht vorstellbar. Aber Meinungen bilden sich schnell, zumal wir Zeit hatten und der Himmel uns einen unglaublich schönen Sommer bescherte. Die Landwirte, die Obst- und Weinbauern fieberten auf Entlassung. Aber schon bekamen wir ein gleichsam demokratisches Prinzip zu spüren: Die Mannschaften wurden zuerst abgefertigt, die Offiziere zuletzt und nur nach gründlicher Überprüfung. Sie bildeten sich einstweilen in der schon nach zwei Wochen blühenden Lageruniversität, tauschten eifrig Bücher, schrieben gar, wie ich, ganze Bücher ab, besorgt, dieser Hölderlin oder jener Hofmannsthal werde ihnen in der zerstörten Welt nicht wiederbegegnen. Ich besitze noch heute ein Oktavheft, in das ich das gesamte Stundenbuch von Rilke mit einem Kopierstift übertragen habe, den ich mit einer alten Rasierklinge ständig nachspitzte. Man lernte Gedichte auswendig oder schrieb sie für andere in kleine »Bücher«, die man kunstvoll aus dem schlohweißen amerikanischen Klopapier herstellte. Das zum Beschreiben ungeeignete, weil zu weiche Klopapier nahm, wenn man es leicht von unten befeuchtete, die Schrift willig, deutlich und dauerhaft auf.

Schon in den ersten zwei Wochen organisierten pfiffige Leute eine regelrechte Bücherbörse. Jeder der 1000 Insassen dieses Offiziers-*stockade* hatte wenigstens ein Buch im Tornister, manche gar zwei oder drei. Ich beispielsweise war im Besitz der Tauchnitzausgaben von zwei Romanen der Pearl Buck. Die standen hoch im Kurs, wollte doch jeder schnell die Sprache der Sieger lernen oder seine Kenntnisse davon erweitern. Was stand mir dafür alles zur Verfügung! Ich erinnere mich an Heine-Gedichte und die wunderbare »Harzreise«, deren Anfang ich auswendig lernte, ohne zu ahnen, was mir Göttingen einmal bedeuten werde, sodann Seumes »Spaziergang nach Syrakus« und vor allem Balzacs »Peau de chagrin«.

Um unser Englisch zu verbessern, hatten Hans Schwarz van Berk, der Bankier Baron Tucher und der Logiker Bruno von Freytag-Löringhoff einen *conversation club* gegründet. Wir trafen uns täglich um 11 Uhr, redeten ausschließlich auf Englisch, verbesserten uns gegenseitig und ergänzten untereinander unseren Wortschatz. Reihum hatte einer von uns das Thema (im Voraus) zu stellen und leitete das Gespräch. Zum Abschluss gab dann der *chairman* der voraufgehenden Sitzung ein Essen: Die Mahlzeit wurde gleichsam in der Wortküche kunstvoll hergestellt, im Wortspeisesaal serviert und von ausgelesenen Wortweinen begleitet. Am Ende erfanden wir sogar die dazu geladenen Gäste, die wir uns detailliert und boshaft vorstellten: die Gattin des Obersten von Bibra (Lagerleiter), einen passenden Tischherrn für diese und ein Kontrastprogramm an seiner Linken. Die Beschreibungen bezogen die Gerüche ein, die Bläschen auf dem Omelett, den Grad der Verschrumpelung des Salbeiblattes auf der Kalbsleber. Nach unserer Entlassung würden wir uns wieder zusammenfinden und einen Film drehen mit dem Titel »Das große Essen«. Dem Film sollte es dabei genauso gehen wie den Mahlzeiten: Er sollte seine eigene Entstehung zeigen.

Am 6. August kam die Nachricht vom Abwurf einer Atombombe über Hiroshima, am 9. August die von einer zweiten über Nagasaki. Die damals geschätzte Zahl der Toten: zwischen 50 000 und 200 000 in der einen Stadt, zwischen 30 000 und 50 000 in der anderen. Wofür man am 13. Februar in Dresden annähernd 800 Flugzeuge und insgesamt 2000 Tonnen Bomben gebraucht hatte, vollbrachte in Japan je nur ein einziges Flugzeug mit einer einzigen Bombe. Von dem Zeitpunkt an war unser Lager gespalten. Viele hatten das Gefühl: Nun hätten die Amerikaner ihre gute große Sache verspielt – aus Ungeduld. Als die Japaner vier Tage später kapitulierten, begann bei den Schlauen unter uns das große Rechnen: wie viele Tote das jähe Ende des Krieges beiden Seiten erspart habe. Darf man so rechnen? Muss man es gar? Ist das »Verantwortungsethik«? Die Jesuiten und die Nazis sagen: »Der [gute] Zweck heiligt die Mittel.« Meine Philosophen – Sokrates, Rousseau, Kant – hatten mich gelehrt, dass schlechte Mittel den guten Zweck verderben.

An einem strahlenden Tag im September gab die Lagerverwaltung bekannt: Man könne sich zum Wiederaufbau zerstörter französischer Städte melden. Ich meldete mich spontan, wollte hier raus, wollte wieder einmal richtig satt werden. Wer von uns Arbeit verlangte, meinte ich, werde uns auch entsprechend ernähren. Mein Französisch war so gut, dass ich mir keine Sorge machte: »Mich werden sie nicht demütigen!« Bis zum Abend hatten sich von 1000 Offizieren meines »stockade« 25 gemeldet. Sie mussten anderntags lange Fragebögen ausfüllen und wurden medizinisch gründlich untersucht. Fünf weckten Verdacht, unter ihnen ich: Eine Narbe am linken Arm aus Kindertagen ließ die Amerikaner zunächst vermuten, ich hätte hier meine Blutgruppenmarkierung, die allen SS-Mitgliedern eintätowiert worden war, entfernt. Ein Kundiger erkannte das Alter der Narbe.

Unter dem Staunen, den Scherzen, den Schmähungen der Zurückbleibenden (»Brauchst wohl 'ne Frau!« »Ein deutscher Offizier leistet nicht freiwillig Fron für den Sieger!«) verließen wir gegen fünf Uhr nachmittags das »stockade« und marschierten, von einem Sergeant begleitet, zum Lagertor. Nach weiteren 500 Metern, außer Sicht- und Hörweite der anderen, befahl unser Begleiter »Halt!« und rief unsere Namen auf, auch »Von«, der nicht gleich verstand, dass er gemeint war. Der jeweils Aufgerufene bekam einen Briefumschlag und ein wohlwollendes Feixen. Dann hieß es: »O. k. boys, let's go home! This was a test!« Für uns hat er sich gelohnt, die anderen Offiziere mussten bis zu sechs Monaten länger in Gefangenschaft bleiben.

Überraschende Entlassung 211

Als Heimatort hatte ich Garmisch-Partenkirchen angegeben. Die Ersatzheimat erreichte ich zu Fuß. Ein Stück des Weges nahm mich ein Güterzug mit, den ein freundlicher Schrankenwärter mitten auf dem Land kurz für mich anhielt. – Es war der schönste Frühherbst des Jahrhunderts. Ich sang alle Lieder, die ich kannte – ein Jauchzen über meine Freiheit und die Schönheit der Welt, das durch die Frage, wie es den anderen Hentigs wohl ergangen sei, nicht gedämpft, sondern gesteigert wurde. Dem Vater war – wie berichtet (S. 186) – nach der Ausbombung für seine »Dienststelle« – Sekretärin, Schreibmaschine, Akten – Kremlin als ein Ausweichquartier angewiesen worden. Das Gut gehörte einem Karl Lindenberg, der dort »eingeheiratet« und mit Landwirtschaft nichts im Sinn hatte. Er war ein rastloser Denker, der das Christentum mit Hilfe seiner kraftvollen Sprache und seiner unabhängigen Denkart in eine Nietzschesche Philosophie verwandelte. Ihm fehlte der Gesprächspartner. Brieflich hatte er sich die vorsichtige Aufmerksamkeit des Göttinger Theologen Friedrich Gogarten erworben. Vater war empfänglich für das in Lindenbergs Schriften mitgeschwemmte Bildungsgut, aber wich den bohrenden Fragen nach letzten Dingen ironisch aus. Allein der uniformierte junge Humanist, der dem suchenden Autor ins Haus geschneit war, hörte nicht nur gebannt zu, sondern fragte weiter. Jede neue Fassung des am Ende zwei dicke Leitzordner umfassenden Werkes mit dem Titel »Wenn du es wüsstest, was Leben heißt ...« bekam ich zugeschickt – wo immer ich war und meist unfähig, es auch nur unterzubringen. Dass ich dem vergrämten Mann, der (»Alles Leben ist Raub ...«, Christian Friedrich Hebbel) vornehmlich von schweren Zigarren und der Hoffnung auf eine – überhaupt nicht zu erwartende – Druckerlaubnis lebte, bis zum Kriegsende meine sämtlichen Raucherzuteilungen überließ, bezeugte meine große Zuneigung und ebensolche Hilflosigkeit. Lindenbergs Zutrauen und mein Eifer sollten später Folgen haben.

Die Miezi-Mutter, die noch nicht, wie andere Frauen, dienstverpflichtet war, durfte mit dem Vater dorthin ziehen. Sie holte meine zehnjährige jüngste Schwester aus der Kinder-Landverschickung wieder zu sich; die Brüder waren in Templin. Im Sommer 1944 verbrachte der vorausschauende Vater die Mutter und die Schwester nach Garmisch-Partenkirchen – »aus Gesundheitsgründen«. Die Buben mussten in ihrer Schule bleiben: Eine ganze Familie aus dem Osten in den Südwesten zu schaffen bewies mangelnde Siegesgewissheit, und defätistische Gesinnung wurde bestraft. Als das Internat im März 1945 schloss, brachen die zwölf- und dreizehnjährigen Buben zu Fuß nach Berlin auf, trafen – was gab es doch für Fügungen! – vor den Trümmern des Auswärtigen Amtes in der Wilhelmstraße 75 mit dem Vater zusammen, der seinerseits die Kremliner Gastgeber, seine Sekretärin und eine Kiste Akten vor den plötzlich einfallenden Russen über die Oder bugsiert hatte; sie sind mit ihm auf einem offenen Lastwagen nach Weilheim in Bayern gefahren – eine im doppelten Sinn windige Angelegenheit: Man wusste nicht genau, wer die Fahrer und was ihre Absichten waren.

Die älteste Schwester arbeitete auf einem Gutshof in Sachsen. Im April rückten die Amerikaner dort ein, denen eine schweinefütternde Adlige verdächtig war: Das konnte nur Tarnung sein – und sie nur eine »Werwölfin«! Im Mai zogen sich die Amerikaner und Engländer aus dem von ihnen eroberten Sachsen, Mecklenburg und Thüringen zurück – dem Abkommen von Jalta zufolge. Die Russen übernahmen das Gebiet über Nacht. Die serbischen Gefangenen, die meine Schwester beschützt und versorgt hatte, schützten und versorgten nun sie. Im August verließ sie ihren Hof und ihre Schweine, um in den Westen zu gehen, wo sie »uns« vermutete. Aber schon gibt es eine Grenze in Deutschland: »Du müsstest ein Papier von Schukow selber haben, um hier durchzukommen!«, konnte ihr der russische Soldat sagen, weil sie Russisch sprach. Auch die sonst unfehlbaren weiblichen Tränen halfen nicht. Der Soldat reichte ihr sein Taschentuch; mit einem tröstenden »Weine nicht, Schwesterchen!« schickte er sie zurück. Als Pilzesammlerin ist sie dann später über die »grüne Grenze« gegangen wie hinfort viele Tausende anderer. In Garmisch-Partenkirchen traf sie als vorletzte von uns ein.

Der Vater wurde nach wenigen Wochen von den Amerikanern in Haft genommen – er fiel als höherer Beamter unter den sogenannten *automatic arrest*. Sofort nach meinem Eintreffen machten die große Schwester und ich uns auf, ihn bei General Patton herauszuschlagen – bewehrt mit des Vaters Ehrendoktordiplom der University of Southern California, deren Alumnus Patton war. Der sei, hieß es seitens der Wache vor der Villa Axmann in Tegernsee, nicht zu sprechen; und zur Erklärung: »He is in bad tools.« Wir bedauerten dies und erkundigten uns, wann es wohl sinnvoll sein könne wiederzukommen. »Well, any time this afternoon.« »Bad tools« musste doch etwas anderes heißen, als wir vermutet hatten (schlecht im Geschirr / unwohl), und in der Tat war Bad Tölz gemeint. Ein smarter Major, der unsere Keckheit bewunderte, machte sich für uns kundig und versicherte: Der Vater erfülle gerade eine notwendig verdeckte, aber wichtige und ehrenvolle Aufgabe; es gehe ihm dabei besser als dem Rest der Bevölkerung, wir könnten beruhigt heimgehen. Das war, wie sich später herausstellt, im Guten wie im Schlechten nur die halbe Wahrheit: Vater, ein ausgewiesener Nazigegner, sollte die Stimmung der Deutschen erkunden und Vorschläge machen, wie man diese verbessern könne. Verärgert über das Ergebnis seiner Erkundung steckten ihn die Amerikaner in eines ihrer Internierungslager, die mein Vater stets als »Konzentrationslager« bezeichnet hat. Auf die Frage seiner Auftraggeber, wo die Leute zu finden seien, die die anstehenden Aufgaben in der sich neu bildenden Öffentlichkeit Deutschlands meistern könnten, antwortet er unerschrocken: »Unter den 300 000, die Sie interniert haben.«

Er war selber ein Beispiel für das, was die Amerikaner wissen wollten: woher der Unmut über die Besatzer komme. Er hatte noble, ihrer schwierigen Mission bewusste Befreier erwartet, die Rat bei erfahrenen Bundesgenossen im Geist suchten, und herein stürmten junge, mit unserer Lebensart nicht vertraute, an unseren Problemen nicht interessierte Burschen, die alle erwachsenen deutschen Männer für Nazis und alle jüngeren deutschen Frauen für verführbar hielten. »Barbarisch!« lautete sein Urteil, wenn sie bei seiner Festnahme in der kleinen Flüchtlingswohnung ein Weckglas vom Regal nahmen und, weil ihnen der Inhalt nicht schmeckte, diesen ins Klo schütteten. Er hatte nicht wie ich erlebt, was deutsche Soldaten im besetzten Land getan haben. Dass die kämpfende Truppe nicht – wie den Sanitätswagen und die Feldküche – den Rechtsstaat mit sich führt, sollte gleichwohl auch ihm verständlich gewesen sein. Stattdessen nahm er täglich Anlässe zu Verbitterung wahr. Zu Verbitterung? Waren wir nicht glimpflich davongekommen – nach all den Untaten, die die Nazis in unserem Namen getan hatten und von denen wir alle immer schon genug gewusst haben, um als ihre Hehler zu gelten? Ich jedenfalls habe mir ein großes Strafgericht nach der Niederlage vorgestellt – schwere Zwangsarbeit für uns alle, ob Nazis oder nicht. Stattdessen wurde nun erst in »Spruchkammern« geprüft und sortiert; dann durften die Entlasteten ihrer Beschäftigung weiter nachgehen, wenn sie eine hatten oder finden konnten.

Mir, einem durch seinen Offiziersrang Belasteten, waren ein Studium oder eine Tätigkeit im öffentlichen Dienst in der amerikanischen Zone vorerst versagt. Einer wie ich musste körperlich arbeiten, wenn er Lebensmittelkarten bekommen wollte. Man gab ihm die Wahl zwischen einer Arbeit im Bergwerk oder auf dem Bahnkörper, sofern er stark genug dafür war; sonst konnte er in einer Fabrik mithelfen, Kriegsgerät in Küchengerät zu verwandeln. Vor beidem bewahrte mich zunächst die Hopfenernte, für die der Abschnittskommandant warb. Sie musste eingeholt werden, damit es im Oktober »a good beer for you and for me« gab, wie der amerikanische Offizier dem fränkischen Bauern sagte, bei dem er uns Freiwillige ablieferte. Welch ein Symbol, dachte ich, für das, was statt des Strafgerichts an uns vollzogen wurde!

Nein, kein Grund zu Verbitterung! Ich habe die Begründung von Feldmarschall Montgomery für das sogenannte Fraternisierungsverbot damals sofort und mit Beschämung verstanden. Ich gebe sie hier wieder – nicht als »Zeugnis der Geschichte«, sondern als einen Teil meiner persönlichen, ebenso schmerzlichen wie wahrhaftigen Erinnerung. Die einen haben gelernt, mit diesem Befund zu leben, die anderen nicht.

Persönliche Botschaft des Britischen Oberbefehlshabers an die Bevölkerung des Britischen Besatzungsgebietes in Deutschland
Ihr habt Euch wahrscheinlich gewundert, warum unsere Soldaten Euch nicht beachten, wenn Ihr ihnen zuwinkt oder auf der Straße einen ›Guten Morgen‹ wünscht, und warum sie nicht mit Euren Kindern spielen. Unsere Soldaten handeln auf Befehl. Ihr habt diese Haltung der Truppe nicht gern. Unsere Soldaten auch nicht. Wir sind von Natur aus ein freundliches und gutmütiges Volk. Aber der Befehl war notwendig, und ich will Euch erklären warum:
[Es folgen dreißig Zeilen Aufzählung deutscher Untaten unter den Nazis.]
… Für diese Dinge, meint Ihr, seid Ihr nicht verantwortlich, sondern Eure Führer. Aber aus dem deutschen Volk sind die Führer hervor-

gegangen: Jedes Volk ist für seine Führung verantwortlich, und, solange sie Erfolge hatte, habt Ihr gejubelt und gelacht. Darum stehen unsere Soldaten mit Euch nicht auf gutem Fuße. Dies haben wir befohlen, dies haben wir getan, um Euch, Eure Kinder und die ganze Welt vor noch einem Krieg zu bewahren. Es wird nicht immer so sein. Wir sind ein christliches Volk, das gern vergibt, und wir lächeln gern und sind freundlich. Es ist unser Ziel, das Übel des nationalsozialistischen Systems zu zerstören. Es ist zu früh, um sicher sein zu können, dass dieses Ziel erreicht ist.

Dieses sollt Ihr Euren Kindern vorlesen, wenn sie alt genug sind, und zusehen, dass sie es verstehen. Erklärt ihnen, warum englische Soldaten sich nicht mit ihnen abgeben.

Deutschland, 10. Juni 1945, B. L. Montgomery, Feldmarschall.

Ja, auch bei denen, die glücklich waren, die Herrschaft der Blockwarte, Zahlmeister, Kriegsgewinnler und Parteibonzen los zu sein, die darum den »Ami« herbeigesehnt hatten und nebenbei seine »efficiency«, seine überwältigende »Materialmacht«, eine Kriegsmaschine mit Sexappeal bewunderten, ich sage, auch bei denen wich die Begeisterung der Enttäuschung:

Ein ehemaliger Nazi, der sich von einem gutartigen Naziopfer oder einem ebenfalls nicht unbescholtenen Geistlichen einen »Persil-Schein« hatte ausstellen lassen, bekam vom örtlichen Kommandanten eine wichtige Verwaltungsfunktion angewiesen – und baute mit ihr seine alte Macht wieder auf und aus; bisher eifrige Patrioten und Ordnungshüter organisierten »Partys« (das Wort wurde jetzt geläufig!) für die Besatzer, die sich mit Nylonstrumpfen und Zigarettenstangen revanchierten, die ihrerseits auf den schwarzen Markt getragen wurden; die normale Bevölkerung darbte, und die US-Armee verbrannte die nicht verbrauchten Rationen ihrer Soldaten, damit sie nicht in deutsche Hände fielen als weiteres Schwarzmarktgut.

Ähnlich sah es bei den Franzosen und Engländern aus, denen es freilich selber nicht immer gut ging. Nur die »SBZ« schlug einen anderen Weg ein, ja einen ganz anderen, aber uns Deutschen erst recht nicht bekömmlichen.

In vielen Gemeinden der westlichen Zonen erhielt man seine Lebensmittelkarten erst aufgrund einer »Bescheinigung, dass der/die ... den Film über die Konzentrationslager Buchenwald und Auschwitz/ Birkenau gesehen hat«. Die Menschen fügten sich unwillig. »Das ist doch alles Propaganda!« »Was geht das mich an?« »Solche Aufklärung mag richtig sein, aber der Zwang ist falsch.« »Wie sollen wir je mit diesen Schrecken fertig werden!« So gingen die Meinungen. Ich sah den Film auf einer der seltsamen Reisen, auf denen wir – zu Fuß, anhaltend, auf den Trittbrettern oder Puffern eines total überfüllten Zuges – die Verbindung mit Freunden und Verwandten suchten. Ja, ich sah ihn zweimal und freiwillig, das zweite Mal einen sich sträubenden Kameraden mitschleppend. Den habe ich wohl dadurch für alle Zeit verloren. Wie viel Scham verträgt der Mensch? Wie viel Scham muss er auf sich nehmen, um Mensch zu bleiben – Scham nicht nur für sich, sondern auch für andere?

Im Oktober lief ich auf dem Rathausplatz in Garmisch-Partenkirchen Marion Dönhoff in die Arme. Wir hatten uns zuletzt im Sommer 1944 in Ostpreußen gesehen. Wenn keine Ordnungen herrschen, kommt der Zufall zum Zuge. Marion bat mich, ihre zahlreichen Neffen und Nichten, alle im Niedersächsischen als Flüchtlinge auf dem Lande untergekommen, zu unterrichten – in Latein, Mathematik und, bitte auch, Rechtschreibung, also in dem, was man sonst von der Schule bekommt. Die andere »Bildung«, das wusste man in diesen Zeiten, leistet das Leben besser – im Gespräch, in der Arbeit, in der Beobachtung der Dinge, Geschehnisse und Menschen. Ich sagte zu, konnte aber in Göttingen der dem Leutnant unverhofft angebotenen Chance zu studieren nicht widerstehen.

Das kam so: Auf dem Weg von Partenkirchen nach Brunkensen, dem Landsitz der Gräfin Else Görtz, auf dem die Dönhoffs und etliche andere Flüchtlinge aus Ostdeutschland vorläufig Unterkunft gefunden hatten – hier sollte ich Marions Neffen und Nichten unterrichten! –, erreichte ich anhaltend an einem Oktoberabend Göttingen, musste am Bahnhof ein Nachtasyl aufsuchen, weil von zwanzig Uhr bis fünf Uhr »curfew«, also Sperrstunde, herrschte. Auch alle deutschen Fahrzeuge mussten ihre Fahrt in der Zeit unterbrechen. Um Punkt fünf verließ ich den zwar wärmlichen, aber unerträglich stickigen Bunker und erkundete die berühmte Stadt, die sich mir mit den Wallanlagen, den Türmen von Sankt Johannis und Sankt Jakobus, einer völlig intakten Innenstadt und einem herbstlich leuchtenden Stadtpark verlockend anbot. Die Professoren-Villen am Hainholzweg, an der Herzberger Landstraße, auf dem Nikolausberger Weg trugen in schwarzer Ölfarbe auf weißem Grund die Namen ihrer Besitzer, und eingelegte Steintafeln berichteten, wer einst Bedeutendes hier oder da gewohnt habe. Über dem Studium von alldem war es etwa halb acht Uhr geworden, als ich plötzlich den Namen Gogarten las. Das war doch, fiel mir ein, der Theologe, mit dem mein Freund Lindenberg in Verbindung stand. Möglicherweise wusste der Professor, wo Lindenberg nach der Flucht aus Kremlin abgeblieben war. Ich trieb mich noch eine Weile herum und fand, viertel nach acht sei eine zumutbare, jedenfalls nicht ganz unverschämte Zeit, an der Tür zu klingeln. Es öffnete eine Frau, die von oben bis unten nach »Frau Professor« aussah – mit ergrautem »Dutt«, verhärmten Gesichtszügen, karierter Küchenschürze. Ich bat um Verzeihung für die frühe Störung; ich sei auf der Durchreise – und der Suche nach Karl Lindenberg. Noch bevor ich viel weiterreden konnte, bat mich Frau Gogarten herein – sie mache gerade Frühstück; ich möge mich doch setzen ... Ich sei sicher hungrig. All dies brachte sie in einem merkwürdig beklommenen Ton vor. Während ich die Gerste, die sie auf den Feldern aufgelesen hatte, durch eine Kaffeemühle drehte und sie das Wasser aufsetzte, in dem daraus der Frühstücksbrei werden sollte, erkundigte sie sich nach meinem Verhältnis zu Lindenberg. Erleichtert legte sie den Kochlöffel hin: »Nun kann ich es Ihnen ja sagen: Karl Lindenberg ist vor drei Tagen hier im Hause gestorben. Wir haben ihn gestern begraben.« (Ich hätte ja Lindenbergs Sohn sein können.) Bis der Brei gar war, hatte ich mich eingehender vorgestellt. Dass meine Mutter eine Kügelgen, ich selber ein Urgroßneffe des »Alten Mannes« sei, elektrisierte sie: Der sei der Lieblingsautor ihres Mannes. Dem müsse ich alles nachher noch einmal berichten. Friedrich Gogarten – eine ungewöhnliche Gestalt, nicht groß und doch imponierend, das schlohweiße Haar über einem Bauernschädel, aus dem listige Augen herausschauten, aber nichts zu suchen schienen, im Mund die leere Pfeife, die ein leises schlürfendes Geräusch machte, wenn er daran sog – so kam er, von seinem mythischen Airdale-Terrier begleitet, in die Küche, wo man der dort gespeicherten Wärme wegen das Frühstück einnahm. Gogarten hörte mit Aufmerksamkeit zu, merkte, dass ich die theologische Bewandtnis, die er mit meinem Ahn verband, einstweilen nicht würdigen könne, und fragte dann unvermittelt: »Und was wollen Sie hier studieren?« – Wer »in jenen Tagen« einen deutschen Professor in Göttingen oder anderswo aufsuchte, erhoffte sich Hilfe bei der Zulassung zur Universität. Die Zahl der Plätze war begrenzt, die Zahl der Heimkehrer, die ihr Studium unterbrochen oder gar nicht erst angetreten hatten, hingegen Legion. Die Regeln waren entsprechend streng: Ältere vor Jüngeren, Verwundete vor Unversehrten, politisch Unbescholtene vor politisch Verdächtigen, und Offiziere nur in Ausnahmefällen. Von alledem wusste ich nichts; mit alledem hatte der hungrige Hilfslehrer *in spe* nichts im Sinn; ja, ein »Studium« hatte er überhaupt noch nicht bedacht. Und doch sagte ich spontan und überzeugt: »Alte Sprachen.« Das hatte mit dem Gefangenenlager zu tun, genauer mit dem seinerseits ausgezehrten Walter Haußmann. Der hatte in unserem »stockade« unter einem Birnbaum gesessen, dessen Blätter und Rinde längst in den Pfeifen der Raucher verschwunden waren, hatte aus einer Feldpostausgabe von Platons »Symposion« vorgelesen und sich dauernd unterbrochen, um wichtige Erklärungen einzufügen: »Im Griechischen steht hier *sophos*, und das ist nicht ›weise‹, wie Schleiermacher und alle nach ihm übersetzen, sondern ›wissend‹; mit der Übersetzung ›weise‹ und ›Weisheit‹ moralisieren wir diese Eigenschaft des Gottes – und das hat man leider das ganze 19. Jahrhundert hindurch getan.« Oder: »›Der Wahrheit, mein lieber Agathon, vermagst du freilich nicht zu widersprechen – wohl aber dem Sokrates.‹ Auf diese Stelle spielt Aristoteles in seiner Nikomachischen Ethik an [1096 a 14–17] mit einem seither geflügelten Wort: ›Platons Lehre ist mir lieb – die Wahrheit muss mir lieber sein‹ – in kompaktem Latein: *Plato amicus, veritas magis amica*. Und, bedenken Sie: Das hat Platon selbst vorweggenommen!« So ging das in Haußmanns *privatissime et gratis* in der Heilbronner Lagerbibliothek fort – eine bedeutende Erklärung folgte der nächsten, und das jeweils ganz nebenbei. Dies schien mir der Inbegriff von Bildung.

Gogarten verschwand im Nebenzimmer, telefonierte mit einigen Stellen; der Name Hentig, das Französische Gymnasium taten das ihre, mir die Tore zu Akademia zu öffnen – und die Tatsache, dass in der

Stunde null / 1945 ausgerechnet die alten Sprachen studieren zu wollen vielen seltsam anachronistisch vorkam. In diesem Winkel der Universität gab es noch freie Studienplätze.

Wichen wir, die wir dieses Fach wählten, der Wirklichkeit aus? Und nicht nur wir, nein, all die zahllosen Geisteswissenschaftler, die sich bei der Kunstgeschichte und der Archäologie, bei der romanischen Philologie und bei der Geschichte der Philosophie, bei der Theologie und der Psychoanalyse einschrieben – bei den Chimären der gelehrten Bildung des 19. Jahrhunderts? Man hat uns das nachgesagt – unserer ganzen Generation –, sie wolle die Trümmer nicht sehen, weder die physischen noch die moralischen, in denen sie lebte.

Nun, mein Nachkriegs-Studenten-Leben kommt mir recht »realistisch« vor: morgens von 7 bis 12 in einer Töpferei Ton kneten und Glasuren anrühren – das Geld für den Tag verdienen; nachts auf den Bahngleisen heruntergefallene Kohlenstücke aufsammeln; tags nach Gemüse anstehen; im übrigen selber herausfinden, »wie man studiert« – sagen tut's einem keiner; Nachhilfe von einem älteren Semester bekommen und selber Nachhilfe geben – der Tochter des Fischhändlers, der dies mit sauren Heringen bezahlt; wegen »Diebstahls alliierten Eigentums« für sechs Wochen ins Gefängnis gehen; auf dem Puffer eines Eilzugs den Vater in seinem Gefängnis in Butzbach aufsuchen ... Ich werde darüber im nächsten Kapitel berichten, in dem ich die Formen und Bedingungen unseres Studiums schildere, während es hier nur um die Frage geht, ob wir uns damals »dem Leben gestellt« haben oder nicht. Ein Rückzug in die nur vorgestellte Welt des Altertums, eine Flucht in den Elfenbeinturm war es jedenfalls nicht.

Ich besuchte alle Vorlesungen, deren Gegenstand mich lockte – von der Atomphysik bis zur Rechtsphilosophie, von der Astronomie bis zur russischen Literatur, von der Paläographie bis zur Vergleichenden Religionswissenschaft – dazu die Veranstaltungen der eigenen Fächer Griechisch, Latein und Geschichte.

Das Studium setzte sich abends auf der Bude eines Kommilitonen fort. Nein, da setzte es eigentlich erst ein, da wurde es auf unsere Lage bezogen. Heute Vormittag im Hörsaal: Kants unbedingter Wahrheitsbegriff, heute Nacht auf der Gartenmauer sitzend (weil meine Bude nicht »sturmfrei« war): Streit, ob ich den Mann im Militärmantel mit

Pelzkragen anzeigen solle – ich habe ihn in der Mensa als den NS-Führungsoffizier wiedererkannt, der bei der Degradierung des v. W. in Wischau gesagt hatte: »Bei uns in der NS-Führungsschule (so ähnlich nannte sich das) ist man mit einem solchen Verräter ganz anders verfahren: Man hat ihn nachts in eine Decke gerollt und auf dem Übungsfeld mit dem Panzer untergewühlt.« Wir räsonierten über standrechtliche Hinrichtungen – vor allem die der letzten Kriegswochen –, über das »Freund-Feind-Prinzip« in der Politik, über die Bindung durch »Eid«, die Behandlung der Naziprofessoren, die nun nicht mehr griechische Metrik oder lateinische Redefiguren – *flores rhetorici* – lehren durften. Ich habe den Pelzkragenträger nicht angezeigt und habe einem elenden, seines Amtes enthobenen Griechisch-Professor jeden zweiten Tag meine Mennoniten-Speisung gebracht – unverdient, aber bitter benötigt.

In den Nachkriegsmonaten und -jahren las ich Statistiken mit mehr Eifer und Entsetzen als wohl je wieder in meinem Leben. Das Ausmaß des Unglücks, das Hitler und mit ihm wir über die Welt und uns gebracht haben, wird in Erzählungen und Bildern immer nur in dem Maß vorgestellt, wie man selber Vorstellungskraft besitzt. Nun kamen die Zahlen hinzu und zu Hilfe. Ich empfehle: Lest sie wieder!

»Unglück macht böse«, habe ich bei Marcel Proust gefunden. Aber doch nur das Unglück als Seelenzustand. Das Unglück als Sturz oder auch Absturz muss so nicht wirken. Und doch. Das Gedränge in den Wohnungen, der Streit von drei Flüchtlingsfamilien um den einen Herd, der alltägliche Frust beim Anstehen, die Zeitvergeudung, das schlechte Gewissen des Christen, der kleinlich und selbstisch, misstrauisch und nachtragend geworden ist: durch »die Verhältnisse«, und der so gerne gut wäre – das alles machte aus der heilsamen Katastrophe die niederziehende Erbärmlichkeit, in der Hannah Arendt uns ein halbes Jahrzehnt später finden und beschreiben sollte: als gleichgültig, herzlos, undankbar, verstockt, mit Wegputzen beschäftigt. War ihre Beschreibung richtig? Da ist plötzlich eine große Freiheit; sie heißt »Zusammenbruch«; es ist gleichsam alles zugelassen: »Parteibefehle, Lebensmittelkarten, Polizeivorschriften haben ihre Gültigkeit verloren. Selbst Luftwarnungen ertönen nicht mehr«, notierte Ernst Jünger in seinem Tagebuch. Wieso ergriff man die Chance nicht? Eigentlich konnte die Welt nun doch ganz neu beginnen. Warum hatte die Vergangenheit so viel Macht über uns? An der Siegermacht und ihren Verordnungen lag das nicht – ihrer Strenge zum Trotz.

Bekanntmachung an die Zivilbevölkerung / Im Auftrag der Militärregierung / 10. April 1945 (Göttingen)
1. Eine Militärregierung ist eingesetzt worden, deren Gesetze und Verfügungen in allen Einzelheiten auf das Genaueste befolgt werden müssen.
...
3. Zivilpersonen dürfen in der Zeit von 19 Uhr bis 6 Uhr ihre Häuser nicht verlassen.
4. Totalverdunkelung muss zwischen 30 Minuten nach Sonnenuntergang und 30 Minuten vor Sonnenaufgang strengstens eingehalten werden.
5. Im amerikanischen Armeegebiet ist es verboten, sich ohne besondere Erlaubnis der Militärregierung von seinem Wohnort bzw. Wohnsitz zu entfernen ...
6. Eisenbahnen, Privatfahrzeuge und Privatkrafträder dürfen ohne besondere Erlaubnis nicht benutzt werden ...
7. Ansammlungen von mehr als fünf Personen in der Öffentlichkeit oder in Privatwohnungen zu Diskussionszwecken sind verboten. Das Abhalten von Gottesdiensten ist gestattet ...
8. Sendeapparate sowie alle anderen Sendemittel, Schusswaffen und sonstige Kriegsmaterialien, sowie Munition und Sprengstoffe müssen bei den Militärbehörden abgegeben werden ...
9. Der Gebrauch sowie das Tragen von Photoapparaten und Feldstechern ist verboten.
10. Das Freilassen von Tauben ist untersagt. Sie sind entweder zu töten oder ihre Flügel müssen gestutzt werden.
11. Jeglicher Nachrichtenverkehr wie Post-, Fernsprech-, Fernschreib- und Funkverkehr sind mit sofortiger Wirkung eingestellt.
12. Unzensierte Zeitungen, sonstige Veröffentlichungen und Plakate jeglicher Art dürfen weder gedruckt noch verteilt noch angeschlagen werden.
...

Nach wenigen Tagen weiß jeder, wie man das umgeht. Die Lähmung kam von innen. Wann wird wer was über mich aussagen? Und: Wie kann ich dem oder der vertrauen? – Manchmal denke ich seither: Es ist nicht genug zerstört worden. Wir reparierten, statt neu zu bauen. Wir sammelten die Steine aus den Ruinen, klopften den Mörtel ab, schichteten sie sorgfältig. Was würden wir daraus machen? Wir wussten es nicht.

Auf meiner ersten Berlinfahrt brachten mich Freunde mit Kommunisten im russischen Sektor zusammen, die hofften, ihre über das Exil hinweg geretteten Visionen endlich verwirklichen zu können. Ich höre zum ersten Mal die »Dreigroschenoper« auf Schallplatten aus dem Jahre 1928 – zum ersten Mal die eingängigen menschlichen Wahrheiten der Proletarier, Gauner, Bettler:

Das Recht des Menschen ist's auf dieser Erden
Da er doch nur kurz lebt, glücklich zu sein
Teilhaftig aller Lust der Welt zu werden
Zum Essen Brot zu kriegen und nicht einen Stein. [...]

Ihr, die ihr euren Wanst und unsre Bravheit liebt
Das eine wisset ein für allemal:
Wie ihr es immer dreht und wie ihr's immer schiebt
Erst kommt das Fressen, dann kommt die Moral.
Erst muss es möglich sein, auch armen Leuten
Vom großen Brotlaib sich ihr Teil zu schneiden.

Aber die klugen Leute, die die neue Weltordnung diskutierten, die die aufregende Sprache des Kommunistischen Manifests sprachen – »Produktivkräfte«, »Entfremdung«, »Ausbeutung«, »Ablösung des Staates durch die Gesellschaft«, Wörter und Vorstellungen, die mir meine bürgerliche Bildung vorenthalten hatte –, Leute, die wacker Wodka tranken (und lieber Whisky gehabt hätten), waren keine Proletarier und ihre »Verhältnisse« waren schon gar nicht »so«. Sie gaben nun nicht dem Sozialismus Schuld, sondern der Bevölkerung.

Einer, der als Sozialist in Deutschland geblieben ist, sagte mir: »Die Junker sind enteignet worden, die Nazilehrer ausgeschieden, es gibt

zahlreiche ›volkseigene Betriebe‹, aber es gibt keine Zukunft, nur Herkunft und noch mehr Gegenwart – und beide sind hässlich.«
Müsste dieser Mann den Fragebogen des Military Government of Germany in Westberlin abgeben, was für eine persönliche Zukunft brächte ihm das ein? Ein Sozialist ist in den westlichen Zonen nur glaubwürdig, wenn er aus dem KZ kommt, nicht aus einem Moskauer Hotel. Der Fragebogen bestand aus zwölf Seiten, umfasste 132 Fragen zu Person (A), Ausbildung (B), Prüfungen (C), beruflicher Laufbahn (D), Mitgliedschaft in Organisationen (E), sämtlichen Nebentätigkeiten (F), Veröffentlichungen und Reden (G), Einkünften (H) und Auslandsreisen einschließlich Feldzügen (I) – und wollte so die gefährlichen Deutschen herausfiltern. Das Military Government traute uns Deutschen viel Lese- und Schreibfähigkeit zu – die eigenen, »intelligence« genannten Fahndungs- und Aufklärungsagenturen erstickte es in der Datenfülle. Aus einer Selbstprüfung, die uns gutgetan hätte, wurde die Überprüfung durch Entnazifizierungsbürokraten. Allein in der amerikanischen Zone gab es deren 22 000!

Wie konnte man hoffen, mit diesem Mittel das Dickicht aus Verblendung, Verderbtheit, Verbrechen, Verführung und Versagen aufzuhellen? Der Fragebogen verdrängte die Fragen durch Kategorien. Am Ende war die überwältigende Mehrzahl der 13 000 000 Angehörigen der Nazipartei oder ihrer Unterorganisationen als »Minderbelastete« oder »Mitläufer« eingestuft worden.

Hier verlasse ich für ein Dutzend Seiten die vergegenwärtigende Erzählweise. Sie weckt Teilnahme – das Urteil schiebt sie auf. An dieser Stelle der Erinnerung an das Jahr 1945 aber geht es um das Urteil. Auch seine, des Urteils, Geschichte beginnt im Jahre 1945. Ich vermag nicht zu sagen, für einen wie großen Teil der Deutschen. Viele haben sich davor gedrückt, möglicherweise auch solche, die sich heute fragen, wieso den Siegermächten des Irak-Kriegs von 2003 der Friede im neuen Mesopotamien so schlecht gelingt, der ihnen 1945 im alten, ungleich schlimmer zerstörten Europa fast uneingeschränkt gelungen ist: Binnen kurzem fuhren wieder Züge, funktionierte die Post; Zeitungen erschienen; die Lebensmittel- und Energieversorgung war knapp, knapper als im Krieg, aber gesichert; die notwendigen Härtemaßnahmen – Fahrverbot an Wochenenden, »curfew«, ein fast allgegenwärtiges »off limits« (kein Zugang für Deutsche), ein Verbot elektrischen Lichts in Berliner Gaststätten: man musste sich mit Kerzen, Karbid- und Petroleumlampen behelfen, bis hin zu den großen, langfristig wirksamen Maßnahmen: Lastenausgleich, Entnazifizierung, Bodenreform – wurden murrend, aber ohne nennenswerten Widerstand hingenommen; im Juni fanden erste Fußballspiele, Konzerte, Kinovorführungen, Theater statt; im August vergab die Stadt Frankfurt ihren jährlichen Goethe-Preis. Normalität herrscht, wenn Kinder zur Schule gehen. Im Rheinland geschah dies schon im Frühsommer, anderwärts im Herbst; im Oktober nahm die Göttinger Universität als erste ihren Lehrbetrieb wieder auf, andere folgten ihr bis zum Jahresende. Überall wurden Bürgermeisterwahlen abgehalten, gingen den Wahlen zu den Länderparlamenten voraus. Es herrschte öffentliche Sicherheit – es gab keine Bombenanschläge auf die Personen und Einrichtungen der Besatzungsmacht. Auch sonst ereignete sich wenig Gewalt – vereinzelt marodierten die frei umherirrenden Zwangs- und Fremdarbeiter, die nicht in ihre Heimatländer zurückwollten. Mein Freund Wolfgang Kollreuter, der bei einem Bauern arbeitete, wurde mit seiner Gastfamilie im Keller des Hauses von plündernden Polen erschossen. Amerikaner, Engländer, Franzosen und Russen waren nur in undurchsichtigen Fällen die Opfer – deutsche Wut wurde an deren deutschen Freundinnen ausgelassen.

Der äußerliche Wandel ging, wenn auch stockend, sichtbar voran. Gab es auch einen inneren? »Das Ende der Verdunkelung« kann man verkünden – hell wird es dadurch nicht gleich. In einem anderen Bild: Wer geglaubt hat, die schwere Krankheit Nationalsozialismus sei mit ein paar radikalen Eingriffen und vorübergehender Zwangsruhe zu beseitigen, hat die Krankheit nicht verstanden. Auch die langsame Heilung verläuft nicht stetig; sie kann leicht gestört werden; sie ist ständig von Rückfall bedroht. Wer das Pflaster immer wieder abreißt, verhindert das Vernarben der Wunde.

Wir, meine Freunde, Menschen, die ähnlich dachten wie ich, haben schon deshalb auf »Rache« an den Nazis, auf die Generalreinigung unserer Öffentlichkeit, auf die Bloßstellung der kleinen Nutznießer verzichtet. Wozu hätte das geführt? Zu Trotz, nicht zur Einsicht! Den großen Nazis machten die Alliierten den Prozess – leider ohne Beteiligung des deutschen Volkes. Auch dessen Geschichte, Gesetze, Gesinnung waren ja geschändet worden, noch *bevor* man den anderen Völkern Unrecht getan hatte. Dieser Makel des internationalen Prozesses gegen die vierundzwanzig »Hauptkriegsverbrecher« – die höchsten Repräsentanten der politischen, wirtschaftlichen und militärischen Führung –, der am 20. November 1945 in Nürnberg begann, dämpfte die Bereitschaft vieler, hierin auch unsere Abrechnung mit dem Unrecht der Hitlerei zu sehen. Als fast ein Jahr später das Urteil gesprochen wurde – drei Freisprüche, zwölf Todesurteile, der Rest lebenslängliche oder begrenzte Zuchthausstrafen –, schien dies vielen gerade nicht mehr »unsere Sache« zu sein. Dass Göring sich der Hinrichtung durch den Strang entzog, indem er Gift einnahm, bereitete ihnen Genugtuung. Der Satz aus dem Nürnberger Urteil: »Völkerrechtliche Verbrechen werden von Menschen begangen, nicht von abstrakten Einheiten, und nur durch Bestrafung der Einzelmenschen, die solche Verbrechen begehen, kann den Bestimmungen des Völkerrechts zum Durchbruch verholfen werden« verhallte in Deutschland. So klug es gewesen wäre, auch nur einen deutschen Ankläger in diesem Gerichtsverfahren zuzulassen – die geschundenen Völker hätten das wohl nicht hingenommen. Die Sowjetmacht musste in diesem Fall nicht gegen etwas protestieren, was gar nicht vorgesehen war. Eine Selbstjustiz der Deutschen, gar ein spontaner revolutionärer Akt als Alternative zur »gerichtlichen Erledigung« des Nationalsozialismus »von außen« wäre im Übrigen von den Siegern als Gefährdung ihrer Ordnung und Autorität auf der Stelle unterdrückt worden. Hannah Arendt sah das vier Jahre später anders: Es habe den Deutschen der nötige Zorn dazu gefehlt. Wie viele im Herzen Nazis geblieben sind, wird man wohl nie wissen.

Die Sieger waren unter sich nicht weniger uneins als die Deutschen. Die einen wollten Strafe, die anderen Entschädigung, und obwohl alle Deutschland für immer ungefährlich machen wollten – durch Denazifizierung, Dezentralisierung, Demontage –, versuchte doch jede Besatzungsmacht, »ihre Deutschen« zu ihren Parteigängern, später gar zu ihren Verbündeten zu machen.

So habe ich unsere Sieger erlebt: Die Franzosen – gebildet und ungerührt – gewannen die Schwaben, Saarländer und Pfälzer durch und für ihre Kultur; die Engländer – korrekt und unnahbar – warben für *pu-*

blicmindedness, eine disziplinierte Gemeinnützigkeit; die Russen – freundlich und unberechenbar – solidarisierten sich mit dem Kleinen Mann, befriedigten sein Bedürfnis nach Organisation, nutzten seine Empfänglichkeit für Willkür und bestätigten gleichzeitig den Schrecken, mit dem die Nazipropaganda sie belegt hatte; die Amerikaner – großzügig und unvoreingenommen – faszinierten durch ihre »informality« und ihre Fähigkeit, im ruinierten Deutschland so weiterzuleben wie zu Hause; sie erzeugten vor allem bei den jüngeren Menschen den heißen Wunsch, so zu sein oder so zu werden wie sie: *easy going*, selbstbewusst und immer tipptopp. Alle wollten die Deutschen umerziehen, sie von den Irrlehren der Nazis und der angestammten Unterwürfigkeit befreien. Aber allein, indem man sagt: Rassenwahn, Nationalismus, Führerideologie, Imperialismus sind große Übel, erreicht man nicht viel angesichts einer Menschheitsgeschichte, die voll davon ist. Außerdem wussten die Deutschen ja, dass die Nazis sie »verführt« und ausgenutzt« hatten.

Wichtiger als die Absage an die großen Irrtümer und noch größeren Gräuel ist die Einsicht, dass man selber in die Dummheit und Lüge eingewilligt, sich feige verhalten, die eigenen Überzeugungen verraten hat. Mit Eifer griff ich nach dem Stuttgarter Schuldbekenntnis des Rates der Evangelischen Kirche in Deutschland. Es hätte bei dieser Einsicht helfen können, tat es aber nicht einmal bei den eigenen Glaubensbrüdern und Glaubensschwestern. Für die einen zeugte es von nur halbherziger Reue, für die anderen von verächtlichem Opportunismus. Auch ich war enttäuscht. »Mit großem Schmerz sagen wir: Durch uns ist unendliches Leid über viele Länder und Völker gebracht worden. [...] Wohl haben wir [...] gegen den Geist gekämpft, der im nationalsozialistischen Gewaltregiment seinen furchtbaren Ausdruck gefunden hat; aber wir klagen uns an, dass wir nicht mutiger bekannt, nicht treuer gebetet, nicht fröhlicher geglaubt und nicht brennender geliebt haben.« Gegen den »Geist« der Nazis kämpfen mag die Aufgabe von Kirchen sein; Christenmenschen aber sollten nicht nur mutig beten, sondern der bösen Tat mutig in den Arm fallen. Im »bloßen Bekennen« war ihnen der Heide Bertolt Brecht schon überlegen, der seinen Galileo Galilei sagen lässt: »Wer die Wahrheit nicht weiß, der ist bloß ein Dummkopf. Aber wer sie weiß und sie eine Lüge nennt, der ist ein Verbrecher.«

Immer wenn ein Krieg vorüber ist, steht die Menschheit wenigstens vor diesen alten Fragen: Wie ist es dazu gekommen? Was hätte man tun müssen, um ihn zu vermeiden? Wodurch kehren Friede und Ordnung wieder ein, wodurch hört Gewalt auf? Wie holt man den Besiegten in die Gemeinschaft des Rechts und der Gesittung zurück? Wie viel Strenge und wie viel Nachsicht sind nötig, um die geforderten Wandlungen zu bewirken? Wie viel Reue und Umkehr müssen der Versöhnung voraufgehen? Wie hält man die Erinnerung wach – bei solcher »Bilanz«?

Die Antworten haben einerseits die Form von allgemeinen Lehren: Wehret den Anfängen! Die einmal entfesselte Gewalt ist schwer wieder einzufangen. Man darf die Einzelnen nicht überfordern – Einrichtungen müssen ihnen zu Hilfe kommen.

Andererseits fordern die Antworten auf, die begünstigenden Umstände auszumachen, die Vorgeschichte zu studieren, das »System« zu analysieren, das die Gewalt hervorbringt: den deutschen Hang zu Idealisierung und Verteufelung; das Fehlen oder die Verwitterung der Gewaltenteilung; Traditionen, die die Gefolgschaft, den Gehorsam, die Gesetzestreue über Selbstverantwortung, Kritik und Aufklärung stellen.

Schließlich halten die Antworten zur Prüfung der Verantwortung im Einzelfall an. Es gibt keine Kollektivschuld. Es gibt auch keine kollektive Entlastung. Jeder muss für seine Taten einstehen. – Wenn mein Vater mich gelehrt hatte: »Bittet ein Verfolgter dich um Aufnahme, gewähre sie ihm«, »Gib nie einer Erpressung nach«, »Denunziere niemanden«, dann erhielt ich, was man hierfür braucht.

Die Weisheit, die man benötigt, um sich solchen Antworten anzuvertrauen, kommt nicht aus Maßnahmen und Programmen von Militärregierungen. Wenn sich damals so etwas wie Wandlungen in uns vollzogen haben, dann war dies der Wirkung von Film, Theater, Literatur zuzuschreiben. Ihnen ist es umso besser gelungen, uns »umzuerziehen«, als wir es nicht merkten. Dabei wiederum hatte das Kino die größte Chance.

Die Amerikaner schenkten uns, wie es schien, abseits jeder pädagogischen Absicht, alte Filme, die wir in der Nazizeit versäumt hatten. Mit »Destry Rides Again« oder »Mr. Deeds Goes to Town« oder »Unsere kleine Stadt« bekamen wir Jüngeren die großen amerikanischen Mythen nachgeliefert: das freie Leben im Grenzland, Bürgerverantwortung »in our town«, »jeder ist seines Glückes Schmied« – selbst in der Great Depression. In der Großen Wirtschaftskrise kommt der reich gewordene unscheinbare Mr. Deeds der Güte und Einfachheit zu Hilfe. Der junge, aller Gewalt abgeneigte Sheriff Destry zeigt am Ende, dass seine Geduld nicht Schwäche ist; ja, die Bösewichte treiben es so weit, dass er von seinem Colt Gebrauch machen muss. »To bring them to justice« – um sie der Gerechtigkeit zuzuführen – diesen Ausdruck habe ich von Tom Jefferson Destry zum ersten Mal gehört. Und dass unter den vielen Käuzen »unserer kleinen Stadt« Friede und Wohlgefallen möglich sind, ist weder Zufall noch poetischer Schwindel, sondern das Werk des täglich erneuerten Glaubens, dass die Menschen gut sein wollen – und ein Recht haben, es auf verschiedene Weise zu sein. Die Franzosen verstörten uns durch den in Nazideutschland unerwünschten Film »Die große Illusion« von 1937. Jetzt, da wir seine angeblich antimilitaristische Botschaft nicht mehr brauchten, belebte er die Vorstellung vom ehrenhaften Soldatsein wieder: Er war gar keine Schmähung des deutschen Weltkriegsoffiziers, sondern dessen tragische, das Versailles-Trauma beseitigende Rehabilitierung. Zugleich verzauberten uns die Franzosen mit dem Film, der Jahrzehnte hindurch mein »schönster« sein sollte und der sehr wohl den Titel »Die große *Des*illusion« hätte tragen können: »Die Kinder des Olymp«. Inmitten einer total von Politik und Gesellschaft beherrschten Welt widmete er sich ganz und gar dem privaten Glück und Unglück. Die Russen waren klug genug, uns ihren schlimmsten Kriegskitsch zu ersparen. Die Engländer schickten uns ihren großen Shakespeare mit ihrem großen Lawrence K. Olivier – »Hamlet« und »Heinrich V.« auf der Leinwand. Von ihrem Besten schlossen sie uns nicht aus.

Auf der Bühne belehrte uns T. S. Eliot mit seinem »Mord im Dom« über das Verhältnis von Loyalität und Überzeugung, von Macht und Martyrium. Thornton Wilder machte uns in »Wir sind noch einmal davongekommen« unseren Naziweltuntergang als ein wiederkehrendes Ereignis in der Menschheitsgeschichte begreiflich. In Max Frischs »Nun singen sie wieder« erfuhren wir, dass die härteste Anklage mit dem weisesten Verstehen vereinbar ist: »Alles können wir befehlen in dieser Welt, alles, nur das Gras nicht, das Gras nicht, das darüber wachsen soll.«/»Wo es an Mut fehlt, da fehlt es nie an Gründen.«/ »Wäre es wahr, was Sie uns gelehrt haben, all dieser Humanismus und so weiter, wie könnte es möglich sein, dass ich, Ihr bester Schüler, dass ich Sie …, meinen besten Lehrer, wie ein gefesseltes Tier erschießen lasse?« »Kann sein, dass ich selber nicht wusste, wie wahr es ist, was ich mein Leben lang lehrte.«/»Unser Haus, … baue es nie wieder auf!« »Die Fliegen« von Jean-Paul Sartre setzten nicht nur der Stadt Argos, sie setzten uns ebenfalls Fluchbeladenen mit einer radikalen Theorie unserer Freiheit zu: Der Mensch ist zur Freiheit »verurteilt« – was er in wirklicher Freiheit getan hat, kann und muss er nicht bereuen. Goethes Prometheus verblasste gegen Sartres Orest, dem Jupiter diese Freiheit so wenig zutraut wie der Großinquisitor von Dostojewski den Menschen schlechthin. Bei Jean Anouilh lernten wir, was »Unbedingtheit« einer Lebensentscheidung bedeutet. *Créon*: »Was kannst du also anderes tun, als noch einmal deine Nägel blutig kratzen und noch einmal gefasst werden?« *Antigone*: »Nichts mehr als das. Ich weiß es. Aber das wenigstens kann ich tun. Und man muss tun, was man kann.«

Wir haben Bücher gelesen, die uns die höllische Vergangenheit, nein, nicht erklärten, sondern genau zu sehen erlaubten: Eugen Kogons »Der SS-Staat«; erste Berichte über die »Weiße Rose«, die uns zeigten, was auch wir hätten tun können und nicht getan haben; Werke, durch die wir verstehen konnten, wer unsere Besieger waren und was sie bewog: Margaret Boveris »Amerikafibel«. Einige von uns lasen zum ersten Mal das »Kommunistische Manifest« von Marx und Engels, das aus dem Groll der Entrechteten eine scharfe Waffe gegen die Heuchelei und Macht der Besitzenden schmiedete – und uns wachsam machte gegenüber denen, die den einmal festgestellten Klassenkampf für alle Zeit fortsetzen wollten. Diese trügerische Absicht ging in Arthur Koestlers »Sonnenfinsternis« unter, die mir Richard von Weizsäcker in einer französischen Ausgabe aus der Schweiz mitbrachte. Ignazio Silones »Brot und Wein« offenbarte uns die Gemeinsamkeit von wahrem Christentum und wahrem Kommunismus und Albert Camus' »Der Fremde« die furchtbare Zufälligkeit von Schuld. Der Verleger und Jude Victor Gollancz kam aus London nach Deutschland, sprach versöhnlich zu uns und veröffentlichte Robert Neumanns abgründiges Buch »Die

Kinder von Wien« – geschrieben »in the winter of their misery« 1945/1946.

Vor allem fanden wir unerwartete Bundesgenossen für unsere erwachende Menschlichkeit in den Feldausgaben, die die GIs überall liegen ließen – Henry David Thoreaus »Walden«, John Steinbecks »Von Mäusen und Menschen«, Thomas Wolfes »Schau heimwärts, Engel«, Ernest Hemingways »Wem die Stunde schlägt« ...

Nie ist eine Generation so fest in die Arme der Menschheit genommen worden wie die meine nach 1945. Aus der »Nachkriegszeit« konnte mit Fug und Recht die »Vorfriedenszeit« werden.

10. Student der alten Sprachen

Da war ich nun »Student« – ohne die geringste Ahnung, was man als solcher zu tun habe, und ohne einen Gedanken daran, wozu mir dies dienen könne. Immerhin ging mir zunächst die Selbstverständlichkeit ab, mit der »unsereins« das Recht zu studieren in Anspruch nahm. »Unsereins« hieß: jemand mit Abitur. Dass es sich um ein Privileg handelte, wurde vielen von uns durch die große Zahl derer bewusst, die sich – von der Front heimkehrend – angemeldet hatten und eine Ablehnung erhielten. Ich jedenfalls jubelte förmlich über den positiven Bescheid – vom Prodekan der Philosophischen Fakultät, dem Romanisten Kellermann, auf einem postkartengroßen Zettel bestätigt: »Zugelassen (klassische Philologie), 24. 09. 45« – also einen Tag nach meinem zwanzigsten Geburtstag. Ich eilte nach Brunkensen (etwa 100 Kilometer nördlich von Göttingen), um dort mein Glück zu verkünden und den mir von Marion Dönhoff freundlich angetragenen »Job« abzusagen. Zu Fuß vom Bahnhof Alfeld kommend, gelangte ich von der Gartenseite zu dem schönen alten Herrenhaus. Die Birnen pladderten von den Bäumen im Park; die Staudenbeete leuchteten in der Abendsonne; in der ebenerdigen Küche war Alexandra von Arnim, Tochter von Yvonne von Kuenheim und Nichte von Marion, mit dem Kochen des Abendessens beschäftigt – bei weit offener Tür. Wir begrüßten einander vergnügt, als sei nicht inzwischen einmal das Abendland beinahe untergegangen, und ich hielt es für richtig, gleich mit den *bad news* zu beginnen, die für mich doch *such good news* waren. »Na ja,« sagte Alexandra in der ihr eigenen Nüchternheit, »dann muss Marion sich eben einen anderen Lateinlehrer suchen.« Inzwischen war es höchste Zeit, ihr meine Hilfe anzubieten: »Tisch decken, Brot schneiden, weiterrühren – was kann ich tun?« »Weißt du, Hartmut,« sagte Alexandra, »es gibt zweierlei Menschen: Die einen fragen, ob sie helfen können, die anderen helfen.« Das hat gesessen – und sitzt bis heute.

Ich bekam satt zu essen; die Kinder, die ich hätte unterrichten sollen, gefielen mir sehr (und ich ihnen nun auch, weil ich sie ja nicht mit a. c. i. und Dreisatz drangsalieren würde); Marion gratulierte mir, freilich nicht, ohne mir zwei Aufträge zu erteilen: »Wenn du in Göttingen bist, finde in dieser gelehrten Stadt einen Ersatz für dich; sodann kümmere du dich um Walter F. Otto, einen der großen Geister unserer Zeit und einen der mir liebsten Menschen – obendrein übrigens Altphilologe.«

Ich schleppte also am nächsten Tag einen Rucksack voll Kartoffeln in eine Villa am unteren Hainholzweg in Göttingen, wo die hilflosen alten Ottos – aus Königsberg geflohen – Quartier gefunden hatten, und kaufte nach meiner Rückkehr aus Garmisch-Partenkirchen von da an täglich einen halben Liter Milch auf Marions und Yvonnes »Milchmarken«, die sie in Brunkensen, bei Gott!, nicht brauchten, um sie vor Ottos Tür zu stellen.

Zu Hause bereiteten meine Pläne der Miezi-Mutter einerseits Erleichterung: ein Mensch weniger in unserer engen Behausung; andererseits Not: das Konto der Familie des »höheren Beamten« war gesperrt; mehr als – ich glaube – 50 RM pro Person und Monat konnten nicht abgehoben werden; und dieser Anteil entging nun dem Familienhaushalt, wo er etwas ausmachte, reichte jedoch für ein Studium weder vorn (bei der Studiengebühr 85 RM, Unterrichtsgeld 37,50 RM, Wohlfahrtsgebühr 32 RM, Aufnahmegebühr 30 RM) noch hinten (für Zimmermiete und das tägliche Brot).

Mein erstes Zimmer fand ich in Geismar, einem Dorf am Südrand Göttingens, für 25 RM im Monat. Es war eine Dreiviertelstunde Marsch vom Zentrum entfernt, wo alle Institute und Hörsäle lagen (Göttingen gehörte zu den Städten, die nicht eine Universität »haben«, sondern eine Universität »sind«); es enthielt eine Kommode mit Waschschüssel und Karaffe, ein Bett mit riesigem Plumeau, einen Stuhl und eine Deckenlampe. Wo und wie sollte ich hier arbeiten? Wir gingen dem Winter entgegen; heizbar war der Raum nicht; und täglich fiel der elektrische Strom für mehrere Stunden aus – vornehmlich am Nachmittag und Abend.

Nachdem ich am Schwarzen Brett unter weit über hundert Ankündigungen der Latinisten und Gräzisten, der dreimal so zahlreichen Historiker (ich hatte »Geschichte« als drittes Fach angegeben) einen Wochenstundenplan zurechtgebastelt und auch alle Formalien erledigt hatte (was macht ein Mensch, der nicht Latein gelernt hat, in diesem »fremden Land« mit Quästur und Dekanat, mit Ordinarius und Pedell, *sine tempore* und *cum tempore, publice* und *privatissime et gratis, studium generale* und *dies academicus*, mit *colloquium ex tempore* und *exercitium ex auctore*?), hetzte ich wie alle anderen zwischen den Veranstaltungen hin und her, hatte wie jedenfalls alle Anfänger zu viel davon belegt (im zweiten Semester wies mein Studienbuch 29 Wochenstunden aus und alle ordentlich testiert!) und machte vom Gehörten stenografische Notizen, um Papier zu sparen. Was in die dunkle Tageszeit fiel, fand sehr häufig auch im Dunkeln statt. Der Professor brachte für den Fall eine Kerze mit. In den Zwischenzeiten setzte ich mich ins Seminar, das durch unsere Brikett-Beiträge nur mäßig erwärmt wurde, und las in Pauly-Wissowas Realencyklopädie die Artikel über Personen, Ereignisse, Werke nach, die in den Vorlesungen erwähnt wurden und mir unbekannt waren. Das war mein privater und nicht sehr erfolgreicher Ausweg aus der Verweigerung von Academia, uns Grundlagen und Überblick zu geben. Die gelehrten Herren trugen die Spezialfragen ihrer Zunft vor und kritisierten die abweichenden Meinungen abwesender Kollegen. In der »Stunde null«, die der Studienanfang doch für die Mehrzahl von uns war, kündigte einer der wichtigsten Altphilologen, um derentwillen man nach Göttingen gekommen war, eine dreistündige Vorlesung über die Geschichte der Philologie seit der Mitte des 18. Jahrhunderts an; in der alten Geschichte tummelte ich mich an den Ostgrenzen des Römischen Reiches im zweiten Jahrhundert nach Christus und füllte meinen Kopf mit Jazygen und Parthern, Seleukiden und Arsakiden, Baktrien und Kommagene, Septimius Odoenathus und Tiridates, Antiochos VII. und Ptolemaeus VI.; die »kursorische Lektüre von Herodots Geschichtswerk« befasste sich vornehmlich mit dessen Vorgängern, die ich in der Seminarbibliothek aufzusuchen mich bemühte, bis ich herausfand, dass es beispielsweise von des Hekataios' »zwei großen Werken« (die einen so bedeutenden Fortschritt in der Entpoetisierung der Geschichtsschreibung gebracht haben sollten und Europa, Asien und Afrika umfassten) nur Fragmente gab und diese wiederum nur in einer Sammlung verschollener Historiker, die ihrerseits verschollen war, jedenfalls in unserem Seminar. Immerhin gelang es mir, griechische und lateinische Sprachübungen bei dem Oberassistenten Dr. Werner Hartke zu nehmen, der seine Sache vortrefflich machte, dessen Erwartungen und Tempo ich aber nicht gewachsen war: Ich machte so viele Fehler, dass ich es nach einer Weile vorzog, meine Übersetzungen (Anekdoten von Johann Peter Hebel oder kleine Notizen aus dem Göttinger Tageblatt) nicht abzugeben. Arnim von Gerkan lehrte erfreulicherweise römische Topographie, Karl Müller brachte uns sorgfältiges Beobachten anhand des Alexander-Sarkophags bei. Walter F. Otto feierte hymnisch meinen späteren Heros Sokrates und Max Pohlenz den »Hellenischen Menschen«. Aus der Vorlesung mit diesem Titel ging zwei Jahre später ein gleichnamiges Buch hervor, dem ich auch heute nicht vorzuwerfen vermag, was man damals dem konservativen, vor 1933 mit einer Herrschaft der Elite liebäugelnden Gelehrten vorhielt: Er habe eine unziemliche Gemeinschaftsideologie propagiert und Deutschtum und Griechentum willkürlich gleichgesetzt. Ich habe von ihm die unstrittig wichtigsten Denkformen, Einrichtungen und Leistungen der Griechen »erzählt« und gedeutet bekommen – ein wenig umständlich, aber klar und nicht unkritisch – und habe mit ihnen als meinen Leitideen auskömmlich studiert, bis H. D. F. Kitto sie mit seiner ungleich frischeren Sicht ablöste. Falsch war nur, dass dies alles gleichsam aus dem Wasserhahn der Gelehrsamkeit floss und kein *studium*, keine Anstrengung des Studenten forderte. Auch da, wo ich »selbständig« arbeitete, nahm ich nur Kenntnisse und Urteile anderer auf – Urteile über Tatbestände und Texte, über die ich nicht verfügte. Ich legte mich mit Jacob Burckhardts Kulturgeschichte Griechenlands in mein Federbett, wartete das elektrische Licht ab, las, solange dieses brannte, und schlief warm und wohlig ein, wenn es ausging. Als ich an einem von Engländern besetzten und mit eigenem Lichtaggregat versehenen Haus vorbeikam, sprach ich dreist den wachhabenden Soldaten an: Wie könne einer studieren, wenn es jetzt um 16.30 Uhr dunkel werde und der Strom ausfalle! Ob er mir eine Kerze besorgen könne. Der junge Mann verließ tatsächlich seinen Posten, ging ins Haus, kam mit vier neuen Stearinkerzen in der Hand zurück und gab sie mir mit einem Lächeln: »... hope this will do for tonight.«

Der Dekan der Philosophischen Fakultät – damals gab es nur *die* eine –, der Anglist Herbert Schöffler, hielt am 28. Oktober zur Wiedereröffnung der Georgia-Augusta eine fast eineinhalbstündige Rede im Stadttheater, in das der Rektor die Studentenschaft geladen hatte (die Aula war für diesen Zweck zu klein). Wenn irgendwann in eines Menschen *Leben* Neuanfang ist: Dies war einer für uns! Herbert Schöffler entwarf vor uns erschöpften, versehrten, desillusionierten Kriegsheimkehrern ein wundersam ermutigendes Bild unseres Studiums – ermutigend durch die Weite, den Ernst und die Nüchternheit, mit der er es in den Blick nahm: Tischgespräche und Wanderungen, Stubengemeinschaften und Landsmannschaften, Kantatenchor und Hockey-Club, Selbstverwaltung und vorgreifende Teilnahme an der Politik (Wie kann und wird es weitergehen? Wer kommt wofür auf? Welche Formen der Sammlung und Entscheidung soll es geben?) – dies alles spielte darin eine ebenso große Rolle wie die Wissenschaften, die akademischen Forscher und Lehrer, die Bildung des Einzelnen. Nichts mehr war nach der Nazikatastrophe selbstverständlich; alles hing mit allem zusammen; alles musste neu bedacht werden. Kühn griff der Anglist aus in die einzelnen Disziplinen: die Mathematik, die Astronomie, die Botanik, die Theologie, etwa weil es dazu in Göttingen erlebbare Besonderheiten gab – einen Anlass zu Aufmerksamkeit und Erneuerung. Ich gebe wieder, was er beispielsweise von der Geschichtswissenschaft erwartete:

»Wer kennt den geistesgeschichtlichen Hintergrund des schönsten Hauses von Göttingen, des Accouchierhauses am Geismartor, das errichtet ward von einer Generation, in der die Kindestötung zum aufdringlichsten sittlichen Problem wurde ... Dies schönste Haus ward nicht gebaut für honorige Geburten – die gingen im ehelichen Schlafzimmer vor sich –, sondern für alle Fälle, bei denen man Tötung der Leibesfrucht befürchten musste (›jetzt wissen doch die anständigen Göttinger Dienstmädchen, wo sie hingehen müssen‹, sagte Lichtenberg).« Aber »so hatte man sich vertan: Die Dienstmädchen blieben aus; denn sie wollten ihre Pfänder beglückter Halbminuten lieber auf der Tenne oder im Heuschober zur Welt bringen, um ihnen dann je nach Temperament die Windeln umzulegen oder das kleine Hälschen etwas zu verdrehen, als dass sie in dies viel zu herrschaftlich angelegte Haus sich melden gingen, um dann unter den glotzenden Augen der Studiosen zu gebären. Wir haben wohl vierhundert Historiker in Göttingen; wer von diesen weiß um diese Dinge, die im Gegensatz zu Friedensschlüssen und den organisierten Keilereien, die ihnen voraufgingen, die wahre Menschheitsgeschichte ausmachen? Nicht einer, das Feld ist frei.«[1]

Der Wissenschaft allgemein empfahl er, sich ihres verengenden Namens und Begriffs zu entledigen: »Wissenschaft« sei eine sklavische Übersetzung von *scientia* wie »Gewissen« eine ebensolche von *conscientia*. Beides komme von *scire*, »wissen«. Das Wort *Wissen*schaft betone den weniger wichtigen Teil der genannten Anstrengung. Dem hielt Schöffler das griechische Wort *episteme* entgegen, das von dem Verbum *epistasthai* kommt: vor, auf oder in einer Sache stehen, sie angehen und zu »verstehen« suchen (dieses deutsche Verbum hat in der Tat die gleiche Grundbedeutung). – Das Wissen kann uns unverändert lassen, das »vor oder zu einer Sache stehen« ist meistens selbst schon die Veränderung.

Von unseren akademischen Lehrern sagte er, der mit einigen wenigen Professoren von der britischen Besatzungsmacht mit der (eher Wiedererrichtung als) Wiedereröffnung der Universität beauftragt war: Man habe bei ihrer Wahl der Frage, was einer in seinem Gebiet geforscht und geschrieben habe, die gleich wichtige Frage hinzugefügt, was er *allen* zu geben vermöge.

Den Studenten schließlich legte er nahe, was der alte Goethe in Weimar einem jungen Musiker anriet, der von dort nach Berlin ging: Unbefangen beobachten; das Beobachtete täglich ordnen; sich die Wirkungen bewusstmachen – auch die auf andere Personen; Tagebuch führen – auch über Geringfügiges:

Es gibt nichts, über das sich nicht interessante Betrachtungen anstellen ließen ... Und wo Ihnen solche nicht im Augenblick kommen, da schreiben Sie wenigstens in Ihr Tagebuch: hier sind Betrachtungen

---

[1] Herbert Schöffler, Rede an die Göttinger Studenten am 28. Oktober 1945, abgedruckt in: Waldemar Krönig/Klaus-Dieter Müller: Nachkriegssemester, Studium in Kriegs- und Nachkriegszeit, Stuttgart 1990 (Franz Steiner Verlag), S. 443.

fällig! Was der Geist heute nicht gibt, gibt er morgen oder später.
(Ohne Quellenangabe bei Schöffler, S. 347)

Seitdem sind meine Vorstellungen vom Lernen, vom Studium, von der akademischen und persönlichen Ausbildung des Geistes in zunehmendem Maß von den in Schöfflers Rede enthaltenen und von mir heute wiedererkannten Gedanken bestimmt:

(1) Alles nachhaltige Lernen geschieht in einem Lebenszusammenhang.

(2) Die Wissenschaften haben eine fatale Neigung, sich zu verengen: auf Kriege und Friedensschlüsse, aber auch auf Dienstboten und Abtreibung.

(3) Alle Wissenschaften sollten allen etwas zu sagen haben, sonst taugt die Arbeitsteilung der Disziplinen nicht.

(4) Wissenschaft muss mehr sein als Beschaffung von Daten und die Feststellung von Beziehungen; wenn diese kein Denken auslösen, sind sie nicht wert, gewusst zu werden.

(5) Studium ist Aneignung im genauen Sinn: sich etwas zu eigen machen; es ist persönlich, kommt meist mit bescheidenen Verfahren und Mitteln aus und wird nie abgeschlossen.

Da hatte uns ein erfahrener und fantasievoller Mann in finsterer Zeit mehr als einen nur aufmunternden oder tröstlichen Blick in die uns mögliche Zukunft gegeben. Es war ihm um ganz konkrete Dinge gegangen und in ihnen um Grundsätzliches. Die Ermutigung steckte in Forderungen.

Umso deutlicher spürten viele von uns, was da nicht in den Blick genommen worden war: die Vergangenheit – die Gründe für die gegenwärtige Finsternis. Dass Herbert Schöffler dies den Heimkehrern *in dieser Stunde* nicht zumuten, aber nicht etwa überhaupt ersparen wollte, wurde wenige Monate später offenbar: in einer Vorlesung über ein Sonett, das der englische Barockdichter John Milton kurz vor seiner völligen Erblindung geschrieben hat. In diesem Gedicht fragt Milton: Wie kann Gott Tagesarbeit verlangen, wo er Licht versagt? Es ist die Frage Hiobs, warum Gott den Menschen – auch den guten – so plage. Die alte jüdische Antwort, die das Christentum willig übernommen hat, nämlich: um ihn demütig und so zu einem besseren Lobpreiser des

Schöpfers zu machen, verwirft Milton. Gott brauche des Menschen Werke, Gaben und Beifall nicht. Tausende eilen auf seinen Wink – aber auch der dient, der nur steht und wartet: »They also serve who only stand and wait.«[2]

Aus diesen Zeilen der Ergebung, ja der frommen Resignation schlug Herbert Schöffler den Funken der Erkenntnis: Ebenso dient dem Bösen, wer dessen Joch willig trägt. Wer nur gewartet hat, dass es vorüber gehe, war mit ihm im Bunde.

Selten wird uns Belehrung in höchsten moralischen Fragen durch ein Stück Fachphilologie zuteil; fast nie kommt sie zur richtigen Stunde; nur die ganz großen Geister offenbaren uns unsere Schuld und Verantwortung so sanft, dass wir sie auch anzunehmen bereit sind. Seitdem frage ich mich bei immer neuen Gelegenheiten: Wem dient dein Stillhalten? Und: Warum ist er langmütig mit dir? Und: Wer sind die anderen Wartenden? Das hat mir mehr geholfen als alle krachenden Imperative – von »In das Feld, in die Freiheit gezogen!« bis »Nie wieder Krieg!«, von »Sei tolerant!« bis »Werde, der du bist!«

Herbert Schöffler verabschiedete sich mit diesem Vortrag. Kurz darauf hat er sich das Leben genommen. – Mein Studium vollzog sich mehr aus Neigung als aus Überzeugung so, wie Schöffler es uns empfohlen hat. Man wird im Folgenden die einzelnen »Lektionen« wiedererkennen. Zunächst ein unakademisches Ereignis:

Zu Weihnachten nach Hause zu fahren fehlte das Geld. Ein Regimentskamerad, den ich auf Göttingens Straßen getroffen hatte, lud mich zu sich und seiner Familie im Ostwestfälischen ein, und ich nahm dankbar an. Sein Vater war ein würdiger und lebenskluger evangelischer Pastor, die Mutter von Adel, die Schwester lebenshungrig, schwung- und geräuschvoll. Zum Weihnachtsabend hatte man englische Offiziere eingeladen, die ihre nüchterne Kaserne und die alkoholfreie NAFI gern mit der großzügigen Gemütlichkeit des Pastorenhauses tauschten. »Fraternisierung« oder auch »Sororisierung« konnte dort – obendrein am hohen Christfest – doch nur etwas Gutes sein. Mein Kamerad und seine Schwester hatten zur Unterhaltung der Gäste ihre Freundinnen in

---

2 John Milton: Complete Shorter Poems, ed. by John Carey, London/New York (Longman), 2nd edition 1997, S. 331 ff.

angemessener Zahl aufgeboten. Diese waren – wie insbesondere auch ich, der Nichtraucher – angewiesen, alle Zigaretten anzunehmen, die ihnen die Engländer anbieten würden, diese »anzurauchen« und dann möglichst bald dort und dort gelöscht zu deponieren. Die Offiziere brachten auch Whisky mit, und um 22 Uhr – im nötigen Abstand zur Christmesse – begann man zu »schwofen«. Ich ging nicht nur früh ins Bett, sondern brach am andern Tag früh auf – nicht ohne mich dem seinerseits verstörten Hausherrn erklärt zu haben, der an seiner Predigt zum zweiten Weihnachtsmorgen arbeitete, während die Familie noch schlief. Der ließ mich mit traurigem Blick wissen: »Ach, lieber Hentig, in Zeiten wie diesen haben eben die Frauen das Sagen!« Er schenkte mir zum Abschied das Neue Testament *graece et latine* in einer hübschen alten Ausgabe im Oktavformat.

Dieses Neue Testament war der erste ganze »antike« Text, den ich in meinem Studium las – in der Originalsprache; die mir von meiner Tante Mieze geschenkten zwei Bände Homer waren der zweite Text – in der Übersetzung von Thassilo von Scheffer. Noch heute kann ich einem Studenten der alten Sprachen keinen besseren Einstieg in sein Studium empfehlen: ein Buch, das man im Deutschen fast auswendig kennt, griechisch zu lesen (nicht zu übersetzen!) und eine Dichtung, die man zu kennen meint, erst einmal als ganze auf sich wirken zu lassen, ohne sich im Drahtverhau der fremden, obendrein ionischen Kunstsprache zu verheddern.

Es war etwa halb fünf am Nachmittag, eine passable Zeit, als ich am 26. Dezember 1945 bei Geheimrat Muelenz, Schillerstraße 21, klingelte: Ob er mir seinen Bollerwagen bitte ausleihen könne; ich sei sicher, dass er ihn am zweiten Weihnachtsnachmittag nicht brauche. Geheimrat Muelenz war der Vermieter von drei Studentenzimmern; im einen wohnte Axel Freiherr von dem Bussche, im zweiten Detlev Freiherr von Hammerstein und im dritten ein Freiherr von Dungern. Axel von dem Bussche war ich in Brunkensen begegnet; er hatte mich daraufhin einmal zu sich eingeladen, und ich hatte – auf das Öffnen der Tür wartend – schon einmal das Dutzend adeliger Namen studiert, die über dem seinen neben dem Muelenzschen Klingelknopf schön säuberlich auf weißen Papierstreifen zu lesen waren. Der Geheimrat (»Meine Frau, eine Bernstorff, und ich ...« pflegte er seine Sätze zu beginnen) war stolz auf den kleinen Gotha derer, die einmal hier gewohnt hatten. Er erkannte mich wieder und war bereit, mir den Bollerwagen zu leihen; er müsse aber heute Abend noch wiedergebracht werden; morgen werde damit die Holzzuteilung abgeholt. Meinen Zweck hatte ich tunlichst verschleiert, hatte vorgegeben, es ginge um meinen Umzug aus dem Zimmer in Geismar in ein Zimmer in der Schillerstraße 25, was auch stimmte, wozu aber der Bollerwagen nicht gebraucht wurde. Mit ihm wollte ich einen Eisenofen transportieren, den ich in dem neuen Zimmer mit Genehmigung der Vermieterin aufstellen konnte: Es gab einen Kamin dafür; ich musste das Ofenrohr nicht zum Fenster hinausführen, was inzwischen durch Verordnung der Stadt erlaubt war.

Der Ofen freilich, das war der Haken, gehörte nicht mir. Frau Eta Schramm, umtriebige Professorengattin, hatte mich auf eine Ansammlung von etwa acht solchen Öfen im Hof eines von Engländern besetzten Hauses Dahlmannstraße, Ecke Düstere-Eichen-Weg aufmerksam gemacht. Die stünden da nur herum und verrosteten. Ofenrohre lägen gleich dabei. Mein Unmut über das unchristliche Christfest hatte in mir eine Entschlossenheit zuwege gebracht, für die man in vernünftigem Zustand zu feige ist. Weihnachten war verpatzt, nun sollte aus dem Rest der Feiertage wenigstens ein weltlicher Gewinn herausspringen.

Ich zog also mit meinem Wägelchen in der inzwischen eingetretenen völligen – sowohl winterlichen wie stromsperrigen – Dunkelheit zu dem hellerleuchteten Haus der Engländer, verlud den ersten besten Ofen und war im Begriff, das Gelände zu verlassen, als ein britischer Sergeant an mir vorbeieilte. Nach zehn Schritten kehrte er plötzlich um und fragte, was ich da mache. Ich erklärte, ich sei beauftragt, diesen Ofen abzuholen. Von wem? Von meinem Meister. Wozu? Wohl zur Reparatur. Einen Augenblick schien er mir das zu glauben, aber dann kamen ihm Zweifel: ein Lehrling eines Ofenschmiedes, der fließend Englisch spricht und am zweiten Weihnachtstag zu später Zeit einen Ofen einfach so »abholt«? Er verlangte meinen Ausweis; ich ließ die Deichsel des Wagens los und begann in meiner Brusttasche zu wühlen ... Das war der Augenblick, dem Mann in die Dunkelheit davonzulaufen – ich des Weges kundig und von Angst beschleunigt, er an sein Rendezvous denkend und immerhin mit der Trophäe in der Hand! Aber der Gedanke an Geheimrat Muelenz mit seiner lieben, ängstlichen Frau und mein

Versprechen (»noch heut Abend!«) lähmte mich für die entscheidenden Sekunden. Dann kam schon ein zweiter Engländer, dem der erste, mein von der US-Army ausgestelltes Entlassungspapier lesend, bedeutsam mitteilte: »It's a ›von‹ – high blood!«
Eine halbe Stunde später wurde ich bei der deutschen Polizei eingeliefert und in einen Raum gesperrt, in dem zwei Dutzend unabgefertigte Fänge der Feiertage ihrer Abfertigung entgegensahen. Die Luft hätte man schneiden können; die zwölf Pritschen waren belegt; der Neuling wurde sofort um Zigaretten angegangen. Dass ich den Engländern einen Ofen hatte stehlen wollen, machte mich für eine halbe Stunde zum Ereignis, ja zum Helden. Aber da ich sonst keine Nachrichten aus ihrer »Szene« mitbrachte, war ich – gottlob – bald uninteressant und versuchte nur, an dem Kippfenster etwas frische Luft zu schnappen. Ich verbrachte fast die ganze Nacht im Stehen, umbrodelt von den Obszönitäten und Angebereien der meist auf dem Schwarzen Markt, aber auch bei Schlägereien und Diebstählen verhafteten Männer.

Um sieben Uhr morgens öffnete sich die kleine Klappe an der Tür, eine Frauenstimme wollte wissen, ober der gestern eingelieferte Leutnant Hartmut von Hentig, Student der alten Sprachen, mit dem Gesandten von Hentig verwandt sei. Ich bekannte mich zu meiner Herkunft – und verdankte diesem Bekenntnis eine fast dreistündige Belehrung in Klassenhass. »Ei, was für ein feines Bübchen wir da unter uns haben!« »Bei den Baronen stiehlt man also jetzt neuerdings Öfen!« »Nein, so einem werden die Engländer doch nichts tun! Da wollen *wir* wenigstens sicher sein, dass der Meisterdieb uns heute Nacht nichts gestohlen hat!« – und dann wurde ich »gefilzt« bis in die letzten Winkel meiner Kleidung und meines Körpers. Um zehn Uhr etwa wurde ich aus meiner Hölle befreit (eine Sekretärin, die im Auswärtigen Amt gearbeitet hatte, war meine Retterin geworden) und sollte auf freien Fuß gesetzt werden »gegen Kaution«, die ich nicht hatte. Die dadurch umständlich gewordene Prozedur dauerte bis zum frühen Abend; während der Zeit durfte ich immerhin in der Wachstube sitzen. Auf dem Weg zur Schillerstraße kam ich beim Landratsamt vorbei. Annabel Siemens, auch sie hatte ich in Brunkensen kennen gelernt, arbeitete dort als Sekretärin beim Landrat Solf, dem Bruder meines Schulkameraden Issao. Es brannte Licht in ihrem Arbeitszimmer. Ich ging hinauf, erzählte ihr – plötzlich dem

Weinen nahe –, was mir passiert sei, und hörte als Erstes den von tiefer Enttäuschung getragenen Vorwurf: »Aber Hartmut, wieso haben Sie mich denn nicht mitgenommen!« Annabel wollte mir Tee kochen, aber mich drängte es zu Geheimrat Muelenz und seiner geborenen Bernstorff, wo es zu beichten und Wiedergutmachung zu versprechen galt. Annabel meinte, das habe nun wohl noch eineinhalb Stunden Zeit, machte sich zum Tatort auf und war entschlossen, den Bollerwagen für ihren, wie sie behauptete, kleinen Bruder »herauszuheulen«. Umsonst: Die Engländer hatten das *corpus delicti* im Hof stehen lassen, und dort war er während des Restes der Nacht gestohlen worden.

»Gegen Kaution« hieß nun nur noch: Ich musste mich alle zwei Tage beim englischen *safety officer*, Major Riley, melden. Beim ersten Mal verhörte er mich. Ob ich denn nicht gewusst hätte, dass es sich um »allied property« gehandelt habe? Mit Verlaub, umgekehrt! Nur weil ich das wusste und weil mir gewiss war, dass die Engländer diese Öfen nicht brauchten, sei mir der Gedanke gekommen, einen davon mitzunehmen. »Der Gedanke, ihn zu erbitten, ist Ihnen nicht gekommen?« Ich dachte an die Stearinkerzen: »Leider, leider nein!« Aber ich hätte den Brief von Feldmarschall Montgomery gelesen, fügte ich hinzu, da sei mir – das könne der Herr Major vielleicht verstehen! – solche Großzügigkeit unwahrscheinlich erschienen.

Ich wurde in der Tat mit »Verständnis« und der Andeutung entlassen, ich könne mit einer Verwarnung davonkommen. Bei meinem dritten Erscheinen erklärte mir Major Riley: Bedauerlicherweise habe er meinen Fall nun doch nach oben weitergeben müssen; dem Brigadegeneral sei ein Diebstahl von gleich mehreren Dutzend Öfen gemeldet worden; er verlange, dass man allen einschlägigen Vorkommnissen mit besonderer Sorgfalt nachgehe; es werde also zu einem Verfahren kommen. In ihm könne immerhin festgestellt werden, dass ich mit jenem Coup nichts zu tun habe.

Frau Schramm, die sich mitverantwortlich fühlte, bemühte sich nun um einen Anwalt; sie fasste Herrn Föge ins Auge, der gleichzeitig Bürgermeister und FDP-Vorsitzender war. Er werde, ließ er mich wissen, meine Verteidigung kostenlos übernehmen und mit dem Argument führen, ich hätte eben nicht gewusst, wem die Öfen gehören. Meinen Einwand, dass ich Major Riley das Gegenteil gesagt habe, quittierte er mit Knurren: »Aber dann hätten Sie den Ofen doch nicht stehlen dürfen!« – So einer, meinte ich, könne mich nicht verteidigen, und beschloss, dies selbst zu tun.

In Brunkensen arbeitete ich mit I. C. Pflüger, dem Erfinder und Hersteller von Eumed und in Denkart und Gestalt mehr Engländer als Deutscher, eine kurze Rede aus, um sie im Gerichtssaal frei vorzutragen. Alle Menschen, die ich inzwischen in Göttingen kennen gelernt hatte, waren gekommen und erlebten, wie ich, in meinen bayerischen Lodenkotzen gehüllt wie ein Mönch, aus purer Unkenntnis des Verfahrens meinen ersten Strafprozess verlor: Der Vorsitzende, Major Riley, verlas die Anklage und fragte unmittelbar danach: »Do you plead guilty or not guilty?« Dies lag quer zu meiner Strategie; ich versuchte also zu erklären, wieso dies die falsche Frage sei, aber ich konnte keine zwei Silben äußern, ohne dass Major Riley energisch unterbrach: »Guilty or not guilty?« Ich: »Well Sir, of course: guilty! I *did* steel the stove, because ...« Die, ihm ja bekannte, Erklärung hörte er sich geduldig an. Sein Urteil begann: »The accused has pleaded guilty. Therefore all we have to do is to determine the penalty.« In der Begründung des Strafmaßes schickte Major Riley die Bemerkung voraus: »I feel sympathetic with the accused ...« Ich wurde zu sechs Wochen Haft verurteilt, die ich – was als große Vergünstigung galt – im Göttinger Untersuchungsgefängnis absitzen konnte. Strafantritt sofort.

Auch der Gefängnisdirektor zeigte Mitgefühl: Er sperrte mich mit einem »Standesgenossen« zusammen, einem Freiherrn von Kondratowitz und Syrokomla, der sich als »Doktor Schreiber« zahlreicher Erpressungen und Betrügereien schuldig gemacht hatte. Sein Plädoyer memorierend lief er wie ein Löwe im Käfig auf und ab. »Klingt das gut? Kann man das so sagen?«, fragte er mich, und so erfuhr ich allmählich die wahre Geschichte hinter der falschen. Er war Kapo in Buchenwald gewesen, hatte sich nach der Befreiung stracks nach Göttingen begeben und dort das Archiv der NSDAP in seinen Besitz gebracht. Die Engländer brauchten ihn und seine »Kenntnisse«, die ehemaligen Nazis fürchteten ihn, die neuen deutschen Behörden misstrauten ihm, hatten aber keine Handhabe – bis der angemaßte Dr.-Titel und der falsche Name durch ein beherztes Opfer ans Licht kamen. Das war eine dramatische Geschichte und füllte die Zeit, in der ich nicht lesen oder schreiben konnte, weil es abends nur eine halbe Stunde Licht gab, um die Abendsuppe zu löffeln. (Ich bekam übrigens die Portion meines Zellengenossen zu der meinen; er selber lebte aus fantastischen Paketen, die er als Untersuchungsgefangener empfangen konnte, und bestach damit das halbe Gefängnis.)

Tags las ich das Neue Testament *graece et latine*, und als ich damit durch war, das gesamte Alte Testament auf Deutsch. Das werden nicht viele Menschen getan haben, dachte ich an den mühsamen Stellen – den »Jeremiaden«, den Geschlechterkatalogen, den Lebensvorschriften des Pentateuch.

Auf Fürsprache meines Zellengenossen wurde ich zur Arbeit eingesetzt: Ein Beamter führte mich in den Stadtpark, wo ich Äste zersägte oder Laub harkte. Nachrichten an meine Freunde, die ich, wie Hänsel die Brotkrumen und Kieselsteine, unterwegs fallen ließ, kamen nicht an. Ein deutscher Bürger machte sich damals nicht zum Briefträger eines Strafgefangenen. In der vierten Woche überbrachte ein Student einem meiner Nachhilfeschüler die an ihn gerichtete Mitteilung, wo ich täglich arbeite. Der Bub erschien gleich am nächsten Tag und brachte Wurststullen mit, durfte aber nicht mit mir reden. Nun kam er täglich, deponierte das kleine Paket in der Tasche meiner Jacke, die ich während der Arbeit ausgezogen und an einem Ast aufgehängt hatte, und entnahm dieser meine Briefe. Kurz vor Ende meiner Haft vertraute ich diesem Tauschplatz auch meine sämtlichen »Aufzeichnungen aus einem toten Haus« (sic) an – darin die unglaublichen Geschichten meines Mitgefangenen und eines »Dritten Mannes«, den man zu uns gelegt hatte. Als ich nach der Arbeit meine Jacke anziehen wollte, war sie verschwunden. »So it goes«, hätte Billy Pilgrim gesagt, den es in Kurt Vonneguts Fantasie schon irgendwo gegeben haben muss.

Gefängnis ist etwas anderes als Gefangenschaft. Person, Herr über sich – über seine Bewegungen, Äußerungen, Gefühlsregungen und Gedanken – ist man in ihm nur mit größter Anstrengung und eben darum doch nicht. Das ärgerliche deutsche Lied »Die Gedanken sind frei« stimmt nicht einmal in dieser so jämmerlich bescheidenen Zeile. »Frei« sind Gedanken nur, wenn man sie auch äußern kann, wenn andere sie »wissen« dürfen. Die große Aufräumarbeit, die Boethius als »Trost der Philosophie« ausgibt, ist ein Zeugnis seines Erkennenwollens und seines Denkenmüssens, die beide auf seine Unfreiheit antworten: eine große Gebärde des Trotzes, in der der Geist seine Würde wahrt, aber der Ohnmacht nicht entrinnt. Die »Behandlung« als Häftling focht mich nicht an: »Männer – Gesicht zur Wand!«, dieser Befehl, der an uns erging, wenn wir auf dem Weg zum Hof einer weiblichen Person begegneten, das tägliche Aufwischen des Fußbodens, die Reinigung und Leerung des Kübels waren ja keine Schikane wie Paschkes »Übungen«. Schlimm waren die Nebenwirkungen: Wie habe ich mich bemüht, die leere, die mutwillig entleerte Zeit zu füllen, dem mir fortgenommenen Stück Leben gleichwohl Bedeutung und Befriedigung zurückzugeben! Aber es blieb bei einem Ersatz, einem »als ob« ich lebte.

Dem Bedürfnis nach Er-Füllung kam die Zwangsgemeinschaft mit einem zugleich aufdringlichen und unterwürfigen Fremden in die Quere. Er wollte sich großartig mitteilen und musste das Wichtigste – die belastende Wahrheit – verbergen; er suchte den Rat des sprach- und wirkungsbewussten Intellektuellen und verwarf ihn alsbald, weil die Annahme des Rates der Rolle des Unanfechtbaren und vor allem des »Antifaschisten« widersprach, der ja immer schon »alles durchschaut« hatte. Und so sann ich denn nicht nur darauf, mir meine Nische in dem kleinen Käfig zu wahren, sondern auch darauf, wie ich Kondratowitz das Gefühl geben könne: er habe von mir nichts zu befürchten. Ich schlug ihm Ratespiele vor (»Konkret oder abstrakt?«), stellte Denksportaufgaben (von denen ich viele und raffinierte kannte) und ging Wetten mit ihm ein: Wir stehen auf unseren Schemeln, blicken auf die abgeschrägte Wand, die vom hoch unter der Decke befindlichen Fenster das Licht in die Zelle führt und auf der das Kondenswasser von der Scheibe in einzelnen Tropfen herabrinnt, gut 80 Zentimeter über »unebenes Gelände« – jeder von uns beiden setzt auf einen bestimmten Tropfen, und der hat gewonnen, dessen »Favorit« zuerst die untere Kante erreicht. Der Zellengenosse bestand freilich auf einem »Einsatz«. Seiner Wurstscheibe oder Praline hatte ich nichts entgegenzusetzen außer: Vorlesen aus dem Buch, das mir wöchentlich von der Gefängnisbibliothek ausgeliehen wurde. Hamsuns »Segen der Erde« eignete sich trefflich dazu (Isaks Berserkerei und Ingers Undurchsichtigkeit trafen ein geheimes Einverständnis bei meinem Zuhörer); August Winnigs »Frührot« und »Heimkehr« (beide hatten in der Anstalt unbemerkt überlebt) waren hingegen zu anstrengend für uns beide: Ich musste ihm mehr erklären, als ich erklären konnte, und er musste mehr Unwissenheit bekennen, als der angemaßten Rolle des »politischen Häftlings« zuträglich war.

Ich freute mich, als mir angekündigt wurde, ich bekäme Besuch (der war alle 14 Tage zugelassen, und es durfte nur eine Person sein, die auch in begrenzter Menge Annehmlichkeiten mitbringen konnte: einen Pullover, Unterwäsche, ein jeweils noch zu genehmigendes Buch; in den sechs Wochen konnte ich dieses Ereignis also zweimal erwarten). Wer würde es sein? Meine Freunde hatten sich ausgedacht: Wenn ein leibhaftiger Professor der Theologie komme, werde das nicht nur dem Hentig guttun, es werde auch sein Ansehen im Gefängnis mehren – und so erschien der wunderbar anzuschauende, in weltlichen Fragen unbefangene und mir darum gänzlich zugewandte Friedrich Gogarten. Und er brachte mir eben jenen Boethius, von dem ich noch nie gehört hatte, mit dem Satz, dessen zweiten Teil ich nicht, aber auch gar nicht befolgen konnte: »Lesen Sie dies Büchlein mit Aufmerksamkeit und dem Respekt, der diesem Mann und seinen Gedanken gebührt – aber meinen Sie ja nicht, dies handele von Ihnen und Sie müssten auch so denken!«

Zwei Wochen später kam Annabel und brachte ein Köfferchen mit Schal und Wollsocken (ich hatte über Kälte geklagt). Bei der Kontrolle fielen ein Schreibblock aus dem einen und kullerten Pralinen aus dem anderen, und Annabel wurde puterrot. »Ach, Frollan, det mussten Se nich vehamlichen!«, sagte der Beamte: »Wir gönnen es ihm hier doch alle!« Weitere zwei Monate später war von Kondradowitz und Syrokomla tot: Er hatte eine Gabelzinke geschluckt, um ins Revier zu kommen, aus dem er zu fliehen gedachte. Die so erzeugte Entzündung überforderte die ärztliche Kunst.

Mit dem Ofendiebstahl begann meine Göttinger »Karriere«. In mein neues Zimmer heimkehrend, fand ich in diesem einen Eisenofen, und die Wirtin verriet, dass seine Installierung von irgendwelchen »Grafen« veranlasst worden sei, die der Ofensetzer nicht habe nennen dürfen. Das genügte mir, um Brunkensen pauschal zu verdächtigen, – und in der Tat hatte man dort Harbanser Schnaps derer von Cramm gegen Koffer einer Alfelder Fabrik und diese gegen einen Ofen in Göttingen getauscht. Aber das war noch nicht alles. Als ich mich zu Geheimrat Muelenz aufzumachen anschickte, verkündete die Wirtin: Da sei noch etwas, das sie mir zu übergeben habe. Sie stieg mit mir in ihren eigenen Keller, in dem ein funkelnagelneuer Bollerwagen stand: »Nicht von den Grafen!« Nie habe ich herausfinden können, wer ihn gestiftet hat. Noch heute klebt mein Soupçon an Annabel.

Bei Muelenz angekommen, schleppte ich den Bollerwagen ins Hochparterre, klingelte und versteckte mich auf dem nächsten Treppenabsatz. »Pasching!«, rief die geborene Bernstorff: »Komm schnell, sieh dir das an!« Pasching justierte schmatzend sein Gebiss und sagte trocken: »Ich wusste, dass er Wort halten wird!«

Eine Woche später zog ich zu den beiden um: Hammerstein war zu seinen Eltern nach Steinhorst heimgekehrt, und ich erbte sein Zimmer und einen Woilach, der köstlich nach Pferd roch und es fünfzig Jahre später wundersam immer noch tat, als ich mich beim Umzug nach Berlin endgültig von ihm trennte. Unzählige Male haben Helga oder ich auf ihm geschlafen, wenn wir Übernachtungsgäste hatten.

Ja, auch Schwester Helga kam im Zuge des Ofendiebstahls nach Göttingen. Sie hatte zunächst bei unserer leiblichen Mutter in deren bayerischem »Kinder-Landheim« Garten- und Stallarbeit verrichtet. Nun sollte nicht nur, nun konnte ihr Studium der Landwirtschaft beginnen. Immatrikulation und Zuzug wurden in Göttingen jedoch nur gewährt, wenn man ein Zimmer nachweisen konnte. Und das gelang mir nun so:

Die Frau des Historikers Kaehler war Vorsitzende des Studentischen Hilfswerks. Von den Damen Schramm und Gogarten gleichermaßen auf mich »angespitzt«, ließ sie mich wissen, es gebe da möglicherweise einen Job für mich, worum ich mich gleich nach meiner Ankunft in Göttingen beworben hatte; es handele sich um einen Dolmetscherdienst bei der Polizei; man müsse dafür gut Englisch können. Zur bestimmten Stunde im angegebenen Raum des Stadthauses fand ich mich in der Runde meiner Rivalen, lauter älterer Herren, Studienräte vermutlich, die als Parteigenossen aus dem Dienst ausgeschieden worden waren. Ich wurde als Vierter oder Fünfter aufgerufen und hörte beim Eintreten in den eigentlichen Amtsraum ein erfreutes: »Oh, it's you!« Der Mann, der über die Vergabe der Stelle zu entscheiden hatte, war der Adressat der Dolmetschdienste: Major Riley. Nach kurzem *small talk* wurde ich verabschiedet und hatte den Job in der Tasche. Dieser bestand darin, dass ich meine Nächte in der Polizeistation verbringen und dort für den Fall bereitstehen musste, dass die Military Police jemanden aufgegriffen hatte, wie vor acht Wochen den Hentig, und ihn verhören wollte; über das Verhör hatte ich ein Protokoll in englischer Sprache anzufertigen. Aber auch wenn die deutsche Polizei Ausländer in Haft nahm, musste die Besatzungsmacht darüber informiert werden, ich musste also bei deren Vernehmung dabeisein und einen englischen Bericht darüber schreiben; das geschah drei- oder viermal in der Nacht zwischen 19 Uhr abends und 8 Uhr morgens. Ich hatte in der Polizeistation nicht nur ein halbwegs bequemes Bett, sondern auch einen Schreibtisch, Heizung und ständig Licht und konnte auf einem elektrischen Öfchen, das ich auf den Rücken legte, kleine Mahlzeiten kochen. Die »monatliche Vergütung«: 180 RM.

Da ich nun eine Unterkunft für die Nacht hatte, konnte ich vom zweiten Semester an mein Zimmer in der Schillerstraße 21 der Schwester »abtreten« – also eigentlich in allem außer dem Bett mit ihr teilen. Bis dahin war ich Axel von dem Bussches alleiniger Nachbar. Wenn er Hilfe oder auch nur Gesellschaft brauchte, schlug er mit seinem Krückstock an die uns trennende Wand, und ich kam nicht nur gern wegen des Harbanser Schnapses, den wir abwechselnd aus seinem zwanzig Zentimeter hohen Taufbecher tranken, sondern vor allem, weil er zu den Menschen gehörte, die ihren Partner gescheiter machen, als er eigentlich ist. Wie er auf Spengler kam, weiß ich nicht mehr. Ich selber kannte von diesem nur den Titel seiner berühmtesten Schrift, der mich jedoch keck fragen ließ, ob Spengler damit das gemeint habe, was wir jetzt erlebten, und wenn ja, wie er das begründe: »Mit welcher allgemeinen Geschichtstheorie erklärt man die ausgefallene Schurkerei eines Hitler?« Meine naive und den gemeinten Sachverhalt überhaupt nicht treffende Frage brachte den Kenner der Spenglerschen Kulturzyklen aus dem Tritt und ließ ihn Gott weiß welche Weltklugheit dahinter vermuten, gar besondere Kenntnisse des Altphilologen, der ja wohl Edward Gibbons »Decline and Fall of the Roman Empire« gelesen hatte, Spenglers Zeugen für die von ihm behauptete Morphologie der Weltgeschichte. Indem Bussche diese rekapitulierte, »lernte« ich sie und konnte weiterfragen ... Weiterfragen bis heute, denn seither haben mich die lineare und die zyklische Geschichtsauffassung, Heilsgeschichte und ewige Wiederkehr nicht losgelassen. Es ist nicht übertrieben, wenn ich behaupte, dass ich bei Axels Harbanser auf den Weg meiner Doktorarbeit geschickt worden bin, in der es um die griechische Geschichtsauffassung ging, mit der Folge wiederum, dass R. G. Collingwood und Ernst Löwith und Leo Strauss zu meinen Zuchtmeistern wurden, ja dass mir seither Humanismus und Renaissance und Nietzsche den Zugang zur Geschichtsmetaphysik verlegt und verleidet haben und ich mich gleich in jenen ersten Semestern von Hans Heinrich Schaeder in Arnold Toynbees Fangarme treiben ließ.

Unser zweites Thema war die Anthroposophie, der mein Vorgänger Detlev von Hammerstein zu verfallen schien. »Geistesweltbeschwörer« nannte Axel den Stifter und seine Priester und war besorgt um den jungen Kommilitonen. Der schrieb mir seinerseits lange Briefe, in denen er die reine Verstandeskultur kritisierte, die herkömmlichen Studien (also auch die meinen) als enge Fachsimpelei verwarf und sich von der Universität stattdessen Überblick, Zusammenhang, »geistige und seelische Erfahrung« erwartete. Was konnte ein Aufklärer wie ich einem jungen Freund antworten, wenn dieser mahnte: »Begreife doch, lieber Hartmut, dass Anthroposophie nichts anderes ist als ein notwendiger Schritt vorwärts in der Entwicklung des menschlichen Bewusstseins. Keiner kommt um ihn herum, und alle, die ihn nicht tun wollen, müssen unglücklich sein.« – Ich, der ich damals kein glücklicher Mensch war, einem ungemein wohlgelungenen, meist fröhlichen und immer freundlichen, zugleich bescheidenen und zuversichtlichen Sucher nach seiner Wahrheit! Bussche gebot mir energisch: »Hentig, um den Mann müssen Sie kämpfen. So ein Ritter darf uns in unserer Zeit nicht verloren gehen. Und Sie kennen sich doch aus in der Verwirrung, die ihn erfasst hat.« Bussche spielte darauf an, dass meine Mutter in zweiter Ehe einen Berufsanthroposophen geheiratet hatte. »Holen Sie ihn zu den Griechen herüber!« Das war der schönste Auftrag, den man mir geben konnte, und der hoffnungsloseste. Zwar endete Hammersteins eben zitierter Brief mit dem Satz: »Sei nicht böse über mein Donnerwetter, sondern gib lieber eines zurück – und zwar möglichst bald – Deinem D.« Aber meine offenbar umfängliche und heftige Antwort beeindruckte ihn nur als Zeichen meiner »Gesundung«: Endlich warb ich nicht mehr um ihn; ich widersprach ihm; er fühlte sich von meiner Zudringlichkeit befreit.

Das wichtigste Harbanser-Thema blieb jedoch der Nationalsozialismus: Wann konnte unsereins ihn erkennen und durchschauen? Wann begann wessen Schuld? Axel bereitete seine Bewerbung für den Vorsitz des AStA vor und erzählte mir, was er den Studenten sagen werde: über seinen Werdegang und also sein Motiv für das Amt. Seine damals in ganz Deutschland berühmt gewordene Rede trug den Titel »Eid und Schuld«. In ihr wollte einer, der als Offizier (was so viel hieß wie »Militarist«) und als Junker zwei Gruppen angehörte, die, wie er sagte, »heute kollektiv in der Ecke stehen«, zwei Fragen beantworten, die ihm bei seiner Kandidatur entgegenschlugen: Warum Stauffenberg und die Männer des 20. Juli keine Verräter waren und wie sich Wissen und Schuldigwerden zueinander verhalten. Zur ersten lautete seine Auskunft wie die meines Wischauer Kameraden: Der Führer hatte den Eid tausendfach gebrochen; der eigene Treueschwur konnte nicht als »Gängelband« dienen, das den Vereidigten auf Gedeih und Verderb an die verbrecherischen Machenschaften seines Herrn bindet. Zur zweiten lautete die Auskunft: Die Mehrzahl der deutschen Soldaten wusste nicht, »was geschah« (diese Formel genügte damals schon). Wer aber davon wusste, konnte an drei Möglichkeiten denken: zum Feind überzulaufen, ins Ausland zu flüchten oder in die aktive Opposition zu gehen. Mit der Schilderung der Vorgänge und Ereignisse füllten diese Argumente die dem Redner zugemessene halbe Stunde. Unsere Gemüter füllte jedoch etwas anderes. Er sei, trug er vor, im Frühjahr 1942 in das Ghetto der ehemaligen zaristischen Festung Dubno gelangt, in der am Tag zuvor SS-Einheiten zwei- bis dreitausend Juden erschossen hatten. Im Ghetto machte die SS noch Jagd auf versteckte einzelne. »Eine Frau hat mich im Sinne des Wortes kniefällig um ihr Leben gebeten. Ich habe ihr nicht helfen können.« Was in diesem einen Einzigen nicht weiter kommentierten Satz gesagt ist, hat ihn zum Widerstandskämpfer gemacht – zu dem, der sich wie die heutigen Selbstmordattentäter mit seinem Opfer, also Hitler, in die Luft zu sprengen bereit war. Es ist oft unsere Ohnmacht, die uns zur geforderten Tat befähigt; aus der Wahrnehmung des Versagens jetzt wird die Verpflichtung zum Handeln dann; Schuld macht das Geschuldete erkennbar. Axel wurde, bevor er es leisten konnte, schwer verwundet, verlor ein Bein und eine Hand und war auch an anderen Stellen des Leibes durchlöchert. Zu meinem »Helden« ist er freilich durch die Konsequenz geworden, mit der er auf die nicht verhinderte Unmenschlichkeit reagiert hat. Er blieb mein Held zeitlebens. Die Göttinger Studenten haben ihn damals zu ihrem ersten AStA-Vorsitzenden gewählt.

Meine materielle Not hat Axel mit eigenen Augen gesehen. »Wollen Sie sich etwas Geld verdienen? – Sie können doch Maschine schreiben? – In Ihrer Polizeistation haben Sie vermutlich eine anständige Maschine zur Verfügung!« Ich war in dem Alter, in dem man sich alles zutraut; auch hatte ich ja am Französischen Gymnasium einen Schreibmaschinenkurs absolviert. Ich übernahm also von Axel ein Typoskript, um es auf Matrize abzuschreiben: die noch in der Kriegszeit verfasste Friedensschrift von Ernst Jünger. Axel wollte sie verbreiten. Ich stand ihm zu Diensten.

Aber ich war ein Stümper in der Maschinenschreibkunst; die Handhabung von Matrizen, auf denen man Korrekturen nur mit damals nicht verfügbaren Mitteln vornehmen kann und die obendrein *materia rarissima* waren, bereitete zusätzliche Schwierigkeiten; vor allem aber konnte ich, nachdem ich einige Seiten mühsam getippt, also nicht nur oberflächlich gelesen hatte, nicht verstehen, warum dieser schwülstige, eitle, unoriginelle Text überhaupt von irgendjemand gelesen werden sollte. Der Hauptgedanke – er wird auf den 24 engzeilig geschriebenen Seiten mehrfach wiederholt und variiert – lautet: Dieser Krieg muss von allen gewonnen werden, und das heißt: Niemand ist Sieger. Der Friede dürfe folglich kein Kompromissfriede sein; er dürfe erst recht kein Gewaltfriede sein und nur insofern ein Sühnefriede, als Reinigung der Einigung vorauszugehen habe. Nicht Wiedergutmachung, sondern die Herstellung der neuen, sich in den beiden Weltkriegen anbahnenden Weltordnung sei sein Auftrag. In dieser Weltordnung müssten alle Völker leben können (Raum und Brot haben). Dies hat Ernst Jünger im April 1945 einer begrenzten Öffentlichkeit anvertraut. Diejenigen unter meinen Lesern, die ihrerseits Schwierigkeiten mit Ernst Jünger haben, mögen die folgenden Zitate aus der »Friedensschrift« übergehen. Diejenigen, die ihn für einen bedeutenden Autor halten, sollten sie lesen, wenn sie meine vehemente Abwendung von ihm verstehen wollen.

Zu den Leiden, der Ernüchterung, der Enttäuschung, die das deutsche Volk erwarteten, zu dem, was man seither den »moralischen Zusammenbruch« genannt hat, schreibt er kryptisch, es habe sich im Zweiten Weltkrieg nicht mehr um »die Ziele von Nationen« gehandelt, vielmehr um »das Ziel des Krieges selbst.« Dann euphorisch: Die Tatsache, dass es sich nicht um einen bloßen »Zwiespalt« gehandelt habe, sondern um einen »Weltbürgerkrieg«, sei ein »Zeichen, dass die Welt als Menschenheimat neue Form und neuen Sinn gewinnen will.« Zum Hass und den Verletzungen, die man sich gegenseitig angetan habe, bietet Jünger wunderbaren Balsam:

> Und so wird in der Erinnerung fernster Zeiten ein großes Schauspiel bleiben, wie sie in allen Ländern aufbrachen, als die Stunde gekommen war, zum Männerkampfe an den Grenzen, zum Treffen der Schiffe auf den Ozeanen, zur tödlichen Begegnung der Geschwader in der Luft. Da gab es bei jedem Volk, bei jedem Heere Überfluss an wunderbaren Taten.

Zur Ursache des Zweiten Weltkrieges werden wir belehrt, er sei »nicht nur als Wehrgang zwischen Völkern und Staaten, zwischen Nationen und Rassen« zu begreifen, sondern etwas, »was aus getrennten, doch reinen Quellen entsprungen ist«.

Den Barbareien des Hitlerregimes und -krieges ist eine von 24 Seiten gewidmet; sie heißen klassisch »Tyrannei«; poetisch-biblisch ist von »Schädelstätten« die Rede und von »Menschen, die wie Schlachtvieh zu den Gräben getrieben wurden«. Aber nirgends werden die Täter mit Namen genannt, nirgends werden die Unheilslehre, der sie dienten, und die Unvergleichlichkeit ihres Verbrechens erwähnt, vielmehr werden wir ermahnt:

> Wenn wir den Blick auf jene Marterstätten wenden, so sei er offen und voll gerechter Kraft. Dort war das Lemurengesindel tätig, das seine grauenhaften Künste im Dunkeln treibt. Und wir erleben die künstliche Entrüstung anderer Lemuren, die an die Luderplätze kamen, um das Verscharrte auszugraben und die verwesten Körper auszustellen, zu messen, zu zählen und abzubilden, wie es ihren

Zwecken dienlich war. Sie spielten die Kläger nur, um daraus für sich das Recht zu niederer Rache abzuleiten, die sie dann in den gleichen Orgien befriedigten.

Der weite Blick, in den Ernst Jünger alles nimmt, ebnet die Schande und Schuld ein:

> Es läuft der Zug des großen Werdens, das Walten des Weltgeistes auf Festigung hinaus. Wir dürfen hoffen, dass der Friede, der diesen Zwist beendet, von größerer Dauer, von höherem Segen sein wird, als jener, der den Ersten Weltkrieg besiegelte.

Das Gesicht, das Jünger der Zukunft gibt, trägt die Züge eines alten Gegensatzes:

> Die Formen der autoritären Ordnungsstaaten sind dort am Platze, wo Menschen und Dinge technisch organisierbar sind. Dagegen muss Freiheit walten, wo tieferes Wachstum herrscht.

Er nimmt die alten Verdammungen vor:

> Die Toleranz muss ihre Grenzen haben, und zwar insofern als den Nihilisten, den reinen Technikern und den Verächtern jeder verbindenden Moral die Menschenführung nicht zugebilligt werden kann.

Er richtet die Welt nach den alten Mustern ein:

> Staatskirche [...] in Europa kann nur die christliche Kirche sein. Die Massen sind zunächst zur christlichen Moral zurückzuführen.

Hatte dieser gebildete Mann aus der schrecklichen Verderbung nichts anderes gelernt als solche Selbstgewissheit, als pathetische Restauration, als die Beschwörung von Heil in den Sprachfiguren der Deutsch-, Latein- und Religionslehrer? – Wenn das »konservativ« war, dann wollte ich es hinfort nicht sein. – Ich habe mit Axel wegen jedes einzelnen Satzes dieses Textes gehadert. Aber er stritt zu gerne, um meinen

Einwänden offen stattzugeben. Mein Exemplar meiner erbärmlichen Abschrift zeigt deutlich: Von Seite 10 an hat jemand anderes den Text geschrieben – korrekt und möglicherweise willig.

Es sieht so aus, als sei Streit unsere bevorzugte Gesprächsform gewesen. Nach so viel Jahren der erzwungenen Einsamkeit und der öffentlichen »Gleichschaltung« mag das nicht nur verständlich, es mag heilsam gewesen sein. Ein guter Streit steigert beides – Einsicht und Übersicht. Freunde jedenfalls gehen in der Regel mit einem Gutteil der Überzeugungen des anderen bewehrt aus ihm hervor. Nietzsches Frage habe ich mir nicht nur in meiner Beziehung zu Axel und Detlev und, wie man sehen wird, zu Carl Friedrich und Richard von Weizsäcker gestellt: »Kannst du an deinen Freund dicht herantreten, ohne zu ihm überzutreten?«

Zum Vergnügen seiner Hörer und nicht ohne eigenes Plaisir behauptete Axel: Der Hentig sei der einzige Mensch, der ihm das »Du« (mit dem er wahrhaftig nicht verschwenderisch umging) ausgeschlagen habe. Sicherlich tat ich dies nicht aus Stolz. Ich habe mich ihm vielmehr nie wirklich gewachsen gefühlt.

So wenig ich Axel von seinem Flirt mit Jüngers »Frieden« habe abbringen können, so wenig Detlev von seiner Flucht in die Anthroposophie. Sie vollzog sich, wie auch bei meinen anderen anthroposophischen Freunden, als »Pilgrim's Progress to Himself«, als Befreiung aus den Zwängen von Schule, Studium, bürgerlichem Beruf und natürlich auch den beharrlich engen Erwartungen der Eltern. Hierbei war ihm ein, wenn auch kritischer, so doch um Verstehen bemühter, mit keiner Befugnis belasteter, ja ganz und gar machtloser Freund unentbehrlich. Und ich betrog meine Zuneigung mit dieser »Geistiger-Geburtshelfer-Rolle«. Nachdem er Göttingen verlassen hatte, schrieb er mir lange Briefe, in denen er seine Gedanken, Gefühle, Pläne filterte – abwechselnd selig einverstanden und erbarmungslos redlich mit den lila Glücksversprechen und ihren (»tantenhaften«) Überbringern: mal Schauspielschule, mal Heilpädagogik, mal Studienreform, mal Volksschullehrerausbildung, mal »Speer- und Diskuswerfen« und mal Sprachübungen (die er kunstvoll mit jenem verband: »Es ist dabei wunderbar zu erleben, wie Beherrschung und Elastizität des Körpers mit Reinheit und Freiheit der Sprache zusammenhängen«). Ich hätte ihn gern in *einer* Hoffnung bestärkt, nicht in allen, und schon gar nicht in ihrem Wechsel und Vielerlei. Eben das musste ich ihm sagen und musste es auch wieder nicht, denn er durchschaute seinen Zustand. »Behandle deine Gedanken wie Gäste und deine Wünsche wie Kinder«, zitierte er ein indisches Sprichwort. Ich freilich hätte ihm die Umkehrung empfohlen: »Halte die Gedanken fest, hege und pflege sie, sorg dafür, dass sie groß und stark werden – mit Wünschen geh höflich um, verpflichtet bist du ihnen nicht.«

Das sollte sich alsbald an einem von ihm wiederholt geäußerten Wunsch erweisen: Er hätte gern einen Hund. Der Wunsch überzeugte mich. Detlev brauchte einen verlässlichen (beim Hund sagt man immer »treuen«), fordernden und stummen, d. h. nicht geschwätzigen Gefährten. Ich fand heraus, dass es ein Rauhaardackel sein solle, meinte auch selber, dass ein solcher gut nach Steinhorst, in das reetgedeckte Heidehaus bei Celle, passte. Ich ermittelte eine Züchterin und sicherte mir eine Welpe von ihrem nächsten Wurf. Von diesem benachrichtigt, machte ich von da an fast täglich den Fünfzigminutengang zum Zwinger, wählte bald das originellste der umwerfend niedlichen vier aus und machte nach sechs Wochen, wie von ungefähr, einen Spaziergang mit Detlev dorthin. Nie wieder habe ich ein den Adressaten so beglückendes Geschenk gemacht. Tief bewegt nahm Detlev das kleine Geschöpf in den Arm, trug es ins Polizeirevier, wo meine Arbeit auf mich wartete und ein Körbchen auf »Tanja«, wie er sie alsbald nannte.

Weder er noch ich hatten an die Eltern Hammerstein gedacht. Die Mutter hätte sich umstimmen lassen, wie Mütter sind. Der Vater aber wollte partout kein Tier im Haus und setzte Tanjas Aufenthalt dort eine knappe Frist, die diese zunächst mit Hilfe einer Staupe überzog. Detlev verfluchte seine Abhängigkeit und beschloss grollend, das Elternhaus nach bestandenem Abitur sofort zu verlassen; sanft, wie er war, versäumte er diesen Schritt der Selbstbefreiung.

Mehrere Monate hörte ich nichts von ihm. Dann kam ein in steiler Sütterlinschrift geschriebener Brief:

Lieber Hartmut!
Seit Du mich damals in dem ollen Polizeirevier so arm und klein gesehen hast, habe ich viel erlebt. Dass ich in Steinhorst bei den komi-

schen Hammersteins, die mich nicht so gern mochten, sehr krank war, weißt Du wohl. Da musste ich ja auch dann weg und hatte großes Glück. Ich kam nämlich zu sehr netten Menschen, dem Arbeiter Warncke und seiner Frau. Hier geht es mir glänzend. Immer wenn Onkel Warncke etwas isst, kriege ich einen ordentlichen Happen ab. Wir haben einen großen Hof und Garten, in dem ich ganz frei rumtoben darf, denn ich bin hier sozusagen wie ein Kind im Hause. Allerdings gibt es noch zwei Katzen, mit denen ich sehr viel spiele. Ich bin ganz pummelig und noch viel blonder geworden. Detlev, der mich heute besuchte, und dem ich diesen Brief diktiere, sagt, ich sehe sehr ähnlich aus wie der Dackel, dem Du immer morgens begegnest [...]
Ich möchte oft gern bei Dir sein und Dich erfreuen. Das kann ich nämlich sehr gut. Die Leute sagen es jedenfalls immer. Detlev habe ich auch erst mal wieder in Schwung gebracht. Der kam hier heute Morgen ganz zergrübelt an. Ja, Ihr Menschen habt's schon verdammt schwer. Aber wir haben auch unsere Sorgen – die Läuse und so fort.
Sei gegrüßt von Deiner Tanja.

Detlev und Axel waren die ersten beiden Kommilitonen, an denen ich damals erfuhr, dass das Studium nicht nur ein »Ausbildungsabschnitt«, sondern eine Lebensform für junge Menschen ist. Ganz anders als die Gespräche und Freundesdienste, die ich mit diesen Männern tauschte, war das »Erlebnis« Annabel. Alles an ihr war wie aus einem Guss – stark, gesammelt, tatbereit, sehr preußisch und sehr gütig. Preußen, dachte ich, sollten immer Preußinnen sein.

Im letzten Kriegsjahr, gleich nach ihrem Abitur, war Annabel Sekretärin von Claus Graf Stauffenberg gewesen. Als am 20. Juli 1944 abends der Nachrichtendienst das Scheitern des Attentats auf Hitler gemeldet hatte, war die Neunzehnjährige zu ihrer Mutter, der Schwester der Grafen Paul und Peter Yorck, gegangen und hatte gefragt: »Was müssen wir jetzt tun?« (wohlgemerkt nicht: »Was soll ich jetzt tun?«). Die Mutter hatte geantwortet: »Geh auf Dein Zimmer, mein Kind, und lerne Gedichte!«

Von der Art waren ihre Geschichten – genau, wie in Stein gemeißelt und doch durchblutet, ohne jegliches Pathos vorgetragen. Die Spannung entstand aus einem permanenten *understatement*. Wie meine leibliche Mutter konnte sie mehr erzählen als andere Menschen, weil sie mehr erlebte. Ihre Haupteigenschaft war Aufmerksamkeit – eine Tugend der Sinne und der Seele. Es gab Tee bei ihr und immer irgendetwas Köstliches zu essen: Nüsse, Honigkuchen, *peanut butter*. (Sie war jemand, mit dem man teilte, was man hatte; auf den Schwarzen Markt ging sie jedenfalls nicht.) Dabei erzählte sie von ihrer Kindheit, von Klein Oels und dem Urgroßvater, dem Dilthey-Freund, der die Buben (ihre Onkel) auch bei Tisch »bildete« (das heißt in Schulkenntnissen examinierte: »Und nun die dritte Deklination!« Peter: »Lego, legis, legit, legimus, legitis, legunt.« »Gut! Und nun Paul, dasselbe rückwärts!« Paul, zum Staunen aller: »Tnugel, sitigel, sumigel, tigel, sigel, ogel.«), von ihrer eigenen Schule und ihrem Chef, von der Flucht aus Schlesien in Eiseskälte mit Rad- und Deichselbruch, dramatischen Flussübergängen – und nicht weniger dramatischen Grenzgängen seither. Die Nachdenklichkeit, die ihre Berichte auslösten, übertraf meist die Heiterkeit – und ließ mich verstummen. Wie wird man ein solcher Mensch? Woher solche Kraft und Weisheit – und alles ganz ohne Studium? Wozu braucht man dieses eigentlich?

Eines Tages segelte eine stolze Fregatte in unseren schon so belebten Hafen: Maria von Wedemeyer. Ich lernte sie 1947 auf einem Fest zum Gedenken an Albrecht Haushofer kennen. Carl Friedrich von Weizsäcker hielt den großen Festvortrag; im Stadttheater führte man ein Stück von Haushofer auf, das, glaube ich, »Chinesische Legende« hieß; und Blanvalet brachte seine »Moabiter Sonette« heraus. Zu diesem Ereignis war auch mein Vater als Haushofers Kollege im »AA« gekommen. Einen »anschließenden Empfang« gab man damals aus solchem Anlass noch nicht, aber die Festgemeinde blieb zusammen, und auf trat Juno Ludovici. Maria wiederum war die Verlobte von Dietrich Bonhoeffer gewesen und gehörte schon deshalb in diesen Kreis von Widerständlern und solchen, die es wenigstens gern gewesen wären. Bis dahin war in Göttingen nur einer aufgetreten, Martin Niemöller. Alle anderen waren allenfalls »Nazigegner«, hatten ihre Vorbehalte gehabt und sich diesem oder jenem entzogen – Halbhelden mithin, die dem, was Maria für Dietrich, meine Schwester für ihre Gefangenen, meine Mutter für von Euthanasie Bedrohte, mein Vater für seine jüdischen Schützlinge riskiert hatten, nichts zur Seite stellen konnten. Auch Niemöller hatte in der St. Jakobi Kirche nur einen schwachen, weil vermutlich zu oft wiederholten Vortrag gehalten, in dem er die eigenen Taten nicht rühmen mochte. Die Kirche war dunkel, der Raum überfüllt mit Menschen und Erwartung, die Botschaft schmerzlich. Sie bestand in einer hartnäckig wiederkehrenden Frage: »Wo wart ihr?«, dem nachdrücklichen Bekenntnis: »Auch ich bin schuldig!«, der so mutigen wie umstrittenen Anklage: Die Behauptung, nichts gewusst zu haben, sei »bei jedem erwachsenen Menschen unwahr«. Dies spaltete die Hörer – hie Selbstanklage, da Selbstrechtfertigung. »Ja, als Martin Niemöller hätte ich auch so tapfer geredet – ihn schützte ja die Weltöffentlichkeit«, grummelte einer hinter mir und hatte nicht *ganz* Unrecht. (Als ich 1948 nach Amerika kam, kannte dort jedermann drei Deutsche: Hitler, Schmeling und Niemöller.) Ich drehte mich zu dem Grummler um und sagte: »Entscheidend aber war doch, dass der kleine Dahlemer Pastor, anders als der Papst und die meisten Bischöfe, sich an sein Christentum gehalten hat!« Der Hintermann zog es vor, nicht zu antworten. Als Niemöller am Ende der Veranstaltung bat, man möge seine Vortragsreise durch Deutschland mit einer kleinen Benzinspende unterstützen – »abzugeben in der Sakristei« –, maulte mein Hintermann erneut und vernehmlich: »Es steht geschrieben: ›Gehet hin in alle Lande!‹, nicht: ›Fahret Auto in alle Lande!‹« Dazu schwieg nun wiederum ich.

Bonhoeffers Verlobte sprach über alles in der Welt, nur nicht über Dietrich Bonhoeffer und das, was sie für ihn getan hatte. Schon gar nicht an diesem Abend, der in den Zauber getaucht war, den nur eine erste Begegnung hat. Schon am übernächsten Abend war ich bei ihr eingeladen – in ihre sturmfreie Bude beim Theologen Iwand. Sie hatte ein CARE-Paket bekommen, und wir aßen Milchpulver pur, mit Löffeln. Wir erzählten einander, wer wir waren – und taten das von da an sehr oft. Kreuzbergring 105 und Nikolausberger Weg 112 waren sieben Minuten voneinander entfernt. Man musste sich nicht einmal verabreden, man kam einfach so oft wieder, bis der andere zu Hause war.

Marias Mutter, eine Kleist-Retzow, ihre ältere Schwester Ruth-Alice, die Bismarcks, in deren Familie diese eingeheiratet hatte, und etliche jüngere Geschwister waren in Ober Behme, irgendwo zwischen Westfalen und Niedersachsen, versammelt, wohin ich aus gewiss bedeutendem Anlass eingeladen wurde – erinnerlich ist mir nur, dass wir ausgelassen und unersättlich getanzt haben. Es war Sommer, der Gutshof kompensierte unsere Scheunenunterkunft mit Lindenduft und romantischem Wassergraben um das Herrenhaus; der Mond schien auch. So glücklich konnte man sein, dass selbst die Mücken nicht störten.

In der Begegnung mit der Familie wurde anderntags freilich aller pommerscher Tiefsinn nachgeholt, den Maria weggestrahlt hatte. Die Mutter redete in der Sprache Kanaans; Ruth-Alice raunte halb tiefenpsychologisch, halb urchristlich; von beiden ging eine vereinnahmende und furchterregende Glaubenskraft aus – das »Leuchten von Berneuch(t)en«, wie ein gefährlich anmutiger Rivale spottete. Mit Maria dagegen kam man von Christus immer ganz mühelos zur Wirklichkeit.

Auf unserem Osterspaziergang 1948 – ihre Abreise in die USA stand bevor, die Frühlingsluft war gespannt mit Entscheidung, irgendwo lagerten wir in der Sonne, hatten füreinander allerlei im Gebüsch versteckt, wussten schon, dass uns nie wieder Ostereier so gut schmecken würden wie die aus CARE-Milchpulver, CARE-Kakao, CARE-shortening und Zucker hergestellten – redeten wir wieder über unsere Kindheit, unsere verehrten Väter, unsere schwierigen Mütter. Sie war als das begabteste Kind der Familie nach Heiligengrabe verschickt worden, um das Abitur zu machen. »Alle bekamen Pakete,« erzählte sie. »Ich aber bekam eine Kiepe voll Äpfel. Auf dem angehängten Expressgut-Zettel stand: ›Gruß, Mutter. Brief unterwegs.‹ Der kam auch, war voller Theologie, Mahnungen und Fragen – ›Vergiss nicht ...!‹ und ›Hast du auch ...?‹ Den Satz: ›Wir vermissen dich sehr!‹ gab es nie.« Nach einer Pause fügte Maria hinzu: »Weißt du, ein kleines Band und ein sorgsam gefaltetes Papier um ein Geschenk – wie um das Tonschälchen, das du mir geschenkt hast –, das ist oft wichtiger als der ganze Inhalt.«

Auch auf dem Heimweg habe ich das von ihr offenbar erwartete Wort nicht gesagt. Ich hatte ein leeres Schneckengehäuse aufgehoben und ihr geschenkt, ohne mir etwas dabei zu denken – es war nur einfach schön. Sie fing an, Stück für Stück davon wegzubrechen. Den kleinen Rest zeigte sie mir: »Genau so bist du, Hartmut: Es fängt verlockend an; man folgt der Verlockung nach innen; je weiter man kommt, umso mühsamer und enger wird es; und ganz tief drinnen – ist nur ein kleiner Schmutz, der einem nichts sagt.«

Sie brauchte für ihr amerikanisches College noch das Gutachten eines Professors. Ihre eigenen Mathematikprofessoren kannten sie nicht oder waren sonst ungeeignet, ein solches zu schreiben.»Du kennst doch so viele Professoren hier ...« Ich ging zu Hermann Heimpel und erläuterte die Zumutung:»Mit Geschichte hat sie nichts zu tun. Ihr Hauptfach ist Mathematik. Trotzdem: Ich bitte Sie *jetzt* darum – *hinterher* werden Sie selber sagen, dass es dieser Bitte gar nicht bedurft hätte.« Er empfing Maria, unterhielt sich eine Stunde mit ihr und tat das Geforderte. Mir sagte er hinterher augenzwinkernd:»Hauptfach Mathematik? – Hauptfach Wille!«

Axel, Detlev, Maria sind inzwischen tot. Dass die Freundschaft und die Gespräche mit Carl Friedrich und Richard von Weizsäcker bis heute fortdauern und also, wie man heute sagt,»nachhaltig« sind, liegt nicht daran, dass beide leben, sondern dass sie damals dem flackernden, an sich zweifelnden, sich darum dauernd selbst überfordernden Hentig standhielten. Ohne diese beiden wäre ich nicht erwachsen geworden. Jeder von ihnen ließ mich auf seine Weise wissen: Humani nil a me alienum puto. Dieses Bekenntnis des Terenz hatte ich bei Goethe gelesen – jetzt erfuhr ich, was es vermag. So sehr und so unterschiedlich sie sich für mich interessierten, nie habe ich mich»geprüft«, gar »ertappt« gefühlt.

Carl Friedrich kam 1946 nach Göttingen, ein noch junger Physiker, den die Siegermächte auf dem englischen Landsitz»Farm Hall« bei Huntington zusammen mit den Spitzen der deutschen Atomforschung – Hahn, von Laue, Heisenberg und anderen – interniert und zur Atombombe befragt hatten, die Nazideutschland hätte bauen können oder hatte bauen wollen. Er bezog eine Wohnung in einem von den Engländern bereitgestellten»compound« auf dem Versuchsgelände der Max-Planck-Gesellschaft und hielt gleich im Sommersemester eine Vorlesung, die vom ersten Tag an völlig überlaufen war:»Die Geschichte der Natur«. Was auch sonst sich in Göttingen ereignete, es wurde neben dieser These und ihrer Ausführung zur Bagatelle. Stunden im Voraus waren die Plätze des Mathematischen Instituts in der Bunsenstraße besetzt. Fand dort vorher eine andere Vorlesung statt, so nahm man die mit »in Kauf«; Sitze der Studenten und Studentinnen, die dann gingen, wurden mit Aktentaschen, Büchern, Federmappen für die eigenen Freunde als »schon belegt« erklärt (was ist das Minimum: ein Bleistift? ein Radiergummi? eine Streichholzschachtel?); die Fensterbänke, die Heizkörper, die Gänge – alles war voll mit Kommilitonen aus allen Fakultäten, und alle ließen sich nicht etwa »die Natur« erklären, also das, was der Menschengeschichte als das sich immer Gleichbleibende gegenübersteht, sondern die unerhörte, die übersehene, die verdrängte Geschichte unseres Bewusstseins vom beiderseitigen Verhältnis. Seit Hegels »Phänomenologie des Geistes« hat keine Generation etwas Ähnliches erlebt, und vor Hegel musste man auf Kopernikus und Galilei, vor diesen auf Platon und Aristoteles zurückgehen, um eine ähnliche Wende der Erkenntnis zu erleben, einen so einschneidenden »Paradigmenwechsel«, wie man sechzehn Jahre später gesagt hätte.

Die Väter Weizsäcker und Hentig kannten und misstrauten einander. Die Söhne gingen mit umso größerer Neugier aufeinander zu. Ich meldete mich bei Carl Friedrich unmittelbar, nachdem Axel ein Zimmer in dessen geräumiger Wohnung in der Bunsenstraße bezogen hatte, wurde eingeladen und aß mit der schon vollständigen typischen Weizsäcker-Familie (immer drei Jungen und ein Mädchen) zu Abend. Es ging einfach und geistvoll zu. Die Hausfrau war herzlich und schwyzerisch rau; die Kinder kamen mir je total verschieden voneinander vor; Carl Friedrich von Weizsäcker hörte zu und ließ – das war seine größte Stärke – stets wissen: Das und das habe ich gut verstanden, aber das und das ist noch unklar; wie steht es damit? Ganz unschulmeisterlich deckte er alle Verknotungen, alle Leichtfertigkeit, alle Denkversäumnisse auf. Noch mehr als bei Axel lernte ich an der klaren Formulierung des mir freundlich unterstellten Gedankens und im Gefolge davon durch den Wechsel von Anspruch und Bescheidung.

Vor jeder Verabredung fragte Carl Friedrich: »Worüber werden wir reden?« Dann gab er das zeitliche Mindestmaß an, das wir voraussichtlich dafür brauchen würden. Er unterbrach seine Arbeit für die eineinhalb oder zwei Stunden vollständig und zog sich mit mir in sein Arbeitszimmer zurück. (Was für ein Geschenk, um nicht zu sagen Opfer, bei einem so allseitig begehrten Mann! Als ich an einem Samstag bei ihm erschien, fiel mein Blick auf einen Stapel von mindestens dreißig

Briefen auf der Kommode neben dem Eingang. »Ach, das ist die heutige Post«, kommentierte Carl Friedrich. »Es gehört zu meinem Wochenendvergnügen, dass ich sie nicht öffne!«)

Eigentlich hätte mir bei so strenger Ökonomie der Sache und der Zeit bange werden müssen – ich kam doch mit lauter *Ungewissheiten* zu ihm, die ich nicht einmal in geordnete *Fragen* zu bringen gewusst hätte. Aber Carl Friedrich nahm mich mit seinem Denken mit: »Du möchtest wissen, was ein Naturwissenschaftler meint, wenn er von Natur-*Geschichte* redet. Du sagst, du selber benutztest das Wort ›Geschichte‹ in Verbindung mit ›Natur‹ in einem anderen Sinn als in Verbindung mit Menschheit, Völkern, Kulturen, und du gibst ein Beispiel: Dein Thukydides habe eine ›Naturgeschichte‹ der menschlichen Gewalt geschrieben und damit den Menschen den anderen Naturerscheinungen zugeordnet – Vegetationsperioden, Krankheiten, Dürren, Mondfinsternissen und so fort. Ja, tut er denn das wirklich? Wie lauten denn seine Unterscheidungen auf Griechisch?« Immer ging es zuerst um die genauestmögliche Einkreisung und Beschreibung des Fragstücks.

»Du meinst, man könne von der ›Geschichte der Natur‹ durchaus sprechen, wenn man vorher klargemacht habe, dass es sich um eine Analogie handele: Es gebe in der Natur genauso irreversible Veränderungen wie in der ›Geschichte‹ des Menschen. Im letzten Teil meiner Vorlesung – du wirst es sehen – zeige ich, dass der Mensch ein Bewusstsein von der Geschichtlichkeit hat oder doch haben kann; die Natur hat das nicht. Da kann man natürlich zurückfragen: Woher weißt du das?« Immer musste eine behauptete Gewissheit begründet werden.

»Du fragst, ob es überhaupt denkbar sei, dass die Griechen unsere Geschichtlichkeit nicht kannten. Darüber muss ich noch nachdenken, das weiß ich so nicht.« Immer der Anspruch auf die Prüfung, immer die gelassene Abwehr der Zumutung, alles schon gedacht zu haben.

Wie wunderbar spielerisch der Geist – das Bezeichnen und Deuten, das Einnehmen und Preisgeben der Erscheinungen – sein kann, hatte ich bis dahin nie erfahren. Ausgerechnet der Naturwissenschaftler lehrte mich die Freiheit des Denkens. In Carl Friedrichs Haus konnte man Volapük sprechen; mühelos setzte die Familie den Satz fort, der mit

»Aa Ab Ag Be Bed Brom Bron« begann, nämlich: »Crn Cro Duc Dud Ev Ew Fris Fro Got Gotl Herp Herr Iss Ist Kip Kir Lagh Logi Mad« etc. bis »Tham Valk« – die Beschriftung der bis dahin erschienenen Bände des neuen Brockhaus (Vall Welh und Weli Zz fehlten damals noch); vergnügt steigerte Carl Friedrich »Es singt im Mai der Maier meist / Wenn du der Ley die Leier leihst« (und das nicht nur in zwei Zeilen, sondern manchmal über ganze Geschichten hinweg!); er schüttelreimte *ex improviso* und *ad occasionem* »Wenn Hentigs ihre Taufen hatten / sie es gleich in Haufen taten«; er notierte eine Telefonnummer eines Gastes und wusste alsbald: Dies ist die erste sechsstellige Primzahl ...

Wir spielten hochgespannt und übermütig ein von Carl Friedrich erfundenes Spiel: Vier Personen gehen aus dem Zimmer; die übrigen denken sich eine Geschichte aus, in der ein Diebstahl, ein Mord, eine strafwürdige Tat geschieht, und legen die Umstände derselben fest – in fünfzehn bis zwanzig Zeilen; dies wird aufgeschrieben und in ein Kuvert gesteckt; drei weitere gleich aussehende Kuverts enthalten ein leeres Blatt; die vier Kuverts werden gemischt und an die wieder Hereingerufenen blind verteilt; nur einer von ihnen »weiß« die Geschichte; er ist der Täter, die anderen sind unschuldig; alle vier gelten als verdächtig; die »Zurückgebliebenen« sind erst die Ermittler und versuchen durch Fragen den allein Wissenden und also Täter herauszufinden, der natürlich mit Hilfe seines Wissens zu entkommen sucht; danach fällen sie das Urteil. Dreimal habe ich mit fester Überzeugung den Falschen verurteilt. – Was für eine Belehrung in Fragen menschlicher Gewissheit!

Richard von Weizsäcker erschien erst zum dritten Nachkriegssemester in Göttingen und verließ es nach etwas über einem Jahr wieder, um in Nürnberg als noch unfertiger Jurist seinen Vater zu verteidigen – an der Seite von Hellmut Becker und eines amerikanischen Anwalts. Was Carl Friedrich zur Klärung der Gedanken und Vorstellungen an mir tat, tat Richard zur Klärung der Empfindungen und des Geschmacks. Wir sprachen zunächst über unsere Väter und ihre unterschiedliche Auffassung davon, wie Hitler in den mörderischen Arm zu fallen gewesen sei. War unsere gegenseitige Sympathie von vornherein so groß, dass wir einer ausdrücklichen Einigung hierüber nicht mehr bedurften, oder war die Sympathie die Folge dieses *truce of opinions?* Wir machten lange Spaziergänge und erkundeten einander dabei. Das war für ihn leichter als für mich: Ich exponierte mich arglos und ungeschickt, er verbarg sich in klugen Sentenzen, und oft ging ein Gespräch in Richards verzweifeltem Schluss-Seufzer unter: »Aber, Hartmut! Glaub mir, es ist wirklich alles ganz ganz anders!« Natürlich hatte er recht, gegen meine *terribles simplifications* zu protestieren: Stefan George sei ein hochmütiger (und obendrein unaufrichtiger) Priester; Bach habe die Musik zu ihrem *telos* (nämlich, die Seele zu ordnen) gebracht; Axel sollte aufhören, sich mit Jurisprudenz zu quälen, mit der Umwandlung von unregelmäßigen Menschen in verwaltbare Begriffe (Axel sei doch in erster Linie ein Menschenführer, gar Menschenverführer – so jedenfalls stellte ich mir Platons Philosophenkönig vor, nicht wie einen Rudolf Smend!). Aber das Urteil drängt nun einmal zur Verdichtung – ich suchte Deutlichkeit, nicht Gerechtigkeit. Richards Gabe der Differenzierung hingegen war ebenso bewundernswert wie unübertragbar. Welches Bedürfnis ihn dabei antrieb, konnte ich immerhin ahnen, als ich seinen Lieblingsroman, Stendhals »La Chartreuse de Parme«, las; da war ich wochenlang in seine Welt eingetaucht: hochkomplexe, changierende Beziehungen, nie eingelöstes Glück, immer wieder »alles ganz ganz anders«.

Wir gingen viel ins Theater, das in Göttingen zugleich die Oper war. Der Umstand, dass Helga immer mehr von meinem Dolmetscher-Job übernahm, gab mir dazu die Freiheit. In dem einen Jahr mit Richard sah und hörte ich: Don Giovanni, Cosí fan tutte, Die Zauberflöte, Fidelio. Richard erklärte den Ersten zur größten Oper des 18., den Letzten zur größten Oper des 19. Jahrhunderts. Auf mein Berliner Opernrepertoire zurückblickend, konnte ich ihm nur Recht geben. Dass er schon nach dem zweiten Besuch alle wichtigen Arien zu pfeifen vermochte, machte mich neidisch und ehrgeizig: Spätestens nach dem dritten Besuch *sang* ich, was er nur *pfiff*. (Die Theaterstücke sind am Ende des vorigen Kapitels genannt, wenigstens die wichtigsten.)

In der Zeit, in der er in Nürnberg arbeitete, hatte ich ihn dort dreimal besucht. Er lebte in großer Anspannung, worüber er aber nicht reden konnte oder mochte und erst hinterher in Briefen Auskunft gab, zum Beispiel in dem vom 19. Januar 1948:

Lieber Hartmut,
Du wirst nicht mehr böse, sondern nur noch traurig sein, dass ich immer still war. Und wie soll ich Dir klarmachen, dass es mir dabei genauso geht? Wie anders als in ein paar Sätzen, die sagen, dass ich *hier* dafür noch keine Kraft gefunden habe; dass ich ... eigentlich gestern auf unserem Spaziergang zum ersten Mal in dieser Stadt das Gefühl hatte, zur Stimme der eigenen Person durchgestoßen zu sein; dass eben die Maschine leer ist [...]
Der Prozess läuft seit dem 6. Januar. Wir werden bisher mit Dokumentenbüchern der Anklage überhäuft, dazu nimmt einem der Umfang der Korrespondenz und Besuche von doch immer wieder recht wichtigen Leuten den letzten Atem. Die Richter haben begreiflicherweise zunächst genug mit dem Kapieren von Namen und Daten zu tun. ›Brüning‹, ›Horthy‹ oder ›François Poncet‹ bedürfen noch immer der genauen Erläuterung. Jedenfalls machen sie einen umgänglichen und unvoreingenommenen Eindruck. Viel schwerer geht es bei unseren Nachbarn im Krupp-Verfahren, wo die Hälfte der Anwälte vor drei Tagen wegen ›contempt of court‹ eingesperrt wurden. Jene Richter haben dabei formal sicher nicht falsch gehandelt. Andererseits kannten eben die deutschen Anwälte diese contempt-Regel aus ihrem Recht nicht und waren materiell nicht völlig im Unrecht. – Mit den Anklagevertretern in unserem Prozess besteht auf *persönlichem* Gebiet ein vernünftiges Verhältnis. Der amerikanische Verteidiger meines Vaters ist in erster Linie ausgesprochen nett und angenehm, von klarer und praktischer Intelligenz. Er würde Dir gefallen. – Im Übrigen sind wir noch viel zu sehr am Anfang, um über den weiteren Verlauf etwas sagen zu können. Die Frage, ob ich offizieller Verteidigungs-Assistent werden kann, ist noch nicht entschieden [...] Die für Januar geplante Göttingen-Reise muss ich, so lange die Anklage noch ›Angriffskriege‹ vorträgt, aufschieben [...]

Dass ich im Sommer immerhin eine Botenrolle in seinem Prozess übernehmen konnte, tat mir wohl, konnte mich aber nicht mit der Tatsache versöhnen, dass ich die Reise an, die Wanderung um den Bodensee ohne Richard machen musste. Ich habe sie für ihn geschildert – man kann sie in »Fahrten und Gefährten« nachlesen.

Einmal gelang es uns beiden in Nürnberg, ganz »auszusteigen«: Wir besuchten ein, wie ich fand, abscheuliches Motorradrennen; für ihn, der als Bub eine Vorliebe dafür gefasst und diese seit Kriegsende nicht mehr bedient hatte, war es Erinnerungsglück; wir vertranken einen guten Teil seines Kopfgeldes aus der eben erfolgten Währungsreform; wir gingen den langen nächtlichen Weg durch die Trümmer heim zu seinem Quartier – torkelnd und dummes Zeug redend: Ich war zum ersten Mal in meinem Leben beschwipst. Am anderen Morgen wohnte ich auf der Tribüne dem Prozess bei – im selben Raum, in dem der große Kriegsverbrecherprozess geführt worden war. Ich verstand alles und nichts. Es war eine raschelnde Papierschlacht.

Ich habe mich oft gefragt, warum ich unter den Professoren und Kommilitonen meiner eigenen Disziplin keinen fand, dem ich meine Fragen und Ansichten hätte mitteilen können oder mit dem ich ein Gespräch hätte führen mögen. Die drei Ausnahmen sind selbst eine Antwort auf die Frage: der Oberassistent im historischen Seminar, Reinhard Elze, der gleichaltrige August Nitschke und der doppelt so alte Josef Stallmach. Sie erkannten gleichermaßen, dass ich zwar »eiferte«, aber nicht »studierte« – sie nahmen sich meiner Schwächen an: der gütige, an seinem Bechterew schwer und unauffällig leidende Elze, indem er mir gestand, wie schlecht sein Latein war, als er sein Studium begann, und indem er mir Grammatiken und Lexika schenkte, die ihm inzwischen entbehrlich geworden waren; Stallmach, indem er die Übungstexte aus den Seminaren mit mir sorgfältig – Wort für Wort – durchging und jedes Mal fragte: »Wenn ich nicht hier säße, wie, mit welchen Hilfsmitteln würden Sie das Problem zu lösen versuchen?«; August Nitschke hingegen, indem er mir seinen gerafften und geordneten Vorlesungs- und Übungsplan zeigte und mich beschwor: »Arbeiten Sie eine einzige Tragödie des Sophokles durch – erst dann nützt Ihnen das, was Walter F. Otto von weither und ganz oben darüber redet.«

Stallmach hat mir noch Briefe geschrieben, als er – Jesuit und Theologe – nach Tübingen gegangen war, um dort seine Abschlüsse zu machen. Ich muss auf ihn und meine Mitmenschen – das geht aus seinen und anderen Briefen hervor – damals einen ziemlich erbarmungswürdigen Eindruck gemacht haben: »Warum glauben Sie nicht an den Reichtum Ihres Wesens?« »Sie sollten nicht so lieblos gegen sich sein!«

»Du treibst so schrecklichen Raubbau mit Deinen Kräften und Deinem Selbstbewusstsein.« »La souffrance, telle qu'elle habite en vous est parfois intolérable, mais quel signe de vie et quelle grâce pourtant!« »Warum redest Du Dir ein, Du könntest Dich nicht mit vollem Einsatz einer Sache hingeben. Bist Du nicht schon ein guter Töpfer?« »Dass ausgerechnet Deine Liebe Dich einsam macht [...]« »Ich wünsche Dir elementare Gelöstheit [...]« »Ist es, dass Du einen alten quengelnden Zweifler und Nörgler in Dir hast? [...] Ich würde mich an Deiner Stelle nicht von Herrn von Weizsäcker trösten und verzweifeln lassen! Von Richard, ja!« – Diese besorgten Äußerungen haben sich erhalten – und keine Erinnerung an ein Wesen, das dazu passt. Ich war kreuzunglücklich, aber nie verzagt. Und: Mein Bedürfnis nach Zuwendung habe ich wohlweislich verborgen – außer vor Menschen, die unfähig waren, es wahrzunehmen. Eine Schriftanalyse, die eine berufsmäßige Graphologin auf meinen Wunsch hin machte (ich habe die Dame nie gesehen), ergab die üblichen Allgemeinheiten: »Der Schreiber hat seine eigenen Kräfte noch nicht kennen gelernt und noch nicht geübt [...] Es würde ihm vielleicht helfen, von ärztlicher Seite zu erfahren, wie es physisch um ihn steht, ob er hinsichtlich der Funktion seiner innersekretorischen Drüsen gesund ist [...] Er müsste, ehe er vielleicht ins Ausland geht, eine innere Festigung erlangt haben.« Und so fort. Ich war sehr erleichtert über dieses vierseitige Dokument. Es bestätigte: Auch die seelischen Geheimdienstler können nicht wirklich in dich hineinschauen. Warum ich offenbar vor meiner Amerikareise um dieses Gutachten eingekommen bin, ist mir heute rätselhaft. Amerika konnte doch nur Zuflucht sein, nicht eine zu fürchtende Bewährung. Niemand zwang mich ja, dorthin zu gehen.

Weil ich meine Lebensprobleme nicht mit dem heilen konnte, was mir das Studium gab, weil dieses die Fragen nicht beantwortete, die ich angesichts von Personen wie Annabel gestellt habe (s. o. S. 258), beschloss ich, ein Handwerk zu lernen. Ich verließ die Universität nicht, nahm nicht einmal Urlaub – das ließ unser grotesk chaotisches System zu –, sondern »verbrachte« meine Zeit vormittags von 7 bis 14 Uhr in einer Töpferei. Erst in einer, die diesen Namen eigentlich nicht verdiente. Es war eine Tonwarenmanufaktur. Ich leistete dort die im Winter schlicht unerträgliche »Wasserarbeit«: das Herbeischleppen des Wassers vom Hof, das Anrühren des Gusses, das Einfüllen desselben in die Gipsformen, die Entnahme, wenn der Ton sich genügend verfestigt hatte, und am Ende das Reinigen der Formen mit Wasser. Das war in dem kalten Winter 1946; meine Finger froren auf den 200 Metern Tragstrecke am Henkel des Eimers fest; mein Arbeitsraum war ungeheizt.

Im Hause des Kunsthistorikers Horn kannte man eine andere, eine »richtige« Töpferei, die der Eva Kumpmann. Die war zwar noch weiter entfernt – in einem Schuppen der Saline Luisenhall –, aber auf den drei fußbetriebenen Scheiben stellten eine veritable Meisterin und ihre drei weiblichen Lehrlinge wunderbares Geschirr und wunderliche andere Dinge her: igelförmige Spardosen, Lampenfüße, Kerzenhalter, Spiegelrahmen, Stövchen. Verkauft wurde die Ware in einem winzigen Laden neben dem Hotel »Sonne« – sofern sie nicht als Tauschgut für Glasuren, Briketts und die Anreicherung der Gemeinschaftsküche gebraucht wurde.

Die Damen nahmen mich in ihre Gemeinschaft auf, die perfekteste Kommune, die man sich denken kann. Jeder war zu jeder Zeit bereit, alles zu machen. Einer schlief in der dafür eingerichteten Koje, überwachte das allwöchentliche Brennen und bewachte gleichzeitig das Anwesen; er kochte auch Tee für die um 7 Uhr im Sommer, um 8 Uhr im Winter eintreffenden anderen; die einen drehten, die anderen trugen den schmückenden Beguss auf oder ritzten Ornamente in die Engobe, andere räumten den Schrüh-Brand ein; gemeinsam räumten ihn alle nach 24 Stunden wieder aus – neugierig auf das Ergebnis; einer »henkelte«, einer glasierte, ein Dritter fing schon an, das Mittagessen zu kochen, und alle sangen ununterbrochen. Ich lernte Dutzende von sonst nie gehörten Liedern (»Es reiten itzt die ungrischen Husaren, von Ungarnland hinauf bis an den Rhein«, »Ich trag von Gold ein Ringelein, Schatz, an meinem Fingerlein«, »Es steht ein Schloss in Österreich, das ist gar hoch gebauet«), und weil ich die mir obliegende zweite Stimme meist nicht durchhielt, übernahm dies Ika Schillbock oder Heilwig von Wangenheim oder Else Kunze spontan. Überhaupt, wer was wann tat, ergab sich aus der Beobachtung, die alle dem Ganzen schenkten. Mich freilich hatte man als nicht gelernte (und eigentlich auch nicht gebrauchte) Manneskraft angestellt: Ich musste den trockenen Ton zerbröseln, sieben, mit Wasser ansetzen, bei geeigneter Konsistenz die

Luft rausschlagen, ihn gleichmäßig durchkneten, in feuchte Tücher abpacken und bei Bedarf in der Drehstube anliefern. Das passierte im offenen Teil des Schuppens – man ließ die Tür auf, damit ich mitsingen konnte. Alle sechs Wochen gab es ein Fest – unsere christlichen Feiertage, Geburtstage der Belegschaft, Glückstage (eine Glasur war besonders gut gelungen!) –, dann wurde Kuchen gebacken, man hatte gedichtet, man beschenkte sich gegenseitig.

Nachmittags war ich doch wieder Student, besuchte die großen Vorlesungen von Hans Heinrich Schaeder, Nicolai Hartmann, Hermann Heimpel, die Seminare von Herman Nohl (Platons Staat), Kurt Latte (Lysias) und Ludolf Malten (Homer, Ilias, Buch Z) und ließ auch die Naturwissenschaften nicht aus: den stupenden Experimentalphysiker Pohl, den Astrophysiker Ten Bruggencate, und belegte sogar – um Marias willen – eine Einführung in die Algebra. (Sie begann mit dem Satz: »Vergessen Sie alles, was Sie im Mathematikunterricht der Schule gelernt haben; ich setze nur die Kenntnis der Zahlen 0 bis 9 voraus; den Rest bringe ich Ihnen bei.« Der junge Professor versprach, mein zweiter Leonhard Euler zu werden – aber, wie bei diesem, brach mein Mitdenken bei den Potenzen ab. Die Irrationalzahlen führten in eine Welt jenseits meines Verständnisvermögens. In dieser Hinsicht war ich ein hoffnungsloser »Grieche«!) Dass ich sogar Vorträge von Juristen hörte, wird man bei dem Freund von Richard von Weizsäcker, Wolfgang von Buch und Klaus Ritter nicht verwunderlich finden. Wenn ich aber Franz Wieackers Vorlesungen zum Römischen Recht – welch ein Genuss! – nicht gehört hätte, ich hätte von dieser größten Leistung der Römer nichts vernommen. Meine Latinisten schweigen sich darüber aus.

So faszinierend war die stets frei vorgetragene, auf die Minute genau beginnende und mit der angebahnten Pointe eben so pünktlich endende Vorlesung von Nicolai Hartmann, dass ich sie nie versäumt und vollständig mitgeschrieben habe – erst seine Ontologie, dann seine Ethik. Seine gedankliche Genauigkeit – ihr entsprach die leise, hoch artikulierte baltische Aussprache – hatte etwas Erbarmungsloses, wie er denn auch als Mensch, mit Verlaub, »unmenschliche« Züge hatte. Er unterbrach seinen Satz, wenn im Saal irgendeine Unruhe entstand, ein Student einen Bleistift hatte fallen lassen und beim Suchen desselben anderes mit vom Pult riss, gar wenn einer wagte, den Raum zu verlassen, und setzte mit dem nächsten Wort erst wieder ein, wenn die Ruhe vollständig wiederhergestellt war. Im Winter 1946/47 wollte ich an seinem Aristoteles-Seminar teilnehmen. Es war *privatissime et gratis*, man musste sich also vorher persönlich anmelden. Das gelang mir nicht, weil er an kalten Tagen seine Sprechstunde – in den ungeheizten Institutsräumen – nicht einhielt und sein Assistent nur vormittags bereitstand, wenn ich in der Töpferei arbeitete. Ich versuchte ihn also vor der ersten Seminarsitzung abzufangen. Aber er war, wie ein Chefarzt, von seinen Adepten umringt, und so strudelte ich unangemeldet in die etwa 20-köpfige Veranstaltung. Die wenigen Äußerungen, die ich in den zwei Stunden gemacht habe, schienen ihm zu gefallen, – sie waren unzünftig und kamen ihm darum wohl originell vor. Am Ende des Seminars, als die anderen ihre Studienbücher zum Antestat vorlegten, bekannte ich ihm, dass ich aus Mangel an Gelegenheit dieser Sitzung ohne Anmeldung beigewohnt hätte. Nicolai Hartmann blickte mich eiskalt an: »Sie haben,« sagte er mit vernehmlicher Schärfe, so dass alle Regung im Raum erstarrte, »gegen den heiligsten Brauch von Academia verstoßen. Raus mit Ihnen!« Ich entschuldigte mich und dackelte an den empört dreinblickenden Jungakademikern vorbei nach draußen. Im Sommer 1947 konnte ich den »heiligen Brauch« einhalten; man war ein Buch weiter in der »Metaphysik«; der Fehltritt wurde nicht erwähnt.

Ganz anders Hans Heinrich Schaeder: Er war allen Studenten mit gleicher Höflichkeit zugewandt; jeder, der ihm zuhörte, beglückte und befeuerte ihn; redend kamen ihm mehr Gedanken, als er Gelegenheit hatte, sie loszuwerden, so dass man vermied, gleichzeitig mit ihm die Vorlesung zu verlassen: Er begleitete einen dann bis nach Hause, nur um noch »diesen Gedanken des Anaximander in seiner ganzen Tragweite« zur gewünschten Klarheit gebracht zu haben.

Der brillanteste akademische Lehrer war Hermann Heimpel: Anschauliche Bilder malend, geistvoll, in seinen Gegenstand verliebt, machte er uns zu wachen Beobachtern und Liebhabern seiner Herzöge von Burgund, seiner Mönche in Flandern, seiner Steuereinnehmer in Augsburg. Er wurde nie mit seinem Pensum fertig (so wenig übrigens wie alle anderen Historiker: Siegfried Kaehler las schon im dritten Semester eine Geschichte des Ersten Weltkriegs und war noch immer nicht über Bismarcks Entlassung hinausgekommen), aber das konnte man ja lesend zu Ende bringen. Bei Heimpel lernte man – in der Vorlesung! – die Kunst der Forschung: wie welches Ereignis zu welcher Frage führt (»Warum wollte eigentlich ...?« »Wozu hat ...?« »Wieso konnte ...?«) und darum zur erneuten Lektüre welchen Dokumentes zwingt. Heimpel verkündete »das Königsrecht des geringsten Details«. Historiker, die es nicht achten, vollenden zwar meist ihre Geschichte, petrifizieren sie aber auch. Ein lebendiges Bild von einer vergangenen Epoche gibt es nur als vorläufiges, hypothetisches, paradigmatisches.

Heimpel stieg gern und mühelos zu dem »gemeinen« Studenten herab. Das tat er später vor allem in dem von ihm mitbegründeten Historischen Colloquium, einem Studentenwohnheim, in dem freilich so etwas wie die *crème de la crème* der Junghistoriker versammelt war. Er tat es auch in meinem Fall, wobei er jedoch »hinab hinauf« steigen musste: in das Dachstübchen, in das ich gezogen war, nachdem eine Freundin von Helga meinen Platz im Dolmetschdienst und in der Schillerstraße eingenommen hatte. Die letzten drei Meter musste man auf einer steilen Stiege hinter sich bringen, die eher eine Leiter war. Er kam, um mit uns Spiele zu spielen, ernst zu reden und witzig zu plaudern – mehr als unsere jugendliche Unbefangenheit hatten wir nicht zu bieten. Brot, Käse und Kadarka oder einen ebenso billigen Rottweiler wie zehn Jahre später gab es nicht. Acht bis höchstens zehn Personen konnte ich in die mit einer Bettcouch, einem Schreibtisch, Tischlampe, Stuhl, Bücherregal, Bildern von Emma Dina, einem Teppich möblierte Idylle einladen; man saß auf dem Fußboden; gute Laune ersetzte die Polster, lustige Einfälle das Gastgeschenk. Wir waren eine *happy band of brothers and sisters*, die alle wussten, was »kapplern gehen« hieß (Frau Kappler, meine Wirtin, lebte im Erdgeschoss – dort befand sich auch das Klo, für den Fall, dass man nicht das Gelände vorzog); die verstanden, dass zwei parallel von oben nach unten geführte Hände eine Säule bedeuteten, die ihrerseits für »Antike« stand (ein Wissen, mit dem man die oft arg schwierigen Scharaden etwas schneller auflöste); die sich alle gegenseitig so gut kannten, dass sie einander bei der »Afrikanischen Rede« trefflich herausfordern oder nachahmen oder auf den Arm nehmen konnten. (Bei diesem Spiel setzen sich zwei Personen dicht hintereinander; der Vordere verschränkt die Arme auf dem Rücken und redet; der Hintere streckt die seinen unter dessen Achseln durch und macht die Gesten dazu; mal folgt das Wort der Geste, mal umgekehrt, und immer mit einer unberechenbar erheiternden Verschiebung.) Historisch gebildet, wie wir uns dünkten, ließen wir in einem anderen Spiel zwei Personen aufeinanderstoßen, die entweder wussten, wer der andere war, aber nicht sie selbst – oder umgekehrt. Traf Adenauer auf Luther oder Maria Stuart auf Cäsar, konnte es fünfzehn Minuten dauern, bis sie sich an ihren Fragen und Antworten erkannten. Dass es zwischen Friedrich II. und Voltaire fast eine Stunde dauerte und zwischen den Brüdern Humboldt überhaupt nur mit »Einhilfe« gelang, lehrte uns, dass bei großer Nähe die Konturen verschwinden. Ein Leckerbissen war, wenn ein Neuer in die Runde kam: Mit ihm wettete man, dass er keine drei Minuten schweigen könne. Alle waren selber dabei einmal reingefallen – sofern sie sich an die Regeln hielten – und wären nun geknickt gewesen, wenn einer tatsächlich standgehalten hätte.

Manche Gäste waren ein gutes Publikum, aber unbegabt zum Mitspielen. Als Richard in einer Scharade »Opium fürs Volk« darstellen sollte, sah er sich kurz im Zimmer um, ergriff die gesuchte Bibel, nahm eine Zigarette aus der Tasche und legte sie darauf: »Mehr kann ich nicht,« entschuldigte er sich. Wir anderen maulten, bis einer das Zitat korrigierte: »Opium *des* Volkes«. Das nahm uns zwar nicht den Unmut über Richards Ausflucht, überlagerte sie aber mit dem Wohlgefühl: Was wir doch alles wissen! »Wir«, das waren

Lothar Dohna, der schneller reden konnte als wir denken;

Sophie-Mathilde (Ima) Dohna, eine Wiedergeburt der Athena: Gestalt gewordene Klugheit;

Alexander Schey, Sohn der Schauspielerin Else Eggersberg, deren Mann – Paul Graf Yorck – Ali später adoptierte, der begabteste »junge Hund«, den es in ganz Göttingen gab, zum Schauspieler geboren (und Diplomat geworden);

Hans Lehndorff, der bewies, wie hell und heiter Frömmigkeit sein kann, der Gedichte des jüngeren Kükelhaus – Hermann – auswendig vortrug und der uns mit Erzählungen von seinem Nach-Leben in Ostpreußen faszinierte;

Anton Schwerin-Krosigk, Inbegriff des jungen Landedelmanns: praktisch denkend, selbstbewusst und selbstironisch; in seiner Familie

Spiele in der Dachkammer

in Barntrup (er hatte acht Geschwister) fand ich die allerherzlichste Aufnahme;

Yvonne Kanitz, eine Frau von resoluter Sinnlichkeit und berechtigtem Stolz auf ihre Erscheinung und Herkunft: ihren »Hintergrund« bildeten Schloss Cappenberg, Schloss Nassau und Edel-Weinlagen bei Lorch am Rhein; sie verdrehte Axel so sehr den Kopf, dass er sich mit ihr vorübergehend verlobte;

Wolfgang Buch, Mitschüler meiner Brüder im Joachimsthalschen Gymnasium und mir schon deshalb nah, Flakhelfer und Kindersoldat, auf dem der Krieg und die Opfer an Freunden und Heimat – das Gut Wilmersdorf in der Uckermark – mehr lasteten als auf uns anderen, aus dessen sparsamen und sarkastischen Äußerungen jedoch die Kampflust und Schläue des späteren Anwalts blitzten (zu Unrecht nannten sie ihn meinen »Schatten«, nur weil ich drei Jahre älter war; ich hing ja ebenso an ihm wie er an mir!);

Ada Heynitz, eine von Helgas Stiftsfreundinnen, die schon den Jüngling Hartmut in der Händelallee tief beeindruckte; sie hatte geheiratet und sich von ihrem Mann wieder getrennt, der nach dem Krieg als Peter Grubbe höchst anregende Bücher und Artikel über die Dritte Welt schrieb, was aber die Schatten von seiner eigenen Vergangenheit als Klaus Volkmann nicht dauerhaft vertreiben konnte; Adas schneller Verstand griff uns allen vor, vermied dabei aber jedes »ick bün all do!«; sie habe sich, erzählte sie mir, als junges Mädchen in den Spiegel blickend klargemacht: Eine Schönheit wirst du nicht, dann werde eben intelligent!

Ein reiner Adelsclub, wird man sagen, was an sich nichts Schlimmes ist. Schlimm ist freilich, dass mir dies damals überhaupt nicht bewusst war (und vermutlich den meisten anderen Mitgliedern auch nicht – nicht einmal im Weglassen der Titel).

Außerdem gab es ja doch einige Bürgerliche:

Klaus Ritter (den »rötlichen Ritterling«), Regimentskamerad von Axel und Richard und, wie sie, Student der Jurisprudenz; er war der gründlichste Denker unter uns und darum nicht immer leicht zu verstehen; wurde der Grad der Abstraktion seiner Gedanken auch ihm bewusst, verdeutlichte er das durch eine bestimmte Handbewegung (unregelmäßiges Wackeln mit der Rechten in Kopfhöhe, Handteller nach oben); im Spiel geriet dieser sonst so gesetzte Mann, der mit seiner Rechtswissenschaft unweigerlich bei den großen philosophischen Themen – Willensfreiheit, *physis/nomos* (Positivismus), Wahrheit – mündete, in geradezu kindlichen Eifer;

Erika Heimpel, eine »anmutige Haselnuss« (dies Oxymoron versucht, ihre Zartheit und ihre Festigkeit miteinander zu vereinen), ach, und von zu vielen auf einmal geliebt;

Annelise Stölting, das Gesicht friderizianisch, das Herz franziskanisch: Wer immer wann immer zu ihr kam, wurde mit kräftigem Eintopf gesättigt, eine Florence Nightingale, die ihr Studium gleichwohl gewissenhaft absolvierte und es doch eigentlich nicht brauchte; mit ihrer Unermüdlichkeit hätte sie das kleine heimische Gut auch so erfolgreich geführt;

Helmut und Heinz Fritzsche, zwei groß gewachsene, Sympathie einflößende Germanen, von denen der eine später meine Schwester Helga heiratete.

Herbert Schöffler hätte sich gefreut, wie seine Empfehlung, als ganze Person und also vornehmlich auch außerhalb von Kolleg und Seminar zu studieren, von uns erfüllt wurde. Eines konnten wir nicht: die Universität wechseln, gar ins Ausland gehen. Es gab Programme hierfür von UNESCO, HICOG und OMGUS, es gab Bemühungen einzelner ausländischer Universitäten und Professoren – aber das kam kaum einem einzigen Prozent der deutschen Studentenschaft zugute. In den amerikanischen, britischen und französischen Zonen organisierten die Universitätsoffiziere darum Ferienkurse, zu denen Ausländer – auf eigene Kosten – nach Göttingen, Marburg, Hamburg, Köln, Aachen, Erlangen, Tübingen, Freiburg, Mainz kamen. Der Studentenschaft in Göttingen, unterstützt von engagierten Professoren, gelang es 1947, drei Dutzend Kommilitonen aus England, Frankreich, der Schweiz und Italien einzuladen, die die Gäste von 170 deutschen Studenten waren. Ein kleiner Stab um die Frau von Professor Horn (eine Tochter des Historikers Hermann Oncken, blond, elegant, weltläufig und von uns liebevoll »Hornisse« genannt) hatte die Planung übernommen. Mir wurde Peter Wilde zugeteilt, zu Helga zog Germaine Huet. Wir hatten Glück, und wir waren glücklich – und alle anderen Göttinger Gastgeber sagten dasselbe von sich. Was kann es nach den Schrecken und Verwirrungen des Tausendjährigen Reichs Schöneres geben, als mit Menschen zusammen zu sein, die vor allem verstehen wollten, nicht belehren, nicht bemitleiden, nicht anklagen. Und dazu brauchte man gar kein Programm, man brauchte gutes Wetter und musste das tägliche Leben miteinander teilen – zwei Wochen lang.

Wir wanderten in Göttingens schöner Umgebung: zur Plesseburg, zur Klosterruine Bursfelde, nach Karlshafen, zum Bismarckturm, zum »Elefantenklo« (Bismarckstein), zum Seeburger See. Wir brachten einander Lieder bei und übten Zungenbrecher, Nonsens-Verse und Endlosgeschichten. Für »The king of Caractacus is now walking by« erhielt Peter den von der Miezi-Mutter gelernten »Gungen aus der Gacobsgasse in der grünen Gummigacke« (s. o. S. 21); für »Il y était un petit navire ...« (mit der tieftraurigen Strophe: »Le sort tomba sur le plus jeune ...«) gaben wir »Horch, was kommt von draußen rein ...« zurück, natürlich mit Oberstimme. In bin sicher, noch heute plagt sich Jeanne vergebens mit »Der Cottbusser Postkutscher putzt den Cottbusser Postkutschkasten«, so wie ich noch immer rätsele, was man »on Ilkley Moor but hat« tut. Wir haben uns auf den Wanderungen, im Garten von Horns, in unseren engen Buden erzählt, wie es »in jenen Tagen« war; wir haben stellvertretend für Hunderttausende anderer junger Menschen persönliche Freundschaften geschlossen; wir haben noch bis vor wenigen Jahren korrespondiert; wir haben einander – nicht zuletzt – die Bücher geschenkt, die uns wichtig waren. Von Peter bekam ich gleich nach seiner Rückkehr Thornton Wilders »The Bridge of San Luis Rey« und von Jeanne Emory Reves' »The Anatomy of Peace«, das eine »for your heart's pleasure«, das andere »for your information« und beides, wie ich mit großer Bestimmtheit sage: »with a great impact on my life«. Thornton Wilders Roman steht neben »Werthers Leiden«, »Billy Bud«, »Lord Jim« und »Tonio Kröger«; Reves' Buch neben Platons »Kriton«, Rousseaus »Zweitem Discours«, Marx/Engels' »Kommunistischem Manifest« und neben Freuds »Unbehagen in der Kultur«. Ich schickte Peter die »Erzählung aus dem Türkenkrieg« von Wolfgang Hoffmann-Zampis mit der Anmerkung »there's nothing better in German literature today« und Jeanne bekam »Generale unter sich«, einen Auszug aus Theodor Pliviers »Stalingrad«, den ein Mainzer Verlag herausgebracht hatte, mit der Anmerkung »we are learning our lesson«. Ein paar Wochen später kam von Peter »Count Belisarius« mit der Widmung »against scholarly boredem« und fast gleichzeitig von Jeanne Alexander Woolcotts »While Rome Burns«, eine Sammlung von Essays und Besprechungen, wie ich sie noch nie gelesen hatte, diesmal nur »for your entertainment«. Es wurde mein Eintritt in die Welt der »critics«: in das Reich der hohen Kunst, die Wirkungen, die ein Film, eine Theateraufführung, ein Buch hat, darzustellen und dann zu erklären, wie sie zustande kommen – nicht diese Wirkungen herbeizuschreiben. Das, was Woolcott für »City Lights« tut, müsste ich hier für sein Buch tun. Ich begnüge mich mit dem Bekenntnis: Noch bevor wir die ersten Chaplin-Filme sehen konnten, hatte ich verstanden, worum es ging: »... in his matchless courtesy, in his unfailing gallantery – his preposterous innocent gallantery in a world of gross Goliaths – that character is the finest gentleman of our times.« (S. 189) Und noch heute warte ich darauf, das Stück »Journey's End« von R. C. Sherriff sehen, das Buch »Captain January« von Laura E. Richard lesen zu können. Von Woolcott *weiß* ich, dass ich da etwas Wichtiges versäumt habe: Er schreibt so, dass man ihm glaubt; fast alles, wovon er handelt, liebt er; man kann am Ende nicht umhin, es auch zu lieben.

Beim zweiten Ferienkurs 1948 hatte Helga wieder Glück, ich dafür aber eine lohnende Aufgabe: Mein dicklicher und fauler Gast Richard hatte sich »alles ganz ganz anders« vorgestellt und musste darum vieles noch lernen, was Peter und Jeanne schon wussten: dass auch die Nachkriegszeit noch recht elend sein kann (selbst im dritten Jahr!). Ja, wir selber lernten das erst an »normal verwöhnten« Menschen wie Dick.

Zwar hatten die Iren allen Göttinger Studenten einmal ein halbes Pfund Speck, die Schweden ein Kilo Heringe, die Mennoniten und Quäker den Bedürftigsten (ich sah aus, als gehörte ich zu diesen) drei Monate lang ihren süßen Haferbrei gespendet. Das waren Feste! Im Alltag aber hungerte man, dachte jedenfalls mehr an die nächste Mahlzeit, als dem Studium guttat: *Vacuus* venter non studet libenter! Als ich später einmal Annabel an ein zwischen uns erörtertes Problem erinnerte, sagte sie erstaunt: »Das hast du dir gemerkt? Ich glaube, du habest damals nur Essen im Sinn gehabt!« Helga und ich gingen mittags in die Volksküche in der Geiststraße, wo wir für die gleichen Marken zum halben Preis der Mensa meist die doppelte Menge Kohlehydrate bekamen (und ich, weil ich »so aussah«, oft auch einen zweiten Schlag). Besser ging es uns an der von Fräulein von Posern eingerichteten Mittagstafel: Sie sammelte auf den umliegenden Gütern Zutaten zur Kartoffel-, Grünkohl- und Steckrübengrundlage – Fleisch, Eier, Fett – und deckte sogar den Tisch mit Tuch und Blumen. Aber um wirklich »wie ein Mensch« zu essen, musste man schon selber über Land fahren: zu Mia Schröder, dem ehemaligen Pflichtjahrmädchen, die im westfälischen Oestereiden den Postdienst versah und mit einer Lebensmittelwarenhandlung verband. Dort ging es ländlich und sehr deftig zu. Ich half Mias Mutter beim Gemüseputzen. Wenn wir gemeinsam Bohnen oder Karotten schnipselten, mahnte sie: »Kleiner, kleiner bitte: Chesmack reinsneiden!« Auch bei Onkel Dietrich Michalowsky und seiner Frau Irmchen, die als »Rentmeister« beim Grafen Hardenberg in Nörthen-Hardenberg untergekommen waren, wurde man gut versorgt, aber nicht gern zu oft gesehen; auf dem Hin- und Rückweg mit dem Fahrrad verbrauchte man freilich das bisschen zusätzliche Energie wieder, das man gerade zu sich genommen hatte.

Wirklich lohnend waren die Ausfälle nach Brunkensen. Die Dönhoffs waren nicht lange dort geblieben – Marion hatte einen Redaktionsposten bei der ZEIT in Hamburg angenommen; Dieter und Sissy verwalteten Hornsen, das Gut eines Exnazis, wo es immer besonders gastlich herging, aber es war schwer, dorthin zu kommen; Yvonne Kuenheim und ihr Mann, der freundliche »A«, versuchten es mit einem landwirtschaftlichen Betrieb im Rheinland, der auch mit dem immensen Fleiß dieser beiden Preußen nicht zu retten war. Meine Gastgeber in Brunkensen waren nun – neben der noblen Hausherrin, die Theresienstadt überlebt hatte, – in erster Linie die Pflügers, in Wahrheit I. C.s Frau Christa, genannt Tinchen, eine geborene Yorck, Mutter von zwei Söhnen etwa in meinem Alter, von denen der eine gefallen war, der andere noch in russischer Gefangenschaft. Ich war ihr Ersatzsohn und Objekt von I. C.s ungezähmter Eifersucht. Er verdächtigte mich, sein Shampoo zu benutzen (ich wusste damals noch gar nicht, was das war und wozu man so etwas »benutzt«) und seine Nagelbürste gestohlen zu haben; außerdem störte ich seine Mittagsruhe in dem einen, den Pflügers als Quartier zugewiesenen Bibliotheksraum, und das Wetter war nicht immer gut. Tinchen: »Lass den Ollen nur! Komm, wir machen Fondant!« Und dann ging sie an die ihm aus der Eumed-Herstellung noch im Krieg zugeteilten Puderzuckervorräte, die mit ebenfalls gerettetem Kakao oder Brunkensener Erdbeersud zu dem »Konfekt« dieses Namens verarbeitet wurde. I. C. mochte das Zeug nicht. Dass Tinchen es mir in den Mund schaufelte, machte es ihm geradezu hassenswert. Als sie mir eines Tages einen Anzug ihres gefallenen Sohnes schenkte (»... passt wie angegossen!«), ließ ihn dies mit Scheidung drohen – worüber ganz Brunkensen lachte.

Tinchen war die originellste Person in diesem Flüchtlingstollhaus, in dieser »›Pension Schöller‹, die sich für einen Zauberberg hält!«, stöhnte sie mit ihrer sonoren Kutscherstimme. Sie schenkte mir im Schwips (den hatte sie abends regelmäßig um 20 Uhr) aus der sie umgebenden Bibliothek des Grafen Goertz ein Buch: »Hartmut, du liest doch so viel. Und hier stehen die schönsten Bücher der Welt, und kein Mensch benutzt sie. Die Goertzens wissen nicht einmal, was sie haben. Nimm dies hier!« Sie griff *at random* nach einem der kostbarsten Lederbände aus dem 18. Jahrhundert und hielt ihn mir hin. Ich weigerte mich hartnäckig, ihn auch nur anzufassen; selbst unter Tinchens zornigen Vorwürfen – erst »Du Feigling!«, dann »Du Scheiß-Bürger!« – gab ich nicht nach. »Du hast sicher noch nie ein Wort von Marx gelesen: Die Dinge gehören in die Hände derer, die sie gebrauchen können.« Als ich am folgenden Tag in Göttingen die Wurst, die Butter und die restlichen Fondants auspackte, die sie mir in den Rucksack gesteckt hatte, lag das Buch dabei: Voltaires Geschichte Karls XII. Ich habe es gelesen – tief beunruhigt über den Vorgang und Tinchens Mutwillen – und das »heiße Eisen«, das ich weder ihr noch dem Grafen zurückgeben konnte, dann bald beim Buchhändler Peppmüller in der Theaterstraße gegen Putzgers Historischen Schul-Atlas getauscht, den ich dringend benötigte. Es war eine kuriose Ausgabe: Sie enthielt eine Karte Deutschlands, auf der die Ermordung von Stahlhelmkameraden und Nationalsozialisten mit entsprechenden Symbolen vermerkt waren.

(Die Geschichte muss hier vorgreifend zu Ende erzählt werden: Als ich ein Jahr später in die USA reiste, um dort mein Studium fortzusetzen, nahm mich Geheimrat Muelenz feierlich in seine Bibliothek und sagte: »Wer in die Neue Welt geht, sollte etwas besonders Schönes aus der alten mitnehmen. Sie haben ja niscbt. Suchen Sie sich hier was aus.«

Tinchen Pflüger

»Aber, Herr Geheimrat, ich kann doch unmöglich ...« »Ich seh' schon: Zu gut erzogen! Also mach' ich das. Nehmen Sie dieses Buch – das haben Sie doch sicher nicht!« Er zog einen Band in grünem Maroquin aus dem Regal und drückte es mir in die Hand. Ich las: »Voltaire / Histoire de Charles XII«. Innen war auf der ersten Seite das Datum des Erwerbs, 18. Dezember 1947, und sein Name eingetragen – und das ganze Buch durch sorgfältige rote und blaue Unterstreichungen aus der gräflichen Unberührtheit in geheimrätlichen Besitz genommen worden. Habent sua fata libelli.)

Außer Pflügers gab es einen liebenswürdigen Prinzen Lieven, einen geachteten und blitzgescheiten Herrn Jaraschewsky (»Jara«), die Bankiersbrüder von Bethmann, Siegfried Lehndorff, den Witwer von Me, der seine Beteiligung an der Welt über sein Hörgerät regelte (kam jemand Unbekanntes, stellte er es an; redete der Dinge, die ihn nicht interessierten, stellte er es wieder ab); und weiter ein gutes Dutzend Personen, die ich vergessen habe – außer Herrn und Frau Kurra. Sie war die Schwester des Hausherrn und Tochter der alten Gräfin. Diese fand ihren Schwiegersohn so unter des Hauses Würde, dass sie ihn nur mit »Herr Kurra« anredete – ohne jede Emotion, das wäre erst recht unter ihrer Würde gewesen.

War ich zu Besuch, bat mich die Gräfin bei der gemeinsamen Mittagstafel (auf der bestand sie: »Brunkensen ist doch kein Nachtasyl!«) neben ihr Platz zu nehmen, damit ich ihr etwas von der »großen Welt draußen« erzähle, »die hoffentlich vernünftiger ist als unsere kleine hier«. *A tall order*, sagen die Engländer zu so etwas.

Nicht zum Sattessen, eher zum Gegenteil war eine Reise nach Berlin, die ich nicht zuletzt auf Tinchens Drängen unternahm: Ich müsse endlich einmal ein paar gescheite Kommunisten kennen lernen. Sie selber, die den Gang über die Grenze nicht nur nicht scheute, sondern als Abenteuer genoss, war schon dort, als ich mich aufmachte. Erfahrene »Grenzgänger« hatten mir gesagt, wie man das anstelle, hatten nicht mit Andeutungen gespart, wie gefährlich das sei, und noch weniger mit solchen, wie großartig und geschickt sie dies alles gemeistert hätten. Man fuhr mit dem Zug zu einer der drei oder vier Stellen, an denen die westliche Bahn endete und eine Station weiter eine östliche weiterfuhr. Auf dem Zwischenstück vollzogen sich wahre Völkerwanderungen –

kein heimlich-leises Durchsickern von Einzelnen auf unkontrollierbaren Gebirgspfaden. Mein Übergang bei Walkenried trichterte uns durch einen Tunnel direkt in die SBZ. Nirgendwo war man hoffnungsloser den Grenzbeamten ausgeliefert als am Ausgang des langen schwarzen Loches – ein absurdes Arrangement. Aber bald nach Verlassen des Zuges klärte sich mir das seltsame Phänomen: Hier machten Schlepper, abenteuerliche Jungen zwischen 16 und 20, ihr Geschäft, boten ihre »sichere« Führung zum Tunnel für 20 RM oder über den Berg für 50 RM an, warteten, bis sie zwanzig Kunden zusammenhatten – und konnten so innerhalb von zwei oder drei Stunden 1000 RM verdienen. Auf dem Rückweg hatten sie ihre Rucksäcke voll Schnaps, und aus dem Ertrag beider Geschäfte ließ sich die östliche, an dem ganzen (gar nicht zu verhindernden) Vorgang uninteressierte Grenzschutzmacht wunderbar bestechen.

Im D-Zug von Halberstadt nach Berlin nahm ich ausführlichen (und gern erteilten) Unterricht über Schwarzmarktmöglichkeiten und -preise (es gab alles, vom echten Rembrandt bis zum Mulattenbaby, was dem Wort »Schwarzer Markt« eine mir neue Nuance gab), über die neue Berliner Sozialökonomie (der Mann schiebt, die Frau »house-keepert« für die Besatzer), über die Versorgungslage im Osten (man lebt »von der Wand in den Mund«, das heißt, man verkauft die paar Wertsachen, die man hat, für Lebensmittel, besser noch, man vertauscht sie: Die Marken waren wenig oder gar nichts wert, die offizielle Zuteilung gleichwohl höher als die in der britischen Zone). Einer sagte mir: »Lieber ein Pfund Grieß weniger mitbringen, dafür ein sauberes Hemd mehr. Man hält auf sich und mag die Leute im schmuddeligen Grenzgängerkostüm gar nicht.« In der Tat war die Gepflegtheit der Berlinerinnen erstaunlich, nicht weniger die Eleganz der Auslagen in den Schaukästen am Kurfürstendamm. Berlin trug ein besonderes *make-up*, das hat es schon immer gekonnt.

Ich wohnte bei den berühmten drei Bredow-Schwestern Alexandra, Philippa und Diana. Deren Bohème ließ Tinchens Kommunisten arg bürgerlich erscheinen: Auch diese lebten in genialer Unordnung; aber mit wenigen und grauen Dingen lässt sich nur wenig und graues Chaos herstellen. Da selbst ihre Thesen nicht mehr wirklich revolutionär waren und die praktischen Probleme sich vor die Utopien schoben, kam ihr Missionsprogramm etwas ins Hinken. Tinchen feuerte sie an, dem jungen Mann aus bourgeoisem Hause (und durch humanistische Bildung idealistisch verhext) das Licht des Sozialismus anzuzünden. Aber die Gastgeber waren schon in der Defensive: wegen der unsinnigen Demontage aller Industrieanlagen und Bahnschienen in den ersten zwei Jahren, wegen der einseitigen Zulassung von SED-Angehörigen zum Studium, wegen ihrer eigenen Privilegierung, wegen der aufwändigen und so leicht durchschaubaren Maßnahmen zur Sicherung der bevorstehenden Wahlen. Auf einmal gab es – inmitten der Stromsperren – Leuchtreklame für die SED; auf einmal war die Versorgung mit Lebensmitteln und Kohle stabil; auf einmal gab es täglich für jedes Schulkind eine weiße Semmel (die in der Klasse unter Aufsicht des Lehrers verzehrt werden musste; auf meiner – im Ostsektor wiedereröffneten – Schule, die ich natürlich aufsuchte, hatte eine Mutter beantragt, ihr Sohn möge die Semmel mit nach Hause nehmen dürfen: er äße sie lieber mit Schmalz beschmiert; so etwas musste natürlich abgelehnt werden). Tinchens Kommunisten waren nicht nur hochgestellte Leute (eine Ministerin war darunter), sie waren auch hochgestimmte Marxisten – eben keine Salonkommunisten, wie es sie in den zwanziger Jahren in großer Zahl gegeben hatte; sie glaubten an das große Experiment des Sowjet-Sozialismus und mussten nun mit kleinen Argumenten erklären, was tatsächlich geschah. – Zur Zulassung: Einzelfälle, Anfangsschwierigkeiten, noch fehlendes sozialistisches Bewusstsein; zur Privilegierung: nie habe der Marxismus die Gleichheit des Konsums gefordert, immer nur die Überführung der Produktionsmittel in die öffentliche Hand; zur Wahlbeeinflussung: das machten doch alle!

Man beschloss: Reden helfe hier nicht, ich solle selber sehen. Man setzte mich in ein Auto und fuhr mit mir durch die Stadt. Die gigantischen Trümmerberge, die aufgeräumten Straßen, die sorgfältig für den Neuaufbau geschichteten Materialien beeindruckten mich sehr. Je tiefer man in den sowjetisch verwalteten Teil kam, umso auffälliger war die Ordnung. Köln wäre bei einem Vergleich schlecht weggekommen – freilich wurden dort auch nicht mal kurz alle Männer aus einem Lokal geholt, um in einem Drei- oder Vierstundeneinsatz ein Straßenbahnwrack wegzuschaffen. Wir fuhren zum Sowjetdenkmal und von dort weiter durch den Tiergarten, in dessen Siegesallee die Hohenzollern wie von der Sonne vergessene Schneemänner herumstanden, weniger von Bomben als von mutwilligen Buben beschädigt (oder beschmiert). Er hatte sich in eine große Schrebergartenlandschaft verwandelt. Befriedigt kommentierte mein Gastgeber, dass auch hier statt der »nutzlosen ollen Bäume« endlich »anständiger Kohl« wachse. Am stolzesten freilich waren meine Kommunisten auf die von ihnen wieder belebte Kultur: Die zu erleben müsse ich wiederkommen mit viel Zeit. Ich versprach es und habe das Versprechen in den fünfzehn Jahren von 1953 bis 1968 eifrig erfüllt.

Ich bin über Dresden heimgereist, in dessen Nähe ich einen Kommilitonen von Helga besuchte; der durfte damals noch richtiger Bauer sein, weil sein Gut klein genug war. Hier erlebte ich die Wahl mit. Ob die überall aufgestellten Lautsprecher nur für diese oder auch für andere Zeiten ihren Dienst taten, weiß ich nicht. Man prophezeite bei der ausgezeichneten Abendmahlzeit: »Morgen werden wir wieder im Dunkeln essen.« Und freute sich schon auf die nächste Wahl. Die Russen hielten sich in der Großstadt wie auf dem Dorf auffallend zurück. Von ihnen schien auch sonst kein Schrecken auszugehen. Einen Mann freilich hätten die Mitreisenden des Interzonenzugs, den ich dank Vater Fitzners Bemühungen für meine Heimreise benutzen konnte, wohl am liebsten gesteinigt. Er hatte die Segnungen, die mit der Roten Armee ins Land gekommen waren, gelobt. Nun schlug es gegen ihn zurück: Eines wenigstens habe man Hitler zu danken, dass man drei Jahre lang in Russland selber habe sehen können, wie der Bolschewismus ein Land zugrunde richte. Ich dachte mir im Stillen: Wer irgendwo auf der Welt nicht satt werde am Geschehen der Zeit, der mache eine Reise in die SBZ.

Unter Schöfflers *hidden educators* kamen Reisen nicht vor. Dass ich nicht nur (mehrmals) nach Berlin, an den Bodensee, nach München (auf dem Weg nach Partenkirchen), nach Frankfurt zu Emma Dina (geborene Ringlepp, dann Mayer) und Sylvina (geborene Dönhoff, dann Hirschfeld, dann Gallant), nach Wächtersbach zu ihrer Schwester, nach Altenburg zu Erika und Christa Studnitz, nach Hamburg zu Marion, nach Köln und Buldern zu Hannes und nach Butzbach zu Vaters Internierungslager reiste – davon zu berichten ist aus doppeltem Grund peinlich. Erstens: Wo blieb da noch Zeit für ein Studium? Und zweitens: Woher hatte ich das Geld? Nun, das Letztere hatte ich eben nicht:

Ich fuhr schwarz. Für den Zug brauchte man eine Zulassung; die bekam ein Student zweimal im Jahr für die Strecke zwischen der Universität und dem Heimatort. Und ohne Zulassung nützte auch das Billet nichts. Da man immer in überfüllten Zügen fuhr, in den Gängen stehend, oft draußen auf dem Trittbrett oder den Puffern, hatte man auch kein schlechtes Gewissen. Man nahm nicht an einem Komfort, sondern an einem Risiko teil. Auf einer Reise nach München wäre ich fast abgestürzt. Ich hatte die Erstarrung der Hände in der Winters- und Fahrtkälte unterschätzt und konnte mich nicht mehr ordentlich festhalten. Als der Zug in Kassel hielt, plumpste ich auf den Bahnsteig wie eine reife Pflaume vom Baum.

Der Kampf um das Überleben – um den »Unterbau«, wie ich in Berlin gelernt hatte – ging verschärft weiter, seit ich nicht mehr in der Polizei, sondern in der Töpferei tätig war. Die konnte mir mehr als 20 RM in der Woche einfach nicht zahlen. Ich gab also Nachhilfeunterricht: Der zauberhaften Ebba von Senger-Etterlin brachte ich *basic english* bei. Mit Marie Elisabeth (Mike) von Kameke las ich abwechselnd Romane von Charles Morgan und Alain-Fournier. Bei beiden Damen war gut geheizt, gab es Tee und bei Mike auch *provisions* oder *ravitaillement*, je nachdem, ob wir »Le Grand Meaulnes« oder »Sparkenbroke« vorhatten. Für den Stollen vom väterlichen (Rabethge) Saatgut-Gut hätte ich diesem gern noch ein drittes »gut« angehängt.

Als Vaters Konto wieder freigegeben wurde, bekam ich auch Unterstützung von zu Hause – aber gar nicht so gern. Die Selbständigkeit schmeckte gut; man gehörte zu den Lebenstüchtigen, zu denen, die heute Ich-AGs heißen würden, wie zum Beispiel der »Knopfgraf« Holtzendorf, der Geweihe zu Knöpfen für die umgefärbten Uniformen zersägte, oder Frau von Samson-Himmestierna, die originelle Puppen aus Stoffresten fertigte, oder Agnes Linda Schott, die in einem Häuschen am Wallgraben eine Wärmestube für Studenten eingerichtet hatte.

Im zerstörten und umgewendeten Deutschland hatte übrigens die öffentliche »Solidarität« überlebt. Als ich bei einer Reihenuntersuchung der Studentenschaft für noch immer schilddrüsenkrank befunden und obendrein dringend einer Nasenoperation bedürftig befunden wurde, vollzog man diese kostenfrei in der Universitäts-Hals-Nasen-Ohren-Klinik, verstümperte sie zwar gründlich, pflegte mich aber in einem lazarettartigen Krankensaal irgendwie wieder gesund.»Man«? – Halb Göttingen war daran beteiligt!

Von zwei wichtigen »Lerngelegenheiten« *nicht* zu berichten, wäre peinlich: von der Musik und vom Theater. Man brauchte sie doch auch ohne Schöfflers Empfehlung zu einem wirklichen Studium.

Dass Musik nicht nur ein kunstvolles und angenehmes Geräusch ist, sondern eine eigene Erlebniswelt, in die uns ein anderer mitnimmt, hatte ich durch Richard und die gemeinsamen Opernbesuche erfahren. Der Dirigent Fritz Lehmann lockte in eine andere Gegend dieser Klangwelt: in Bachs, Händels und Haydns Oratorien, in denen zudem Maria – hoch beneidet vom bloßen Hörer HvH – mitsang. Lehmann war ein Choleriker; klappte etwas nicht, konnte er mit Stühlen werfen, wenn er den Taktstock schon verschleudert hatte. Aber das Ergebnis seiner Proben war das Werk in seiner Vollendung. Ich erinnere mich, dass ich aus Lehmanns »Matthäuspassion« kommend sagte, ich sei soeben der Zeuge der »Wiedergeburt des Welttheaters aus dem Geist der Musik« geworden. Diese eitle Abwandlung des Nietzsche-Titels stimmte äußerlich insofern, als ich in erster Linie das Passionsdrama (wie später bei Haydn die Schöpfungsgeschichte und bei Händel die Heilsgeschichte) erlebt hatte – nunmehr erhöht, ja überhöht durch Chor, Gesang, Orchester.

Musik als Musik habe ich erst bei Detlev Hammerstein in Steinhorst vernommen. Sie war ein Geschenk unserer Beziehung und wurde deren Gefäß – ein fassbares, feines, nichts anderem vergleichbares Gewebe meiner Empfindungen. Detlev spielte selber die Geige, aber das anzuhören vermied ich lieber. Nur unwillig ließ ich mich nach getaner Gartenarbeit überreden, mir Beethovens Violinkonzert vom Plattenspieler anzuhören. Schon nach einer halben Minute war ich in dieses Reich übergetreten. Im siebenten Buch der *Politeia* (533 d) spricht Platon vom »Seelenauge«. Hier war in mir ein anderer Seelen-Sinn erweckt worden. Ich vernahm, wie im ersten Satz die Unruhe des Herzens zugelassen, ja in ein Schwelgen übergeführt wird, das sich irgendwann mit der Feinmechanik der Sehnsucht verbindet; dann die zarte, unendlich geduldige, die so erfindungsreiche und beständige Tröstung des Larghetto, die kraftvolle und zugleich leichte, weil wissende Zuversicht des dritten Satzes, die sich bis in den Übermut steigert und sich im Finale zu wundersam verspielter oder melancholischer oder triumphaler Bestimmtheit aufteilt. – Ich weiß, dass man Musik so nicht beschreiben sollte. Ich beschreibe ja auch nicht sie, sondern mich, und ich tue es, um die größte und nachhaltigste Entdeckung meiner Göttinger Jahre zu bekennen.

Auch vom Theater war schon aus Anlass der *reeducation* durch unsere Besatzer die Rede (S. 229 f.). Heinz Hilpert, die unvergleichliche alte Mila Kopp, die jedenfalls unvergessliche Christa Keller und die noch heute zauberhafte Brigitte Kommerell kamen erst nach meinem Fortgang nach Amerika ans Göttinger Theater, das sich auch dann erst »Deutsches Theater« nannte. Aber sie führten nur fort und auf höchste Höhe, was wir damals erlebten: die Verzauberung durch Schein. Theater (von *theasthai*, »schauen«) ist Sichtbarmachung von Bedeutung und darum immer Verdichtung und Bescheidung. Der permanente *splatter*, die Verschüttung einer gegebenen Bedeutung durch eine unverlangte Belehrung, die rücksichtslose Selbstinszenierung der Regisseure auf heutigen Bühnen verdoppeln im Nachhinein das Theaterglück, das ich damals empfand.

Nach den betäubenden Hieben, die die Wirklichkeit uns erteilt hatte, nach dem großen Getöse im Theater der Weltgeschichte, nach all dem Zwangsunterricht in Heil, Hass und Hörigkeit war uns nichts notwendiger als dies: Aufhellung im Drama, Besinnung im Gespräch, Befreiung in der Musik.

Wieder einmal zum Sattessen nach Oestereiden bei Soest unterwegs, kam ich an einem Samstagvormittag nach Bielefeld. Ich war schwarzgefahren und konnte nicht vorn durch die »Wanne« aus dem Bahnhof. Das Bahngelände in Bielefeld ist aber im ganzen Stadtgebiet gut zwei Stockwerk erhöht, ich kam nicht herunter und lief bis Brackwede auf den Gleisen zu Fuß. Dort stellte ich mich an die Ausfallstraße, um die restlichen 60 Kilometer zu anhalten. Nach 13 Uhr hörte der Verkehr fast auf; es kamen nur noch gelegentlich britische Militärfahrzeuge, und die durften Zivilisten nicht mitnehmen. Gegen 15 Uhr hielt ein Jeep. Ein britischer Feldgeistlicher nahm mich auf. Wo ich hinwolle? Zu einem Ort hinter Lippstadt; wie weit er wohl fahre? Leider nur bis Sennestadt. Aber dann lag Sennestadt hinter uns und nach zehn weiteren Minuten fragte ich, wie weit er noch führe. »To your Osteraiden.« Dorthin käme ich am Samstagnachmittag sonst nicht, da hätten deutsche Fahrzeuge Fahrverbot. – Und damit begann ein neues Kapitel in meinem Leben.

11. Student der Neuen Welt

Fragte man einst: »Bei welchem Regiment hat er gedient?«, fragt man heute: »Was hat er studiert?« Mit der Antwort ist meist auch eine Berufsvorstellung verbunden – Mediziner, Theologe, Jurist, Betriebswirtschaftler, Philologe. In meinem Fall besagte, wie das voraufgehende Kapitel gezeigt hat, weder der Name meines Faches »Alte Sprachen«, worum es in meinem »Studium« ging, noch verband ich damit eine Absicht auf eine bürgerliche Tätigkeit. Ich habe in Göttingen das Studium studiert. Dieses hatte nicht einmal einen Mittelpunkt, vielmehr nur einen spontanen Ausgangspunkt und einen irgendwo in der Ferne drohenden Endpunkt, ein Examen, das auf beides, mein Interesse an den Griechen und meine Ehrfurcht vor der lateinischen Sprache, wenig Rücksicht nehmen würde: Das eine wird dabei vorausgesetzt, das andere ist nicht gefragt. Respekt kann sogar hinderlich sein, wo Geläufigkeit gefordert ist. Um die Prüfungen, die man bestehen musste, wenn man zu einem Haupt- und schließlich zu einem Oberseminar zugelassen werden wollte, hatte ich mich fünf Semester lang gedrückt. Im sechsten suchte ich eine Ausflucht – und Philip Surfleet bot sie mir.

Nachdem er mich bei meinem Gastgeber in Oestereiden abgeliefert hatte, tauschten wir Briefe aus. Es muss im Februar 1948 gewesen sein, als er mir mitteilte, zwei amerikanische Feldgeistliche, mit denen er in Bad Salzuflen zusammenwohne, seien im Begriff, Stipendien zu vergeben – je eines für sechs Liberal Arts Colleges in Amerika. Diese seien von einer Church of the Brethren gegründet worden und befänden sich in den Ostküsten-Staaten, vornehmlich in Pennsylvania. Ob ich mich für ein solches »fellowship« – Lebensunterhalt, Studiengebühren, Reisekosten inbegriffen – bewerben wolle. Ich wollte – und wurde in einem zweitägigen Verfahren im Sommer 1948 unter sechzig anderen für Elizabethtown, Pennsylvania ausgewählt. Ob mich die Nachricht vor der Bodenseewanderung erreichte oder danach, lässt sich nur erschließen:

In meinem Bericht an Richard v. W. ist davon nicht die Rede, und gewiss hätte ich doch mit Antoinette Becker über diese beunruhigende Aussicht gesprochen. Die Bekanntschaft mit ihr und ihren Kindern war immerhin das aufregendste Ereignis auf dieser Wanderung.

Das Sommersemester wurde in Göttingen noch ordentlich absolviert. Ich belegte Vorlesungen, die wenig mit den Alten Sprachen und viel mit der Neuen Welt zu tun hatten: die »Geschichte Amerikas« bei Percy Ernst Schramm, der ich meinte eine »Geschichte Asiens im Überblick« bei Hans Heinrich Schaeder gegenüberstellen zu sollen, und eine »Geschichte der Amerikanischen Philosophie« bei einem Professor Ladd. Die beiden Versuche, Amerika zunächst in der Vorstellung näherzukommen, blieben ein akademischer Stelzgang. Ich stürzte zu oft ins Nichts meiner Unkenntnis. In geisteswissenschaftlichen Fächern »explizierte« man damals an deutschen Universitäten, das heißt ja, man faltete etwas, was man beim Studenten voraussetzte, weiter aus und bot neue Ansichten zu einem gedachten Wissen, das er so nur bruchstückhaft gewann.

Im Herbst 1946 erschien ein mich gründlich und anders belehrendes, meinen Eifer für Amerika beflügelndes und – nebenbei sei es bemerkt – pädagogisch geniales Buch, Margret Boveris »Amerikafibel«. Die Autorin schenkte es meinem Vater, mit dem sie eine Liebe zum Vorderen Orient und eine stetig zunehmende Abneigung gegen die sich anbahnende »Westorientierung« der späteren Bundesrepublik teilte. Beide hatten ähnliche Vorstellungen von der Notwendigkeit und Möglichkeit, die deutsche Einheit zu wahren, beide empfahlen, auf entsprechende Moskauer Angebote ernsthaft einzugehen, beide hielten einen regelrechten Friedensvertrag (den es bis heute ja nicht gibt!) für notwendig – und beide kannten, um nicht zu sagen: »durchschauten« Amerika, das nun unser »Schicksal« geworden war. Dieses Buch überließ mir mein Vater – offenbar, ohne es selber gelesen zu haben. War ihm der Gegenstand zu vertraut oder war ihm die Darstellung zu leichtfüßig?

Margret Boveri unternahm es, den Deutschen das alles andere als simple Amerika zugänglich zu machen, das die einen nur muffelnd ertrugen und dem die anderen sich rückhaltlos in die Arme warfen. Dies gelang ihr, indem sie es uns zunächst entfremdete. Sie machte uns klar, was wir an den zu »Amis« verballhornten Amerikanern nicht verstanden oder – schlimmer noch – missverstanden und oft noch immer missverstehen. Wir missverstehen, weil wir sie an unserer Denk- und Lebensweise messen, die uns selbstverständlich ist. Diese Selbst-Verständlichkeit hat Margret Boveri in mir damals aufgebrochen; ich begann mit der Abweichung dieser Nicht-mehr-Europäer von ihrem Heimatkontinent vor allem unsere Eigenart zu prüfen, auf unsere Unarten zu achten; zu keinem Zeitpunkt in meinem Leben hätte ich dies so freudig und mit so großem Gewinn tun können wie in jenen Jahren, in denen wir uns nach dem »Zusammenbruch« wieder rappelten.

Seither überdauert in mir eine parteiliche Zuneigung zu einem – heute sagt man wohl »virtuellen« – Amerika, einem Gebilde aus Ideal und Wirklichkeit, aus eigenen Hoffnungen und eigenen Kindheitserinnerungen, das damals vor meinem geistigen Auge entstand und an dem ich in den folgenden fünf Jahren unermüdlich weitergezimmert habe. Die entscheidenden Bauteile entnahm ich Margret Boveris Beobachtungen – ihren Huldigungen und ihren Zweifeln.

In Auseinandersetzungen über das heutige Amerika und seine Politik sagen wir »Amerikanisten« gern, wir stünden für das »*eigentliche* Amerika« gegen seine Verderber ein. Die damit vorgenommene Unterscheidung ist einerseits richtig (bezeichnenderweise sprechen wir im analogen Fall vom »*anderen* Deutschland«), andererseits Unsinn, wie Margret Boveri zeigt: Die Tugenden des Landes sind der Humus seiner Untugenden. Vielleicht muss man sehr großen Zerreißproben ausgesetzt gewesen sein, um dieser Einsicht so treu zu bleiben wie die deutsche Autorin, die das Kriegsende in Berlin erlebte und ihr Buch der Mutter widmete, einer längst wieder in den USA lebenden Amerikanerin. Ihr ebenso bewährtes wie anspruchsvolles Verfahren bestand darin, die Geschichte der Amerikaner in der Form von Geschichten zu erzählen, deren Pointen sich zu einem stimmigen Bild zusammenfügen – und die ich hier, wenn nicht verderbe, so doch ihres eigentümlichen Charmes beraube, indem ich sie begrifflich »aufräume«:

Die Amerikaner waren Auswanderer, waren stolz darauf, den alten Kontinent verlassen zu haben, verachteten diejenigen, die in der falschen alten Welt ausharrten – die Europäer meinten, mit den Emigranten die Untauglichen und Unbotmäßigen, die Versager und Verneiner abgestoßen zu haben.

Die Auswanderer waren arm und unterdrückt; Wohlstand und Freiheit waren das Maß, an dem sie den Erfolg ihrer neuen Existenz maßen – die Europäer hatten sich in beiden Übeln eingewohnt. Die Amerikaner hatten (schon darum) mit der Geschichte gebrochen; sie wollten keine haben; sie bauten hinfort ihre neue Welt selbst – die Europäer mussten und müssen das Neue an das Alte anstückeln. Die Amerikaner ließen »Staat« und »Herrschaft« zurück, ersetzten sie durch Verträge, die sie als unabhängige Bürger untereinander schlossen – die Europäer verfeinerten ihre Staaten und errichteten neue Herrschaft an den Orten, zu denen sie als *conquistadores* und Kolonialherren kamen.

Die Ankömmlinge auf dem neuen Kontinent waren frei von Obrigkeit; der waren sie durch Überqueren des Ozeans entkommen; frei von Gewohnheiten und gegenseitiger Rivalität um das hier zu erfüllende »gute Leben« waren sie damit noch nicht; sie mussten ihre Freiheit positiv bestimmen (frei wozu?), nicht nur negativ (frei wovon?); der »freie Markt« war das, worauf sich alle einigen konnten: jeder »mache«, was er will; aufzwingen darf er den anderen nichts, weder seine Ware noch seine Wahrheit; wenn er dafür keinen Abnehmer findet, wird er sein »Produkt« den Erwartungen anpassen oder ein anderes herstellen – Europas Freiheitsvorstellung blieb lange (und notwendig) auf die Befreiung von fremder Willkür fixiert.

Als sich die Amerikaner im 18. Jahrhundert von den Bindungen an die europäischen Heimatländer lösten und sich selber eine gemeinsame demokratische Verfassung gaben, meinten sie den vollkommenen Zustand der Gesellschaft erreicht zu haben; das Gemeinwesen ist eine Vorrichtung zum Schutz des Einzelnen und seiner unveräußerlichen Rechte – Europa nahm weiterhin ständig Adjustierungen (meist gewaltsame) am jeweils Erreichten vor und überließ den »vollkommenen Zustand« seinen Philosophen; diese befanden, der natürliche Zustand der Menschheit sei der Konflikt, den man einigermaßen manierlich austragen müsse.

Diejenigen Amerikaner, die weiteren Fortschritt oder eine andere Ordnung als die nun gegebene suchten, wanderten ihrerseits aus: nach Westen; der weite Raum, in den man ausweichen, die unendliche Fülle von verfügbarem Material, das man verwenden oder wegwerfen (to scrap) oder zurücklassen konnte, das Fehlen von Gewohnheiten, Regeln, Aufsicht (wodurch »trial and error« zum normalen Vorgehen werden), die technische Überlegenheit über die Ureinwohner ersparten Amerika lange Zeit die alte europäische Einsicht in die Abhängigkeit des Einzelnen von Institutionen, von Erspartem, von öffentlicher Fürsorge – Europa nahm hierauf im buchstäblichen Sinn »Rücksicht«.

Der Amerikaner erfährt in seiner Geschichte wie in seiner Kindheit, dass alles »machbar« ist; seine Landwirtschaft erfüllt sich in extensivem Anbau; seine Produktion nährt sich aus bedenkenlosem Abbau der gewaltigen Ressourcen; seine Arbeitsweise ist das »processing«, eine weitgehend maschinelle »Verarbeitung«, ob es sich um Käse oder Texte, Gesundheit oder menschliche Beziehungen handelt; sein Erfolgsrezept war und ist der Wettbewerb mitsamt seinen Zwillingsbrüdern Mechanisierung und Billiglohn; seine Bildung besteht aus »learning by doing«, seine »Philosophie« heißt Pragmatismus oder Instrumentalismus: »It is true, if it works«; seine Vorstellungen vom Glück nehmen sich bescheiden aus: nicht hinter den anderen zurückbleiben und im Fall des Strauchelns: »Get a second chance« – die Europäer, zumal die Deutschen, mussten und müssen stets intensiv wirtschaften; ihr Handwerk ist, was der Name sagt; »Werk« ist mehr als Arbeit (work), es hat mit Schöpfung (»die Werke Gottes«, »ein Kunstwerk«) zu tun, ist eine originelle Hervorbringung, deren Qualität sich am bisher Hervorgebrachten messen lassen muss und durch Meisterbrief und vor der Gewerbeaufsicht ausweisen kann; es widersetzt sich der »assembly line«; Bildung besteht vor allem darin, die von den voraufgehenden Generationen gesammelte Erfahrung zu übernehmen; philosophieren heißt die Welt *a principiis* in Frage stellen; Glück ist ein seltener Seelenzustand.

Amerika addiert und multipliziert, aus »bigger and better« ist »bigger is better« geworden; Amerika zählt alles: Meinungen, Wissen (true or false answers), Intelligenz (IQ), die »input-output relation«, die »Hundred Great Books«, die Rekorde (den ältesten Baum, den höchsten Wolkenkratzer, den teuersten Film) – und verrechnet es auch (»time is money«); die Hollerithmaschine, der Gallup Poll, der »deal« sind amerikanische Lebens-Mittel – Europa dividiert und subtrahiert; es bewertet, wählt aus und scheidet aus.

Die Amerikaner sind durch die von ihnen gesuchte, von der Weite des Kontinents großzügig gewährte Freiheit zu großer Gastlichkeit, Hilfsbereitschaft, »open-mindedness« und Umgänglichkeit geradezu konditioniert: »shake hands«, »what can I do for you« und »hope to see you soon« haben etwas mit der großen Entfernung zum Nachbarn zu tun; das »keep smiling« hingegen wahrt den auch dann noch gewünschten Abstand; vollends die Verschiedenheit der Herkunft nötigt Amerikaner zu besonderer Anstrengung im gegenseitigen Verstehen und Aushalten wie auch zu gegenseitigem Druck: »conform or starve«; dass dieser harsche, so antiindividualistische Imperativ aufkam, ist eine Folge davon, dass das Völkergemisch eben nicht von allein funktionierte, dass die »mixing bowl« zu einem »melting pot« gemacht werden musste; Main Street und »mainstream« sind das dialektische Produkt nicht der »gleichmachenden« Demokratie, sondern der gefährlichen Explosivität der »Be yourself«-Gesellschaft – Europa blieb bei seinen Grenzen, seinen Nationalsprachen, seinen Klassenunterschieden.

Nicht alle Erscheinungsformen der uns nach dem Krieg so berückenden »mobility« der Amerikaner, nicht alle Begeisterung für das Neue und Junge, nicht alle Hingabe an den Augenblick sind Flucht vor der Vergangenheit in die Zukunft, Treck in den Westen. Eine meiner Randbemerkungen in Margret Boveris Buch mahnt: »Wo bleibt das Auto!« Das weite Land wäre Steppe, Pampa, Tundra, gäbe es das Auto und die Highways nicht. Nichts hat das amerikanische Leben so geprägt wie das Auto, das die Individualität, das Selbstbewusstsein, das Sozialprestige, die Bequemlichkeit, den Erlebnisdrang, den Spieltrieb und die harten, banalen Lebensbedürfnisse gleichermaßen bedient. Als ich 1948 nach Amerika kam, hatten uns die Amerikaner ein halbes Jahrhundert Auto-Erfahrung voraus und waren, gemessen an uns, auf eine wohltuende Weise Auto-erwachsen: Auf ihren Straßen ging es urban, fair und vernünftig zu.

In Margret Boveris Buch gibt es ein Kapitel über die Moral. Amerika sieht sich auf diesem Gebiet schon immer zwei scheinbar entgegengesetzten Vorwürfen ausgesetzt: dem des Moralismus, also einer übersteigerten, ja sich verabsolutierenden Moralität, und dem der Doppelmoral, ja der Heuchelei. Die Menschengruppen, die als »Pilger« nach Amerika (ins »Neue Jerusalem«) kamen, waren Menschen mit besonders festen Glaubensüberzeugungen: Independisten, Katholiken, Puritaner, Quäker – lauter Nonkonformisten. Sie waren nicht gekommen, um sich auf dem neuen Kontinent gegenseitig in die Arme zu schließen, sondern um je unter sich zu sein: Hier konnten sie einander aus dem Wege gehen. Ihre Grundsätze waren rigoros, ihre Moral war allumfassend. Nicht nur das Handeln, auch das Denken und Fühlen waren ihr unterworfen. Dies als »Moralismus« zu bezeichnen, ist eine Verharmlosung; es geht um puren Fundamentalismus. Aber eben weil der nicht »lebbar« ist, bildet sich, wie beim orthodoxen Judentum, eine Schein-Gesetzestreue aus – man hält etwas jetzt hoch, um es später wahrhaftig einhalten zu können. Amerikas Moralität gilt einer immer noch zu erfüllenden Zukunft, die unsere gilt der Vergangenheit: der Wahrung eines kostbaren Erbes, der Ächtung begangener falscher Tat; man ist geneigt, daraus das Wort »Begangenheit« zu bilden.

Bei Margret Boveri las ich:

> Die Aufgabe liegt vorläufig einseitig auf uns. Wir müssen versuchen zu verstehen, was die anderen [die Amerikaner] mit ihrer Moral wirklich meinen, – und das schließt sowohl die bewunderungswürdige Fairness und Hilfsbereitschaft ein, die wir bei ihnen immer wieder antreffen, als auch die Prinzipienrhetorik, die nur die Hülle für einen Geschäftsvorgang ist. Die anderen haben gar nicht die Absicht, unsere Moral zu erkennen; erstens, weil sie glauben, sie existiere nicht, zweitens, weil sie uns sowieso umziehen wollen. (S. 78)

Und dann erzählt sie, an welcher Begebenheit ihr selber der Unterschied zwischen der deutschen und der amerikanischen Haltung aufgegangen sei. Es handelt sich um einen Passus in Goethes »Belagerung von Mainz«: Ein Waffenstillstand gestattet den Franzosen, aus der von ihnen besetzten, nun von den Verbündeten besiegten Stadt unbehelligt abzuziehen; sie nehmen dabei einen üblen Kollaborateur mit. Das Volk erkennt ihn und ist im Begriff, sich seiner zu bemächtigen. Goethe, der den Auszug vom ersten Stockwerk des Quartiers beobachtet, in dem der Herzog von Weimar logiert, erkennt die sich zusammenbrauende Gefahr, greift in das Geschehen ein und »rettet« so die Situation. Einem englischen Freund, der ihm deshalb Vorhaltungen macht, entgegnet er:

»Es liegt nun einmal in meiner Natur, ich will lieber eine Ungerechtigkeit begehen als Unordnung ertragen.«
Margret Boveri bemerkt dazu:

> Der Angelsachse ist bereit, um der Gerechtigkeit willen Trümmer, Unordnung, ja Chaos entstehen zu lassen; der Deutsche ist bereit, um der Ordnung willen Übeltäter ohne Strafe und Ungerechtigkeit ohne sofortige Sühne ausgehen zu lassen.
> Aber findet sich nicht in dieser Erklärung auch schon ein erster tragender Balken, mit dem die Brücke geschlagen werden kann? Goethe will ja schließlich durch die Ordnung die Gerechtigkeit verwirklichen ...; die Angelsachsen wollen mit der Gerechtigkeit einen Zustand der Ordnung und vor allem der ›Sicherheit‹ erreichen. (S. 79)

Mühelos sieht man hieran, welche Vereinfachung ich Margret Boveris Fibel angetan habe. Mein Wunsch, diese wieder zugänglich zu machen, stieß auf das zum Thema passende Verdikt: »Nicht aktuell!« Amerikas Gegenwarts- und Zukunftsmanie hat uns längst eingeholt.[1]

Wie auch immer: Ausgestattet mit dem so entstandenen, sehr geschichtsträchtigen Suchbild habe ich das meiste dann in Amerika auch so erlebt – manchmal eine groteske Steigerung, sehr oft auch das Gegenteil der von Margret Boveri geschilderten Eigenart. So nahm ich zum Beispiel ein Land wahr mit nicht nur hochdramatischer Geschichte, sondern auch starkem Geschichtsbewusstsein, ja einem ursprünglichen Geschichtsauftrag (die Devise des zweitältesten Staates Connecticut lautet: »Qui transtulit sustinet«/Wer seine Sache hinübergetragen hat, bewahrt sie), ein Land mit umständlich eingehaltenen Traditionen, mit einem sich neben aller Modernität kraftvoll behauptenden Colonial und Edwardian Style, mit altmodischem Old-England-Geschmack. Ich habe tausendfach gehört, welches Glück es sei, in Amerika zu leben, und ebenso oft das Unverständnis für meine Rückkehr nach fünf Jahren (das bisschen Einwanderungsgesetz kann man doch umgehen, zum Beispiel indem man eine Amerikanerin heiratet). Ich habe große Mühe gehabt, noch 1949 meinen neuen Freunden zu erklären, warum

---

1 Seit Herbst 2006 in Neuauflage bei Landt, Berlin.

man aus Hitlerdeutschland nicht einfach »auswandern« konnte – so tief ist dieses Heilsschema in die amerikanische Seele eingebrannt. Und insgeheim habe ich mir immer wieder gesagt: Bist du nicht auch einer von den Tunichtguten, von denen, »die ihre Examina nicht bestanden« und darum das Große Wasser überquert haben?

Hätte ich damals Alexis de Tocquevilles »Demokratie in Amerika« gehabt und gelesen, meine Vorstellungen wären gewiss gründlicher, differenzierter, auch skeptischer gewesen, aber ich hätte vermutlich geglaubt, nunmehr alles zu wissen, alles nur wiederfinden und bestätigen zu sollen. Die schwierige Lektüre dieses Klassikers der politischen Institutionenlehre und Wirkungsanalyse blieb meinem Studium in Chicago im Jahre 1952 vorbehalten, als ich mein Amerika schon gut genug zu kennen meinte und mehr an de Tocquevilles allgemeiner Demokratietheorie interessiert war als am historischen Beispiel.

Im Herbst teilten mir meine amerikanischen Gastgeber mit, dass meine Reise unmittelbar nach Weihnachten auf einem Frachter gebucht sei, der militärische Güter nach Deutschland gebracht hatte und leer – mit insgesamt zwölf Passagieren – nach New York zurückkehren würde. Ich nahm vorher Abschied von meinen Freunden: von Philip Surfleet, der eine Freundin meiner Schwester geheiratet hatte, von den Schwerin-Krosigks in Barntrup, von Marion Dönhoff in Hamburg, von Ali Schey (Yorck) und seinen Eltern in Grainau, von beiden Elternteilen in München und in Partenkirchen, wo wir in der weiterhin umkämpften Wohnung Weihnachten feierten. Die fünfzehnjährige Heidi fiedelte, Imogen Schneider, ein zwölfjähriger Thomaner und Neffe einer Bekannten, sang engelhaft »Ich steh an deiner Krippen hier …«, und ich selber war der Bittende dieses wunderbaren Bach-Liedes: »Oh, dass mein Sinn ein Abgrund wär'/ und meine Seel' ein großes Meer,/ dass ich dich könnte fassen.« Mit »dich« meinte ich freilich nicht Christus, ich meinte die Ungeheuerlichkeit, die ich auf mich nahm, die unendliche und so völlig unbekannte Zukunft.

Wie bang-mutig, mutig-bang ich war, geht aus der Tatsache hervor, dass ich Carl Friedrich von Weizsäcker einige Wochen vor der Abreise bat, mir zu sagen, ob ich etwas Taugliches oder Törichtes zu tun im Begriff sei. Er kannte mich und meine besseren wie meine schlechteren Gründe für die Reise. Seiner Weisheit hätte ich mich noch in letzter

Bange Zukunfts-Befragung

Minute gebeugt. Er sagte mir rundheraus: Er könne nicht wissen, was richtig oder falsch für mich sei. Das müsse ich selber herausfinden. Eine Hilfe könne dabei das I Ging, ein altes chinesisches Orakelbuch sein. Indem man dessen verschlüsselte Antwort deute, bringe man hervor, was man eigentlich gewollt habe. Ich willigte ein. Die Münze wurde viermal geworfen, und die Position, in der sie sich auf dem liniierten Papier befand, ergab folgendes von mir wörtlich festgehaltene Ergebnis:
Auskunft des I Ging zu der Frage: »Soll ich in die Vereinigten Staaten fahren?«

Sun / Die Minderung

Das Urteil:
Minderung verbunden mit Wahrhaftigkeit / Wirkt erhabenes Heil ohne Makel. / Man kann darin beharrlich sein. / Fördernd ist es, etwas zu unternehmen. / Wie übt man das aus? / Zwei kleine Schüsselchen mag man benützen zum Opfer.
Das Bild:
Unten am Berg ist der See: Das Bild der Minderung. / So bändigt der Edle seinen Zorn und hemmt seine Triebe.
Anfangs eine Neun:
Wenn die Geschäfte fertig sind, rasch hingehen; / Ist kein Makel. / Doch muss man überlegen, / Wieweit man andere mindern darf.
Neun auf zweitem Platz:
Fördernd ist Beharrlichkeit. / Etwas zu unternehmen ist von Unheil. / Ohne sich selbst zu mindern, / Vermag man den anderen zu mehren.
Sechs auf dem dritten Platz:
Wenn 3 Menschen miteinander wandern, so vermindern sie sich um einen Menschen. / Wenn ein Mensch wandert, / Findet er seine Gefährten.
Sechs auf dem vierten Platz:
Wenn man seine Mängel mindert, / Macht man, dass der andere eilig kommt und Freude hat.

Lü / Der Wanderer
(Freude und Trennung ist das Los des Wanderers)

Das Urteil:
Durch Kleinheit gelingen. / Dem Wanderer ist Beharrlichkeit von Heil.
Das Bild:
Auf dem Berg ist Feuer: Das Bild des Wanderers. / So ist der Edle klar und vorsichtig in der Anwendung von Strafen und verschleppt keine Streitigkeiten.

In Carl Friedrichs Erinnerung, er hat sie 1985 für eine Festschrift aufgezeichnet, lautete die Antwort zusammengefasst: »Fördernd ist es, das Große Wasser zu überqueren.« Ach, hätte er das doch damals schon so einfach gesagt! In seiner fremden Bildhaftigkeit ließ mich das Orakel in der alten Ungewissheit – und ich ließ geschehen, was aufzuhalten eben die Entschiedenheit verlangt hätte, die mir abging.

Richard begleitete mich am 28. Dezember nach Bremerhaven. Wir aßen in einem kultivierten kleinen Hotel zu Abend, und Richard erzählte mir von seinem Lieblingsstück »Der Turm« von Hugo von Hofmannsthal. Die Ausführlichkeit, mit der er das tat, und der sanfte Vorwurf, dass ich dieses bedeutende Werk nicht kenne, ließen mich trotzig verkünden, ich werde mir meinen eigenen »Turm« schreiben. Wir hatten Wein getrunken, was ich nicht gewohnt war; die restliche Nacht im ebenfalls ungewohnten Hotel war unruhig; im Halbschlaf erfand ich die versprochene Geschichte.

Die »Afoundria« nahm mich am anderen Tag zwar auf, fuhr aber nicht ab. Richard war an seine Arbeit zurückgekehrt. Mein Kabinengenosse war freundlich, aber in meinem Zustand »unbrauchbar«. Als die Abfahrt um weitere 24 Stunden verschoben wurde, anhalterte ich noch einmal nach Göttingen, wo ich so spät ankam, dass ich eigentlich niemanden mehr aufsuchen konnte. Ich wagte es schließlich bei Tone Schwerin-Krosigk, dessen Zimmer noch erleuchtet war. Er lag schon im Bett, hielt mich aber drei ganze Stunden plaudernd aus, bis ich die Rückfahrt antreten musste – diesmal mit dem Zug. Das Ablegen des Schiffes habe ich dann in meiner Koje verschlafen.

Die »Afoundria« war halb so groß wie die »Heinz Horn« und deren Schwester »Waltraud«. Für den Transport von Gütern gebaut und nicht von Menschen, kümmerte sie sich nicht um ihr Aussehen. Die Mannschaft war mit ihren Navigations- und Wartungsaufgaben beschäftigt, nicht mit uns wenigen Passagieren. Die Mahlzeiten wurden pünktlich verabreicht (nicht »serviert«), waren reichlich und schmackhaft – ein Hohn für alle die, die sofort nach dem Auslaufen seekrank wurden und ihre Kojen nicht mehr verließen. Mein deutscher Kabinen-Genosse und ich blieben von dem Übel verschont – und schonten schon dadurch einander. Im Übrigen ließ er mich ungestört meine Bücher lesen (und später, bei ruhigerem Seegang, meine Aufzeichnungen machen). Ich ertrug im Gegenzug seine umständliche Toilette, die Gerüche seiner Haarwasser und *body lotions*. Um Ordnung bemühten wir uns schon deshalb, weil nur, was im Koffer oder im geschlossenen Schrank verstaut war, an seinem Platz blieb; alles andere wirbelte durch den Raum. Da das Schiff ohne jede Fracht nach Amerika zurückkehrte, war es ein Spielball der Januarstürme (Windstärke 9 bis 10). Es bäumte sich hoch auf, drehte sich dabei – weil es die Wellen im spitzen Winkel zu nehmen trachtete – auch noch um die eigene Achse und schlug donnernd auf dem Ansatz der nächsten Welle auf, die alsbald den ganzen Bug verschluckte. Gleichzeitig ragte dann die Schraube in die Luft und drehte tosend durch. Dies alles aus dem Ess- und Aufenthaltsraum, in dem alle Möbel zusammengebunden waren, zu beobachten, setzte einen starken Glauben an die Schiffsbautechnik voraus. Nur zwei Amerikaner teilten dieses grausige Vergnügen mit mir. Sie waren in Optimismus gut trainiert und trainierten nun mich im Aushalten ihrer auf wundersamem Selbstbewusstsein und buchstäblich fabelhaften Vereinfachungen beruhendem Missionseifer: »I bet you ... That's what I say ... There has never been anything like ... Believe me ... You shall see ...« Sie hatten völlig unantastbare Urteile über den Gang der Welt, über Gut und Böse, über die Ursachen von Armut und Reichtum, über »drüben« Hitler und Kommunismus, »bei uns« *freedomanddemocracy*. Zum Ausgleich für diese Gespräche las ich ein Taschenbuch über die »Constitution of the United States / It's Sources and Application«, das sich in die Schiffsbibliothek von fünfzig bis sechzig *paperbacks* verirrt hatte. Dabei verstand ich den Stolz der Amerikaner hierauf und das daraus entspringende Sendungsbewusstsein. Dieses »naiv« zu *schelten*, nämlich als unbedacht und unbewehrt und also kindisch, ist falsch; es »naiv« zu *loben*, nämlich als unbefangen und ungebrochen an die einfachen

Ideale, die großen Leistungen, die glänzenden Formulierungen der Verfassungsväter anknüpfend, wäre hingegen richtig. Diesem Dokument gegenüber versagte mein europäischer Hochmut. Um in der deutschen Geschichte etwas Vergleichbares zu finden, muss man zu Martin Luther oder Karl Marx zurückgehen. – Mit welchem Recht die heutigen Amerikaner ihre Verfassung als das Gesetz ihres Lebens und ihrer Polis betrachten dürfen, das war ein lohnender Beobachtungsauftrag für meinen Aufenthalt in ihrem Land.

Die »Afoundria« hatte kein umlaufendes Deck um den Aufbau, nur die langgestreckte Ladefläche davor und einen schmalen Durchgang an den Flanken, auf dem ich stundenlang in Lee, mich fest an die Reling klammernd, hin und her ging. Die mir von Detlev Hammersteins Braut geschenkten Fäustlinge, die sie aus dem Haar ihres Bernhardiners gesponnen und gestrickt hatte, taten hier unvorhersehbar gute Dienste. Bei etwas ruhigerem Wetter konnte ich auch zum Heck gelangen, auf die schäumende Bahn von Strudeln blicken, die die Schraube hinterließ, mich wundern, wo die zwei Möwen herkamen, die uns folgten, mich an dem großen Gebaren der Elemente weiden. Es war mein Lieblingsplatz – windgeschützt und mit »Blick zurück«. Hier sang ich meine Lieder und »dichtete« an meiner Märchenerzählung »Der Turm«. Der Erzähler, eine Art Ahasver, beendet seinen Bericht so:

»Mutter, ich will meine Freiheit wiederhaben«, so brach es aus ihm heraus, »Freiheit von und vor mir selber. [...]
Ich habe die Kraft zu solcher Freiheit bisher nicht gehabt. Ich habe meine Seelenruhe stets an die nächste Schönheit verloren, und kein Gott, wenn es denn Götter gibt, kein lebendiger Mensch und kein gedankentiefes Buch, kein Lied und kein Krieg und kein Sieg, nichts und niemand haben sie mir wieder herausgegeben; nun nehme ich sie mir zurück – nicht mutwillig, nicht kläglich, sondern in der Unschuld und Kraft der Verzweiflung.
Ich habe seit Jahren einen Plan; er will nun, dass ich ihn vollziehe. Ich werde einen Turm bauen, dort soll man mich einmauern, die Welt ausschließen, die mein Kerker war. In ihm werde ich allein sein, in den runden Mauern zwischen Himmel und Erde, so wie ich es innerlich längst bin. Ich werde zu Hause sein, wie ich es nirgends war.

›Zu Hause‹, das ist, wo man geborgen ist und ohne Angst. Denn das wird meine Freiheit sein, dass ich ... nicht mehr Angst haben muss, Angst vor mir selber ...
Ich werde mit meinen Büchern und Gedanken weiterleben und dabei vielleicht die Segnungen der Arbeit erfahren, von denen ich noch so gar nichts weiß, von der Sammlung, von der Einkehr in mich selbst. Vielleicht lerne ich auch die Schönheit anders zu sehen: als einen Anruf, eine lockende Frage und nicht immer nur als die erniedrigende Antwort auf den eigenen Schmerz.
Dieser Turm soll eine Wehr sein gegen mich selbst, gegen die Versuchung des Augenblicks, gegen die Willkür des Herzens.«
Kennt Ihr den Turm auf dem Hagenberg? Er schaut weit ins Land hinaus, über Hügel, Täler, Seen und Wald; die Wolken ziehen vorbei und nehmen dann und wann einen Gruß mit in die blaue Ferne. Nachts pfeifen die Winde um die Zinnen, ein Käuzchen schreit weh aus dem Gebälk, und vom Dorf her heulen die Hunde ...
Oben im Turm sitzt einer am Fenster und starrt in die klare Nacht.
»Warum wollen wir weinen, wenn wir in den Sternenhimmel sehen?«, fragt er sich. Er denkt: »Es ist wie unter dem Blick eines Tieres, der hoffnungslos und stumm ist und doch alles weiß, was uns bekümmert ...«

Das seltsame Bild vom Turm, in den eingemauert zu sein Freiheit bedeutet, war eine letzte Aufwallung der »Angst vor der eigenen Courage«. Hätte ich es damals nicht nur zu Papier gebracht, sondern auch zu Papier gemacht, ich hätte Amerika wohl weniger gebraucht, und es hätte mich weniger gepackt und verwandelt.
Übrigens war erst nach zehn Tagen an die Niederschrift meiner Geschichte zu denken. Die Beruhigung des Wetters kam mit Schnee und Eis daher. Zwei Tage vor der Ankunft in New York krachten die zottigen Eisbärte von den Verlademasten auf das Deck und waren noch nicht weggetaut, als wir in den frühen Morgenstunden an einem schmuddeligen Kai anlegten und man uns das letzte Frühstück bot. Die Freiheitsstatue hatten wir um etwa vier Uhr passiert; nun versuchten wir vergebens, sie im dichten Nebel auszumachen. Dann endloses Warten in den Hallen, in denen Pässe, Impfscheine, das Gepäck kontrolliert wurden.

Alle anderen Passagiere wurden von jemandem abgeholt, in die Arme geschlossen, in einen neuen Verband aufgenommen. Ich allein betrat das neue Ufer ungebunden. Die Sachwalter meiner künftigen Gastgeber hatten mir in Deutschland 60 Dollar für Unvorhersehbares und die Weiterfahrt nach Elizabethtown gegeben, das genügte, um mich frei zu fühlen. Die mir ebenfalls mitgegebene Weisung lautete: »After your arrival in New York take the train to Philadelphia, change there to a train to Harrisburg, get off at E'town. Give us a call before you board the train. There will be somebody at Elizabethtown Station to pick you up.« Ich beschloss im Schutz der achttägigen Verspätung des Schiffes, drei Tage in New York zu bleiben und mit dem Geld auszukommen. Anruf in Elizabethtown – wie erbeten – erst vor der Abreise.

Als Erstes musste ich mein großes Gepäck loswerden (es bestand aus zwei gewaltigen Bücherpaketen – Altphilologisches, mit dem ich in Elizabethtown nicht rechnen durfte, und auch sonst Unentbehrliches, Gewohntes, Liebgewonnenes für immerhin vier Jahre! – und einem Handkoffer mit Kleidung, darunter der Anzug von Tinchens Sohn) und mein Eisenbahnbillet kaufen, um zu sehen, was mir dann noch blieb. Ich musste gegen meine Prinzipien ein Taxi zur Penn-Station nehmen, einem gewaltigen, von schwarzen Frauen unablässig gepflegten Marmorpalast, konnte mein »Umzugsgut« (bis zu 300 Pfund kostenlos) gleich aufgeben und meine Aktentasche, in der ich ein Hemd, eine Unterhose und meine Zahnbürste untergebracht hatte, in einem Schließfach verstauen. (Was für eine Erfindung! dachte ich und beschloss: Wenn ich mit meinem Studium scheitere, führe ich dieses System in Deutschland ein und »mache Geld« damit. Zum ersten Mal in meinem Leben habe ich »praktisch« an dessen Zukunft gedacht.)

Auf dem Schiff hatte man mir den YMCA (bei uns CVJM) als die für mich geeignete Unterkunft empfohlen. Ich musste das gewaltige Gebäude nicht lange suchen, reservierte ein Bett mit astronomischer Nummer und machte mich – es war inzwischen 18 Uhr geworden – auf: in das Menschengewimmel, das Lichtermeer, nein, den Lichter-Tsunami, den gewaltigen Verkehrs-Mississippi, der gespenstisch leise dahinströmte – auf spiegelglattem Asphalt in lautlosen Limousinen, durch wohlabgestimmte Ampeln flüssig gehalten. Bis in die Morgenstunden bin ich umhergeirrt, noch immer rauschte das Leben, noch immer berauschte ich mich – an den gigantischen Ausmaßen aller Erscheinungen; an der unaufgeregten Emsigkeit der Menschen, die um drei Uhr nachts ihre Einkäufe machen, mit kleinen Kindern unterwegs sind, ins Kino gehen, ihre Wäsche im Waschsalon waschen, ihre Haare schneiden lassen, die Morgenzeitung lesen; ja an ihrer vollständigen Unbekümmertheit um einander und um mich. Sieben Jahre bevor David Riesman sie so nannte, war ich in die *lonely crowd* eingetaucht. Dies beeindruckte mich noch mehr als die animierten Bilder auf den 70 Meter breiten, 30 Meter hohen Reklameflächen aus Hunderttausenden von Glühbirnen, als das Nachrichtenband am TIMES-Gebäude, als der Riesenmund (ein Mann könnte aufrecht in ihm stehen), aus dem alle zwanzig Sekunden ein wohlriechender Rauchkringel aufstieg und für eine Zigarette (war es Camel?) warb.

Nach kurzem Schlaf und langer heißer Dusche im YMCA, gestärkt durch einen Donut für 5 Cent und einen großen Becher Kaffee für 10 Cent, war ich um neun Uhr wieder unterwegs, fing an, mich zu orientieren: 5th Ave und Broadway, 42nd und 43rd Street, Times Square und Central Park, Empire State Building und Rockefeller Center. Dort konnte ich nicht widerstehen, die achtzig Stockwerke hoch auf die Aussichtsplattform zu fahren. *No comment*! Oder doch: *Videre Manhattan, poi morire*. Es war (und ist) nicht die Schönheit New Yorks, die dem Betrachter dort oben den Atem raubt – es ist der Titanismus des Menschen, sein aberwitziger Wunsch und seine unfassbare Fähigkeit, so zu leben, der hier aus schwindelerregender Höhe erkennbare Widerstreit zwischen der Perfektion des Einzelnen und der Wucherung des Ganzen, zwischen ordnendem Willen und erzeugtem Chaos. Nein, wahrlich nicht »Schönheit«, wenn man diese mit Gesetz, Maß und Harmonie verbindet; nicht einmal wenn »Schönheit« auch das »Erhabene«, ja das »Pathetisch-Erhabene« und den »sinnlich erfahrbaren Schrecken« (Schiller) umschließt. Hier fesselt das Gegenteil: die totale Willkür, der prometheische Aufstand gegen die Götter-Ordnung, *man in his pride*, der hier angesichts eines ausgeschütteten Steinbaukastens – Klötze bis zum Horizont, zwischen denen winzige Wesen lautlos wimmeln – über sich selber staunt. Das einsame Tuten eines Ozeanriesen, der wie ein Spielzeug auf dem Hudson River einfährt, mischt Kindheitsgefühle unter diese Überwältigung durch »erfüllte Unendlichkeit«

(Schiller). Vor dem Grand Canyon verstummt man. Hier oben will man mit einem anderen reden, sich vergewissern, dass es ihm ähnlich seltsam zumute ist. »There was this Jew from Hungary, I believe ...« erzählte mir unversehens ein Mann, neben dem ich stand. »This poor guy ...« war um die halbe Welt gehetzt worden, hatte jahrelang kein eigenes Dach über dem Kopf gehabt und nun endlich, nach dem Zweiten Weltkrieg, bei einem entfernten Verwandten Unterschlupf gefunden – in einer winzigen Kammer mit Blick in einen Lichtschacht. Der Verwandte zeigte ihm New York – natürlich auch von hier oben! – und heischte Beifall: »... und in dieser großartigen Stadt darfst du nun bleiben. Ist das nicht wunderbar!?« »Ja,« stammelte der bescheiden gewordene Neuling, »es ist wirklich wunderbar, endlich ein Dach unter meinen Füßen zu haben.«

Das Rockefeller Center selber war eine Augenweide – der rechte Hintergrund für die vielen gestylten Menschen, die man hier sah. Alle Frauen unter 40: bildhübsch, schlanke Taillen und schlanke Fesseln, wie geschaffen für den herrschenden New Look; ab 50: gewichtige Matronen mit einer Maske von Make-up vor dem ledernen Gesicht der alten Diva; die jungen Männer: wohlgenährt, das Haar kurz geschnitten, der Gang federnd, das Hemd gesteift – Bügelfalte gleichsam von oben bis unten; alle älteren Herren: Repliken von Harry Truman; ein Drittel der New Yorker schwarz oder braun oder gelb und wohlsortiert nach *white collar* und *blue collar*.

In meinem Notizbuch befanden sich vier New Yorker Adressen, zwei hatte mir Marion Dönhoff mitgegeben: Eric Warburg und Christa von Tippelskirch, zwei stammten von meiner Familie: Fritz von Hermann und Professor Rolf Hoffmann, der meinen Vater 1929 durch entschlossenes Eingreifen vor dem sicheren Tod an einer Sepsis gerettet hatte und mit dessen Kindern wir damals spielten. Ich lernte mit dem Telefonautomaten und dem sechsbändigen Telefonbuch umzugehen (von Hermann und von Tippelskirch stehen unter dem Buchstaben »V«, unter dem man einen vollständigen Adelskatalog aus Deutschland und Österreich findet) und traf Verabredungen mit diesen mir sämtlich unbekannten Personen in der Reihenfolge, in der ich sie aufgeführt habe.

Eric Warburg empfing mich in seinem Büro in Downtown Manhattan – ganz nah an der Trinity Church, die ihren Kirchturm trotzig zwischen den Wolkenkratzern emporreckte, ein Zwerg unter Riesen. Der bedeutende Mann saß in einem mit Akten und Büchern überfüllten engen Raum, neben dem – durch eine Glaswand getrennt – eine Sekretärin auf ihrer Maschine klapperte. Er war auf den deutschen Studenten neugierig, um mein Wohlergehen besorgt und ebenso liebenswürdig wie sehenswürdig: Was für ein wunderbarer Kopf! Gewohnt, für seine Besucher etwas tun zu sollen, legte er mich dem Institute for International Education ans Herz. Aber ich war ja versorgt, und so konnte das IIE mich auch nur mit einem »Nice to have met you!« und einer großen Tüte voller Prospekte wieder ziehen lassen. Unter dem Auskunftsmaterial befand sich ein Stadtplan von New York, den ich dringend brauchte und aus meiner Schatulle meinte nicht bezahlen zu können. Auch gab es einen nützlichen Ratgeber: wofür man wie viel Trinkgeld zahlt; wann man jemandem die Hand gibt; wie man eine Person gebührend anredet.

Am Abend traf ich die junge, frische Christa von Tippelskirch, der ich als Erstes gestand, wie irritierend es sei, dass es ihrer nun zwei gebe: Helgas Stiftskameradin Christa von Studnitz, meine schwesterliche Freundin, hatte im Krieg einen Herrn von Tippelskirch geheiratet. Das fand die New Yorker Christa lustig und meinte, da werde sie nun wohl die andere hier in Amerika für mich ersetzen müssen. Auf die Frage, was ich am liebsten äße, hatte ich »Schokolade« geantwortet. Eigentlich wollte sie wissen, ob wir lieber italienisch oder mexikanisch oder chinesisch essen gehen sollten. Nun änderte sie die Richtung und ging stracks mit mir in ein großes Schokoladengeschäft. Danach wurde aber dann doch ein Restaurant aufgesucht. Sie drückte mir 20 Dollar in die Hand: Jemand habe ihr dies gegeben, damit ich sie heute Abend ausführe. Das konnte nur Warburg gewesen sein. »Sinnlos gut« hätten wir gespeist, schrieb ich meinen Eltern, nämlich amerikanisch. An diesem Urteil habe ich in den nächsten fünf Jahren mühelos festgehalten. Christa lud mich ein, im März wiederzukommen, dann werde sie eine eigene Wohnung haben, wo ich auch logieren könne.

Am anderen Tage erwartete mich Fritz von Hermann zu einem sehr frühen Frühstück, was sich so erklärte: Seine Frau arbeitete nachts in einem Hospital als Hilfskraft. Ihr Dienst war um 6 Uhr morgens zu Ende. Heimweg, Einkauf und Vorbereitung des Frühstücks nahmen eineinhalb Stunden in Anspruch – und danach musste sie schlafen, was in der winzigen Nicht-Wohnung nur möglich war, wenn wir Männer sie verließen.

Hermanns lebten in einem Antiquitätenladen als dessen Wächter und Verkaufspersonal. Der lag im ersten Stock eines etwas heruntergekommenen Hauses in einer geschäftigen, aber nicht gerade vornehmen Straße. Beim Eintritt in den Laden klingelte es automatisch und laut, und der hagere, hochgewachsene Fritz, damals wohl zwischen fünfzig und sechzig, kam aus dem dunklen Dickicht von Ritterrüstungen, riesigen chinesischen Porzellanlöwen, flämischen Gobelins und Vitrinen hervor, in denen englisches Silberbesteck auslag, und umarmte den deutschen Studenten mit Tränen der Rührung in seinem Louis-Trenker-Gesicht. Er war vor dem Krieg als Halbjude aus Deutschland ausgewandert, seine Schwester, die Baronin Sigriz/Reichersbeuern (»Tante Issalla«) war in Bayern geblieben. Das Erforschen und Ordnen unserer Beziehung (Woher kennt wer wen? Wer ist wie mit wem verwandt?), seine freigiebigen Lobpreisungen Amerikas, seine euphorischen Pläne für den Ausbau der Vertretung von Montblanc (Hersteller von Füllfederhaltern und neuerdings Kugelschreibern), die man ihm übertragen hatte, nicht zuletzt Fragen nach meinen Plänen (Elizabethtown – und danach?) hinderten uns, die Spiegeleier auf Speck warm zu genießen, die Frau von Herrmann eben gebraten hatte, die Cornflakes und Grapefruits an der richtigen Stelle, nämlich vorweg zu essen, den *buttered toast* im richtigen Stadium mit Marmelade zu bestreichen. Zwischendurch wurde mit Puschkin telefoniert. Dieser, ein veritabler russischer Fürst, vermietete seinen achtsitzigen Wagen und sich als Chauffeur – und sollte uns ausfahren, einmal um Manhattan herum auf dem *elevated highway*, einmal über die George-Washington-Brücke, einmal durch den Central Park, dann zur St. Johns Cathedral und, wenn noch Zeit bleibe, zur Fähre nach Staten Island und der Freiheitsstatue. Puschkin kam und Frau von Hermann – der bescheidene, selbstlose Engel neben dem entfaltungsfreudigen Fritz – konnte ins Bett gehen, nicht ohne (wie ich mir vorstellte) den Abwasch vorher erledigt zu haben, und nur »ziemlich sicher« vor Kundschaft. (Weder ein russisches Tintenfass aus Cloisonné noch Montblanc-Füller waren damals in New York sehr gefragt.)

Als wir abends zurückkehrten, stellte Frau von Hermann gerade das

Abendessen hin. Dann ging sie das nötige Geld verdienen, und Fritz entkorkte den französischen Rotwein, auf den er sich so freute wie über die Gelegenheit zu sagen: »Sehen Sie, Hentig – alles kann man hier haben!« Aber eine Flasche reicht für zwei Männer nicht weit, und unser Gespräch durfte doch nicht mit ihr enden; also lud mich Fritz von Hermann ein, doch einfach hierzubleiben – für den morgigen Gang in das Metropolitan Museum, in dem übrigens seine Tochter Maryell wissenschaftlich arbeite; man könne recht gut auf der Récamiere im Verkaufsraum schlafen; die meisten seiner Gäste zögen freilich die mit Kissen gefüllte Badewanne vor; sie sei schön lang und »außer Betrieb«; »wir duschen« (das sei billiger).

Ich beharrte auf der Übernachtung im YMCA. Dort hatte ich mein Bett im Voraus bezahlt und war nun auch gesprächsmüde. Am anderen Morgen übernahm ich den Abwasch, bevor wir ins Metropolitan Museum – ins MM – gingen. (Eintritt frei, ein gedruckter Führer ebenfalls – neben dem Stapel ein Plexiglas-Behälter für Spenden, heute »The March of Dimes« gegen Polio.) Hier sah der Student der Alten Welt seine ersten Originale antiker Skulpturen, die ersten griechischen Vasenbilder, die ersten etruskischen Bronzen. Ich war den Tränen nah. Vor dem archaischen Apoll schien ich selber zur Statue zu werden. Als Fritz von Hermann mir aber »alles« zeigen wollte, riss ich mich nach einer Weile los und sah so, was ich sonst diesmal nicht »sehen« würde. Da die Gemälde im MM nicht nach Epochen, Herkunftsland, gar Malern und Malschulen geordnet sind, sondern nach ihren Stiftern (The X Collection, The Y Collection, The Z Collection), muss man sich ohnedies erst einen Überblick über das Ganze verschaffen. Ich wusste nun: Hierher würde ich oft wiederkehren und viel Zeit mitbringen müssen.

Das geschah auch – hier muss ich vorgreifen –, als ich im März tatsächlich Christa besuchte. Ihre Arbeitszeit war meine MM-Zeit. Am dritten Tag stieß ich in die ostasiatische Abteilung vor und stand unversehens vor einem chinesischen Bild, das ich mit freudigem Erschrecken als das unsere erkannte: jenen »Baum mit Mond«, den Vater in der Bombennacht vom 23. November 1943 aus der brennenden Wohnung gerettet hatte. Immer wieder bin ich an diesem Tag zu dem Bild zurückgekehrt, um mich zu vergewissern, dass es sich wirklich um dieses und nicht ein ähnliches handelte. Am Ende war ich mir sicher. Es kamen folgende Indizien hinzu: Es war als einziges in dem großen Raum auf einen neuen Seidenuntergrund montiert worden; an einigen Stellen meinte ich Ausbesserungen wahrzunehmen – dort, wo der Funkenflug kleine Löcher eingebrannt hatte; als Anschaffungsjahr war 1946 angegeben. Ich begab mich zur Direktion, wo man mich als Freund von Maryell Hermann freundlich empfing und mir Auskunft gab: Das Bild sei dem Vertreter des MM in Kanada von einem Kunsthändler angeboten worden; Ausbesserungen nähmen sie immer vor, wenn ein Bild neu montiert werden müsse; weitere Recherchen über die Herkunft seien so gut wie aussichtslos, da die Händler sich weigerten, Auskunft zu geben, zumal wenn der Kauf im Ausland getätigt worden sei. Man stellte für mich eine (recht teure und recht gute) Fotografie des Bildes her, die ich meinem Vater schickte, ohne ihm die weitere Bewandtnis zu schildern, und er – wie alle meine Geschwister – bestätigten: Das ist ja unser Bild! Die Unerschrockenheit, mit der Vater um seine Rechte zu kämpfen pflegte, kannte ich; die Aussicht auf Erfolg eines Rückerstattungsverfahrens war damals jedoch gleich null, da wir über keine Beweise, sondern nur über plausible Annahmen verfügten. In der Tat konnte die Bildrolle 1945 in Kremlin den Russen in die Hände gefallen sein; ein Kenner mochte den Wert erkannt und sie in Berlin an einen Kunsthändler verkauft haben, wo sie dann der Kanadier erstand. Aber wir hatten ja nicht einmal eine Fotografie *unseres* Bildes und keinen »Zeugen« mit hinreichendem Sachverstand, der die Hentigs als Eigentümer bestätigen konnte. Ich tat also meinem Vater gegenüber so, als verfolgte ich die Angelegenheit weiter; Vater wurde derweil nach Indonesien versetzt; die Geschichte geriet in Vergessenheit – und beschäftigte uns nicht jahrelang mit quälenden Schriftsätzen und frustrierenden Verhandlungen. Seither werden sich Tausende von MM-Besuchern an dem Bild erfreut haben.

Am dritten der erschlichenen New-York-Tage war ich Gast und Opfer des Professors Rolf Hoffmann: *Gast* in seiner Familie, in der es herzlich, genial und lukullisch zuging, *Opfer*, sobald er mich für sich allein hatte. Da musste mir meine falsche Achtung für Amerika, meine sträfliche deutsche Leichtgläubigkeit, meine unverhohlene Freude an der offenen, wohlhabenden und glanzvollen Metropole ausgetrieben werden. Er fuhr mit mir in die Slums, unterfütterte die Elendsbilder mit

Sozialstatistik und beides mit Geschichten von Durchstecherei und ungeheurer öffentlicher Misswirtschaft. Zu allem hatte er einen niederziehenden Kommentar – zu den Edison-Werken: die stießen mitten in der Stadt Tausende von Tonnen Ruß in ich weiß nicht welcher Zeit aus (Öko-Bewusstsein schon damals?); zum geplanten neuen UN-Gebäude: es werde das Ziel der ersten Atombombe nach Hiroshima und Nagasaki sein (eine Vorahnung vom Twin-Tower-Desaster?); zum ESSEX-Building, in dessen ganz Manhattan überstrahlender Lichtreklame zum Vergnügen aller New Yorker die ersten zwei Buchstaben ausgefallen waren: wie verkümmert das Sexualleben des amerikanischen Mannes und wie hysterisiert das der amerikanischen Frau sei (wofür ihm die eigene psychoanalytische Praxis drastische Beispiele lieferte); zum Washington Arch: mit diesem ersten Präsidenten habe die Heuchelei in Amerika begonnen, eine borniere Einschwörung der Bürger auf die amerikanischen Werte und die auserwählte Nation, die Verdächtigung aller, die davon abweichen (was er durch Schilderung der eigenen Bespitzelung und Anfeindung belegte).

Ich habe mir das alles nicht wirklich zu Herzen genommen, ich hätte sonst gleich nach Europa umkehren müssen. – Und dann ging er mit mir auch noch ins Museum of Modern Art! Meine Verwirrung war vollkommen und wich nur einer anderen, ebenso großen, als wir in seiner Wohnung vor einer über 2000 Platten zählenden Musiksammlung standen: Ich solle mir etwas Schönes auswählen – seine Lautsprechanlage sei das Beste, was man derzeit kaufen könne. Wer wird mir verübeln, wenn ich jetzt nichts Neues, sondern die alten Lieblinge hören wollte! Also spielte Wanda Landowska Bachs »Wohltemperiertes Klavier« und ordnete meine Seele. Es war, als sei sie unter uns.

Da hatte ich nun die vier der fünf häufigsten Typen von Deutschen in Amerika erlebt: den Kosmopoliten, der im neuen Land der alte bleiben kann und anderen etwas von seiner Sicherheit abzugeben bestrebt ist; die mühelos mit dem amerikanischen Leben mitschwingende junge Generation, die dabei ihren Eigensinn bewahrt; den unermüdlichen Amerika-Enthusiasten, der auch das eigene Elend amerikanisch vergoldet; den vergrämten Intellektuellen mit dem scharfen Blick für die Schwächen seiner neuen Heimat. In Elizabethtown sollte ich den fünften Typ kennen lernen, den heimwehkranken Exilanten, eingeklemmt zwischen der Amerika geschuldeten Dankbarkeit und dem empfundenen Abscheu.

Um mich in Elizabethtown anzumelden, ging ich in den »telephoneroom« der Penn-Station, wo ein Dutzend junger Damen bereit saß, um unsicheren Kunden wie mir zu helfen. Was soll es sein – ein *person to person call*? (dann wird nur bezahlt, wenn man die Person erreicht hat, die man hat sprechen wollen); ein *collect call*? (dann wird der Angerufene gefragt, ob er bereit ist, den Anruf zu zahlen). Unbefangen schaltete sich die *operator* genannte Dame ein, als in Elizabethtown nicht gleich der richtige Adressat zu finden war. Der Dean of Students nahm meine Anmeldung hocherfreut entgegen. Ich hatte noch Zeit, in eine Buchhandlung zu gehen, die neben einem Wilhelm-Busch-Album tatsächlich Rilkes »Stundenbuch« (siehe oben S. 209) im Schaufenster stehen hatte. Ich überwand meine Skrupel und kaufte vom Rest des »Notgeldes«, mit dem ich so sparsam umgegangen war, gleich beide.

In Amerika ist das Reisen mit dem Zug Luxus (der gemeine Amerikaner benutzt den Bus) – ich merkte es erst, als ich in meinem bequemen Sessel saß und mich umschaute: Ich war unter die Reichen gefallen. Aber niemand nahm von meiner Schmuddeligkeit Notiz. In meinen Aufzeichnungen für die Eltern und Freunde in Deutschland finde ich: »Außerhalb New Yorks werden die Autos unansehnlicher; die Häuser sind winzig und leicht gebaut; neben der Bahnstrecke *dumping grounds*, aufgelassene Fabriken, unordentliche Materiallager, *waste land*. Vor Philadelphia zwei Riesengaskessel inmitten eines Friedhofs ...«

In Elizabethtown wurde ich mit größter Herzlichkeit empfangen, aß bei Dean Espenshade und seiner Familie zu Abend und hörte, was man in den nächsten Tagen mit mir vorhatte. Das »term« (ein Quadrumester) hatte noch nicht begonnen, aber die eigentlichen Betreiber meiner Einladung, Warren Kissinger, Armon Snowden und Ben Ebersole waren benachrichtigt worden und hatten bekundet, sie kämen am selben Abend noch ins College. Sie erwarteten mich nun im *dormitory*. Mit Warren sollte ich ein Zimmer in einer der komfortablen Armee-Baracken teilen, die dem College im Rahmen des GI-Bill vermacht oder billig verkauft worden waren. Die amerikanische Regierung hatte nach Beendigung des Krieges ein weitsichtiges und aufwändiges Programm verabschiedet, das den entlassenen Soldaten eine College-Ausbildung auf Kosten des Staates ermöglichte. Gleichzeitig fand sie hier – wie auf anderen Gebieten – eine Gelegenheit, Kriegsanschaffungen nützlich weiter zu verwenden.

In South Hall haben wir dann bis morgens um vier Uhr miteinander geredet; um fünf musste Warren zu irgendeiner Veranstaltung reisen und wollte mich vorher »eingeweiht« haben. Das war in der Tat nötig, denn von dem, was er mir nun erzählte, wusste ich bisher nichts:

Die Church of Brethren, Gründerin und Betreiberin des College, ist eine der streng pazifistischen Kirchen Amerikas. Die meisten ihrer männlichen Mitglieder haben auch während des Zweiten Weltkriegs den Kriegsdienst, konsequenterweise sogar den Ersatzdienst verweigert – die dafür geleistete Arbeit in einer Fabrik, in der Landwirtschaft, selbst in einem Hospital hätte ja einen militär-willigen Mann freigesetzt und so doch dem Krieg gedient. Wer die Eintragung in die Stammrolle (zur Feststellung der Tauglichkeit) verweigerte, wurde automatisch zu einer Gefängnisstrafe verurteilt. Kam er nach Verbüßung derselben aus der Haft, fand er am nächsten Tag erneut die Aufforderung vor, sich der Tauglichkeitsprüfung zu stellen. Verweigerte er wieder, galt er als renitent und rückfällig, und seine neuerliche Strafe verdoppelte sich. So war es Warren und dem Bruder von Ben gegangen; Ben selbst und Armon waren noch zu jung gewesen. Auf dem etwa 350 Studenten zählenden Campus waren diejenigen, die ihren Pazifismus in dieser Radikalität bezeugt hatten, inzwischen eine Minderheit. Das College nahm ohnedies jeden auf, der den entsprechenden Highschool-Abschluss hatte; es konnte sich nicht leisten, seine Studenten auszulesen, und fühlte sich – wie zur Gewaltlosigkeit, so auch – zur Toleranz verpflichtet. Es bediente den regionalen Bedarf an College-Ausbildung mit *bachelor of arts*-Abschluss und *bachelor of science*-Abschluss und hatte natürlich in einem Land, in dem Bildung eine hochbezahlte Ware ist, viele Konkurrenten. Auf die Segnungen des GI-Bills mochte Elizabethtown College nicht verzichten und nahm die mit dem Regierungsgeld ausgestatteten Exsoldaten, die sich bei ihm anmeldeten, geradezu unbesehen auf. Diese *Veterans* machten, wie Warren mir sagte, damals vierzig Prozent der männlichen Studenten aus. Diese nun hätten – unterstützt vom örtlichen Veteranenverein und der Provinzpresse – heftig gegen den Plan protestiert, einen Deutschen ans College zu holen. Die Berufung auf das Gebot der Gründer-Kirche, friedensstiftende Taten zu tun – *pacem facere* mehr noch als *bello obstare* –, und auf die ja auch von der Regierung ausdrücklich erhoffte »Ansteckung« mit Demokratie durch Studentenaustausch fruchtete nichts. Erst als die Pazifisten mit verdoppelter Anstrengung auch das doppelte Geld zusammengebracht hatten und damit ein zweites Stipendium für einen Franzosen oder Polen (sie haben Tombolas, Theateraufführungen, Benefizkonzerte veranstaltet), nahm auch die College-Leitung für den Plan Partei und die Studiengebühren auf sich. Die 1500 Dollar aus der Studentenaktion mussten für *room and board* (Essen und Unterkunft), für Kleidung, Wäsche, Bücher und ein wöchentliches Taschengeld von 3 Dollar ausreichen. Einen Polen zu gewinnen war der Arm der Brethren und der mit ihnen zusammenarbeitenden Quäker nicht lang genug; die Franzosen, die sich beworben hatten, wollten nur für höchstens ein Jahr kommen. Das alles stellte sich freilich erst später heraus, als sich die Öffentlichkeit mit der Sache abgefunden hatte. (Ein sehr netter »native of France«, André Yon, kam kurz, bevor ich Elizabethtown verließ, und verließ es seinerseits nach einem halben Jahr: Hier könne er nichts mehr lernen.)

Es werde möglicherweise noch die eine oder andere Pöbelei seitens der Gegner geben, nicht aber gegen mich, versicherte Warren, sondern allenfalls gegen ihn und seine Freunde. Er werde übermorgen zurück sein, dann könnten wir vor dem Eintreffen der Mehrzahl der Studenten noch meine Kleidung auswechseln: Mit der umgefärbten Wehrmachtsuniform solle man mich lieber nicht sehen.

Zwei Fragen noch vor dem Schlafen: »Do you have a girlfriend?« Und: »Do you smoke?« Die erste bejahte ich zögernd. Ich dachte an Maria Wedemeyer, die zwar meine Freundin war – aber mein »girlfriend«? Immerhin befriedigte die Antwort den Frager, und das tat auch die zweite, denn die Church of the Brethren verbietet ihren Mitgliedern das Rauchen, Trinken und Tanzen. Das gelte, versicherte Warren, für alle, nicht nur auf dem Campus, sondern auch außerhalb. (Dieses Verbot wurde, wie ich später wahrnehmen konnte, tatsächlich eingehalten – ohne jedes Murren, ja ohne die geringste Erwähnung. Man war ja freiwillig hier, auch hätte man beim Bekanntwerden einer Übertretung sicher auf der Stelle seinen Platz am College verloren.)

Die wenigen Stunden, die mir bis zum Sonntagmorgen-Frühstück mit Miss Vera Hackman blieben, schlief ich doppelt gut: unter zwei Army-Decken in einem Army-Bett. Miss Hackman, Dean of Women und zuständig für das »Internatsleben«, wie wir vielleicht sagen würden, lieferte mir meine erste Post aus, entschuldigte sich für die Dürftigkeit des Frühstücks (sonntags sei Studenten erlaubt, bis mittags zu schlafen; da lohne es sich nicht, mehr aufzufahren als dies; es gab Kaffee, Tee und Danish pastry, was mein Lieblings-Tagesanfang blieb) und nahm mich mit in die um zehn Uhr beginnende Kirche.

Dem Gottesdienst ging die Sonntagsschule voraus – und ihr die Begrüßung »unseres so sehnlich erwarteten Freundes aus Deutschland«. Ich erfuhr, was für ein »Ereignis« ich war. Ich wurde fast jedem Gemeindemitglied einzeln vorgestellt, und alle waren »*so* glad to meet you!« Ich erfuhr auch, was eine lebendige Gemeinde ist: Sie lebt aus sich heraus, aus ihren Gewohnheiten und Bedürfnissen, ihren starken und schwachen Personen, ihrer Kenntnis voneinander und der gemeinsamen überschaubaren Lebensverhältnisse. Der Pastor kommt zur feierlichen Beglaubigung hinzu und im Fall von Elizabethtown auch zur Dekoration: jung, bildschön und mit der Stimme eines Strienz oder Schuricke begabt. Es wurde viel und inbrünstig gesungen, die Lieder waren weich, gefällig, eingängig. Man teilte sich dann in Gruppen auf, wozu es schützende Paravents gab. Laien leiteten das Gespräch über den von Laien verlesenen Bibeltext, nicht ohne dass dieser noch einmal in die Sprache und Bilder des Alltags übersetzt worden war. Wo steckt hier der Satan? Wo ist die Pforte des Heils? Wann gehst du mit mir hindurch? Der Satan ist die Versuchung. Er hat auch Christus versucht. Christus hat ihn durchschaut, sagt einer. Aber Satan kann nicht mit etwas versuchen, das er nicht hat, sagt ein anderer. Genau wie der Kommunismus, sagt ein Dritter. Doch, Satan kann leider alles, weil er »supernatural« ist, sagt ein Vierter. Christus aber auch, sagt ein Fünfter. Das schon, aber er erleidet die Versuchung wie ein Mensch, und eben dadurch gibt er uns ein Beispiel, sagt der Erste wieder, und viele drücken ihre Zustimmung aus: Amen, amen! Satan ist ein Psychologe, sagt ein Sechster, er fängt mit der geringsten Versuchung an, mit dem Hunger. Ein Psychologe? zweifelt ein Siebter, nein ein Lügner! Das ist dasselbe, weiß ein Achter. Kennt ihr den Hunger, will ich einwenden, aber da klingelt es, und die Wurlitzerorgel leitet zum eigentlichen Gottesdienst über.

Die Predigt des Pastors, die immer wieder auf »uns hier in Elizabethtown« zu sprechen kam, die den aus dem »geprüften Deutschland« kommenden Freund als Zeugen aufrief, die einzelne Gemeindemitglieder als Quelle einer Weisheit oder als Beispiel für uns alle herausstellte, endete mit dem Aufruf zur Spende. Diese hatte jeder schon vorbereitet: Nun legte er sie in einem weißen Kuvert auf die herumgereichten Teller. Sie galt der Erhaltung der Sonntagsschule, von der auch die Predigt gehandelt hatte: In ihr vor allem lerne der amerikanische Christ, der Versuchung des Materialismus und seiner Ideologie, des Kommunismus, zu widerstehen.

Danach blieben die Gemeindemitglieder noch lange zusammen: Die Kirche, ein schlichter großer Versammlungsraum, ist ihr Marktplatz, ihr Brunnen, an dem man plaudert, ihr Rütli, auf dem man sich jede Woche erneut gegen das Böse verschwört. Bei uns in Deutschland ein Häuflein einsamer alter Frauen, die Trost vor ihrem Lebensende suchen – in Elizabethtown ein Tummelplatz für Kinder, ein Treffpunkt für junge Menschen in ihren schicksten Kleidern, eine Gelegenheit der Männer, würdig aufzutreten, die starken Arme auf die Vorderbank und den Kopf in den Nacken zu stemmen, für Frauen, die Häubchen ihrer Ururgroßmütter anzulegen oder den Hut mit großer Reiherfeder – alle in strahlender Zuversicht und frommer Hingabe und nur an dafür geeigneter Stelle in geknickter Demut.

Am Abend gab es einen zweiten Gottesdienst. Da werde man, erklärte Miss Hackman, ein richtiges Abendmahl mit selbstgebackenem Weißbrot und Traubensaft zu sich nehmen, und wer davor einem Bruder oder einer Schwester die Füße waschen wolle, werde dies auch tun, um der Gottesgabe würdig zu sein. Die wichtigste Auskunft, die die Brethren vom Altphilologen Hentig erwarteten, war, ob das griechische Wort im Neuen Testament, das die Übersetzung mit »Wein« wiedergebe, notwendig ein gegorenes Getränk bezeichne. Dies musste ich zu ihrem Schmerz bejahen.

An diesem Abend bin ich trotz meiner Müdigkeit und meines keimenden Hochmuts doch erneut erschienen, erstens, weil ich neugierig war, zweitens, weil es meinen Gastgebern so große Freude bereitete.

Dass ich Lutheraner sei, hatten sie nachsichtig zur Kenntnis genommen. Die lutherische Kirche war eine von vierzehn in der 5000-Einwohner-Stadt. Ich wechselte in gutem Einvernehmen mit dem jungen Pastor Raymond Fetter zwischen den beiden sehr verschiedenen Gottesdiensten und nahm vor allem an den eigens für Studenten eingerichteten Gesprächsabenden beider *denominations* teil. Mit keiner von beiden teilte ich die Glaubensinbrunst, aber beiden meinte ich Interesse zu schulden. Ich fühlte mich als Gast von amerikanischen Christen, nicht von amerikanischen Akademikern oder Bürgern. Ich habe aus meinen Glaubensvorbehalten keinen Hehl gemacht, sie aber in der Regel als ohne Einfluss auf das angestrebte gemeinsame Handeln empfunden.

Vor allem aber wünschten diese Christen von mir etwas über jenes rätselhafte Deutschland zu hören, das Land, das Niemöller hervorgebracht und ihnen die Tillichs und Niebuhrs beschert hatte und damit viele theologische und politische Spannungen.

Nie sprach man abfällig über die jeweils anderen und, wenn überhaupt »kritisch«, dann immer nur über die eigenen Leute. Reverend Fetter und seine Frau Theresa schreiben mir noch immer jedes Jahr zu Weihnachten – mit fester Handschrift und kleinen Reminiszenzen (»We shall always remember ...«) – und teilen in einem vervielfältigten Brief einem Kreis von zwei bis drei Dutzend Studenten, die sich damals in ihrem Haus versammelten, mit, was an Nachrichten über sie bei ihnen eingegangen ist. Was für eine Treue!

Zum Mittagessen hatte mich Doktor Frederic Neuman eingeladen, ein Mann Ende fünfzig, aus Wien nach Amerika geflohen, eigentlich Altphilologe, aber ohne Schüler, die *Grief and Laughing* (wie es bei Alice in Wonderland heißt) von ihm würden lernen wollen. Er war darum – zu einem etwas niedrigeren Tarif – von Elizabethtown College als Lehrer für Deutsch eingesetzt worden. »Was aber auch keiner lernen will!«, erklärte Neuman. »Sie müssen's halt: eine Fremdsprache zwei Jahre lang, sonst gibt's keinen BA. Die meisten wählen Spanisch, das kann man gebrauchen; andere Französisch, das den Amerikanern jedoch schwerfällt; und Deutsch wählen nur diejenigen, deren Großeltern noch Pennsylvania Dutch sprechen, was übrigens ›Deutsch‹, nicht etwa ›Holländisch‹ heißt.« Bald nach seiner Einwanderung hatte Neuman eine seiner Studentinnen geheiratet, eine fünfundzwanzig Jahre jüngere Frau; sein einziger Sohn war jetzt fünf Jahre alt; er sollte beider Glück besiegeln, kränkelte aber nicht nur, sondern wurde zum Anlass eines unablässigen untergründigen Streits um seine Erziehung. Der Vater wollte einen Europäer aus ihm machen, die Mutter »nur« einen Amerikaner wie alle anderen. Mit einem gewissen Recht hofften beide auf mich: Er auf einen Bundesgenossen, sie auf den Gesprächspartner, den ihr Mann so sehr entbehrte. Ich nahm mir vor, beides für ihn zu sein, trat spontan dem »German Club« bei, der einmal in der Woche in seiner Wohnung zusammenkam, über einen deutschen Dichter redete, sich sterblich langweilte, Seven-up und Cola trank und Chips oder Cookies aß. Wir waren nie mehr als acht Personen. Mit denen spielte ich mein großes Repertoire an Gesellschaftsspielen durch, buk Kartoffelpuffer in Mrs. Neumans Küche, sang andere Lieder als sie und hätte gern ein Theaterstück aufgeführt, was aber mehr Zeit forderte, als die jungen Leute aufzubringen bereit waren. Eigentlich ging es ihnen in dem Club um ein verdecktes *dating* und darum, den Herren über ihre *credits* gut zu stimmen. Der enttäuschte, durch Enttäuschung zuwendungsbedürftig und durch Zuwendungsbedürftigkeit anfällig gewordene Neuman spielte das Spiel mit: »Wenn sie mich auch noch hassen, werden sie gar nichts mehr von mir lernen. Nun tun sie wenigstens aus Mitleid so, als interessierten sie sich für ›unseren‹ German Club.« Mir bot er jede Menge *credits* an, die er mir als Lehrer des Griechischen und Latein – beides stand in seinem Anstellungsvertrag – zu erteilen autorisiert sei; dann könne ich im Anschluss an Elizabethtown gleich hoch ins Graduate-Studium einsteigen. Von vornherein hielt er Elizabethtown für meiner unwürdig – für »zu mediokor«. »Ist er nicht ganz anders als unsere Studenten?«, fragte er seine Kollegen und klang dabei stolz, ja ein wenig glücklich, fast als hätte er mich erfunden. Er hatte wenig publiziert und darum keine Aussicht, von Elizabethtown wegzukommen. Er schenkte mir alles, was es an Gedrucktem von ihm gab – einen Kommentar zu Ernst Wiechert, ein halbes Dutzend Zeitungsartikel, unwissenschaftliche Liebeserklärungen an die deutschen Klassiker. Er hänge an Deutschland, schrieb ich nach Hause, »mit einer von Kummer und erlittenem Unrecht vertieften Liebe«.

Dass ich meine wichtigsten und liebsten Bücher aus Deutschland mitgebracht hatte (gut dreimal so viel wie in der germanistischen Abteilung der College Bibliothek), erwies sich schon an Frederic Neuman als glückliche Entscheidung. Er hat sich eins nach dem anderen ausgeborgt und das eine oder andere einfach behalten, worüber ich heute froh bin. Er brauchte die Bücher mehr als ich. Wir haben später noch miteinander korrespondiert. Er unterschrieb seine Briefe an mich stets mit der deutschen Fassung seines Namens. Sehr lang hat er nicht mehr gelebt. Seine Frau hat sich noch vorher von ihm scheiden lassen und dabei auch die letzte Erinnerung an Friedrich Neumann / Frederic Neuman getilgt, indem sie sich nach seinem Tod Mrs. Newman nannte.

Mein Studienprogramm habe ich mit Hilfe meiner Kommilitonen zusammengestellt. Es bestand vornehmlich aus Americana oder doch aus Kursen, die ich für nützliche Ergänzungen meiner allgemeinen Bildung hielt. In den drei Terms, die ich in Elizabethtown war, habe ich folgende Kurse gewählt: zweimal in Folge Amerikanische Geschichte, dreimal Debating, zweimal Model General Assembly, einmal Einführung in die Soziologie, eine ebensolche in die Ökonomie (Economics), zweimal in Folge Amerikanische Literatur, zweimal in Folge Shakespeares Dramen, zweimal English Composition (Schulung im Schreiben verschiedener Gattungen: Erzählung, Essay, Bericht, Ansprache) und einmal Biblische Geschichte. Die Einführung in die Pädagogik (Education) habe ich nach der zweiten Sitzung enttäuscht abgebrochen.

Professor Dr. Mahlon Hellerich war mein Lehrer und Mentor in den ersten drei genannten Veranstaltungen. Er arbeitete mit seiner Klasse das 1600 Seiten umfassende außerordentliche Geschichtsbuch von S. E. Morison und H. S. Commager: »The Growth of the American Republic« durch. Man hatte jeweils bis zur nächsten Stunde einen Abschnitt weiterzulesen – ca. zwanzig Seiten – und erörterte das Gelesene gemeinsam. Meist begann Hellerich mit der Frage: War es interessant? Wenn ja, warum? Wenn nein, warum nicht? Es ging ihm offenbar nicht darum, zu kontrollieren, ob wir wirklich gelesen hatten, sondern darum, uns (das heißt wohl: immer nur wenige von uns) wahrnehmen zu lassen, dass ein solches geschichtliches Wissen wichtig ist. Dieses Verfahren verteilte die Bürden geschickt auf ihn und uns. Wenn wir zweifelten, hatte er Gelegenheit, uns die Bezüge zur Gegenwart, die Spiegelung, die Wandlung, die Wiederholung der Figuren deutlich zu machen und dadurch eben doch eine eigene Vorlesung zur Geschichte zu halten. Wenn wir der Wichtigkeit des Gelesenen sicher waren, setzte er uns mit Fragen zu und verwickelte uns so in einen geschichtsphilosophischen oder politischen Diskurs. Oft genug gab es Dissens zwischen ihm und uns oder zwischen uns und den Autoren, dann wurden andere Darstellungen oder die Quellen herangezogen und uns so auch das Handwerk des Historikers nahegebracht aus Anlass eines einzigen Buches. Um *credits* vergeben zu können, überraschte er uns mit gelegentlichen kurzen Tests. Dass Hellerich mich, den Deutschen, in seinen Debating-Kurs aufnahm, war kühn – ich konnte der Mannschaft mit meinem nicht so sicheren Englisch die Show verderben! – und bedeutete für mich eine große Auszeichnung. Elizabethtown College gehörte einer Vereinigung von Colleges der East Coast States an, die für jeden Term mehrere Debating-Themen vereinbarten. Am Ende des Terms wurden dann förmliche Turniere ausgetragen. Man arbeitete sich gründlich in den strittigen Sachverhalt ein, übte sich sowohl im *Pro* wie im *Contra* und erloste auf dem Turnier sowohl den Gegner als auch die Seite, für die man redete, man argumentierte also durchaus nicht immer für die eigene Überzeugung. Im ersten Turnier, an dem ich teilnahm, lautete das Thema: »Proposed the United States of America should nationalize all non-agricultural industry«. In den vier Runden, die ich zu bestehen hatte, musste ich zufällig je zweimal *Pro* und zweimal *Contra* reden. Beide Parteien haben je zehn Minuten Redezeit, beginnend mit dem *Pro*, danach je ein fünfminütiges »rebuttle« in umgekehrter Reihenfolge. Das Ganze spielt sich vor einem größeren, geschulten Publikum ab. Ein Nebeneffekt dieses Kurses war, dass ich am Ende des Terms mehrere andere Colleges in der Umgebung kennen gelernt hatte, die als Gastgeber fungierten.

Verwandt hiermit war der Kurs Model General Assembly of the UN. In jedem Jahr »spielte« eine Vereinigung von zwischen 60 und 80 Colleges der East Coast die Agenda der UN durch, bevor diese selber an die Arbeit ging. Jedes College repräsentierte eine Mitglied-Nation. Der Kurs bestand in der Vorbereitung hierauf und natürlich in der (dreitägigen!) »Aufführung«, deren letzter Akt sogar in den Räumen der UN in Flushing Meadows stattfand. Im April 1949 nahmen 51 Colleges daran teil. Die Ausrichtung hatte die Rutgers University in New Jersey übernommen. Elizabethtown College war Kanada, dessen Rolle in dem Committee I »Political & Security« nicht unbedeutend war. Neben einer Resolution zur Abrüstung und einer Resolution zur Aufstellung eines internationalen Polizei-Kontingents (unter Artikel 40) ging es auch um eine internationale Atomenergie-Behörde. Kanada war wegen seiner Uranvorkommen entscheidend involviert. Die am letzten Tag zur Abstimmung gelangende Entschließung hatte nach heftigem, oft bis Mitternacht dauerndem Gerangel zwischen der UdSSR und den USA im Sicherheitsrat folgenden Wortlaut:

> IV. RESOLVED: that an International Atomic Development Authority with power to (1) own or control all atomic energy developments potentially dangerous to world security (2) control, inspect and license all atomic energy activities (3) foster beneficial uses of atomic energy (4) engage in research and development be established. Be it further resolved that violations would be international crimes subject to punishment.

Das entsprach in keiner Weise dem, was schon in den folgenden Tagen von der wirklichen UN verhandelt und nach Wochen beschlossen wurde, war aber aufgrund der gleichen Vorgaben mit den gleichen Prozeduren bei gleich gegensätzlichen Ideologien (darauf achteten die Studenten mit besonderem Raffinement) von brillanten jungen Rednern und Rednerinnen erzielt, was doch nichts anderes ausdrückt als dies: Die Politik könnte solche Ergebnisse haben, würden die UN-Mechanismen von den Mächten wirklich rational genutzt und nicht zur gegenseitigen Verhinderung missbraucht. Erfolgreich waren Elizabethtowns vier Delegierte (einer in jedem der vier großen Committees) außerdem an der Verteilung der italienischen Kolonien, an der Anerkennung des Atlantik-Pakts und an der Implementierung des Point Four Programs der amerikanischen Regierung beteiligt. Der erste Punkt der Agenda galt der Frage, welche Kompetenz die UN habe, in die Regelung der Nachkriegsverhältnisse in Deutschland einzugreifen. Der Anlass war natürlich die Blockade Berlins. Zu diesem Punkt hatte ich selber einen Entschließungstext von eineinhalb Seiten verfasst, dem dreieinhalb Seiten Begründung voraufgingen. Die letztere wollte ich mündlich vortragen, die Entschließung hatte ich »in the name of the Dominion of Canada« beim Chairman eingereicht: eine von einem High Commissioner überwachte allmähliche und schiedliche Überleitung der vier Besatzungszonen in einen neutralen demokratischen Gesamtstaat Deutschland. Die Delegierten der USA und elf anderer meist lateinamerikanischer Staaten erreichten – unter Ausnutzung der Verfahrensregeln – die Verschiebung dieses Tagesordnungspunktes auf die nächste Vollversammlung. Dieses Ergebnis unserer Model Assembly entsprach der politischen Wirklichkeit.

Ein halber Zentner Material, das wir von den betroffenen Botschaften und der UN-Verwaltung angefordert hatten, war in der Vorbereitung von uns zu vier handlichen Konvoluten verarbeitet worden – das Ergebnis der Endabstimmung hatte dann in einem einzigen DIN-A4-Umschlag Platz. Das nenne ich gutes geistiges *processing*.

Im Frühjahr 1950 waren wir Ecuador, dessen Status als nichtständiges Mitglied im Sicherheitsrat bei völliger Bedeutungslosigkeit außerhalb desselben unseren Ehrgeiz gewaltig anstachelte: Wir waren als zählende »Stimme« umworben und konnten zugleich bei der gegebenen Unerkennbarkeit der Interessen des wirklichen Ecuador ziemlich frei mit ihr und unseren Argumenten walten.

Ich kenne kein Mittel der politischen Bildung, das ähnlich viel zu leisten verspricht wie dieses *simulation game*: Man muss die Fakten, die unterschiedlichen Positionen der Beteiligten, die Verfahrensregeln und ihre Auslegungsmöglichkeiten kennen – und ebenso klar denken wie wirksam reden können. Als ich 1964 auf einem großen internationalen Kongress zur politischen Bildung in Leipzig hierüber berichtete, unterbrach mich ein DDR-Kollege: »Habe ich richtig verstanden, dass die beteiligten Studenten nicht gehalten waren, die Wahrheit zu sagen?« Ich bejahte: Sonst wäre die Simulation ja nicht wirklichkeitsgetreu. Die sozialistischen Teilnehmer triumphierten: Da sehe man es, der Westen »erzieht seine Jugend zur Lüge«. Meine Entgegnung »Besser als zur Heuchelei« ging in der lauten Empörung unter.

Viel Freude machte mir zunächst der Kurs in Soziologie. Ich hatte noch nie das Werk eines Soziologen gelesen und entdeckte nun, anhand von Bob Eshlemans Einführung, dass ich soziologisches Denken schon kannte – von Platon und Aristoteles, von Marx und Spengler, ja von Sinclair Lewis und Pearl Buck. Sprach man Bob Eshleman darauf an, schüttelte er den Kopf: So zu fragen führe in theoretische Erörterungen und habe keinen praktischen Sinn. Die Erklärungsmuster für das Entstehen von Slums, die Definition der Bevölkerungsschichten, die *patterns* ihrer Reproduktion waren einfach, handlich und immun gegen die Zweifel, die sich in mir regten: Was für eine Wirklichkeit beschreibt diese Wissenschaft, indem sie Einzelerscheinungen unter statistisch fassbare Merkmale subsumiert? Das Erkenntniswunder, das sich ereignet, wenn ein solches Merkmal isoliert und an einem großen *sample* betrachtet wird, war Bob Eshleman selber unbekannt und ging also auch an mir vorüber, bis ich zehn Jahre später »Homo Sociologicus« von Ralf Dahrendorf las. Dabei hätte es mir geholfen, meinen einträglichsten Studentenjob als Eintreiber von Daten für die Marktforschung auszuhalten. (In einem Supermarkt stellte ich Kunden, die ich beim Kauf von Palmolive-Seife beobachtet hatte, ein Dutzend Fragen zu ihren Hobbys, ihrer Bildung, ihrem Familienstand, ihrem Beruf; unter diesen war eine eingestreut, die lautete: »Was sagt Ihnen das Wort Chlorophyll?« Die meisten antworteten: »Nie gehört.« Die Hersteller wollten herausfinden, ob ihre Reklame, Palmolive-Seife enthalte diesen bekömmlichen Naturstoff, wirke. Sie tat es nicht, und Palmolive ließ diese Werbung fallen.) Ich habe darin nur den Käuferbetrug gesehen, nicht meine soziologische Erkenntnischance. Ich gab den Job verärgert auf.

Die Kurse über die Geschichte der amerikanischen und der englischen Literatur und der Kurs »Shakespeares Dramen« waren genauso unphilosophisch, aber das störte mich nicht. Ich las in einem 1000 Seiten umfassenden Reader die von Dr. Schlosser im Unterricht jeweils behandelten Dichtungen und meinte, sie am Ende so sicher einschätzen zu können wie unsere deutschen. Die schönsten Gedichte habe ich mir abgeschrieben – es sind ihrer über hundert –, denn das Buch gehörte dem College. Außerdem mussten wir alle vierzehn Tage einen Roman oder ein Drama lesen (zehn in einem Term) und einen im Umfang genau festgelegten *book report* darüber abliefern – eine Inhaltsangabe, mehr nicht. Dies ist eine der sinnvollsten Aufgaben, die man Schülern und Studenten stellen kann: Indem ich 300 gelesene Seiten auf drei geschriebenen wiederzugeben versuchte, musste ich aus der Fülle das

Kennzeichnende herausfiltern. Das fordert Aufmerksamkeit, Genauigkeit und Maß – eine Ökonomie der Worte und Gedanken. Der Besinnungsaufsatz verführt zu Schaumschlägerei – *expertus dico.*
»Shakespeares Dramen« war mein schwierigster Kurs. Der Reichtum und die *sophistication* der Sprache dieses Dichters sind so groß, dass sie einen Deutschen zunächst vollständig entmutigen. Dr. Schlosser tat gut daran, uns Szene um Szene am Text entlangzuführen, vorlesend, paraphrasierend, abkürzend; er forderte uns auf, bestimmte ungewöhnliche Wörter selber nachzuschlagen. Das war unsere »Lernarbeit«. Seine »Lehrarbeit« bestand in geschichtlichen und biographischen Erklärungen, in der wohlbedachten Einteilung des Vorgehens. Alles andere – *the plot, the characters, the meaning and the beauty* –, also die Wahrnehmung der Wirkung und ihrer Ursache, blieb dem Dichter und dem Leser überlassen. Bei den einen ereignete sich dadurch etwas, bei anderen nicht. Den letzteren Shakespeare durch Textanalyse und Interpretationsschemata nahezubringen hat der weise alte Lehrer gar nicht erst versucht. Mir hat das stetige Lesen von Shakespeare während eines ganzen Jahres die größte geistige Anstrengung abgefordert und das größte geistige Glück bereitet. Das eine Buch, das man auf die einsame Insel mitnehmen darf, heißt bei mir The Complete Works of William Shakespeare.

Das Gegenteil von Dr. Schlosser tat die Dame, die mit uns die Bibel las. Sie überhäufte uns mit frommen Deutungen auch der einfachsten Begebenheit, bis nichts mehr von der großen Erzählung zu erkennen war, in der sie standen.

Die Dame, die »English Composition« lehrte, war zu Unnachsichtigkeit verpflichtet. Englisch »konnten« ja alle, und schreiben auch – Mrs. Nelson musste nun zeigen, wo der ihr eingereichte Text wiederholsam, dürftig, widersprüchlich, fehlerhaft war. Sie war ebenso kompetent wie unbeliebt. Gegen Ende des Terms stürmte plötzlich die Sekretärin des Rektors in den Unterricht; Mrs. Nelson wurde gebeten, den Raum zu verlassen, und wir, auf einem Fragebogen anzustreichen, wie wir Mrs. Nelson einschätzten: als ausgezeichnet / gut / hinnehmbar / schlecht in den und den Punkten. Hier folgte eine Liste von mindestens zwanzig erwarteten Eigenschaften, die von der Vollständigkeit, Lebendigkeit, Verlässlichkeit des Unterrichts bis zur Haltung, Kleidung, Umgänglichkeit der Person reichten. Die Studenten »rächten« sich an der strengen Lehrerin. Zum nächsten Term erschien sie nicht wieder. Da die Studenten für ihre Bildung zahlen, war der »Administration« deren Urteil wichtiger als das eigene. Klientel, Lehrkörper und Leitung (student body, faculty, administration) kontrollierten sich gegenseitig in diesem System, das alle gleichermaßen richtig fanden, weil es die Qualität verbessere. Ich hege seit der kalten Abfertigung von Mrs. Nelson Zweifel an dieser Form von *checks and balances* in Academia.

Wie schon in der Schule und später an der Göttinger Universität war auch hier in Elizabethtown das organisierte Lernen – obwohl es nun den größeren Teil meiner Zeit beanspruchte – vor allem Anlass für außerordentlich wichtige andere Erfahrungen.

Eine Stunde des Tages verbrachte ich zur Freude von Miss Sylvester, der Bibliothekarin, in ihrem 20 000-Bücher-Reich, wo ich zunächst die New York Times las und, wenn sie am Freitag eingetroffen war, die Saturday Review. Dann erledigte ich meine »Nachschlagarbeit« – täglich habe ich Wörter gehört und gelesen, die mir niemand erklären konnte. Hierfür brauchte ich die großen Lexika. Auch manche Bücher, die große Konzentration verlangten, las ich lieber im Lesesaal. Mein eigenes, mit Warren geteiltes Zimmer war unversehens zur Zelle eines virulenten Gemeinschaftslebens geworden – Agentur für eine demokratische Erneuerung des *studentbody*, ein Club »Freiheit eines Christenmenschen«, ein Lokal für nächtelange *bullsessions* wie für das Anhören klassischer Musik auf den gerade aufkommenden LPs. Wollte ich lesen, musste ich immer erst jemanden rausschmeißen.

Dass einer, der aus dem totalitären Deutschland kam, sich für Demokratie interessierte, war erfreulich und eigentlich selbstverständlich. Gern bedienten meine engeren Freunde dieses Interesse, indem sie mit mir nach Harrisburg, der Hauptstadt von Pennsylvania, und nach Washington D. C. fuhren, mich ihren Abgeordneten und Senatoren vorstellten, mich in öffentliche Ausschusssitzungen und Hearings mitnahmen, in denen ich immerhin den ehemaligen Staatssekretär des Auswärtigen, Lovett, den späteren Staatssekretär John Foster Dulles und den Präsidentschaftskandidaten Henry Wallace erlebte. Am dritten Abend hörte ich sogar Thomas Mann, der in der Kongressbibliothek über Goethe und die Demokratie sprach – in schlechtem Englisch, geistreich, polemisch und herablassend: Mit dem Lob, das er auf das amerikanische Publikum herabsang, schien er mir seine Hörer zu verachten.

Ich habe ihn schriftlich gebeten, mir die Rede zur Übersetzung für das deutsche Publikum zu überlassen, und erhielt vierzehn Tage später aus einem Stockholmer Hotel eine höfliche Antwort: Über die Rede sei schon verfügt. Ich war übrigens einer der Tausenden, mit denen er mit seiner Rede im Wettstreit zu sein vorgab. Ich hatte einen längeren Vortrag meines *approach* zu Goethe, den ich als einen *approach* Goethes zu mir ausgab, zusammengemogelt und in Elizabethtown vor einigen Studenten und Gästen gehalten – nicht naiv genug, um verstanden, nicht *sophisticated* genug, um wie Thomas Mann bestaunt zu werden.

Wir nahmen an einem Seminar teil, in dem es um die Aufgaben der Kirche in der Politik ging. Den abschließenden Vortrag hielt Paul Tillich – einen kritischen Ausblick auf unsere Kultur insgesamt. Der kitschige Hintergrund der Baptistenkirche, in der der Vortrag stattfand, schien mir seine Gedanken trefflich zu illustrieren. Ich war froh, am Ende wieder in den kühlen Klassizismus von Jeffersons Washington zurückzukehren. Es ist sicher eine der schönsten Städte der Welt – vollends Ende März! Die Mandel- und Dogwood-Bäume blühten, die von Forsythien umrahmten Rasenflächen hatten Legionen von Narzissen hervorgebracht; es war schon sommerlich warm.

Dass ich die Demokratie auch auf dem Campus suchen, vorfinden und, ach, schlecht finden würde, war zunächst nur für mich überraschend, dann aber ein Hauptgegenstand unserer erregten Erörterungen. Das College, vornehmlich eine Ausbildungsstätte für Lehrer, Pastoren und Kaufleute, musste ja keine *Republic of the United States* im Kleinen sein. Man konnte diesen Lebensabschnitt auch ohne Demokratie sinnvoll absolvieren. Aber dann sollte man »democracy« nicht dauernd im Munde führen, ihre Einrichtungen und Verfahren nicht dauernd für die lächerlichsten Dinge missbrauchen, während man die eigentlichen politischen Fragen übersah oder überging, wie es in Elizabethtown geschah. Man wählte mit großem prozeduralen Aufwand die May-Queen, das Komitee für die Valentine-Party, den Herausgeber des Jahrbuchs (im Wesentlichen ein protziges Fotoalbum), die etwa zwanzig Club-Vorsitzenden, den Studenten, der für das Campus-Radio, und den, der für das Aufhängen von Klopapier im *dormitory* verantwortlich war; gleichzeitig ließ man zu, dass im Etownian, der monatlich erscheinenden Studentenzeitung, die nebenbei das Übungsfeld für den Journalistenlehrgang war, Artikel von der Lehrerschaft oder der Leitung zensiert, gar ganz kassiert wurden; dass das *honor system* erst von den Studenten unterlaufen, dann von der Verwaltung einfach abgeschafft wurde; dass die Anwesenheit in der Schulandacht für alle Studenten Pflicht war und blieb, ein obrigkeitliches, lieblos abgespultes und widerwillig hingenommenes Ereignis; dass, der Einfachheit halber, derjenige Student President wurde, der die meisten Stimmen bekam, nicht etwa die Mehrheit (die man leicht durch eine Stichwahl hätte zustande bringen können) – und so fort. Wir waren eine Herde von Schulgängern, und das wurde vielen im Gespräch mit dem fragenden und prüfenden Deutschen peinlich bewusst.

Innerhalb von vier Monaten hat der sich um mich bildende Kreis eine neue Verfassung ausgearbeitet und deren Annahme durch öffentliche Aufklärung und kluge Nutzung der alten Verfassung durchgesetzt. Dass der von uns »aufgebaute« Kandidat im letzten Augenblick die so deutlich vermehrte Verantwortung meinte nicht tragen zu können und dadurch ein skrupelloser Hohlkopf ohne Konkurrenz die Wahl gewann, war eine schwere Enttäuschung für mich – und zugleich eine nachhaltige Belehrung über die unterschiedlichen Gesetze, die in persönlicher Freundschaft und politischer Gemeinschaft walten. Unsere nächtelange Arbeit an der neuen Verfassung – hierbei ging es um die Wahlordnung (Einführung des *preferential ballot* zur Ermittlung von Repräsentanten wirklicher Mehrheiten), um die den Studenten vorzubehaltenden Disziplinarmaßnahmen, um die Aufhebung einer entmündigenden Freshman-Regelung, um die Mitsprache bei der (bis dahin allein von der Verwaltung vorgenommenen) Vergabe von Stipendien, um eine veränderte Funktion und Gestalt der Campus-Zeitung – war selbst die Erfüllung dessen, was ich mir unter Demokratie vorstellte. Später habe ich an jeder Schule und pädagogischen Einrichtung, an der ich tätig war, die Schülerinnen und Schüler angeregt, ja aufgestachelt, ihren eigenen Gesellschaftsvertrag zu schließen: sich eine Verfassung zu geben oder die alte zu überprüfen. Das Bewusstsein von der *polis*, in der man lebt, ist nicht das Ergebnis der richtigen Verfasstheit, sondern entsteht in der fordernden, fortschreitenden und freiwilligen Arbeit hieran. Das Durchdenken der Verhältnisse in der Absicht, politische Verantwortung zu stärken, hat übrigens sehr häufig zu der Einsicht geführt, dass es einer vorgängigen Regelung oder gemeinsamen Organisation an dieser Stelle gar nicht bedarf. Ich hatte dann Mühe, die Geister, die ich freigesetzt hatte, wieder einzufangen. Es ging ja nicht um die Paragraphen und ihre Stimmigkeit, sondern um Überzeugungen, die man sich selbst in diesem Prozess angeeignet hat:

Die Hardware der Demokratie, das sind die Gewaltenteilung, die *rule of law*, die Gleichheit aller Stimmen, der Mehrheitsbeschluss, der Minderheitenschutz und eine dieses garantierende geschriebene Verfassung. Größere politische Einheiten sind notwendig parlamentarische. Kleine Einheiten müssen prüfen, ob sie klein genug sind, die notwendige Erörterung der gemeinsamen Angelegenheiten direkt untereinander zu führen. Wenn ja, sollten sie dies tun. Dass Elizabethtown mit seinen 120 Studentinnen und 230 Studenten und einem doch sehr schmalen Entscheidungsfeld einen »Senat« brauchte, schien mir fraglich. Er wurde in unserer neuen Verfassung darum auch auf neun Personen beschränkt und fungierte eher als gemeinsam beratendes Exekutivorgan.

Die Software der Demokratie sind die unermüdliche Teilnahme an der Regelung der *res publicae*, das Vortragen und Durchhalten der eigenen Überzeugungen, die Bereitschaft, sich überzeugen zu lassen, die (schmerzliche, aber) nie resignierte Hinnahme der Mehrheitsentscheidung, Wachsamkeit gegen Routine und Formalismus, das Aushalten des Gefühls, nicht genug getan zu haben, des nicht weniger häufigen Gefühls, schon zu viel getan zu haben, die tägliche mühselige Rückeroberung des Glaubens an die Mitmenschen, wenn sie schon wieder meinen/unseren hochherzigen Zumutungen ausgewichen sind.

In einem waren mir meine jungen Freunde weit voraus: in der Theorie und Praxis der Gewaltlosigkeit. Vielleicht hätte ich mich im Bewusstsein, es besser zu wissen – war doch Hitler offensichtlich nur mit überlegener Gewalt beizukommen gewesen! –, dem Thema entzogen. Aber Amerika war mit der Blockade Berlins seit dem Sommer 48 in einer »heißen Phase des Kalten Krieges«; vor dem Ausschuss gegen unamerikanische Aktivitäten wurden enge Berater des verstorbenen Präsidenten Roosevelt, Dexter White und Alger Hiss, der Spionage beschuldigt; in der Sowjetunion war am 23.09.49 die erste Atombombe gezündet worden; im Oktober 1949 proklamierte Mao Tse-tung den Sieg über die nationalchinesische Regierung Tschiang Kai-scheks; die neue Volksrepublik beanspruchte, China in der UN zu vertreten; kurz, die Welt war voller Spannung und Amerika zerrissen zwischen dem Wunsch, sich aus den Turbulenzen zurückzuziehen und einer panischen Angst vor der Ausbreitung des Kommunismus. Meine Freunde sahen sich vor neuen Auseinandersetzungen mit ihren Landsleuten, denen Pazifismus schon als halber Landesverrat galt. »Nie wieder *appeasement* mit dem Bösen!« war die Parole.

Nun fragten sich Warren und Armon, Jesse und Ben die alten Fragen wieder: Sind wir Perfektionisten, die mutwillig von der Unvollkommenheit der Welt und des Menschen absehen? Sonnt sich der Pazifismus in seiner absoluten Wahrheit? Auch wer nicht handelt, wird schuldig. Was macht er mit den Folgen seiner Verweigerung? Und wenn er etwas macht (ihr Blick fällt auf das Zeugnis ihrer eigenen Tat: den deutschen Studenten, den sie ins Gelobte Land geholt hatten) – kann er behaupten, das reiche aus? Welche klare und zugleich christliche Alternative gibt es zum Krieg? Dürfen wir hoffen, dass die Nationen sich je über ihren Eigennutz erheben? Welche Nation beginnt damit? Müsste es nicht die stärkste sein – also die unsere? Stark worin? – Nie in all unseren tiefsinnigen Göttinger Erörterungen hatte ich mich solchen Anfechtungen gestellt.

Von Elizabethtown aus haben wir Kongresse, Workshops, Vorträge besucht und einzelne Theologen um Rat gebeten – die Spitzen der amerikanischen Friedensbewegung wie zum Beispiel Milton Mayer, Stringfellow Barr, Reverend Musty, Bob Pickus und Bayard Rustin ebenso wie ihre Gegner. Eindrücklich ist mir ein Gespräch mit Reinhold Niebuhr in Erinnerung. Wir hatten ihm geschrieben, ihn gefragt, ob er bereit sei, uns einige Fragen zu beantworten. Er war es, und wir fuhren zu ihm nach New York. Er empfing uns im Union Theological Seminary – ein eindrucksvoll ernster Mann, der wusste, dass er uns in den zwei Stunden, die er uns widmete, nicht würde umwenden können (»turn you around«) – und er wollte es auch nicht. Der Pazifismus sei ein notwendiger Stachel für alle Weltlichkeit und die dieser Weltlichkeit verfallenen Kirchen. Wirklich christlich freilich dürfe sich nur der dünken, der wisse, dass er ein Parasit auf der Sündhaftigkeit der anderen sei. Der Christ gebe sich Rechenschaft auch über das, was andere tun, weil er nichts getan hat.»Unsere Verantwortung ist total.« Immer wieder setzte uns der Zweifel zu: Ist der Krieg wirklich das größte aller Übel? Gibt es wirklich keinen gerechten Krieg? Bestimmen wirklich die Mittel das Ergebnis? Kann man sich vornehm die irdische Gewinn-Verlust-Rechnung ersparen?

In den letzten zwei großen Kriegen hatte man Unfreiheit und Ungerechtigkeit aus der Welt schaffen wollen. Beide Male hatte man gesiegt. Nach beiden Kriegen haben Diktatur und Unrecht zugenommen – und das um einen ungeheuren Preis. Wir hielten uns und unseren Gegnern die furchtbaren Zahlen vor. Die Niebuhrianer sahen sich freilich dadurch nur bestätigt: Es gibt weder eine heile Welt noch ein menschliches Handeln ohne Widersprüchlichkeit. Ich hörte von Lincolns Brief an eine Quäkerfrau: »Eure Leute, die Friends [Quäker], stehen in einer schweren Prüfung. In Grundsatz und Glauben beidem, dem Krieg und der Sklaverei, gleich feindlich, können sie die Sklaverei doch nur durch Krieg bekämpfen. Das ist ein schmerzlicher Zwiespalt; die einen haben die eine Seite, die anderen die andere Seite gewählt.«

Dies sei heute anders, erwiderten meine Pazifisten. Nie habe man wirklich wiedergutmachen können, was man in einem Krieg vernichtet habe. Seit es Atomwaffen gebe und sie wieder zum Einsatz kommen könnten, sei dies allen heilsam zur Gewissheit geworden. Nur wer eine absurde Vorstellung von Gerechtigkeit habe, könne an einen gerechten Krieg in unserer Zeit mit unseren Mitteln glauben. Umgekehrt könne niemand, der die Unvollkommenheit des Menschen kenne (»und das tut ihr Niebuhrianer doch!«), hoffen, es werde einer den Einsatz seiner Mittel beschränken, solange er hoffen könne, mit ihnen seinen Zweck zu erreichen. Der Pazifist sage heute überzeugend, dass er sich nicht für besser halte, sondern lediglich für klüger.

Die Neoorthodoxen schüttelten den Kopf: Ihr habt Recht, wenn ihr sagt, die Atombombe werfe ein grelles Licht auf das, was Niebuhr »the immoral society« genannt habe. Aber sich der Waffe zu begeben heißt den, der weniger Skrupel hat, ermutigen, sich der seinen zu bedienen.

Ich selber konnte Niebuhrs Satz von der totalen Verantwortung nur bestätigen. Zugleich musste ich diese Einsicht fürchten. Wie lebt man damit? Genügt es zu argumentieren: Da die Atomwaffe uns nur Schutz bietet, wenn wir sie zuerst einsetzen, wollen wir Pazifisten uns dieser Nötigung entziehen. Wir begeben uns des Vorteils und eröffnen so die Chance, dass der andere sich vernünftig verhält. Rechnen wir mit einem wahnsinnigen oder mutwilligen Bösewicht, gibt es überhaupt keine Sicherheit mehr. Nur die Wehrlosigkeit kann uns »retten«. – Meine Freunde gestanden mir, dass es sie gräme, so den Schrecken mit der Furcht auszutreiben.

Die andere Seite beharrte darauf: Eben dass es die Atombombe gebe, helfe den Frieden zu sichern. Keiner wolle sie noch einmal anwenden.

Ben, der Jüngste in unserem Kreis, sagte schlicht: »Zu Christi Zeiten gab es gar keine Bomben, weder konventionelle noch atomare. Jesus verwarf schon das Schwert, mit dem Petrus dem Söldner ein Ohr abhieb. Aber nicht das machte ihn zum Pazifisten. Er erwartete mehr: ›Nimm dein Kreuz auf dich und folge mir nach.‹ Wir folgen zwar, aber ohne Kreuz. Darum wissen wir nicht, was das bewirkt. Wir sind kleinmütig, weil uns Großmut zu viel kostet. Wir sind keine wirklichen Christen.«

Niebuhr wäre mit Ben zufrieden gewesen.

Im Mai des Jahres 1951 besuchten wir eine in Detroit stattfindende Konferenz über das Verhältnis der protestantischen Kirchen zum Krieg. Die Einladung war von den historischen Friedenskirchen ausgegangen: Methodisten, Mennoniten, Quäkern, Bruderkirchen, und es kamen versprengte Mitglieder der anderen – der Lutheraner, der Presbyterianer, der Kongregationalisten und der Baptisten.

Als am Ende der Tagung die Ergebnisse der Aussprachen und Vorträge zu einer Botschaft an die Kirchen der Welt formuliert werden sollten und ein drei Seiten langes Traktat aus der Mühle demokratischer Prozeduren langsam herausgemahlen wurde, stand im hinteren Ende des Saales ein junger Schwarzer auf und erklärte seine tiefe Enttäuschung über dieses theologische Gehechel. Es gehe nicht darum, die Welt davon zu überzeugen, wie wohlüberlegt und tiefsinnig oder gar wie »korrekt« der Pazifismus sei, sondern darum, sie aufzurütteln, hinauszugehen auf die Straße und vereint »Feuer« zu schreien. »Die Welt steht in Flammen, bevor ihr es wisst!«

Er sagte auch, wovon sich das Feuer nährt:

Wenn eine Nation 5 Prozent der Weltbevölkerung umfasst und 50 Prozent der Güter dieser Erde verprasst, dann schreit das nach Veränderung, und die kommt entweder von den Reichen, indem sie mit den Armen teilen, oder sie kommt mit Gewalt.

Er erinnerte an den reichen Jüngling im Neuen Testament:

Das sind wir. Nicht nur die Reichen, die gesamte Nation mitsamt denen, die nicht ganz so reich sind. Sie werden an das Kreuz ihrer kleinen Wohlhabenheit geschlagen, ihres Jobs, ihrer Versicherungsprämie, ihrer Altersrente. Der ganze Pazifismus hat keinen Sinn, wenn nicht auch sie ein Opfer bringen. Die Waffen strecken ohne Liebestat tut niemandem gut. Geben, geben, geben, bis es weh tut – das ist Pazifismus!

So etwa habe ich mir das eingeprägt, ein nicht verhallen wollendes *metanoeite*!

Ich habe meinen Eltern und deutschen Freunden von der Detroiter Tagung berichtet. Der Bericht wurde nicht, wie die meisten anderen, in der GUZ (Göttinger Universitätszeitung), später DUZ (Deutsche Universitätszeitung) genannten Zeitung veröffentlicht, sondern in Abschriften oder Durchschriften herumgereicht. Ein Exemplar erreichte Bischof Wurm, der meinem in Martin Niemöllers Außenamt der Evangelischen Kirche arbeitenden Vater am 6. Juli 1950 schrieb:

Sehr geehrter Herr Doktor.
... Das hochinteressante Manuskript über den amerikanischen Pazifistenkongress gebe ich mit großem Dank zurück. Der Scharfsinn und die Unerschrockenheit, mit der hier allen faulen Argumenten zu Leibe gegangen wird, verdient alle Achtung. Ich habe ja selber die These formuliert: Auch ein Krieg für eine gute Sache ist keine gute Sache. Aber ich kann trotzdem der unbedingten Verurteilung der Gewalt nicht zustimmen ... Es ist eine Unnatur, einem Hitler nicht in den Arm zu fallen, und es ist ebenso eine Unnatur und wahrlich nicht von Jesus verlangt, es einem Stalin und seinen Kumpanen gegenüber anders zu halten. Selbst wenn man zugeben wollte, dass in

der Bergpredigt dem Jünger Jesu geboten wäre, die Ermordung oder Schändung seines Weibes ohne Gegenwehr geschehen zu lassen, so wäre damit noch lange nicht gesagt, dass auch Kollektive wie Staaten und Völker, die ja als solche nicht Jünger Jesu sein können, lediglich passiv bleiben müssen, wenn ihr Existenzrecht geleugnet oder angegriffen wird. Was die Leute gegenüber den früheren und jetzigen Äußerungen Niemöllers so nervös gemacht hat, war die Sorge, er könnte die Kapitulation vor der Tyrannei der totalitären Staaten gutheißen. Wer ist nicht froh darüber, dass der amerikanische Präsident in der Korea-Frage eine entschlossene und kompromisslose Haltung eingenommen hat, obgleich nicht zu übersehen ist, ob das Übergreifen des lokalen Brandes auf die Welt zu verhindern ist. Man mag die Übelstände einer Demokratie und die Lächerlichkeit ihres Selbstlobs noch so gut kennen und noch so scharf verurteilen, besser als eine Despotie ist sie immer, weil sie die Möglichkeit einer Remedur in sich schließt, während diese in der Despotie ausgeschlossen ist.
Mit vorzüglicher Hochachtung verbleibe ich Ihr ergebener

D. Wurm.

Ich habe diesen Brief hier wiedergegeben, weil er eine anhaltende Verlegenheit unserer Geschichte spiegelt: 1950 begleitete der Geist die Taten der Macht mit den gleichen knickrigen Kommentaren wie im Jahr 2003. Wir erledigen ein Problem – nicht irgendeines, sondern ein tödliches –, indem wir seine Unlösbarkeit erklären. Das Schreiben von Memoiren macht immerhin dies bewusst.

Etliche der Berichte, die ich nach Deutschland schickte, sind noch vorhanden; die Themen anderer werden wenigstens in Briefen erwähnt, oder sie purzeln aus dem Unterbewusstsein, während ich dies schreibe. Die vorhandenen bestehen aus dünnem, doppelseitig beschriebenem Durchschlagpapier und sind kaum lesbar. Schriebe ich sie ab und um, sie ergäben ein ganzes Amerikabuch. In »Fahrten und Gefährten« ist einer abgedruckt, der meine Begegnungen und Gespräche beim ausgiebigen Anhaltern festhält. Wo ich beim Durchblättern der verblassenden Seiten einmal etwas entziffere, handelt es sich um Erlebnisse und Beobachtungen, von denen ich die meisten wohl auch heute für wert hielte, aufgezeichnet zu werden – heute, nachdem wir doch Hunderte von Filmen über das Leben in Amerika gesehen, ihre Vorstellungen, Vorlieben und Gewohnheiten übernommen haben und mit ihren Gegenständen vertraut sind. Was mich vor einem halben Jahrhundert faszinierte, wirkt noch immer entweder wie eine Übertreibung oder wie eine beschämende Weisheit. Gut zwei Dutzend Berichte waren zur Publikation bestimmt und je um ein Thema gruppiert: »Der amerikanische Supermarkt« (und wie er funktioniert), »Fraternities« (welchen Unfug sie treiben und wozu man sie braucht), »Austauschstudenten und Völkerverständigung« (Hoffnungen und Irrtümer, die man damit verbindet), Beerdigungen (»Die Versüßung des Todes«), Züge und Busse, die psychologisierte Kindererziehung, »Big Government« (Begründung und Bestreitung immer größerer Projekte der amerikanischen Bundesregierung seit Franklin Delano Roosevelt), Merry Christmas (»Knips mal den Baum an, damit ich sehe, wo ich mit dem Staubsauger hingehe«), Reno und Las Vegas, Begegnungen mit Mormonen, Freimaurern und naturgläubigen Indianern, »Ferien, wie man sie in Amerika erlebt«, »Wenn Familien Häuser bauen«, »Lobbies« (wie sie funktionieren und wie man sie zu kontrollieren versucht; zum Beispiel muss jede Person, die sich länger als fünf Tage in Washington D. C. aufhält mit der Absicht, zu publizieren, Reden zu halten oder Abgeordnete zu besuchen, sich registrieren lassen), »Mutters gebratenes Huhn« (eine »poultry processing plant«, in der täglich acht- bis neuntausend Hühner topffertig gemacht werden), »Reconstruction and Reeducation« (das eine nach dem Sezessionskrieg, das andere nach dem Sieg über Hitler-Deutschland, und beides voller Ähnlichkeiten), The Land of Plenty (eine staubige Straße wird kilometerlang mit Öl zugedeckt), Reklamen (»Camels lead the world« / »Do you *no* your *wate*« / »It sticks on you and not on him« – der NN-Lipstick! / »Let the XYZ Church help you BLOT out your difficulties« – auf einem Löschblatt, das dem Passanten in die Hand gedrückt wird), Commencement (die Feier, mit der die frischgebackenen Baccalaurei ins Leben entlassen werden: *pomp and circumstances* – 80 College-Küken, in schwarzem Talar und mit viereckigem Barett angetan wie Melanchthon, marschieren ein und nehmen ihr gewaltiges Diplom entgegen; gleichzeitig erteilt das College drei Doktorwürden und hat doch selber nur drei promovierte Professoren; 1949 gab es 60 000 Ehrenpromotionen in den USA!), »Hershey's in Hershey« (wo ich mich nach der Holzhammernarkose des Fabrikbesuchs an Hershey's Industrial School wieder gesund freute; diese vom Schokoladenkönig gegründete Waisenanstalt besteht aus 20 Großfamilien zu je 40 Kindern, die in ihrer eigenen »farm unit« leben und an elementaren Verhältnissen lernen, was sie zum Bestehen der künstlichen und komplexen Welt brauchen.« Daraufhin kann man eigentlich nur noch Hershey-Schokolade kaufen«, schrieb ich nach Hause).

Meine Aufzeichnungen haben mir damals zu dem gedient, was Herbert Schoeffler und Goethe mit ihrem Ratschlag an Studierende im Sinn hatten (s. o. S. 253 ff.).

Daneben habe ich amerikanische Bücher für deutsche Leser besprochen. Ich erinnere mich an »The Mature Mind« von H. A. Overstreet, einen Rundumschlag dieses Psychologen gegen das infantilisierte Amerika, dem er eine weitere Infantilität hinzufügte: Reif sein sei alles – und diese Reife lasse sich herstellen. Andere Bücher habe ich gleich mit meinen Erlebnissen verknüpft, zum Beispiel die Lektüre von »The Snake Pit« von Mary Jane Ward mit dem Besuch einer großen psychiatrischen Anstalt. Meine Kommilitonen hatten wahrgenommen, wie sehr dieses Thema den Enkel des Ernst von Kügelgen beschäftigte, und fuhren mit mir zu einem großen *mental hospital* nach Baltimore, in dem einer von ihnen seinen Ersatzdienst geleistet hatte: »Einer flog über das Kuckucksnest!« Viel frische Wäsche, genügend Weißbrot, eine weißgekachelte »Bleibe« im furchtbarsten Sinne des Wortes. Hier hätte ich nicht arbeiten können. In einem Irrenhaus für Schwarze, das wir anschließend aufsuchten, dagegen sehr wohl. »Sie verhalten sich wie kranke Tiere, nicht wie entleerte, ausgestoßene Menschen, und das ist leichter zu ertragen«, kommentierte ich damals. War ich Rassist? Schlimmer noch: Mich beschlich eine Sympathie für die Tötung dieses von der Gesellschaft »weggeworfenen«, trostlosen, sinnlos gemachten Lebens. Ihm war nicht einmal vergönnt, Erbarmen in den Mitmenschen zu erwecken. Es wurde ja von niemandem gesehen außer vom taylorisierten Personal.

Ein wichtiges Mittel, mich meiner Wahrnehmungen und Deutungen Amerikas zu versichern, waren die vielen Vorträge, zu denen ich von Lions und Rotary Clubs, Kirchengemeinden und den unterschiedlichsten Verbänden aufgefordert wurde. Ich trug ja nicht nur vor, was man über Deutschland hören wollte, ich hörte selber, was und wie man fragte, ich erfuhr, wie man auf den Blick »von außen« reagierte. Obwohl die Amerikaner zwei Kriege in Europa geführt hatten, war ihnen dieser Kontinent geografisch und geschichtlich weithin völlig unbekannt – und unsere Lebensverhältnisse unvorstellbar. Ich hütete mich davor, zu »jammern«, wollte aber auch die Selbstzufriedenheit nicht bestätigen, die mir entgegenschlug: »Nach der Befreiung und nun auch noch Konstituierung eines eigenen Staates in Westdeutschland geht es euch doch wieder gut – wie könnt ihr euch da auf Kommunisten einlassen! Wacker die Berliner, aber wieso gibt es bei euch überhaupt eine kommunistische Partei?« Zu solchen Veranstaltungen zog ich meine umgefärbte Uniform wieder an, zeigte die handgesägten Knöpfe, wagte gut amerikanisch den Kalauer, meine Strümpfe seien bei meiner Ankunft in Elizabethtown »more mended than stockings« gewesen, und berichtete von meinem Erstaunen, als Warren mir neue Socken im Dutzend-Pack kaufte, die, bitte, beim ersten Loch wegzuwerfen seien. Einmal ließ ich auch eine Lebensmittelkarte herumgehen – aus dem Jahr 1947! – und schilderte das Wunder der Währungsreform, den Tag, an dem alle Menschen in Deutschland mit 40 DM gleich reich, gleich arm gewesen seien, was kein Kommunismus sonst in der Welt erreicht habe.

Es war schnell deutlich, dass die Politik, die Folgen des Potsdamer Abkommens, die Teilung des Landes, die Flüchtlingsfrage, die Bodenreform, die Demontage sie weniger interessierte als vielmehr das Befinden der Menschen: »How is the food situation? What about the former Nazis? What do Germans think and feel about America, the military government? How is your church-attendance? What is Niemöller doing?« Am größten war die Zuwendung meines Publikums, wenn ich einfach von mir selber sprach: wie ich die Hitler-Zeit, den Krieg, das Ende, die Besatzung, das Drama von Schuld und Sühne erlebt habe. Einmal unterbrach ich mich selbst: Wollen Sie das wirklich hören? Sie haben doch sicher bestimmte Fragen? »No, please, just go on!« Das war bei den Rotariern, die dabei normalerweise ihre (vorzügliche) Mahlzeit einnehmen und danach pünktlich zu ihrem jeweiligen *business* aufbrechen. In einer Brethren-Gemeinde – auch hier sah der Chairman ostentativ auf die Uhr, als er zu Fragen aufrief – gab es zwei

Vorträge über Deutschland 333

Wortmeldungen: Einer stand auf, um zu sagen, dass es wohl nicht an der Zeit sei zu fragen: Was habt *ihr* getan? Woran seid *ihr* schuld?, sondern: Woran bin *ich* schuld? Und dass ihm dazu mehr einfalle, als er sagen könne, auch wenn er sehr mutig wäre. Dann stand eine Frau auf und ordnete vom Fleck weg ein Meeting an, zu dem man Kleider und Lebensmittel mitbringen solle – und Zeit, um Pakete für Deutschland zu packen.

Eines Tages habe ich Fred Neuman zu einem Vortrag in Lancaster begleitet, wo er vor 150 Offizieren eines Militärflugplatzes über das Verhältnis der Deutschen zu Nazismus und Kommunismus sprach. Neuman war zu ängstlich, diesen Leuten die Wahrheit zu sagen, die er wusste, zu schwach, die Lobhudeleien zu unterdrücken, die sie wohl von ihm erwarteten, zu schlecht informiert, um die Vorstellungen seiner Hörer von den Russen und vom Kommunismus in Europa zu klären oder gar zu bereichern. Er gab das Wort an seinen ihn begleitenden jungen Freund aus Deutschland weiter, der könne sicher mehr sagen. Ich kam – durch diese Wendung überrascht – recht gut in Fahrt und fand starken Widerhall mit meinen einfachen Entgegnungen auf Neumans Klischees: dass es gefährlich sei, die Russen zu unterschätzen – »moraly and militarily«; dass wir Deutschen erfahren hätten, was es heiße, wenn ein Volk mit dem politischen System identifiziert werde; dass ich Hitlers Propaganda zu hören meinte, wenn man jetzt *horror pictures* vom ehemaligen Kampfgenossen male; dass ich, obwohl ich gegen die Russen hätte kämpfen müssen, eine große Sympathie für sie empfände – außer den Juden und neben den Chinesen habe wohl kein Volk so viel in diesem Jahrhundert erlitten wie sie. Solcher Freimut beeindruckt die Amerikaner. Vollends waren diese Soldaten bereit, sich dies von einem »former lieutenant of a Wehrmacht Panzer Division« (wie ich anderntags in der Zeitung vorgestellt wurde) sagen zu lassen; der hatte ja seinen Teil im Kampf gegen die »Commies« geleistet und sei sogar von ihnen verwundet worden. Dass die Soldaten im zivilen Amerika nicht die Rolle spielten, die sie im Krieg gespielt hatten, kränkte ihr Standesbewusstsein und verband sie mit den *tough dogs*, als die sie die deutschen Soldaten in Afrika, Italien und Frankreich erlebt hatten und von denen ihnen nun einer als *underdog* wiederbegegnete. Nie verlief die Fragestunde angeregter als nach diesem improvisierten Korreferat. Und nie waren die einfachen Auskünfte, die ich geben konnte, so wichtig. Wie auch meinen Kommilitonen in Elizabethtown musste ich den Offizieren beispielsweise erklären, dass Berlin schon immer mitten in der sowjetischen Besatzungszone gelegen hat. Sie hatten sich vorgestellt, die Russen hätten, um Berlin abzuriegeln, dieses eigens militärisch umzingelt.

Schlimm erging es mir in einem Frauenclub, wo mir eine energische *business woman* sämtliche Gräuel der Nazis um die Ohren schlug, weil ich, über die Einstellung der Deutschen zu den Nürnberger Prozessen befragt, geantwortet hatte: Sie wäre aufgeschlossener, wenn man die Deutschen an der Verurteilung ihrer Naziführer beteiligt hätte – mit einem Mann oder einer Frau des deutschen Widerstandes, den es ja auch gegeben habe. Der Furor der Dame schleifte die Mauern meines Selbstbewusstseins, die auch die Mauern meiner Selbstbeherrschung waren. Mir kamen die Tränen, und ich setzte mich hin, um zu schweigen. So etwas tut man in Amerika nicht.

Nicht nur mein Kopf hat in den eineinhalb Jahren Elizabethtown viel gelernt. Da die 3 Dollar Taschengeld allenfalls ausreichten, meine Freunde auf einer unserer Reisen in ihren Autos zu einem Milkshake einzuladen, aber nicht für den Kauf von Schallplatten, meine hohen Portokosten, meine Deutschlandpakete, meine Konzertbesuche (ich *konnte* zu diesen nicht anhalten, da musste man pünktlich in Philadelphia eintreffen und pünktlich morgens wieder zur Andacht um 7 Uhr zurück sein; und ich *musste* doch in Amerika »Porgy and Bess« sehen und fern der Heimat die »Matthäuspassion« hören!), habe ich nebenher wie alle anderen Geld verdient. Ich begann noch im Winter 1949 »ganz unten« mit buchstäblicher Mistarbeit, dem Reinigen der Legehennen-Anlage eines benachbarten Amateurfarmers; in dessen Bonbonfabrik stieg ich dann vor Ostern auf, als er mich bat, ihm aus Ton eine Matrix für ein Golgatha aus Schokolade zu modellieren; die drei Kreuze gefielen ihm außerordentlich. Nicht höher in der Bezahlung, aber entschieden dauerhafter war das Gießen von Särgen aus Kunstmarmor. Dieser Job hinderte mich nicht, an der sporadischen Bekämpfung einer Hühnerkrankheit teilzunehmen, die hier und dort in den Massenhaltungen ausbrach und gegen die man den einzelnen Tieren einen Impfstoff in das Nasenloch träufelte – Tausenden schon angekränkelten, sich verzweifelt gegen uns Fänger wehrenden Junghühnern in dichten Staubwolken. Am ergiebigsten waren die Nachmittags-, Abend- und Nachtschichten in einem Supermarkt: Auspacken und Auszeichnen der Ware, Aufstocken der Regale, anschließende Vernichtung der Verpackung und schließlich Säuberung des Gebäudes. Aus dem Zentner von Kaugummi, den ich im Sommer 1950 vom Fußboden der gewaltigen Verkaufshalle von HIGH-LOW gekratzt habe, ist meine Sammlung von Schubert-Liedern, Beethoven-Konzerten, Bach-Kantaten entstanden. Dass die Verpackungsindustrie in den Vereinigten Staaten die zweitgrößte nach der Automobilindustrie war und vermutlich noch ist, konnte ich fortan gut verstehen und eine Einladung zum Besitzer der American Container Company im folgenden Herbst gebührend einschätzen. Davon später.

Dies alles waren Jobs. Was ich im Hause von Herrn und Frau Richter erfüllte, war ein künstlerischer Auftrag. Wer in Deutschland mir deren Bekanntschaft vermittelt hatte, weiß ich nicht mehr. Sie luden mich ein, Weihnachten 1949 in ihrem Haus im Staate New York zu verbringen. Herr Richter war Hersteller von Tuben und hatte alle seine Konkurrenten in den USA entweder aus dem Felde geschlagen oder aufgekauft – ein erfolgreicher, bescheiden gebliebener Monopolist. Aus Pforzheim stammend, hatte er sich ein gemütliches Schwarzwälder Landhaus gebaut, ganz aus Holz, eine gewaltige Kuckucksuhr inmitten von Rhododendren, Buchenbäumen und gepflegten Rasenflächen. Das Ehepaar näherte sich seinen Sechzigern und fand, in dem Alter müsse das Haus innerlich aufgehellt werden; alle dunkelbraunen Holzwände sollten cremefarben übermalt werden, in den verschiedenen Räumen verschiedene Töne – helles Ocker, helles Reseda, helles Blau. Ob ich mir das zutraute? Über Ostern führen sie nach Deutschland, da sei mir das Haus mitsamt dem sudetendeutschen Butler zu diesem Tun überlassen. Und ob ich mir das zutraute! – bei voller Verpflegung und 40 Dollar pro Tag. Der Beschluss wurde in einer nahe gelegenen Edel-Bar besiegelt, zu der Richters am Heiligen Abend zu fahren pflegten, bevor sie sich zu Hause ihrem Truthahn zuwendeten. Beim Bestellen von Drinks war ich verlegen. Whisky war mir unheimlich (eine Folge amerikanischer Romane?); was ein Cocktail genau ist, wusste ich nicht; der mir nach langem Hin und Her schließlich servierte Dry Martini schmeckte mir nicht, und so trank ich ihn mit Maß. Ich nahm darum mit klarem Bewusstsein den Spruch auf, der über der Theke stand: »Very intelligent people have ideas; intelligent people talk about ideas; less intelligent people talk about people.« Aber vielleicht hatte das Getränk doch auf mich gewirkt: Als es an Richters Abendtafel zum abschließenden Applepie Schlagsahne aus der Druckdose gab, flog der Schaum erst auf meinen Teller und von diesem direkt auf den Busen der Hausdame. Mir war lieber, meine Gast- und Auftraggeber hielten mich in dem Augenblick für betrunken als für ungeschickt.

Im März 1950 führte ich mein Werk aus; es war in den vierzehn Tagen, die mir zur Verfügung standen, nur mit großem Fleiß zu schaffen, zumal ich täglich zwei Stunden mit Fahrübungen im Richterschen Auto verbrachte und am Ende meinen Führerschein machte. Das Bad kam zuletzt dran. Über der mächtigen Badewanne wölbte sich eine Grotte – ebenfalls aus dunklem Fichtenholz. Die hatte ich hellgrün ausgemalt. Die Rückkehr der Richters verzögerte sich um zwei Tage. Um diese auszunutzen – ich verdiente ja Geld dabei –, belebte ich das Grün mit allerlei exotischen Fischen, einer eleganten Krake, arabesken Algen und am Ende einer schönen Nixe. Das strahlend helle Haus entzückte die Heimkehrer. Im zuletzt inspizierten Bad verstummten sie. Sie zahlten mich aus – und ließen nie wieder etwas von sich hören.

Mein schönster Job in der E'town-Zeit war der eines *counsellor* in einem Summercamp für 15- bis 16-jährige Jungen. *Counsellor* wäre hier am besten mit Mentor übersetzt. Kanesatake, so hieß das Camp, eine alte Tradition aufnehmend, liegt in den nördlichen Ausläufern der Appalachian Mountains – einer Lederstrumpf-Landschaft, wie man sie sich einsamer und schöner nicht vorstellen kann. Die 25 Jungen waren auf 4 Cabins, geräumige Buden aus Holz und viel Fliegendraht mit je 6 bis 8 Feldbetten, verteilt. Zu jeder Cabin gehörte ein Erwachsener. Der Tag war sorgfältig gegliedert: in Perioden für Sport, Schwimmen, Basteln, Lagerarbeit (Hilfe in der Küche, Reparaturen, Aufräumen, Holzsammeln), *interest groups* und »Gemeinsames«, wozu die morgendliche Andacht, das große abendliche Lagerfeuer, das Singen, das Vorlesen und – jeden zweiten Abend – Hartmut-Hentig-Geschichten gehörten. Ich war sechzehn Stunden lang vollständig ausgelastet. In meiner freien Zeit, das heißt wenn mein Name nicht auf dem Stundenplan stand, lag ich am Rand des Schwimmbeckens und las ostentativ ein veritables Buch – Dostojewskis »Idiot«. Unfehlbar kam dann ein Junge und wollte wissen, was jetzt in dem dicken Buch passiere. Ich gab kurz Auskunft. »Aber das ist doch schrecklich langweilig!«, bemerkte der Junge mitleidig, worauf ich mich aufrichtete und ihm ausgiebig die ganze bisherige Geschichte erzählte. »*Das* Buch werde ich mir kaufen!«, sagte der fast erwachsene Mensch, der bisher nur mit Comics gefüttert worden war. In der »arts« gewidmeten Stunde füllten die Jungs Vorlagen mit Wachsbuntstiften aus und erfanden immerhin eigene Texte dazu. Nie hatten sie selbst ein Bild gemalt. »Are you a painter?«, fragten sie, wenn ich eine Orchidee zeichnete, die ich gefunden hatte, oder den kleinen Wasserfall, den unser Bach am Lagerrand bildete, ja sogar einen einzelnen Jungen. Und schon wollten sie es selber probieren. In der Bastelstunde gab es vorgefertigte – zugeschnittene und gelochte – Lederstücke; man musste sie nur noch mit Lederband verbinden oder umrahmen. Nun war es an mir zu sagen: »Das ist doch schrecklich langweilig!« Ich suchte das weichste Lederstück aus und stellte – unter ihren Augen – ein Ding her, das ich als Daumenschützer brauchte; am Ende stickte ich bunt »Watch out!« darauf. Ich hatte mich geschnitten, als ich anfing, mit meinem Taschenmesser an einem merkwürdig geformten Stück Holz herumzuschnitzen. Den fragenden Jungen konnte ich nicht sagen, was daraus werden solle, weil ich es selber nicht wusste. Am Ende sah es ein wenig wie ein Krokodil aus und hatte einen zweigeteilten Schwanz, dessen eines Ende sich wie die Schwanzfedern eines Auerhahns kringelte, das andere in eine sich weitende Spirale mündete: »Ein Wunder zu schauen«, hätte Homer gesagt. Nun suchten alle Jungen seltsam geformte Hölzer und schnitzten geheimnisvolle Dinge. Einen sorgfältig polierten, mit Wachspapier, in das das Weißbrot hier gehüllt ist, zum Glänzen gebrachten Brieföffner bekam ich von einem gehemmten Buben zum Abschied geschenkt: »To remember me!« Das habe ich, wie man sieht, bis heute getan. Wir haben wilde Geländespiele gespielt (capture the flag). Wir haben unter Anleitung eines dafür genial begabten *counsellors* jeden Abend zwei neue Lieder gelernt und am großen Feuer gesungen. Wir haben die Natur beobachtet – Tiere, Pflanzen, Wolken, Unwetter, Sterne. Ich habe ihnen dazu die antiken Sternensagen erzählt und dabei manchmal ein bisschen geflunkert, weil ich meinen Schadewaldt nicht dabeihatte. Wenn die Erwachsenen sich der Natur mit Ernst und Freude zuwenden, wagen es die Kids auch und gestehen ihre Erschütterung ein. »Hartmut, the sky this evening – it was just great!«, stammelte einer beim Gutenachtsagen. Ich nahm mir vor, wenn ich einmal etwas geworden bin in Deutschland, dann mache ich ein Lager wie Kanesatake. Das habe ich nicht eingehalten.

Ich bin schon bei meiner nächsten Amerika-Lektion. Sie ist unoriginell, aber außerordentlich lehrreich. Ich meine das Reisen. Bevor ich in die Appalachians fuhr (so weit wie von Berlin nach Amsterdam), war ich mehrmals in der anderen Richtung unterwegs. Schon am zweiten Wochenende anhalterte ich nach Bryn Mawr in der Nähe von Philadelphia, um Maria von Wedemeyer zu besuchen. Bryn Mawr ist ein Quäker-College für Mädchen. Die Quäker halten nichts von *coeducation*. Sie trennen die »coeds« von den »eds«. Außerdem halten sie nichts von großen Einrichtungen. Sie haben also ihre Studenten auf zwei Colleges für Männer und eines für junge Frauen aufgeteilt.

Ich hatte meine Ankunft am Freitagnachmittag nur ungefähr angeben können und erwartete nicht, dass Maria mich am Tor empfing. Ich irrte – nicht ungern – zunächst in dem gepflegten Park umher, mit dem sich die grauen Sandsteingebäude des College umgaben, die meisten im Tudor-Style, einige ganz modern, alle großzügig ausgelegt und aufeinander abgestimmt. In dieser Märchenwelt stand plötzlich meine Märchenfrau vor mir: »Du suchst mich ja gar nicht!«, sagte sie mit gespieltem Vorwurf: »Ich habe dich die ganze Zeit beobachtet. Du bestaunst nur Bryn Mawr!« Wir umarmten uns und ich musste »zur Strafe« und »solange es noch hell ist« erst das College bewundern, in das sie sichtlich und mit Recht verliebt war. Das Commons (der Esssaal), die Sportanlagen, die Laboratorien beeindruckten mich. Von der Library war ich geradezu erschüttert. Ich hatte noch nie so etwas zugleich Ehrfurchtgebietendes und Funktionales gesehen. Hier verband sich europäischer Anspruch mit amerikanischer Großzügigkeit. Was Bryn Mawrs Bibliothek zu Aischylos bot, war das Vier- bis Fünffache dessen, was sich im altsprachlichen Seminar in Göttingen fand. Es herrschte eine Stille, die mich mit Neid auf diejenigen erfüllte, die sie mit Arbeit und Gedanken einnahmen. Ich war in ihr nur geduldet.

In Marias großem ebenerdigem Zimmer herrschte fabelhafte Ordnung, so dass meine kleinen Tongebilde, die ich ihr im Laufe der Zeit geschenkt hatte, sofort ins Auge fielen. Ich hatte mich kaum umgeschaut, da kam die erste Kommilitonin, um ein Buch zu borgen. »I should like you to meet my friend Hartmut,« sagte Maria und: »... my friend Susan.« Zwei Minuten später kam die nächste. Maria, die noch kein Wort Englisch konnte, als sie hier eintraf (in Heiligengrabe lernte man Latein und Französisch), beherrschte den jetzt angebrachten Smalltalk schon perfekt. »Jeanne bakes the best cookies in the world.« »Anna's brother is a basketball hero.« Anfangs hatte sie sich gewundert, dass ihre Nachbarin ein Klosett – *closet* – im Zimmer zu haben behauptete; im Hotel hatte sie einen fehlenden *bath mate* angefordert; und mich stellte sie ihren Kommilitoninnen jetzt tapfer als einen *real estate* vor, weshalb sie auch so schön aufgeräumt habe. In dem Augenblick kam schon die nächste junge Dame. Es war klar, dass sie alle auf Marias *boy friend* neugierig waren. Um dem zu entgehen, verließen wir den Campus und begaben uns in den kleinen angrenzenden Ort, wo ich bei einem deutschen Konditorehepaar untergebracht war: in ihrem Konfektlager. Dort sollte ich schlafen können?! – inmitten von Bergen von Pralinen, in Hunderten von Schalen sortiert und empörend gut duftend. Das Abendessen im Diner war zu gut, als dass ich vor dem Schlafengehen der Aufforderung meiner Gastgeber noch nachkommen mochte: »Essen Sie davon, so viel Sie wollen!«

Mit Maria konnte man die großen Fragen der Menschheit bereden und an den eigenen Problemen knabbern, Weißt-du-noch-Erinnerung spinnen und in die Zukunft schauen, Amerika wunderbar und zum Kopfschütteln komisch – und eigentlich kein Ende finden. Das Schönste freilich war das Pläneschmieden: eine gemeinsame Reise durch Amerika. Wir würden bis zum Sommer so viel Geld verdienen, dass wir uns ein Gebrauchtauto leisten könnten; um uns Hotels zu sparen, sollte es ein ausrangiertes Sargauto sein, in dem man nachts seinen Schlafsack ausrollt. Maria kannte zwischen Atlantik und Pazifik einen X in Cleveland, einen Y in St. Louis, einen Z in Salt Lake City, und ich konnte in Chicago mit Bob Pickus, in Denver mit Onkel Hans und in Kalifornien mit meinen Brüdern, mit Clytie und Salme aufwarten ... So fabelten wir an der Wirklichkeit vorbei. Meine E'townians klärten mich schnell und hart über diese auf: Es sei in den USA strafbar für einen Mann, eine mit ihm nicht verheiratete Frau über die Staatsgrenzen mitzunehmen. Der nach seinem Erfinder benannte Mann Act versuche damit die Zuhälterei zu bekämpfen. Und dann kamen die anderen Verhinderungen hinzu: Die Professoren in Bryn Mawr hatten Maria geraten, einen Sommerkurs in Englisch zu absolvieren; meine Brethren hatten mich für drei Wochen in Kanesatake verpflichtet; Onkel Hans von Hentig schließlich hatte Hans Wolfram, Roland und mich zu sich nach Colorado eingeladen. Das alles hat sich gegen unsere schwächliche Romanze durchgesetzt.

Zwischen Bryn Mawr und Elizabethtown gab es gleichwohl oder vielleicht darum ein lebhaftes *va-et-vient*. In Elizabethtown konnte ich Maria freilich wenig bieten. Die schönen Wälder waren unzugängliche Dickichte; der Susquehanna-Fluss führte im Winter wenig Wasser und war gar nicht ansehnlich; nicht einmal mein Zimmer konnte ich Maria zeigen: *Girls are absolutely not allowed in the boys' dormitory.* »Not allowed« war mein Stichwort: In dem Diner, in dem wir zu Abend aßen, gab es eine Jukebox und eine kleine Tanzfläche. Wir steigerten uns von einem Foxtrott über einen Tango zu einem figurenreichen langsamen Walzer, erhielten Applaus vom ganzen Lokal und strahlende Anerkennung von Warren und Armon, die meinten, eine kunstvolle und ganz und gar züchtige Turnübung erlebt zu haben. *Dancing* war für sie bis dahin, was Amerikaner tun: sich *cheek-to-cheek* eng aneinandergepresst hin und her schieben. *Rock 'n' Roll* überließen die Diner-Besucher dem Kino.

Maria hingegen hatte in Philadelphia viel zu bieten: das große Army-Navy-Baseballspiel (der hinter mir sitzende Fan schlug mir mehrfach mit dem Telefonbuch auf den Kopf, das ihm eigentlich als Sitzunterlage dienen sollte. Offenbar hatte ich für die falsche Seite gejubelt und wechselte sie eilig nach solcher Belehrung); sodann das große Kunstmuseum, eine perfekte Rekonstruktion des Parthenon-Tempels einschließlich der bunten Bemalung, von der man seit hundert Jahren weiß, die Europa aber nicht zur Kenntnis nimmt; sie zeigte mir die beiden Bruder-Colleges zu Bryn Mawr, Swarthmore und Haverford, beide so klein wie Elizabethtown und in allem ungleich edler – den Anlagen, den Gebäuden, dem Curriculum, den Menschen. Ein deutscher Professor für Philosophie und alte Sprachen führte mich durch Swarthmore und, auf die Tennis spielende *jeunesse dorée* blickend, sagte er: »Diese Jünglinge wissen nicht, wie gut sie es haben! Und das soll *ich* ihnen beibringen?« »Nun, ich wüsste es! – und käme gern zu Ihnen«, sagte ich vorlaut und aufrichtig. Einen Augenblick lang stellte ich mir tatsächlich vor, ich könne von E'town nach Swarthmore wechseln. »Um Gottes willen, nicht hierher!«, warnte mein Begleiter. »Sie wollen und sollen Griechisch studieren. Seit meine Frau vor einem Jahr ihr Gedächtnis verloren hat und seither auch die Seele, kann ich Platon nicht mehr lehren – und einen anderen Lehrer der Alten Sprachen gibt es hier nicht.«

Zwei segensreiche Erfindungen der Amerikaner – »Errungenschaften«, hätte man in der DDR gesagt – werden dereinst in den Werken der Kulturgeschichte neben der Glühbirne, dem Refrigerator und dem »PC« geziemend gewürdigt werden: der schulfreie Samstag und die dreimonatigen Sommerferien. Ich wusste sie schon in den endvierziger Jahren zu schätzen. 1949 konnte ich – anstelle der Reise mit Maria und nach den drei Wochen in Kanesatake – einmal quer durch den riesigen Kontinent reisen. Zunächst habe ich Onkel Hans von Hentig, den ersten der jüngeren Brüder meines Vaters, besucht und bei ihm vor allem meine Brüder Hans Wolfram und Roland getroffen, die inzwischen 16 und 17 Jahre alt geworden waren. Onkel Hans und Tante Freddy hatten zu diesem Zweck ein Ferienhaus in Gold Hill, einer *ghost town* hoch oben in den Rockies gemietet. Das vor 50 oder 60 Jahren aufgelassene Goldgräberstädtchen bestand aus einem Laden für alles – von frischer Milch bis zur Holzkohle für den Grill – und höchstens zwei Dutzend Cabins wie der unseren, die weit im Gelände verstreut lagen. Wir haben in den vier Wochen unseres Aufenthalts außer dem Ladenbesitzer fast niemanden gesehen. Die Anreize für die Sommer-Bewohner dieses Ortes waren: seine Kühle (unten in Denver war es zwischen Juni und September brütend heiß), die völlige Stille (Auto fahren konnte man hier nicht; schon die heraufführende gewundene Schotterstraße war für die üblichen schweren Straßenkreuzer nur mit großer Könnerschaft befahrbar) und ein überwältigend schönes Panorama – die Viertausender des Front Range und in weiter Ferne des Park Range.

Onkel Hans war 1935 in offenem Konflikt mit den Nazis in die USA ausgewandert und dort nach Zwischenaufenthalten in Yale und Berkeley bei der komfortablen University of Colorado in Denver gelandet; er veröffentlichte jedes Jahr einen weiteren Band zur Phänomenologie und den Ursachen der »Einzeldelikte« (»Crime, Causes and Conditions«, stabreimte er); er schrieb fast jede Woche einen bissigen Kommentar zur Politik in einer (vermutlich der letzten) deutschsprachigen Zeitschrift Amerikas, so dass er auch den Autoritäten des Gastlandes als schwierig galt; er war das »berühmteste Tier« in unserer Familie und mir bis dahin so gut wie unbekannt. Immerhin hatte ich sein Kriegstagebuch »Mein Krieg« (1919) gelesen und bewunderte ihn seither so, wie es mein Vater tat. Hätte ich auch nur eine Liste der Titel seiner Bücher gelesen, ich wäre nicht ganz so unbefangen zu ihm gereist. Seine Wissenschaft, die jedenfalls in ihrer modernen Form weitgehend von ihm erst begründete Kriminologie, setzt eine umfassende Kenntnis vom Menschen voraus und erzwingt Interdisziplinarität: Strafrecht, Anthropologie, Medizin, Psychologie, Tiefenpsychologie, Psychiatrie mussten hier zusammenkommen, ja und Sprachwissenschaft, um den seltsamen Verschlüsselungen und Verballhornungen auf die Spuren zu kommen, deren sich die »Unterwelt« virtuos bedient. Von den normalen und gleichsam arrivierten Verbrechen (Diebstahl, Raub, Betrug, Mord) stieg Hans von Hentig immer tiefer in die tabuierten Anomalien hinab (Inzest, Homophilie, Zoophilie, Nekrophilie) und erforschte mit Verve, um nicht zu sagen mit Lust, abartige Zustände oder Verhaltensformen des Menschen vom Größenwahnsinn bis zum Vandalismus. Amerika hat das Repertoire seiner Kriminal-Folklore erheblich bereichert – vom Desperado über die Gang bis zum Racket und zum Syndikat.

Wenn es eine Schule der radikalen Aufklärung gibt, dann heißt sie Kriminologie. Sie lässt uns keine Illusionen über die Natur des Menschen und unterläuft zugleich jeden moralischen Hochmut, jede Dämonisierung des Bösen, jede Hoffnung auf rettende Spiritualität. Menschen, die so zu beobachten gewohnt und so zu denken trainiert sind wie Onkel Hans, wirken auf die Geschöpfe der idealistischen Bildung zynisch. Ich habe später – die detailreichen und spannenden Werke des Onkels lesend – die Sachlichkeit seiner Befunde nie als unbarmherzig, gar als menschenverachtend wahrgenommen; ich habe hingegen erkannt, wie herablassend mein eigenes Urteil in diesen Dingen bis dahin gewesen ist. Madame de Staëls *tout comprendre est tout pardonner* ist eine beliebte, aber unsichere Hypothese, denn wer versteht schon alles! Sicher und richtig ist, dass das Verstehen die Verurteilung erschwert. Jesus erinnert die Schriftgelehrten und Pharisäer an etwas, was sie kennen – und sie gehen stumm hinaus, ohne den Stein zu werfen. Anders war oder wirkte des Onkels Umgang mit seinen leibhaftigen Mitmenschen. Sein Röntgenblick legte manchen uns Jungen verborgenen Mechanismus unseres Seelenlebens bloß, gab ihm einen hässlichen Namen und zwang unseren Widerstand mit immer neuen »Beweisen« nieder. Dass er unser morgendliches Bad in einem zwanzig Minuten entfernten Bach als Hautfetischismus bezeichnete, haben wir als Scherz verstanden und dieses Wort in unseren Sprachschatz aufgenommen. Vermutlich war es seine Abwehr der damit verbundenen eigenen körperlichen Anstrengung; er war als junger Mann ein großer Bergsteiger und hatte im Kriege außerordentliche Härten ertragen; jetzt war er fett und unbeweglich; Gold Hill verließ er nur im Auto. Seine Destruktion der Hentig-Familie und ihrer Mythen machte uns jedoch zu schaffen. Diese nahm ihren Ausgang bei der Tatsache, dass ich mir für die Reise ein langes und »längst fälliges« Buch mitgenommen hatte: Bismarcks »Gedanken und Erinnerungen«. Thomas Mann hatte gerade Bismarck nachdrücklich unter die deutschen Unglücke und die Vorläufer Hitlers eingeordnet. Mich hatte das beunruhigt, ja geärgert. Da unser Großvater Bismarcks persönlicher Anwalt war, hatte ich zu Hause, wie später in der Schule, im Wesentlichen von großen Taten und Eigenschaften dieses Mannes gehört und fand mein positives Urteil in Bismarcks Selbstdarstellung von Seite zu Seite bestätigt. Er siegte auf der ganzen Linie durch die verständliche Darstellung des jeweils zu lösenden politischen Problems, mit Witz, Bildung und klarer Sprache – und ohne Intriganz, ohne Eitelkeit, ohne Eifer. Für den Onkel war er ein eigensinniger Machtmensch, ein imponierender Schauspieler und durch und durch illiberal. So jemandem konnten nur die borniertem Junker und ein unaufgeklärtes, autoritätsgläubiges Bürgertum huldigen. Ob diese Kennzeichnung der Bismarck-Bewunderer auch meinem Vater gelte, fragte ich. Aber ja! Mir könne doch meines Vaters devotes Verhältnis zum Großvater nicht entgangen sein – Heldenverehrung pur. Indem ich meinen Vater verteidigte, war ich der gleichen Unemanzipiertheit schon überführt. Onkel Hans überschüttete uns mit Geschichten, in denen mein Vater, der gehätschelte »Älteste« und Adulant, von der Familie gefeiert worden war, und er selber, weil zur Unterwerfung nicht bereit, als das schwarze Schaf erschien. Ich kämpfte tapfer erst gegen des Onkels Urteile, dann gegen seine Absicht und schließlich gegen meine eigenen Tränen: Tränen der Wut über meine Ohnmacht.

Wir Jungen schliefen auf der Veranda und beschlossen, am anderen Morgen in aller Frühe eine große Wanderung anzutreten und uns dadurch solcher »Gemeinheit« wenigstens einen Tag lang zu entziehen. Unsere Rückkehr kündigten wir den ahnungslosen Gastgebern auf einem in der Küche hinterlassenen Zettel für den Abend an: »... bevor es dunkel wird«. Dies wurde zu einem der schönsten Ereignisse unserer Ferien in einer vom Menschen völlig unberührten Natur, angesichts einer wahrhaft majestätischen Landschaft, im Gefühl unserer körperlichen Leistungsfähigkeit und nicht nur den Demütigungen entronnen, sondern unsere Würde kühn behauptend. In reineren Bergseen werde ich nie wieder baden, bizarrere vom Winde verformte Bäume, glattere von Schnee und Eis polierte Felsen nicht wieder sehen, gigantischeren Schneegipfeln nie wieder so nahe kommen wie an jenem Tag. Und kaum je wieder so viel Bruderglück erleben.

Als wir müde, erfüllt, hungrig heimkamen, hatte Tante Freddy ihren Mann offensichtlich gezaust; der verkündete, man werde übermorgen in ein weiter unten liegendes Edellokal fahren, wo es *chicken in the basket* gebe; er werde »weder Kosten noch Mühen« scheuen! Auch meine viertägige Exkursion nach Aspen trug zur Befriedung der Lage bei.

In Aspen, damals auch eine *ghost town*, feierte das geistige Amerika eine Woche lang Goethes 200. Geburtstag. Der abgelegene Ort war gewählt worden, damit nur solche Menschen daran teilnahmen, denen an dem großen Dichter und nicht nur an dem *glamour* der Festlichkeiten gelegen war. Die Vorträge fanden in einem riesigen Zirkuszelt statt; die drei vorhandenen und recht bescheidenen Hotels fassten etwa ebenso viele Menschen wie dieses; die Besucher, die dort keine Unterkunft fanden, versuchten in dem 500-Seelen-Ort irgendwo privat unterzukommen. Ich schlief auf der Porch einer alten Dame in meinem für die kalten Nächte in 2400 Meter Höhe zu dünnen Schlafsack. Der Zugang zu sämtlichen Veranstaltungen war frei; jeder sprach jederzeit mit jedem;

und fast jeder zweite war ein europäischer Emigrant. Hier hörte ich Vorträge von Robert Maynard Hutchins, dem Rektor der University of Chicago (und, zusammen mit dem Chef der American Container Corporation, Walter Paepcke, Initiator dieses Goethe-Festes) und Arnold Bergstraesser. Thornton Wilder moderierte ein Gespräch über Dichtung und Bildung, an dem auch ein bedeutender Naturwissenschaftler, entweder Enrico Fermi oder Leo Szilard, und mir nicht bekannte Germanisten teilnahmen. Isaac Stern war Solist in mehreren Konzerten, die ein damals berühmter Rumäne dirigierte. Und auch Albert Schweitzer war gekommen. Wie hätte er die seinem Hospital dafür zugesagten zwei Millionen Dollar ausschlagen können! In der Hotellounge von Reportern bedrängt – »Doctor Schweitzer, could you please give us one more example of your principle ›reverence for life‹!« – sagte er trocken: »Well, gentlemen, if you would kindly leave me alone now – this would show your reverence for life.« – Als ich am letzten Tag wieder am Straßenrand stand, mit einem Pappschild in der Hand, das mein Anhalterziel DENVER verkündete, hielt ein Zweisitzer-Cabriolet an. Der Fahrer, auf mein Schild zeigend, bedauerte: Da fahre er zwar nicht hin, »but hop in anyway. Even a short ride fosters hope!« Der Mann, der dies sagte, war Thornton Wilder.

Von Gold Hill ging es zwei Wochen später anhaltend weiter nach San Francisco. Die Mormonen ließen mich 28 Stunden am Rande der Salzwüste stehen; ich verlor die Nerven, bestieg den nächsten Greyhound und erreichte San Francisco nach zwölf Stunden, während derer ich kurz in des Teufels Werkstatt, die Gambling-Hölle Reno, und in Gottes Auge auf Erden, den Lake Tahoe geschaut habe. In San Francisco wohnte ich bei Tante Helene, einer Cousine meines Vaters. Gleich am ersten Tag habe ich unser Haus in Seacliff aufgesucht. Es war unverändert, aber geschrumpft, die Straße verengt, das Gefälle abgeflacht. Zur Alamo Elementary School führte mich mein Gefühl. Das Gebäude hatte, wenn nicht seine Größe, so doch seine Würde für mich bewahrt. Weil ich jetzt zu Fuß ging, kam mir hingegen der Weg zum Soutrobath, zu Fleishhacker's Pool, zum Seelöwen-Felsen länger vor, die Örtlichkeiten hatten ihren Glanz verloren. Wie die Pelikane – schwer und planlos – flog meine Erinnerung auf und ab, um Verlorenes wiederzufinden. Ich stand am Zollstock der Zeit und las die Entfernung zur

Kindheit an ihm ab. Mir war weh zumute. Vielleicht, weil ich allein war. Mit Helga hätte ich Erinnerungen austauschen können.

Am nächsten Tag habe ich Clytie auf der anderen Seite der Bay besucht, am darauf folgenden den Altphilologen Hermann Fränkel in Palo Alto, dessen Schwiegersohn sich als unser ehemaliger Spielkamerad zu erkennen gab, als ein Spross der seligen Frau Cooper. Das Haus mit dem Feigenbaum und der grünen Schaukel lag um die Ecke. Aber dieses kleine Erinnerungsglück reichte nicht aus, die Kargheit des *scholarship* aufzuwiegen, das Fränkel mir vage in Aussicht stellte.

Auf dem Rückweg nach San Francisco unterbrach ich die Busreise in San Mateo. Wo die Park School war, konnte man mir sagen; von dort musste ich nur meinen »Schulweg« gehen, um zu unserem Haus zu gelangen, dessen Adresse ich vergessen hatte: Costa Rica Avenue 700. Wie gut, dass sie mir entfallen war! So durfte ich wenigstens eine wirkliche »Entdeckung« machen.

An einem dritten Tag war ich bei Salme in Santa Cruz angesagt. Der Bus führte durch Apfelsinen- und Pfirsichwälder in der so wohl erinnerten trockenen Sonnenglut. Die Wiesen waren gelb und braun. Im Sommer fressen hier die Kühe das Heu, das man im Winter, in der Regenzeit, gemacht hat. Tag und Nacht schleudern die Berieselungsanlagen das Wasser in die Gärten, die man darum gar nicht benutzen kann. Anders war es bei Salme. Deren Haus lag abseits im Schatten von Redwood-Bäumen. Sie und ihr Mann holten mich an der Post ab. Salme schämte sich ihrer Rührung und versuchte sie in Geschäftigkeit zu verbergen: »Wir müssen Milk fetschen«, und das taten wir wie einst in unseren Ferien in Santa Cruz Mountains bei einem Mann mit einer einzigen Kuh und etlichen Obstbäumen. Seine Frau saß im Holzstall an einer Nähmaschine, die sie dort vor dem Steuereinnehmer verbarg. Salme und ich haben uns unsere »Geschichte« gegenseitig erzählt und schieden am Abend mit dem Schwur: In zwei Jahren würden wir uns hier wiedersehen, dann mit Helga, ihrem Lieblingskind.

Bei den Zieheltern von Hans Wolfram und Roland in Los Angeles bin ich noch einmal zur Ruhe gekommen – auf einem Hochplateau der Lebensfreuden: ein wohltuend deutsch-amerikanisches Haus, die durch den Onkel Hans wundersam befestigte Beziehung zu den erwachsen, stark und schön gewordenen Brüdern, das Schubert-Quintett C-Dur, das ich hier zum ersten Mal hörte, Baden in der Brandung des Pazifik, ein Besuch in der Huntington Library, in der Handgeschriebenes von Shakespeare neben Erstausgaben von Walt Whitman neben Kuriositäten aus der Geschichte der Literatur (eine von E. A. Poe beschriebene, nicht enden wollende Klopapierrolle) ausgestellt waren. Das Wohnhaus des Stifters ist ein einziges und einzigartiges Museum, in das man nur aufgrund vorheriger Anmeldung gelangt und das darum nie überlaufen ist.

Für meine Heimreise nach Pennsylvania habe ich vier Tage und Nächte gebraucht, habe manchen Fahrer durch meine Geschichten am Einschlafen gehindert, habe ausschließlich von Coca Cola gelebt, um nur ja nicht beim Essen eine Mitnahmegelegenheit zu verpassen. (Ich habe dies übrigens der Firmenvertretung in Philadelphia geschrieben. Deren Public Relations Abteilung schickte mir kurz darauf einen Gutschein für einen ganzen Kasten Coca Cola »to keep you in the habit«.)

Im Herbst besuchte ich Werner Jaeger in Harvard. Er empfing mich am Eingang der Widener Library, zeigte mir die Sehenswürdigkeiten der Universität und fuhr mit mir durch ganz Cambridge – Sightseeing im Taxi, was mir sehr großzügig vorkam. Dabei erzählte er mir in einer Mischung aus Kummer, Resignation und Ironie, dass er, nachdem er einmal einen Kurs über die Nikomachische Ethik von Aristoteles gehalten habe, diesen nunmehr jedes Jahr wiederholen müsse. Man hatte ihm bei seiner Berufung ein eigenes *department* eingeräumt, er war also ohne einen speziellen Lehrauftrag. Aber den Kurs »Greek 12 b« müsse er aus Gründen der Fairness halten: Man könne doch, war das Argument, einer Studentengeneration nicht vorenthalten, was man einer anderen mit solchem Erfolg gegeben habe. Derzeit habe er zwölf Studenten in seiner »Hauptvorlesung«. Zu einem »Publicum«, einer Veranstaltung für Hörer aller Fakultäten, kämen etwa 200. Noch mehr erstaunten mich zwei andere Bemerkungen: Es gebe an der Harvard University inzwischen mehr Lehrer der alten Sprachen (»Classics«) als Studenten. Und: Die Studenten seien gehalten, die Werke der Antike erst einmal ganz in Übersetzungen zu lesen, dann erst ausgewählte Texte im Original.

Frau Jaeger und seine Tochter empfingen uns zu einem köstlichen Abendessen. Die Jaegers waren mit ihrem amerikanischen Los zufrieden, und schon das hat mir wohlgetan. Ich übernachtete in ihrem Hause. Beim Frühstück forderte mich der Hausherr auf, mich um ein Fellowship zu bewerben, was ich im Laufe des Winters 1949/1950 auch tat. Gleichzeitig freilich habe ich mich in Chicago beworben – bei der Universität, deren Geist in Aspen geweht hatte.

Im Frühjahr bekam ich von beiden Universitäten Bescheid: eine Zulassung in Harvard, aber kein Stipendium; *free tuition* (Studienkosten) und 1500 Dollar zum »Leben« in Chicago. Ich nahm das Fellowship in Chicago an. Werner Jaeger gratulierte mir freimütig zur Wahl der Universität, an der er noch lieber gewesen sei als in Harvard.

Anfang 1950 graduierte mein Bruder Roland an seiner High School in Los Angeles und ließ sich durch meine Anwesenheit nach Elizabethtown verlocken. Wir würden – glaubten wir – wenigstens ein Jahr miteinander an der gleichen Einrichtung studieren, er sogar bei einem ausgezeichneten älteren Biologen. Dr. Apgar würde für ihn sein, was Dr. Hellerich oder Dr. Schlosser für mich waren. Den Sommer über arbeiteten wir gemeinsam im Supermarkt High-Low (high quality – low prices).

Maria hatte andere Pläne. Am Ende des Terms, also Ende Juni, schrieb sie mir einen zehn Seiten langen Brief, in dem sie unsere Beziehung prüfte – sie zugleich als unverbrüchlich und gescheitert, als notwendig und ziellos, als beglückend und beängstigend schilderte. Ihre subtilen Begründungen hat ihr Sohn Christopher 15 Jahre später auf eine einfache Formel gebracht: »Uncle Hartmut – perfectionist!« Maria, diese gigantische Lebens- und Liebeskraft, fühlte sich von mir überfordert und wandte sich Paul Werner Schniewind zu, von dem sie schrieb: er werde von manchem anderen in mancher Hinsicht übertroffen, aber in einem nicht – er liebe sie mehr als alle anderen, und das brauche sie. Sie teilte mit, dass sie am 10. Juli nach Deutschland fliege. Im Flugzeug schrieb sie den Brief, durch den ich erfuhr, dass sie Paul Werner Schniewind heiraten und mit ihm im September nach Amerika zurückkehren werde, um ihr Studium abzuschließen.

Nun war es nicht nur tunlich, es war gut, dass ich 1000 Meilen zwischen uns legte. Ich zog in die mittelalterliche Universität am Midway in Chicago, um *meinen* Weg zu gehen: zu Homer, Sophokles, Platon und Thukydides, zu Sallust, Vergil, Tacitus und Boethius. Mein *studium* sollte meine *confirmatio* sein. Ich suchte Ruhe.

12. Der Klausner

Ein Klausner ist der Bewohner einer Klause, einer Zelle, in der er sich vor der Welt abschließt. Die meine befand sich im Keller eines Einfamilienhauses in der Maryland Avenue. Diese wiederum lag im Weichbild der University of Chicago, die wie ein Kloster um die Rockefeller Chapel – in Wahrheit eine einschiffige gewaltige Kathedrale – herumgebaut war. Als man die »UoC« im letzten Jahrzehnt des 19. Jahrhunderts errichtete, war sie von Ödland und ersten Trassen für die Ausdehnung der Stadt nach Süden umgeben. Das Terrain im Umfang von vier *city blocks* hatte der Warenhauskönig Marshall Field gespendet (ein Block misst ca. 250 mal 250 Meter). Im Süden sollten die 59. Straße (The Midway), im Norden die 57. Straße, im Osten die Lexington Avenue (sie hieß zu meiner Zeit University Avenue) das große Viereck begrenzen. Von dieser bis zum See sollte sich der Hyde Park erstrecken, im Westen entstand der Washington Park, ein in der Mitte des 20. Jahrhunderts zwar durch gewaltige Rasenmäher gezähmtes, für Weiße eher nicht zu betretendes Gelände. (Ahnungslos hatte ich mich am Ende meines ersten Quartals dort in die Frühlingssonne gelegt, schon kam ein Polizist und forderte mich auf, in den Campus zurückzukehren: Hier könne er mich nicht schützen.) *Wood*lawn und Ken*wood* hießen die Nachbarschaften im Süden und im Norden. Die sechs Rechtecke, in die sich das große Quadrat gliederte, waren von im Stil einheitlichen (gotisch!), in der Gestaltung und Größe unterschiedlichen Gebäuden eingefasst; große Rasenflächen, kleinere Höfe, freistehende »Museen«, eine Sporthalle (gymnasium), eine Aula (University Hall), die Chapel ließen schon im ursprünglichen Plan das Ganze als eine gewachsene Stadt, ein natürliches Aggregat von nach innen gerichteten Baukörpern erscheinen. Mit der »Welt« war Academia durch vier Tore verbunden, je einem in der Mitte der vier Seiten.

Die Gründer – vornehmlich der Ölmagnat John D. Rockefeller und der Alttestamentler William Rainey Harper, beide inständige Baptisten und pragmatisch denkende Männer – hatten gute Gründe, die Gelehrsamkeit und Bildung, die in ihrer Einrichtung vor sich gehen sollten, vor der Unruhe der Welt zu schützen; sie sahen keinen Grund, die geistige und geistliche Tätigkeit gegen die Wissenschaft und ihre respektlose Erkenntnis abzuschirmen: »Gott scheut die Suche des Menschen nach Wahrheit nicht, es ist ja seine Wahrheit« – das war William R. Harpers Überzeugung. Falsche Deutungen, unberechtigte Verallgemeinerungen werden durch den Blick auf die Tatsachen entlarvt; die richtige Auslegung wird durch die vollständige Einbeziehung alles Wissbaren bestätigt, nicht beschädigt. Die Gründer waren darum auch überzeugt, dass das anfänglich als College geplante Institut sich von allein zu einer Universität entwickeln werde, dass man diese also gleich vorsehen und für die Möglichkeit ihrer Erweiterung vorsorgen solle. Ob diese Möglichkeit wünschenswert, dem Zweck der Einrichtung bekömmlich oder notwendig sei, werde man entscheiden, wenn es so weit sei. Bald erwies sich, dass das Aufkaufen von Grundstücken dem gedachten Zweck ebenso diente wie die strenge Begrenzung der Gesamtzahl der Studenten. In den ersten 30 Jahren hat sich die Universität um das Doppelte nach Osten ausgedehnt. »Hyde Park« ist ein Wohnviertel geworden, an das sich der Jackson Park anschließt. Als ich im Herbst 1950 in die Maryland Avenue einzog, schien dieser Prozess zu seinem Abschluss gekommen zu sein.

Die Maryland Avenue mochte fünfzig Jahre alt sein: zweistöckige Holzhäuser auf einem Fundament aus Backstein, Veranda zur Straße, ein kleiner ummauerter Hinterhof, der auf eine Lane führte, eine Gasse für die Müllabfuhr, sonst unbefahren. Einst diente der *backyard* wohl zum Anbau von Radieschen und Küchenkräutern und natürlich zum Wäschetrocknen. Die einzelnen Häuser waren Eigentum der Professoren – der weniger reichen Geistes- und Sozialwissenschaftler. Die begüterten Juristen, Mediziner, Naturwissenschaftler, Nationalökonomen hatten steinerne Häuser in der Kenwood- und Hyde Park-Vicinity. Der Kranz der Professorenhäuser dehnte sich in allen Richtungen zwei bis drei Straßenzüge weit aus. Die Professoren gingen zu Fuß in die »Quadrangels«. Ihr Auto, wenn sie denn eins hatten, war schäbig und stand vernachlässigt im Hof. Die Wäsche trocknete in den fünfziger Jahren längst im elektrischen Trockner. Der Ruß, der tausendtonnenweise über der Stadt niederging und die junge Universität schnell mittelalterlich erscheinen ließ, hatte die Erfindung des Heißlufttrockners notwendig gemacht.

Meine Klause maß drei mal vier Meter, hatte zwei Bretterwände gegen den übrigen Keller mit seiner Zentralheizung, der Verbindungstreppe zur Wohnung, den zwei großen Zinkbehältern, in denen einst die Wäsche gespült worden war und die mir nun als Badewanne dienten: der gefaltete Rumpf saß im einen, die Füße baumelten im anderen Becken. Die beiden übrigen Wände waren gemauert und strahlten im Sommer angenehme Kühle, im Winter eine mit dem elektrischen Ofen nur unvollkommen bekämpfte Dauerkälte aus. Das Fenster in Schulterhöhe gab den Blick in das Unkraut des Hinterhofs frei und warf etwas Licht auf meinen Schreibtisch. Eine hübsche, antiquarisch erstandene hölzerne Stehlampe brannte, solange ich mich im Raum aufhielt, und machte ihn gemütlich. Neun Apfelsinenkisten, quer gelegt, bildeten das Bücherregal. Ein Küchenstuhl, ein ebenfalls auf dem Trödelmarkt erstandener Windsor Chair und ein ein Jahr später in Arizona erworbener kleiner Indianerteppich, eine Reiseschreibmaschine, eine Registratur für meine Korrespondenz machten mein Wohnglück aus. Das Radio reichte für den Sender aus, der ausschließlich klassische Musik ausstrahlte, eine Kochplatte für ein gelegentliches Spiegelei, ein Tauchsieder für den morgendlichen Tee.

Das Haus gehörte Otto und Lulix von Simson. Die in Aspen mit Arnold Bergstraesser nach dem Goethe-Bicentennial aufgenommene freundschaftliche Beziehung hatte mich auch mit seinen deutschen Nachbarn in Verbindung gebracht, darunter mit den Simsons. Diese wohnten am Ende der Straße neben dem Germanisten Stefan N. Schultz und seiner mageren, alle vier Monate gebärenden Katze. Sie alle hatten seit wenigstens einem Dutzend Jahren keinen Studenten aus Deutschland gesehen; nun waren sie neugierig – die einen mit vorgängiger Bejahung, die anderen mit Vorbehalt. Da konnte ja ein junger Mensch kommen und vom Nazismus beschädigt sein, ohne es zu wissen; es konnte einer sein, der ihre Befürchtungen wenn nicht mutwillig, so doch bereitwillig bestätigte; es konnte einer sein, der die deutschen Lasten allzu schnell abwarf, ein Überläufer ohne Hemmung und Leid;

es konnte ein gänzlich Fremder sein, eine rätselhafte neue Spezies *from the outer world*. Ich habe die wohlkategorisierten Erwartungen wohl sämtlich enttäuscht. Sie fanden in mir – beschämt oder beglückt – nur ihresgleichen: schon mit allen amerikanischen Wassern gewaschen; wie ein »echter Deutscher« an seinen Seelenknoten knippernd; hungrig auf die akademische und humanistische Bildung, die ihm in Göttingen entfremdet und in Elizabethtown durch Versagung begehrenswert geworden war; vor allem aber politisch geweckt und für die hier wie sonst nirgendwo in der Welt waltende Wachsamkeit empfänglich. Hier hatten sich die von den Nazis verfolgten Juden, die aus Europa emigrierte kritische Intelligenz in besonderer Dichte versammelt, nachdem ihnen anderswo ein *loyalty oath* abverlangt worden war (wobei sich Kalifornien unrühmlich hervortat); hier lebten Menschen, die in der McCarthy-Ära wahrnahmen: »It *can* happen here!« und die in der University of Chicago mehr als ein Asyl gefunden hatten – sie hatten mithelfen können, den Menschheitsfeind zu besiegen. Hier hatten die Kernphysiker Fermi, Szilard, Teller die Voraussetzungen für Amerikas Atommacht gelegt, und von hier ging ein Großteil des Widerstands gegen deren Ausbau und möglichen Einsatz aus; hier schmiedeten Friedrich August von Hayek, Hans Joachim Morgenthau und Leo Strauss die wissenschaftlichen Instrumente zur Aufklärung wirtschaftlicher und politischer Macht; hier meldete Hans Rothfels tapfer die Taten und Opfer des innerdeutschen Widerstands an; hier sah und verstand man die Verwandtschaft des *Committee on Unamerican Activities* mit dem innenpolitischen Terror der autoritären Systeme Hitlers und Stalins. An dieser Universität gab es viele Menschen, die nachts nicht mehr ruhig schliefen, weil der Dachstuhl ihrer zweiten Heimat schon in Brand stand. Sie zweifelten, ob der wackere *haberdasher* Harry Truman tapfer genug sein würde, der öffentlichen Hysterie und den selbstbewussten Militärs zu widerstehen. Sie hielten es mit dem klar denkenden Gouverneur von Illinois, Adlai Stevenson, der mit kühler Rationalität und einem kühnen sozialen Reformprogramm den Ausweg aus der antikommunistischen Verbiesterung wies – die »New Frontier« beschrieb, an der sich Amerika und die Welt zu bewähren hatten – und in was für einer Sprache! Ich spürte: Hier gehörte ich her, und dies wiederum spürten die Menschen, mit denen ich zusammentraf. Sie nahmen mich in ihre Kreise auf – und die Simsons sogar in ihr Haus, in ihr ungenutztes Kellerzimmer. Ich war ihr *non paying guest*, war ein guter *babysitter* für den vier- oder fünfjährigen Simson-Sohn Dody (der ältere Sohn Ernest war etwa vierzehn); ich machte nicht nur meine Klause durch Streichen der Wände und Elektrifizierung wohnlich, ich räumte auch gleich den Keller und den Hinterhof auf; ich verschmierte die Fugen der bröselnden Kellerwand (»vom sauren Ziegelwurm befallen« diagnostizierte der ebenso unpraktische wie gelehrte und liebenswürdige Hausherr und half anfangs mit) und sollte bald das ganze Haus ein Jahr lang hüten, während dessen Otto von Simson sein *sabbatical* mit der ganzen Familie in Europa zu verbringen vorhatte. Gemeinsame Hand-Arbeit, wie wir sie mit umgebundener Schürze und Spachtel stundenlang plaudernd verrichteten, ist ein guter Nährboden für Freundschaft – nicht weniger tragfähig als die Abende, an denen wir miteinander Chaucer lasen oder den Streitfragen weiter nachgingen, die man im Committee on Social Thought (Simson war dessen »secretary«) an Donnerstagen erörtert und natürlich offengelassen hatte, oder als die *philologica*, die einen Professor der Kunstgeschichte und Mediävisten mit dem Altsprachler verbinden. Seine Europareise führte ihn übrigens zum ersten Mal nach Griechenland. Er, der Autor von »The Sacred Fortress«, einem bedeutenden Werk über Ravenna, schrieb mir aus Sizilien, ihm erscheine angesichts dessen, was die Griechen uns hinterlassen hätten, »die ganze normannisch-staufische Kultur wie ein Überfluss«. Angesichts des rätselhaften »Lebens« unserer Kellerwand haben wir freilich nicht nur über die eindeutig größere Beständigkeit der ravennatischen Mosaike geblödelt und uns unsere gegenseitigen Kenntnisse und Meinungen zu Theoderich und Belisar, zu Symmachos und Boethius mitgeteilt (ich hatte da auch ein paar!), nein, wir haben vor allem darüber gerätselt und räsoniert, wie das Christentum Rom und wie Rom das Christentum verändert habe und wie aus dem Zerfall des mächtigen Rom die machtvolle Romanik geboren wurde.

War dies eine »intensive Freundschaft«, so darf man die Beziehung zu Lulix von Simson eine »extensive« nennen. Sie lernte damals mit Eifer Griechisch und sammelte grammatische und semantische Fragen für die Mittagszeit, in der sie hoffte, den Klausner am wenigsten zu stören. Oft lud sie mich zum Mittagessen ein. Erschien ich dann erwartungsvoll, konnte sie unbefangen – in charmantester österreichischer Tonart – sagen:»Wissen's, Hartmut, das Leben ist viel zu schade, um es mit Kochen zu verbringen, lassen's uns a Würstl essen.« War dann keins im Eisschrank, lief ich zum Grocer um die Ecke, eines zu holen. »Ich deck' derweil den Tisch!« Diese wunderbare Frau war nicht nur dem faschistischen Deutschland, sondern auch ihrer hochadeligen Familie entronnen. Dass ihre Erinnerungen – lang nach meinem Fortgang geschrieben – dann »Happy Exile« hießen, hat mich nicht überrascht.

Der Tag des »Klausners« begann mit einem Morgenlauf um 6.30 Uhr. In der Mitte des Midway trabte ich bis zu den Anlagen des Jackson Parks, die ihn vom See trennten. Ich brauchte für die Strecke hin und zurück eine knappe halbe Stunde und stärkte dabei nicht nur meine Beine und Bauchmuskeln, sondern auch meine »Klimatauglichkeit«. Zwischen 20 Grad minus im Winter und 40 Grad plus im Sommer lag so etwas wie ein Astronauten-Training. Sank die Temperatur unter 20 Grad minus oder war frischer Schnee gefallen – oft über einen Meter auf einmal –, dispensierte ich mich von dieser Ertüchtigung und vermehrte dafür die abendlichen Übungen im »Gym«. Bei der Rückkehr in meinen Keller wurde als erstes das Radio eingeschaltet, ein örtlicher Sender, in dessen Programm Norman Ross von 7 bis 8 Uhr Platten mit klassischer Musik auflegte und diese ebenso kenntnisreich wie witzig kommentierte. (Hatte ein Nachwuchs-Pianist seinen Chopin mit allzu großer Energie in die Tasten geschlagen, konnte Ross ihn zurückrufen: »Ay, young Rubinstein, come back and put that piano together again!«; er machte auf Feinheiten aufmerksam, indem er bestimmte Ausschnitte wiederholte; er konnte den Hörer fragen: »Did you notice how the first violinist cheated in the last movement? It should go this way: ...«, woraufhin er die vermeintlich richtige Version vorsang; am anderen Morgen entschuldigte er sich: »Sorry! It wasn't the violinist's fault – Beethoven himself made the mistake!« Vor allem würzte er die sorgfältig zusammengestellte Sendung mit historischen, biographischen, anekdotischen Einschüben.) Norman Ross gehört zu den großen Lehrern in meinem Leben: Er teilte seine Wahrnehmung, seine Freude, seine Einsichten am »Gegenstand« mit – er belehrte nicht über ihn. Obwohl ich in den 60 Minuten all das verrichtete, was ein Kulturmensch am Morgen routinemäßig tun muss, habe ich in dieser Zeit mit größter Aufmerksamkeit und nachhaltigem Erfolg Musik zu erkennen, zu unterscheiden, einzuordnen, zu beurteilen gelernt – und sie inständig genossen. Im Geist verneige ich mich vor diesem gebildeten Amerikaner, der obendrein in seiner Jugend ein Worldchampion im Schwimmen gewesen war.

Um 8.30 Uhr öffnete das Classics Department seine Tore. Am ersten Tag freilich erschien ich erst um 10 Uhr, weil mir undenkbar war, dass Professoren früher in ihrem *office* sitzen würden. Alle waren jedoch schon seit 9 Uhr da. Ich begann meine Vorstellungsbesuche beim Head of Department, der Gräzistin Gertrude Smith, der einzigen Frau in unserem Hause außer der Bibliothekarin, und hatte bis zur Mittagspause um 13 Uhr mit allen acht Professoren meiner Fächer gesprochen. Jeder hatte kurz dargestellt, was er im jetzt beginnenden und im dann folgenden Tertial behandeln werde, und riet mir entweder zu oder ab, seinen Kurs zu belegen. An der University of Chicago hatte jeder Student zu allen Veranstaltungen Zugang und durfte dabeibleiben, solange er die Voraussetzungen dafür erfüllte (zum Beispiel genug Griechisch oder Latein »konnte«, im Gespräch mithielt und den schriftlichen Anforderungen regelmäßig nachkam). Ob seine »Kenntnisse« ausreichten, stellte sich schnell von allein heraus. Von einer Sitzung zur anderen waren im Übrigen so viele Texte zu lesen oder Aufgaben selbständig zu lösen, dass die Studier-Zeit nur für die Teilnahme an drei Kursen zu je drei Wochenstunden ausreichte. Die Kurse dienten lediglich der Anregung, Unterstützung, Bewährung in der Sache. Mehr als drei Kurse (= 9 Wochenstunden) fanden folglich auch keine Anerkennung im »Record«. Das setzte wiederum eine sorgfältige Planung der Kurse – ihrer Themen und ihrer Reihenfolge – voraus. Das Lehrangebot war auf den Studenten ausgerichtet – die Forschungsarbeit des Professors floss in dieses ein, setzte ihm aber nicht das Maß.

In meinem Department gab es nicht mehr als ein Dutzend Studenten. Im einzelnen Kurs saßen zwischen drei und sieben Teilnehmer. In den Nachbardisziplinen sah es nicht wesentlich anders aus. Leo Strauss, dessen Vorlesung über die Theorie der politischen Systeme ich besuchte, handelte sie doch zunächst von Platon und Thukydides, hatte etwa zwanzig Hörer, darunter auch viele Collegestudenten (undergraduates); sie unterlag den gleichen Regularien. Bloß »zuhören« war durchaus willkommen, »zählte« aber nicht für die Mindeststudiendauer, die man für einen Master's Degree oder den Philosophiae Doctor an der University of Chicago absolvieren musste. Man hätte ja sonst mit einem an einer billigen Anstalt gefüllten Studienbuch den hochwertigen Abschluss an der UoC erwerben können, ohne hier jahrelang die Studiengebühr gezahlt zu haben. Sich gegen eine solche invertierte Zechprellerei zu schützen war an dieser Universität noch wichtiger als an denen der Ivy League und anderen Eliteuniversitäten, weil man in Chicago beim Eintritt der Studenten in das College keinen Wert auf die Vorlage von Credentials legte. Das Highschool-Diploma hielt man für eine nichtige Angelegenheit. Aufnahme fand jeder, der (1) dies bei voller Kenntnis aller Abweichungen vom übrigen System *wollte*, der (2) sechzehn Jahre alt war, also in der Regel die ersten zwei Jahre der Senior-Highschool hinter sich hatte, und der (3) durch seine Leistungen in einem formalen Aufnahmetest versprach, das auf Urteilskraft, die großen Themen der Menschheit und selbständiges Arbeiten ausgerichtete Curriculum erfolgreich zu meistern. Die University of Chicago hatte neben der von John Dewey gegründeten Laboratory School (die dem Department of Education unterstand) bis in die dreißiger Jahre eine eigene University Highschool und hatte an dieser erprobt, dass vieles, was üblicherweise das Liberal Arts College leistet – die Grundlagen für ein Studium – von den *juniors* und *seniors* der Highschool ebenso gut geleistet werden kann. Man musste es ihnen nur erlauben oder zumuten. Der schneidende Ton (»No Friendly Voice«), in dem Robert Maynard Hutchins – der ausdauerndste und einflussreichste Präsident der UoC – das amerikanische Bildungssystem kritisiert, und die Radikalität, mit der er die eigene Einrichtung reformiert hat, sind mühelos auf seine Verachtung für die damalige amerikanische Highschool zurückzuführen. Sie könne sich nicht entscheiden zwischen der Vorbereitung der jungen Menschen auf »das Leben« und ihrer Vorbereitung auf das College, auf Academia. Zum Ersten gehören *home making* und *home economics, participation in family life* und *participation in the life of the community, industrial arts, local farming enterprises, drivers education, trade-preparatory education, health education, child care, leadership experience, program planning, citizen education, education education,* ein weit gefächertes Sportangebot, die Schulzeitung und das Schulradio, das Theater und die *school band*. Zum Zweiten gehören die fünf klassischen, »akademisch« genannten Schulfächer, individuell aufgeteilt in *majors* (= mein Schwerpunktfach) und *minors* (weniger ernst zu nehmen) und, weil vom Einzelnen wählbar, ohne Zusammenhang untereinander gelehrt und gelernt. Die unbedachte Mischung beider Aufgaben, die beliebige Austauschbarkeit der Kurse, die mechanische Verrechnung der dabei erzielten *grades* (Noten) in beiden Bereichen hat die zweite Aufgabe zur Farce gemacht.

Das der Highschool folgende College musste nun die Studenten vier Jahre lang auf das eigentliche Studium vorbereiten – und stak doch seinerseits in dem Dilemma, zugleich auf einen Abschluss, der in einen Beruf führt, vorzubereiten *und* auf das Graduatestudium.

James B. Conant hat den zornigen Intuitionen von Hutchins 1959 (ausgelöst durch den Sputnik-Schock) eine nüchterne empirische Untersuchung zur Seite gestellt, die die verheerenden Folgen des laxen Umgangs mit der Schulzeit und den Talenten bloßlegte. In dieser Untersuchung fand Hutchins keine Erwähnung; seine institutionellen Folgerungen wurden in realistischer Einschätzung des Systems zugunsten einer internen Reform der Highschool einfach übergangen. Gleichwohl durfte ich Conants klaren Befund als Bestätigung der in Chicago verwirklichten Utopie lesen – als Aufforderung zu einer durchgängigen Neuverteilung der Aufgaben, die eine Menschenbildung im Zeitalter industriellen Wirtschaftens und demokratischer Verantwortung für das Gemeinwesen zu erfüllen hat. Als ich 1960 Conants Bericht ins Deutsche übersetzte, machte ich damit meine Verbeugung vor jener gar nicht so utopischen Vorstellung von »higher learning«, die mir schon in meinem ersten Gespräch mit meinen Chicagoer Lehrern entgegengetreten war. Ich verstand hier, dass *ich* alle Verantwortung für meine Bildung und Ausbildung würde tragen müssen und können; ich ahnte auch, wieso ich dies in Deutschland und in Elizabethtown weder konnte noch musste. Dort hatte man die Voraussetzungen vom Prozess und den Prozess vom Resultat des Studiums nicht klar unterschieden; vor allem aber hatte man das Ziel von Academia nicht eindeutig und verständlich definiert. Nirgends hätte ich eine so schlüssig gedachte Alternative zum Gesamtbau des Bildungssystems, des deutschen wie des amerikanischen, so gut studieren können wie hier – und ich habe es nicht getan. Mir lag nicht daran. Ich wollte meine Griechen lesen und verstehen. »Bildung« war mir so gleichgültig wie »education«. Ich genoss das endlich »richtige«, in wohlgeordneter Freiheit gedeihende Studium und pfiff darauf, dass man es hier »higher learning« nannte. Was kümmerte mich die umgekehrte Befreiung, die die Highschool-Kids hier von Banalität und Beliebigkeit erfuhren!

Das Juwel der Erfindungen von Robert Maynard Hutchins, das College der UoC, habe ich ja auch gar nicht kennen gelernt, so wenig übrigens wie die Laboratory School. Ich bin nur täglich an den Gebäuden vorübergegangen, habe etwas über seine Theorie gelesen, konnte mir ein Bild von der dort betriebenen Entfesselung des Denkens machen, wenn ich die Vorträge seiner Lehrer – z. B. Mortimer Adler, Milton Mayer, Sidney Hook – anhörte und seine vorwitzigen Studenten erlebte, die sich munter in jede öffentliche Erörterung einmischten.

Mit einem kam ich früh ins Gespräch. Es wurde eine Freundschaft daraus. Sie hatte etwas mit *dem* Buch, Büchern, Buchläden und Bibliotheken zu tun. Mein Weg zu und von »Classics« führte mich täglich an der University of Chicago Press vorbei, einem stattlichen Gebäude, dessen gesamtes Erdgeschoss einen der beglückendsten Buchläden der Welt beherbergte. Anders als bei Foyles in London, Blackwells in Oxford und Brentanos in Chicago Down Town wurde man nicht von der Fülle und aggressiven Unordnung der Bestände erschlagen. Hier war das Geistesleben der Gegenwart übersichtlich und lebendig zugleich und ohne Personal oder Katalog zugänglich. Der Bookstore lag nicht nur auf halbem Weg zwischen meinem Studienplatz und meiner Klause, er war auch ein Mittleres zwischen der Fachbibliothek der Altsprachler, in der man mir gleich am ersten Tag einen Arbeitsplatz zugewiesen hatte, und den Bücherschluchten der Central Library, zu der ich zwar als Fellow Zugang hatte, aus der ich aber meist erst nach Stunden wieder herauskam. Diese lustvoll abgründige Zeitverschwendung konnte sich der Klausner nur selten erlauben.

Ich war noch keine Woche in Chicago und hatte mich im Bookstore in Menckens Darstellung der amerikanischen Sprache festgelesen, als ich auf einen handgeschriebenen Zettel stieß: »Dear monk. You seem interested in this book. So am I. This makes me interested in you. My name is Bill.« Nach weiteren vierzehn Tagen kam ein siebzehnjähriger junger Mann auf mich zu, sagte, er sei jener Bill und wüsste gern, welchem Orden ich angehöre. Dies tat er mit einem Hinweis auf meinen dunkelbraunen langen Lodenkotzen. Ich erklärte ihm dessen und meine Herkunft und lud ihn zu einer Tasse Tee ein; um spazieren zu gehen, war es zu kalt. Bill erzählte mir, er habe angefangen, die den Studenten des College mehr empfohlenen als wirklich vorgeschriebenen Hundred Great Books zu lesen. Die Liste begann mit dem Alten und Neuen Testament und setzte sich mit gleich zwanzig Titeln aus meiner Alten Welt fort – von Homer bis Mark Aurel. Bill staunte, wie viele dieser Bücher ich kannte – und ich staunte, wie viele der folgenden ich nicht kannte. Er missbilligte die Herabwürdigung der Heiligen Schrift zu einem Bildungsgut – ich sah darin pädagogische Weisheit. Er wollte mich (im Laufe der Zeit) zu seinem Bibelglauben bekehren – ich, der Mönch, erwiderte seinen Eifer mit Fragen. Er suchte in mir den bis dahin entbehrten Erzieher – ich war dazu (noch) nicht bereit. Er war verwöhnt – ich glaubte an die Heilsamkeit praktischer Arbeit für angekränkelte Seelen. Er wusste mit seinen siebzehn Jahren alles – ich wusste, dass ich das mit siebzehn auch gemeint hatte, nun aber war ich fünfundzwanzig. Er beneidete mich um die Kriegserfahrung – ich neidete ihm sein College. Er war, wie sich bald zeigte, einsam – ich wollte es sein.

Unsere Beziehung konnte nicht gutgehen. Ich gab mir Mühe, aber aus der Mühe wurde Mühsal. Als wir uns voneinander befreiten – ich tat es mit einem langen Brief und einem kurzen Rilke-Zitat: »Denn das ist Schuld, wenn irgendeines Schuld ist: die Freiheit eines Lieben nicht vermehren. Wir haben, wo wir lieben, ja nur dies: einander lassen, denn dass wir uns halten, das fällt uns leicht und ist nicht erst zu lernen« – hatte ich etwas von der Not verstanden, die durch die Bildung erst erzeugt und nicht etwa geheilt wird, wenn man ein gläubiger Mensch ist und lebensschwach zugleich.

Mein Arbeitsplatz bestand aus einem zwei Meter breiten Abschnitt an einem langen schweren Eichentisch mit einem Aufsatz für Bücher (zwei Reihen übereinander), der sich schnell füllte. Man entnahm die Werke, die man brauchte, den »stacks« und hinterließ dort eine Karteikarte, die einem anderen Interessenten sagte, bei wem das Buch jetzt gerade im Handapparat stehe. Alle Nachschlagwerke waren von dieser Freizügigkeit ausgenommen. Auch die wöchentlich zehn bis fünfzehn

Neuanschaffungen, die neben der Ausleihe zur Besichtigung auslagen, mussten natürlich dort bleiben. Der Klausner lernte im Laufe der Zeit wegzuschauen, nahm alle Willenskraft zusammen, um an dieser Verführung vorbei in sein Buchgemäuer zu schleichen. Wenn dort die Sonne vom Midway hereinschien, fehlte nur der Löwe, um mich zum Hieronymus im Gehäuse zu machen, der an seiner Vulgata oder seinen *viris illustribus* arbeitete.

Irgendwann zwischen sechzehn und sechsundzwanzig braucht man nicht nur eine Lern- und Gesprächsgemeinschaft – die bot das College der University of Chicago –, sondern auch eine Erlebnis- und Bewährungsgemeinschaft. Jungen Menschen, die allenfalls ein »Kanesatake« erlebt oder einen Job zur Aufbesserung ihres Taschengeldes ausgeübt hatten, bereitete die scholastische Philosophie der UoC nur eine weitere Entbehrung.

Den Ideen von Hutchins habe ich vielfach gehuldigt und gedient: mit einer theoretischen Auslegung seines Diktums, Bildung sei ein auf Wahrheit gerichtetes Gespräch, mit der Gründung einer diesem Gespräch gewidmeten Institution (die ich, um sie in das existierende System einzupassen, »Oberstufen-Kolleg« genannt habe) und mit einer dort zu entwickelnden systematischen Wissenschaftspropädeutik. (Über alle drei Bemühungen gibt das Buch »Wissenschaft / Eine Kritik«, 2003, ausreichende Auskunft.) Aber ich habe dabei die Einsicht, die ich der gescheiterten Freundschaft mit Bill verdanke, nur halbherzig eingelöst. Da ich mein Leben hier nicht nur schildere, sondern auch »bedenke«, ist dieses Eingeständnis durchaus am Platz. Es wird in Kapitel 16 (also im zweiten Band dieser Erinnerungen) ausführlicher davon zu reden sein.

Das beruhigte, beschränkte, auf drei Kurse konzentrierte Studium erlebte ich als Erlösung: Zum ersten Mal fühlte ich mich meinem Gegenstand gewachsen – »abreast with it«, wie man das Gleichziehen mit einer Herausforderung im Englischen so anschaulich beschreibt. Gertrude Smiths Wohlwollen sicherte ich mir durch die Teilnahme an einem Kurs über Homer, den sie mit dem Archäologen Broneer gemeinsam gab. Der »alte Esel« (wie er von uns respektlos, aber mit Sympathie genannt wurde) drosselte seine aufregenden Beiträge aus lauter Gutartigkeit zugunsten der trockenen Philologin. Der Kurs stand auch Studenten ohne ausreichende Griechischkenntnisse (»for beginners«)

offen und brachte mir in meinem siebenten Fachsemester endlich die vollständige Lektüre der Ilias und der Odyssee ein – parallel in englischer und deutscher Übersetzung. Ich kontrollierte diese sorgfältig am Original an jeweils solchen Stellen, die nach Gertrude Smiths Meinung für die Dramaturgie der Dichtung aufschlussreich waren, und an solchen, die Oscar Broneer mit Vasenbildern, Waffenfunden und Ausgrabungsberichten besonders gut meinte illustrieren zu können.

Meine Hauptanstrengung ging in zwei Kurse bei Benedict Einarson ein: über Platons *Phaidon* im einen Kurs, über den Peleponnesischen Krieg des Thukydides im anderen. Im Laufe des ersten schrieb ich ein so genanntes *term paper* von 36 Seiten über einen Passus des Gesprächs zwischen Sokrates und Kebes, der davon handelt, warum Selbstmord nicht erlaubt ist, obwohl es Menschen gibt, für die das Totsein besser wäre als das (Weiter-)Leben. Die Stelle hat die Philologen beschäftigt, weil Sokrates auch zu sagen scheint: Das Leben sei in jedem Fall dem Tod vorzuziehen, was schon der Form der Einräumung (»für einige ist das Totsein besser«) widerspricht. Ich habe damals die Argumente des Dialogs und die philologischen »Auswege« aus dem Dilemma (andere Interpunktion, andere Übersetzungen, Emendationen des Textes) geprüft – eine typische, ja recht alltägliche Beschäftigung unserer Zunft. Die habe ich mit gewaltigem, sehr deutschem Pathos betrieben, mit grundsätzlichen Überlegungen zum Verhältnis von Gedanke und Wort, mit aufgeblähter Rechtfertigung der Umständlichkeit guter Philologie und scharfer Schelte von Wichtigtuern unter den Editoren und Grammatikern – und las dann am Rande meiner Arbeit folgenden Kommentar meines Mentors:

> Is it necessary to say this? In general it is the audience addressed that determines what must be defended, explained, or dwelt on, and what can be taken for granted. You have in this paper a philological audience (viz., myself); it is therefore unnecessary to defend philology and imprudent to attack it.
> Kock is just a bad philologian. One can attack his methods as bad philology, not as philology *tout court*.
> »All men by nature desire to know« says Aristotle. The justification is that it should lead to knowledge.

As for the distinction between content and form, that is a question on which there is at present little unity of thought. For one's own enlightenment it is wise to consider it impossible to separate form from content; for purposes of not provoking rejoinders on starting literary feuds, it is well to let the question lie.

Zu fast jeder Seite meines Textes hatte Einarson eine halbe Seite kritischer Anmerkungen geschrieben, hatte meine französischen Zitate korrigiert, meinen englischen Stil verbessert, die ewig falschen Akzente über den griechischen Wörtern diskret zurechtgerückt. Das lehrte mich Sorgfalt, ohne mir den Eifer zu nehmen; das nahm meine Bemühung ernst und relativierte meine Übertreibungen; immer ging es um die Bedeutung des Gedankens, den richtig zu verstehen eine Lust sein müsse, und gelegentlich um die Weisheit meines Vorgehens – wie hier! (Und oft genug um den »Stil« unseres Studiums, um Gelassenheit-und-Sorgfalt in einem, um heitere Gelehrsamkeit statt um Pedanterie und philologische Besserwisserei: The Germans in Greek / Are badly to seek. / Not one in four score / And ninetynine more, / Safe only one Herrmann / And Herrmann is a German. Einarson war voll solcher Scherze. Er blickte *mich* an, wenn er sie vortrug.)

Die schriftliche Hausarbeit, die ich im Kurs über Thukydides anfertigte, wurde, weil ich sie zu ehrgeizig angelegt hatte, nicht fertig – und Einarson willigte in meinen Vorschlag ein, sie weiterzuführen und nach zwei weiteren Tertialen als meine Master's Arbeit vorzulegen. Ich habe sie »Thukydides eleutheros« überschrieben, »Der freie Thukydides«. Das Epitheton hatte ich einer Schrift des Lukian von Samosata – »Wie Geschichte zu schreiben ist« – entnommen. Dort heißt es, der Geschichtsschreiber müsse ohne Hass und ohne Vorliebe, ohne Furcht und ohne Vorteil, ohne Rücksicht auf die öffentliche Meinung und ohne Schmähsucht schreiben – als ein »unparteiischer Richter«. Lukian nennt Thukydides als Vorbild in dieser Kunst. Dann folgt, als eine Art Summe der aufgezählten Eigenschaften: Der Geschichtsschreiber solle *eleutheros tēn gnōmēn* sein, »frei hinsichtlich der Meinung«. Die modernen Objektivisten lesen das mit Selbstverständlichkeit so: Er solle sich der Meinung enthalten, solle allein wiedergeben, was (in Anlehnung an Ranke) »wirklich gewesen ist«. Jeder, der Thukydides unbefangen liest, spürt, dass das auf ihn nicht zutrifft, dass hier nicht Freiheit *von* Urteil gemeint ist (das stünde ja auch zu dem »unparteiischen *Richter*« im Widerspruch), sondern Freiheit *des* Urteils, ja geradezu eine Befreiung *zum* Urteil – auch des Lesers! Seine Geschichte lesend sind wir in der Lage, das Geschehene zu beurteilen, werden auch wir zu Richtern, sind mit Grund empört, mit Grund erschüttert, mit Grund erstaunt. Das hat er uns nicht vorgeschrieben, das ermöglicht er uns. Nun wäre Thukydides von einem Odium der Parteilichkeit freizusprechen, eine höchst überflüssige Übung. Aber er könnte – und wieder ist dieser Einwand modern – in den Denkmustern seiner Zeit, seiner Sprache, der Griechen überhaupt gefangen sein. Dies vor allem habe ich damals an dem Rededuell zwischen den Thebanern und den Plataern untersucht. Plataä war erst von den Thebanern arglistig (ein Werturteil? nein, ein miterlebtes Faktum!) überfallen worden, hatte sich dann tapfer und geschickt (wieder ein Werturteil?, nein wieder eine manifeste Tatsache) von den Thebanern zu befreien vermocht und wurde schließlich von Thebens übermächtigem Bundesgenossen, Sparta, belagert. Meine Untersuchung galt dem unterstellten zwanghaften Dualismus (Reden und Taten, Motiv und Vorwand, Oligarchen und Demokraten, Rechtsanspruch und Machtanspruch etc.), der politischen Nomenklatur (»autonom«, »freiwillig«, »mit Gewalt«, »mit Notwendigkeit«, »von Natur«, »nach menschlicher Übereinkunft«, »aus Bündnistreue«, »aus Billigkeit«, »aus Eigennutz«, »auf das Gemeinwesen bedacht« und »die beiden größten Dinge: die Freiheit und die Herrschaft über andere«); sodann der Rolle der Tyche, deren Übersetzung mit »Schicksal« peinvoll bestraft werden müsste: Tyche ist das schlechthin Unberechenbare, das moderne Historiker *ex officio* leugnen und übergehen oder nur mit poetischer Lizenz gelegentlich auch einmal »Zufall« nennen. Der »Zufall« ist eine beachtliche Großmacht im menschlichen Geschehen, wird aber zu einer adverbialen Redewendung (»zufällig«) bagatellisiert. »Laune«, »Streich«, »Tücke«, solche Wörter träfen das Gemeinte besser, wenn sie nicht wieder eine Instanz, einen irgendwo waltenden Willen unterstellten, dessen Fehlen – die grausame Leere – ja gerade die Stärke des griechischen Mythologems ausmacht. An all diesem meinte ich gezeigt zu haben, dass Thukydides hier nicht in Konventionen gefangen ist, sondern dass er sein Redematerial in diese wohlausgebildeten Formen hineintreibt, es in ihnen zu der großen dramatischen und didaktischen Wirksamkeit steigert. Ganz zufrieden konnte ich damit nicht sein. Als das Jahr um war, als die 65 Seiten vorlagen, als ich sah, wie viel Fundstellen noch der Ausbeutung harrten, wie viel Nachweise noch geführt werden konnten und mussten, beantragte ich ein weiteres Fellowship, um meinen PhD mit einer großen Arbeit über Werturteile beim angeblich werturteilsfreien Thukydides zu machen. Das Stipendium wurde mir gewährt, es war nach dem großen Philologen Daniel L. Shorey benannt, dessen Sohn Paul Shorey das tollkühnste Werk der amerikanischen Philologie geschrieben hat: »What Plato said« – eine Wiedergabe sämtlicher Platonischer Dialoge auf 660 Seiten – ein Werk, um davor in die Knie zu gehen.

Zwei Schlüssel hatte ich für meine große Thukydides-Arbeit schon zurechtgefeilt. Der erste ist ein sprachlicher. Wo immer in unseren Übersetzungen »es scheint (mir)« steht oder »sie schienen xyz zu tun / zu haben / zu sein« oder »der Schein« (to dokoun), herrscht das Moment des bloßen Scheins, der Scheinhaftigkeit oder Scheinbarkeit vor. Für uns mischen sich in diesen Ausdrücken Unsicherheit, Täuschung und Subjektivität, die wir mit unseren sprachlichen Ausdrucksmitteln kaum vermeiden können. Ein Vergleich vieler hundert Stellen im Werk des Thukydides, an denen er das Verbum *dokein* braucht, lassen mich behaupten, es handele sich um eine Hohlform des Geistes für die in sie passende Wirklichkeit. Ein Sachverhalt ordnet sich vor oder in der Erkenntnis zu etwas »Offenkundigem« – *to saphes*. Dieses Wort nimmt an dem platonischen Erkenntnisoptimismus teil (wofür man nicht nachweisen können muss, dass Thukydides Platon gelesen hat!), also auch an der Platonischen Vorstellung, dass wir durch die Erscheinungen zur Erkenntnis gelangen. Was Schönheit ist, lernen wir an dem vorhandenen, »sichtbaren« Schönen – und wir lernen es auch, wenn das vorhandene, sichtbare Schöne nicht vollkommen ist. Was das menschliche Handeln regiert und was das menschliche Handeln regieren könnte (und, weil es weniger leidvoll ist, regieren sollte), das kann man »sehen«! *To saphes* – das »Augenfällige« – ist mehr als die bloßen Fakten, es ist die evidente (!) Bedeutung, die man ihnen abgewinnen kann, wenn man die Augen *darauf* richtet.

Die Werturteile beziehen sich auf die Taten und Personen, die das Vernünftige und Schonsame manifestieren: die *synhesis* = das Zusammenkommen von Wahrnehmung und Sinn, eine sich daraus ergebende Welt-Klugheit, und die *sophrosynē* = die Mäßigung, die Drosselung unseres Vorwitzes. Das sind die rationalen Tugenden des Menschen. Ihnen liegt die mit Sokrates geteilte Vorstellung zugrunde, dass Einsicht uns »besser« leben lässt. Die *areté* ist die irrationale, nicht durch den Verstand erschließbare Tugend, die auch nicht notwendig zum Erfolg führt: Nikias hat sie und scheitert. Wenn man einen rechten Griechen nach dem »guten Menschen« gefragt hätte und nach dem Guten, das er tun soll, er hätte sich umgesehen und schließlich auf einen Menschen, eine Tat gezeigt und gesagt: »Der ist es, das ist es, du siehst es ja!« Er hätte es leichter gehabt, auf die anderen zu zeigen: Die sind es nicht.

Der zweite Schlüssel ist ein gedanklicher. In seinem Methodenkapitel schreibt Thukydides, er habe »hinsichtlich der Reden, die in diesem Kriege gehalten worden sind«, das wiedergegeben, »was die einzelnen Redner nach meiner Erkenntnis [andere schreiben hier ›wie mir schien‹] unter den gegebenen Umständen geredet haben müssen [›das Geschuldete‹ heißt es wörtlich],« sich dabei jedoch so eng wie möglich an das gehalten, was die jeweiligen Redner tatsächlich gesagt haben. Dies wird so ausgelegt, als habe Thukydides, indem er seinen »freien« Umgang mit den *logoi*/Reden ausdrücklich begründet, für die dargestellten *erga*/Taten Objektivität beansprucht. Das Gegenteil schien mir plausibler: In einem Text können Taten nur als Wörter vorkommen – sie sind immer nur in des Autors Fassung oder Auffassung zu lesen. Bei den Reden hingegen durfte man erwarten, dass sie wörtlich aufgenommen werden. Deshalb verlangten sie diese ausdrückliche Erklärung: Es handelt sich um Zuspitzungen auf das in der Lage Geforderte – auf das, was die Lage erhellt. Meine Dissertation trug den dieser Sicht Rechnung tragenden Titel »Thukydides sophos« – »Thukydides, der Wissende«.

Ich selbst war von Wissen und Gewissheit noch weit entfernt. Der Weg dahin lässt sich an den Themen einiger meiner – alle drei Monate in drei Kursen – fälligen schriftlichen Arbeiten verfolgen: Die Antigone des Sophokles und des Jean Anouilh / Der Philoktet bei Aischylos,

Euripides und Sophokles – ein Vergleich / Die Terminologie für Zustimmung und Ablehnung in den ersten beiden Büchern der Nikomachischen Ethik / Das bukolische Sentiment bei Theokrit und Vergil / Die Methode und die Ziele der Religionswissenschaft – Eine Kontroverse am Beispiel der Werke von W. F. Otto und M. P. Nilson / Ein erzählender Dialog – Die Bücher I bis III von Platons Politeia / Klage und Äußerungen des Leids im »Ajas« des Sophokles / Die Idalium-Inschrift – Eine linguistische Analyse (zur zyprischen Silbenschrift). Diese oft unreifen, meist überladenen, gelegentlich kühnen, wenn nicht immer eigenständigen, so doch immer eigenwilligen Arbeiten gründlich zu lesen, sie eingehend zu kommentieren und fair zu beurteilen war die große wissenschafts-propädeutische Leistung meiner Chicagoer Lehrer. Gewiss, sie konnten sie aufbringen, weil wir nur wenige Studenten waren. (Studentinnen der alten Sprachen gab es übrigens nicht.) Aber es lag nicht nur an der günstigen Zahlenrelation. (Die Universität rühmte sich, dass sie auch dann fortbestehen könne – ohne einen einzigen Professor zu entlassen –, wenn alle Studentinnen und Studenten ausblieben. Ihre Personalstruktur ist seit siebzig Jahren gleich geblieben: 8000 Studierende, 1000 Lehrende und 800 Personen in der Verwaltung.) Es lag auch, ja vor allem an dem freimütigen Umgang älterer und jüngerer Geister miteinander. Am auffälligsten war dies am schon erwähnten Committee on Social Thought, einer permanenten Gesprächsrunde in der Form einer *fish-bowl*: acht permanente Mitglieder dieses interdisziplinären Gremiums aus Soziologie, Psychologie, Anthropologie, Pädagogik, Ökonomie, Philosophie, Geschichte und Linguistik erörterten jeden Donnerstagnachmittag das im Voraus vereinbarte Thema; sie saßen an einem runden Tisch, an dem vier Plätze freigehalten waren; diese konnten von Zuhörern eingenommen werden, die meinten, sie hätten etwas zur in Frage stehenden Sache zu sagen. Die, die dies wagten, waren fast immer Studenten; wenn sie ihren Part gespielt hatten, räumten sie ihren Platz für einen anderen. Das war Humboldts *universitas studentium et docentium* und war alles andere als eine Idylle! Man konnte sehr scharf abgefertigt werden, hatte aber die Chance, ein Gleiches mit anderen zu tun – und stets wurde allseitig der Respekt gewahrt.

Hier begegnete ich als 25-Jähriger dem doppelt so alten Autor von »Man in His Pride / A Study in the Political Philosophy of Thukydides and Platon« (The University of Chicago Press, 1951), das *greenhorn* Hentig dem genialen David Grene, einem ausgewachsenen Gräzisten, der obendrein redete wie ein Gott. (David Grene war innig mit Lulix von Simson befreundet, ein rothaariger irischer Waldschrat, der nach Schafstall roch; er hatte eine Farm in der weiteren Umgebung Chicagos, wo er mit Frau und Kindern ebenso berserkerisch arbeitete, wie er trank und seine Bücher schrieb!)

Dieser David Grene machte aus Thukydides einen Über-Sophisten, der eine »Krisenzeit« – eine Zeit der »größten Bewegung« / *kinesis megiste* – benutzte, um der Menschheit auf den Grund zu sehen. Seine Beobachtungen machten die (materialistische) Universalwissenschaft über den Menschen aus: Sie ließen erkennen, was moralische Gewohnheiten und Grundsätze seien, was sie bewirkten und was nicht, wie sie entstünden, verfielen und wieder entstünden. In der von ihm selbst miterlebten »Geschichte« – für einen Griechen ist dies stets nur ein Abschnitt des ewig gleichen Geschehens – erkenne Thukydides, welche Regung im Menschen, und zwar sowohl im Individuum wie in der Polis, die stärkste sei: der Wille zur Macht. Der »Historiker« (= das griechische Wort für »Forscher«) tue gut, dies zu respektieren; er tue nicht gut, zu moralisieren; er beschreibe und beurteile beispielsweise Demokratie und Oligarchie im Rahmen dieser Einsicht. An diese Beschränkung habe sich Thukydides gehalten: Die »beste« Regierung, so habe er geurteilt, sei Athen unter Theramenes beschert gewesen (VIII, 97,2); die »besonnenen« unter den Athenern hätten Kleon verachtet (IV, 28,5); die demokratische Partei der Kerkyräer habe, das zeige Thukydides, jegliches Maß, jegliche Berechenbarkeit, jegliche bekannte menschliche Ordnung verlassen (III, 82–83); das Leid, das Mykalessos widerfahren sei, werde von keinem anderen übertroffen, das sonst in Kriegen zu geschehen pflege (VII, 30,5); Nikias habe am allerwenigsten verdient, in der Weise zu sterben, in der er gestorben sei (VII, 86,5). Diese [Wert-]Urteile über Personen gab David Grene zu; aber es fehle, sagte er, jegliche Ver-Urteilung von Krieg, Imperialismus, Machtstreben der Polis. Zu einer solchen sei Thukydides in seiner entgötterten Welt nicht fähig gewesen. Politik gehöre in den Bereich der (platonisch gesprochen) »Erscheinungen«. Aber für Thukydides gebe es nichts anderes als »Erscheinung«. Er sei ein vollkommener Materialist.

Erst das Überschreiten der »total humanity« des politischen Lebens durch Sokrates und Platon habe es möglich gemacht, das Absoluteste, das der Mensch hervorbringe, die Politik, »moralisch zu beurteilen« – um den Preis ihrer Abwertung, ja ihrer Verachtung. Die politische Philosophie setze die politische Geschichte ab.

»Man in His Pride« – das hieß für Grene: Der Mensch, ja der Mensch allein ohne kosmische oder übernatürliche Regelung und Bindung (sanction) ist zugleich Auslöser und Löser seiner Konflikte. Es gibt keine Instanz über ihm. Nirgend gestehe Thukydides den moralischen Argumenten eine »echte Macht« (a genuine power) zu.

Da saß ich nun mit den Hunderten von bewertenden Urteilen, die ich in den acht Büchern des Großen Krieges gesammelt und geordnet hatte und musste mir von Grene höhnisch vorhalten lassen: Ich läse das moralische Urteil in sie hinein. Wo sage Thukydides, dass ein großes Leid, ein unverdienter Tod zu verwerfen und die Verachtung für Kleon durch »Konservative« sittlich positiv zu bewerten sei? Thukydides *bedaure* Nikias (VII, 86,5) und die Schulkinder, die in Mykalessos niedergemacht wurden (VII, 29,5), aber das sei ein »privates Mitgefühl mit den Opfern«. Dieses leiste er sich ebenso wie die Bewunderung für das leuchtende Ergebnis einer sich selbst im Parthenon, im Dramenwettstreit, in den festlichen Akten der Panathenäen verwirklichenden Polis – das Athen der Leichenrede des Perikles: Schönheit, Größe, Freiheit. Diese persönlichen Empfindungen stünden außerhalb der Forschung, die Thukydides betreibe: einer Naturgeschichte menschlicher Gemeinwesen, ihrer Gesetzmäßigkeiten und ihrer Entartungen.

Ich konnte erwidern: Das Urteil über die Athener nach dem Umsturz durch Theramenes laute wörtlich »eu politeusantes« / »eine gute Politik treibend«, sei also ein Urteil über das Polis-Handeln selbst, das nicht nur der Menschen Natur folge. Auch alle anderen genannten Äußerungen beträfen Folgen von politischen Entscheidungen und Zuständen. In diesem Aufbegehren stand mir Leo Strauss mit dem Gegenbeispiel bei: Dass Thukydides die Rede des Perikles – glanzvoll und selbstbewusst, wie sie sei – wiedergebe, heiße nicht, dass er dessen Einschätzung der Herrlichkeit Athens teile. Dann fügte Strauss hinzu: Dass Thukydides nicht an übernatürliche Mächte glaube, schließe nicht aus, dass es überhaupt Sanktionen für sittliches und unsittliches Verhalten gebe, Sanktionen, die Strauss leider selber »kosmisch« nannte und die ich einfach »historisch« genannt hätte. Meine Überzeugung, dass innerhalb der Immanenz des griechischen Denkens selbstverständlich auch Sittlichkeit und Lebenssinn wirksame Größen seien – eine Grundvoraussetzung für Humanismus –, blieb im Kalten stehen.

Was diese Sitzungen des Committee on Social Thought (es waren mehrere) so dramatisch – und mir unvergesslich – machte, war freilich etwas anderes: die Wahrnehmung, wie viel und wie anders wir über uns lernen, wenn wir die großen Autoren der Antike sorgfältig lesen. Es sind nicht die an sich schon überwältigenden historischen Parallelen zwischen dem Peleponnesischen Krieg und dem Konflikt zwischen den USA und der UdSSR seit dem Sieg über Hitler, die uns von Seite zu Seite, ja von Zeile zu Zeile berühren und in Spannung halten, es sind noch mehr die ahistorischen Befunde: eine tiefe Verunsicherung darüber, was uns Ordnungen, Gesetze, Werte befolgen lässt; eine sich einstellende (durch niemanden beschlossene) gleichsam technische Verfügung über die Politik; eine Welt, in der ein »totaler Krieg« die letzten Hemmungen beseitigt und buchstäblich alles, auch das Abstoßendste und Absonderlichste, möglich macht; eine sich daraus ergebende und erhebende Notwendigkeit, einen verlässlicheren Boden für das richtige Verhalten des Menschen zu suchen. Der Klausner sah hierzu zwei mögliche Wege, zwischen denen er sich zu entscheiden hatte: in der sokratischen Prüfung des eigenen Lebens (also in der unablässigen Aufdeckung des Selbstbetrugs, den wir aus Selbstgewissheit begehen) *oder* in der christlichen Versöhnung mit dem Leid (also mit der Unheilbarkeit, der Sündhaftigkeit unserer Existenz). Platons durch die Kritik des systematischen Zweifels gegangene »wahre Erkenntnis« und Jesu durch Demut und Opfer gegangener »wahrer Glaube« – das stellte sich als Alternative, die weder bei Grene noch bei Strauss so zu finden war. Von der letzteren, der christlichen Möglichkeit war im Committee on Social Thought überhaupt nicht die Rede.

Nach solchen Tagen war es ein Labsal, bei Arnold Bergstraesser einkehren zu können. Ich sah das Licht in seinem Arbeitszimmer und den Schatten des auf und ab gehenden groß gewachsenen Mannes. Der väterliche Freund freute sich über diese Unterbrechung seiner Gedankenarbeit – und setzte sie doch unmittelbar mit mir fort. Manchmal kam er sogar in meinen Hinterhof, wo ich »die Zugbrücke« (so nannte er meine mit viel Gerassel verbundene Kellertür) herunter- und ihn einließ. Er war nicht nur voller Wissen, sondern auch voller Wohlwollen und Geduld. Und auch voller Heimweh, das er mir freimütig gestand. Ich konnte dann umgekehrt meinerseits Geständnisse machen – loswerden, was es mich gekostet habe, die Freundschaft mit Bill der sokratischen Aufklärung zu opfern, wie ich einst in Elizabethtown umgekehrt die Gesetze der Demokratie der Freundschaft mit Mervin Hess geopfert hatte. – Der Zufall, mir wohlgesonnen, fügte es, dass Bergstraesser 1954 einen Ruf nach Freiburg erhielt, nur 30 Kilometer von Hinterzarten, meiner neuen Wirkungsstätte, entfernt. Dort setzte sich unser Gedankenaustausch fort, ohne dass ich in den Kreis seiner vielen »Schüler« eindringen musste, die später die Lehrstühle für Politikwissenschaft in Deutschland besetzten.

Nicht minder wohltuend, aber seltener waren die Besuche bei Hans Rothfels, der seine Geschichte der deutschen Opposition gegen Hitler schon in sich trug. Marion, die ihn aus der Königsberger Zeit kannte, hatte mir Grüße an ihn aufgetragen, und das öffnete mir sein Herz. In diesem Herzen wuchs der Unmut über die Nichtbeachtung, ja Missachtung der Männer und Frauen vom 20. Juli und anderer Widerstandskämpfer und -opfer. Deren Tat und Beweggründe als konservativ, nationalistisch, undemokratisch abzukanzeln gefiel vor allem den jungen Deutschen, die inzwischen nach Amerika gekommen waren. (Als ich 1953 Chicago verließ, gab es dort allein vierzig sogenannte deutsche Austauschstudenten!) Amerikanern durfte man Unkenntnis und Unverständnis nachsehen. Aber hatten wir Deutschen nicht Grund, dankbar zu sein, dass Deutsche überhaupt gegen Hitler und seine Barbarei aufgestanden waren, auch wenn sie nicht gleich die Bundesrepublik Deutschland und deren Grundgesetz im Sinn hatten?! Und nun warf man auch noch dem noblen, leisen, von den Nazis 1938 brutal exilierten sechzigjährigen Juden Rothfels vor, einst unaufgeklärte patriotische Äußerungen getan zu haben. Deutsche Querelen – die auch mich erfassten! Ich greife, um das zu veranschaulichen und mit meinen Thukydides-Problemen zu verbinden, etwas vor:

Zu Sylvester 1952 hatte Wendi von Neurath, Nichte des ehemaligen Außenministers von Hitler und späteren Reichsprotektors von Böhmen und Mähren, zu sich eingeladen – außer drei Hentigs einen Herrn aus dem deutschen Generalkonsulat, in dem sie arbeitete, und einen jüdischen Privatdozenten für Ökonomie. Es mag noch den einen oder anderen Gast gegeben haben. Der Raum war klein und schon mit den Genannten gefüllt. Wir gerieten gegen Mitternacht in Streit über den 20. Juli: eine nicht nur aus bedenklichen vorgestrigen Motiven einer gekränkten Elite verübte Tat – hieß es –, sondern auch sinnlos, weil aussichtslos. »Sehr deutsch, sehr deutsch!« Weder das eigene Volk noch die Kriegsgegner seien bereit gewesen, die Befreiungstat als solche zu honorieren. Der Irrwitz des Vorgangs: Hier waltete ein Begriff von Ehre, der den Mythen der Nazis von Blut und Boden, von Heimat und Gefolgschaftstreue, von Schicksal und Vorsehung brüderlich verwandt gewesen sei. Ich versuchte vorsichtig, das Gespräch auf die »philosophischen« Grundlagen dieser Auseinandersetzung zu bringen und behauptete: Allem Anschein zum Trotz sei der Faschismus ein Materialismus – eine durch Pathos, Ungenauigkeit und bewussten Einsatz von Massenpsychologie der Vernunft entzogene Machbarkeits-Lehre. Einteilen, Ausscheiden, Vernichten, Herstellen, Zeugen, was das Zeug hält – das seien die Lieblingskategorien der Nazis gewesen. Der Faschismus stelle eine Sonderform des Positivismus dar, und der ganze ideologische Dunst diene dazu, den Menschen die Barbarei dieses Zweckdenkens zu verbergen. Amerika habe Grund, sich selbst und seine positivistische Gewissheit zu prüfen! Man hielt dagegen: Die Mythologie des 20. Jahrhunderts habe wie keine andere Weltanschauung sich zu den unaufgeklärten Instinkten und Ressentiments bekannt – das werde ich doch nicht leugnen wollen! Wir seien durch dieses Exempel gewarnt: Haltet eure Gefühle, haltet vor allem die Ausgeburten der Romantik – die Ideale – im Zaum! Treibt nüchterne Wissenschaft. *Face the facts*. Ich sah mich in der Fallgrube meiner Dissertation, der Wert-Frage; ich sah die Griechen von Amerikas Pragmatismus vereinnahmt oder verstoßen; ich sah, wie Hutchins' metaphysische Fragen Opfer amerikanischer *matter of factness* wurden. Schon leicht angetrunken rebellierte ich gegen einen, wie mir schien, unbedachten Szientismus und Rationalismus: »... ist mir unbegreiflich, dass man nur anerkennen und fördern will, was sich beweisen lässt wie der Satz von der Hypotenuse oder von den Winkeln an geschnittenen Parallelen. Was lässt euch die ergreifendsten Freuden, Zweifel, Nöte des Menschen erst dann ernst nehmen, wenn man sie in Chemie, biologische Mechanismen, soziologische Statistik verwandelt hat! Menschen sind Menschen, nicht Uhrwerke. Sie haben Individualität, nicht nur die messbaren Eigenschaften von *samples. Face this fact too*!« Und, auf Thukydides und Platon gleichermaßen zurückgreifend, donnerte ich hinterher: »›Wer glaubt, das Leben Zwecken unterwerfen zu dürfen und es darum berechenbar machen zu müssen, ist ein Faschist!‹« Mit diesem Ausbruch, den ich mit einem Ausbruch von Tränen begleitete, brachte ich das Gespräch zum Verstummen. Es war vier Uhr morgens – die Sylvesternacht gründlich verdorben. Ich war selber zum Beispiel dessen geworden, was wir auf beiden Seiten bekämpften. Nur meine Geschwister hielten zu mir.

Eine besonders anregende und herzerwärmende Beziehung hat mir Carl Friedrich von Weizsäcker vererbt. Er war noch während meines Aufenthalts in Elizabethtown nach Amerika gekommen, hauptsächlich als Gastprofessor der University of Chicago. Auf meine Bitte kam er auch nach E'town und hielt einen Vortrag. Meine guten Brethren erhofften sich für ihr maßvolles, aber für einen Deutschen durchaus ansehnliches Honorar ein wenig Pazifismus, ein wenig Kritik an der Atombombe, ein wenig Fortschrittsskepsis, vielleicht weil *ich* diesen ihnen völlig unbekannten großen Mann empfohlen hatte. Die Tatsache, dass er von der University of Chicago eingeladen worden war und von hier sowohl nach Princeton als auch nach Harvard weiterreiste, ja auch die Verurteilung seines Vaters in Nürnberg gaben ihm den nötigen *Public-relations-*Wert. Die Aula war mit Publikum und Erwartung gut gefüllt. Nur eines wollten diese Leute in Elizabethtown nicht: eine Komplikation ihres Weltbildes. Genau diese jedoch meinte Carl Friedrich den Amerikanern zu schulden. Sein Englisch war so unbarmherzig genau wie sein Deutsch, und dass es nicht so fließend kam wie dieses, ließ den Hörern nur die Wahl zwischen exaktem Mitdenken und Abschalten. Er nahm irritiert das Letztere wahr, ich beglückt das Erstere – den Widerhall meines eigenen gelungenen Verstehens. Carl Friedrich waren erfreuliche Wahrnehmungen vor allem aus einem anderen Grund versagt: In jenen Tagen erreichte ihn die Nachricht, dass sein Sohn Ernst Ulrich von Kinderlähmung befallen war. Nun drängte er heim.

Ich fuhr ihn über New Jersey, wo wir seinen Schwager Ernst Albers-Schönberg – Chemiker, Informatiker und Verfasser anmutig skurriler Gedichte – besuchten, nach Boston. Wann und wie sein ältester Sohn, der etwa vierzehnjährige Christian, zu uns stieß und wessen Auto wir benutzten, weiß ich nicht mehr; ich erinnere mich nur, dass wir an einem Vergnügungspark mit einer schier gigantischen – eben amerikanischen! – Achterbahn Halt machten. Carl Friedrich und ich waren fast noch mehr auf dieses Erlebnis erpicht als Christian. Weil jede Fahrt nur zwei Minuten dauerte und die Leute das Verfrachten der Personen gut organisiert hatten, beschlossen wir, noch in der Schlange stehend, diese Fahrt zweimal zu machen. Als wir dem »Waggon« nach der ersten Landung mit kalkweißen Gesichtern entstiegen, war keine Rede mehr davon.

In Chicago hatte Carl Friedrich bei Milton Mayer, einem jüngeren jüdischen Journalisten und Lehrer am College der Universität, gewohnt. Als ich Carl Friedrich damals von Elizabethtown aus besuchte, lernte ich Milton kennen und befreundete mich mit ihm. Jetzt lud er mich öfter in seine Wohnung in der Blackstone Avenue ein. Ich kam gern, weil man mit Milton unbeschwert über alles reden konnte – über unsere hässliche Vergangenheit und Amerikas hässliche Gegenwart, über seine kühne Vorlesung und meine kriechenden Studien, über moderne Kunst und Chicagos unmoderne Bildungstheorie. Er bewunderte Carl Friedrich und nahm seine Begegnung mit ihm zum Anlass unruhigen Rätselns darüber, wie ein solcher Mensch unter den Nazis habe denken, arbeiten, überleben können. Immer wieder stellte er mir neue Fragen über den Freund, über den Alltag in unseren Familien, über unsere damaligen Vorstellungen von der übrigen Welt. »Was hättet ihr getan, wenn …« war eine seiner häufigsten Suchfiguren, und am Ende meiner immer freier werdenden Schilderungen sagte er immer öfter: »I can't believe it, before I see it.« Eines Tages teilte er mir mit, er habe beschlossen, nach Deutschland zu reisen; die Universität und der Verlag hätten schon zugestimmt; er verlasse Chicago in zwei Wochen. Deutsch könne er bis dahin nicht mehr lernen. Aber vielleicht könne ich ihm eine kurze Redewendung beibringen, die sich immer verwenden lasse, eine, die weder unbedingte Zustimmung ausdrücke noch den Abbruch des Gesprächs nach sich ziehe. Ich versprach, mir eine solche für ihn auszudenken, und lieferte sie schon am nächsten Tage: »Sei's drum!« – Nach einem Jahr kam Milton zurück mit einem fast fertigen Buch, dessen Titel das Rätsel zu lösen schien, das ihn geplagt hatte: »They Thought They Were Free«, dessen Befunde aber ein neues, noch abgründigeres Rätsel umkreisten: »Wie konnten sie sich nur dermaßen betrügen?!«

Noch eine weitere, wenn nicht »das Herz erwärmende«, so doch »die Seele erhebende« Begegnung danke ich Carl Friedrich von Weizsäcker. Er hatte dem Aspen-König und American-Container-Corporation-Chef, Wilhelm Paepke, von mir erzählt, und dieser lud mich zu einem Abendessen in seine Traumwohnung im 20. Stockwerk eines Hochhauses am Lake Shore Drive ein. Der Butler führte mich in das geräumige Wohnzimmer, dessen nördliches Panoramafenster dem Navy Peer und dem Stadtzentrum zugekehrt war und dessen östliches auf den Michigansee blickte – ein im Widerschein der erleuchteten Stadt flimmerndes Meer, über dem ein fast schwarzer Himmel stand. Ich war von dem Anblick so überwältigt, dass ich der Gastgeberin meinen einstudierten Dank für die Einladung nur stotternd vortragen konnte. Kaum hatte ich meine Verbeugungen gemacht und meinen Drink entgegengenommen, hieß es: »A good friend of ours, Isaac Stern, is as much interested in ›young Germany‹ as my wife and I. So we invited him too ...« Mir schwindelte – nicht vor der mir damit gestellten Aufgabe, sondern angesichts der Tyche, der Selbstverständlichkeit, mit der das Unerwartbare sich ereignet. Dem Hochgefühl, in das mich Paepkes Ankündigung versetzte, war der 20. Stock durchaus angemessen! Die plötzliche Gegenwart von Igor Strawinsky oder Jasha Heifetz hätte mich vermutlich ebenso erregt, aber deren Ruhm strahlte schon lange und für alle. Der Stern, nach dem ich nun sollte greifen dürfen, war gerade erst aufgegangen, und ich fühlte mich als Aspen-Besucher als Zeuge seines Erscheinens am Himmel des Weltruhms. Isaac Stern war klein und schon als junger Mann rundlich. Er redete lebhaft über Bekannte, die mir unbekannt waren, und überließ das Ausfragen des Deutschen dem Gastgeber. Nach dem Essen zog es uns beide an das große Nordfenster. Wir schwiegen. Dann sagte ich kühn: »It's like Beethoven's concerto for violin – majestic!« Er schwieg lange, dann schien er zu bestätigen: »Light in darkness!« Nach einer weiteren Pause sagte er:

»I do the same thing: I see music in sights, pictures, events, even faces. Most people do it the other way around. They hear music and say: ›That's the sea‹ or ›That's butterflies‹ or ›That's a battle‹. Doing this, they betray the unique to the common, they translate Shakespeare into esperanto.« Ich gestand ihm, dass ich das beim Hören von Musik sehr häufig tue. In Zukunft würde ich mich in Acht nehmen, mich jedenfalls prüfen. Vielleicht gebe es ja in der Musik selber Gründe oder einen Anlass für die »Imagination« – wie zum Beispiel in Beethovens Pastorale oder in Vivaldis »Vier Jahreszeiten«. Sogar bei Bach gewahrte ich musikalische Beschreibungen von etwas ... Isaac Stern unterbrach mich: ... von Seelenzuständen, die wir gegenüber besonderen Situationen einnähmen, nicht von diesen selbst! Ich erzählte ihm von meiner eben erstandenen »Idomeneo«-Platte; Mozart scheine mir da wirklich »Sturm« und »Schiffbruch« darstellen zu wollen. Stern entgegnete, das hätten sie damals in der Tat fast alle versucht, aber das sei wie mit der Erfindung der Fotografie: Seit es sie gebe, wisse man, dass Abbildung allein nicht befriedige, das tue erst die Umwandlung. Etwas verlegen und etwas beschämt fragte ich ihn nach seinem Lieblingsviolinkonzert. »They all ask this question«, sagte er unwirsch. »Frankly, I hate it! People ask it, because they hope to hear their own favorites.« Er drehte den Spieß um und wollte wissen, welche Antwort ich wohl erwartet hätte. So viele Violinkonzerte kannte ich nicht, dass mir eine Auswahl schwergefallen wäre. Ich brachte sie in eine Reihenfolge: Beethoven, Brahms, Bach (das Doppelkonzert) und – nicht ohne Mutwillen – Bruch. Stern lächelte. Ja, ja, die vier großen B. Ihre Violinkonzerte seien jeweils »perfekt«, nur ein Kindskopf werde wissen wollen, welches das »größere« sei. Aber er könne sagen, welches Violinkonzert er am liebsten spiele: das von Mendelssohn. Das sage er gern und nach unserem Gespräch auch guten Gewissens, fügte er versöhnlich hinzu: Dieses Konzert verführe zu keinen inneren Bildern, es bleibe Musik.

Zwei weitere jüdische Freunde sehr unterschiedlicher Art bescherte mir mein Arbeitsplatz im Classics Department. Nein, Alan Bloom, der mir gegenübersaß, war nicht unter ihnen – mein Jahrgang und später einer der berühmtesten Autoren und Professoren der UoC, der Autor von »The Closing of the American Mind«, ein eifernder Streiter für eine untergegangene Welt ohne das Charisma von Robert Maynard

Hutchins. Meine beiden Freunde waren weniger auffällig und weniger erfolgreich und beide waren etwas seltsam. Austin Herschel, genannt Bud, war ein nervöser, viel zu schnell sprechender Student der lateinischen Sprache – und von »Gott in uns«. Er brachte es zum Master's Degree und studierte weiter in der Mathematik, ohne je irgendwo anzukommen. Seine Seele war mit Therese von Konnersreuth beschäftigt; er war Asket und entsprechend hager; er sang wie ein Cherubin, was ich in einem Kloster in der Nähe von Baltimore erfuhr, in dem er zeitweise als Mönch unter Mönchen lebte und in das er den Klausner einlud. Dort bildete er mit anderen Jung-Mönchen einen wahrhaftigen Engelschor, und ich hörte mitten im Sommer ein mir bekanntes und stets für urdeutsch gehaltenes Weihnachtslied, »O du fröhliche ...«. Dieses Lied entstammt einer sizilianischen Vesper aus dem 18. Jahrhundert und klang auf Latein dreimal so schön wie im Deutschen.

Buds Hauptverdienst war, dass er mich bei seiner Mutter einführte, die ein großes Haus in der Woodlawn Avenue hatte und dem Namen ihres verstorbenen jüdischen Mannes treu geblieben war: Jessie Hirschl. Bud gab zu, mit der veränderten Schreibweise seines Namens seiner Abkunft entrinnen zu wollen. Ob er auch deshalb zum Katholizismus übergetreten war, weiß ich nicht. Ganz gewiss war dies nicht der Grund, die Freundschaft mit dem Deutschen HvH zu suchen – und sie bis vor etwa zehn Jahren durch wenigstens einen längeren Brief im Jahr zu halten. Die Briefe waren immer lesbar und voller unzusammenhängender Details (als hätte man das ganze Jahr mit ihm verbracht), das Kuvert vollgestopft mit Zeitungsausschnitten. Die Mutter lud zu köstlichen Mittagsmahlzeiten ein, die mit immer neuen Portionen Ice Cream endeten. Erstaunlicherweise erstaunte es sie nie, wie viel ein (sich sonst selbst versorgender) Student auf einmal essen kann. Während des Essens ging es politisch hoch her. Jessie Hirschl vertrat die Civil Rights und gleichzeitig die konservative Grundstück-Politik der Hyde Park Community; sie war eine vehemente Gegnerin der beiden Big Macs: MacArthurs und McCarthys und zitierte einen Huey Long: »Yes, fascism *can* come to the US, but it will have to come as anti-fascism.« Vor allem war Jessie Hirschl eine heftige Gegnerin des Korea-Kriegs wie später des Vietnam-Kriegs, während dessen sie mir schrieb:

I once heard of a Chinese curse »May your children live in a famous epoch« and I can see the lethal quality in it. I fail to see the sense in being able to kill 2½ times the world's population – once is quite enough. When will people stop trying to kill *ideas* by force! [...] Some of the young »freedom-riders« are children of friends of mine, and the prison conditions, the electric cattle-prods, the brutality are no indication that the US is a peace-loving nation. Nor do I like the proliferation of nuclear-armed submarines. [...] I would like to hear your opinions about Cyprus. In fact, I'd like to hear your opinions about many things. I can just say that I am glad to have known you – »(fortasse) et haec olim meminisse iuvabit«.

Ich rechne es Austin/Bud hoch an, dass er auf meine Verehrung für seine Mutter und ihre Freundschaft für mich nie eifersüchtig gewesen ist. Die gemeinsamen politischen Überzeugungen hielten uns zusammen.

Im April 1951 konnten wir sie öffentlich bekunden. Präsident Truman hatte den Oberkommandierenden der amerikanischen Streitkräfte, General Douglas MacArthur abgelöst, weil er sich den Waffenstillstandsplänen der Regierung widersetzte, ja sogar eine zweite Front gegen China aufmachen wollte. Der heimkehrende »Prokonsul« MacArthur versuchte die politische Stimmung im Lande zu wenden und hoffte auf einen triumphalen Einzug in Chicago. Dazu musste er – auf dem Chicago Midway Airport landend – auch an der University of Chicago vorbeifahren. Seit den frühen Morgenstunden säumten wir Studenten den Midway, um sicher zu sein, in der ersten Reihe zu stehen. Kurz bevor MacArthurs Autokolonne eintraf, fuhr ein Auto mit angehängter *soap-box* vorbei, in der ein Mock-Truman saß, und wir jubelten; kurz darauf: eine zweite *soap-box*, in ihr ein Mock-MacArthur mit steifer Generalsmütze, die Sonnenbrille auf der großen Hakennase, und wir buuuhten, so laut es ging. Als dann nach einer weiteren Minute der richtige MacArthur vorbeikam, drehten ihm die Tausende, die die UoC auf die Beine gebracht hatte, schweigend den Rücken zu. Fünfzig Studenten entrollten auf jeder Seite dabei mannshohe Buchstaben, die verkündeten: OLD SOLDIERS NEVER DIE – BUT YOUNG ONES DO – STOP THE WAR IN KOREA! Mit dem ersten Drittel dieses Satzes (er ging so weiter: They just fade away) hatte MacArthur an die Sentiments der Veteranen gerührt. Helga, Roland, Bud und ich standen beieinander.

Ein Jahr später habe ich für DIE ZEIT über die Nominierung Eisenhowers als Präsidentschaftskandidat und damit Nachfolger von Truman berichtet. Ich war tiefer in die Politik eingestiegen, als meiner Arbeit bekömmlich war. Immerhin bin ich bei dieser Gelegenheit Zeuge einer der spektakulärsten und absonderlichsten Veranstaltungen der amerikanischen Demokratie geworden. Heute sehen wir dies im Fernsehen, sind amüsiert oder schütteln den Kopf und haben es nach einer Stunde vergessen. Ich habe einen ganzen Tag in dem Hexenkessel ausgehalten, den man »Convention« nennt. Wer an die Demokratie glaubt, sollte entschlossen wegsehen.

Bud war bescheiden, umständlich und selbstlos; er war nicht zu entmutigen; er meinte es ernst: Allem, was ihn überzeugte oder quälte, ging er zäh nach, nur die eigene Lebensführung ließ er schleifen – in ihr verzettelte er sich. Eine Geschichte, die ich ihm erzählte, fand er so aufregend, dass ich sie unbedingt aufschreiben musste. Das Manuskript schickte er an ein halbes Dutzend Zeitschriften und beharrte darauf, dass es veröffentlicht werde. Es handelte von der Ausbombung unserer Wohnung in der Händelallee. In deren Schilderung hatte ich eine in Berlin damals umlaufende Geschichte eingewoben: Aus einem brennenden Haus war der dort aufgebahrte Leichnam einer alten Frau »gerettet« worden; die Familie hatte »Die tote Großmutter« (so der Titel meiner Short story) kurzerhand in einen Teppich gerollt. Als man nach Beendigung des Alarms die so geborgenen Güter überschaute, fehlte der Teppich. Wie wird dem Dieb zumute gewesen sein, als er ihn entrollte?

Harper's Magazine – Buds erste Empfehlung – war zu hoch gegriffen. Man schrieb mir:

Several of us here have read, and were considerably impressed by, »The Dead Grandmother.« We found your English excellent and your sense of style and powers of description strong, but I am very sorry to say that we did not feel that this story had quite enough plot for us, and so we are reluctantly returning it.

Von da an übernahm Bud die Korrespondenz, änderte den Titel zu
»The Shroud!« (Die Leichenhülle) und erhielt von der Kenyon Review
folgende Antwort:

> Thank you for sending us the manuscript from Mr. Hartmut von
> Hentig. It is a first-class piece, and I wish we might use it. But we pu-
> blish so very little fiction. And this piece is almost exotic in its fo-
> reign-ness, whereas we have felt that, printing so little fiction, we
> ought to stick pretty well to Americana [...]

Danach ging der Text an die Chicago Review. Deren *Editor in Chief*
schrieb:

> Since you evidently are working with Mr. Hentig by correspondence
> I am enclosing the comment sheet (an unusual and verboten practice)
> so that you may, if you find any of them promising of help, give him
> constructive criticism from them. Sorry we could not use the piece.

Das erste der fünf beigefügten Gutachten, die man in der Redaktion
eingeholt hatte, lautete:

> Not bad at all, even without wondering how the writer would ex-
> press it in his own language. The story's one fault, irremediable I
> think, is that the horror of the physical things that are happening in-
> terfere with the horror (and other emotions too) of the mental
> things, and it's after all only souls that matter. The conflict in this
> story is between the two horrors, and this is a technical flaw. It may
> be that I have too weak a stomach. I would like to see more of this
> man's work, and though I would object to the publication of this
> piece, I wouldn't object strongly. – JK

Was haben sich diese Leute für Mühe und Skrupel gemacht! Nie habe
ich ein Veröffentlichungs-Vorhaben so bereitwillig aufgegeben wie dieses. Zugleich habe ich nie so ernsthaft an meiner Bestimmung gezweifelt: Warum dieses mühselige Studium des Griechischen? Warum werde ich nicht Schriftsteller?

Der andere jüdische Freund, Seymour Howard, stammte aus Odessa, hatte ein rundes Gesicht mit sanften Augen und trug im Sommer wie im Winter eine selbst gestrickte Wollmütze, um sein schütter werdendes Haar zu schützen. Sport trieb er ganz offensichtlich nicht – er hätte mich sonst abends ins »Gym« begleitet. Im Übrigen war er in allen körperlichen Tätigkeiten geschickt – mit der Unauffälligkeit eines wirklichen Künstlers. Er studierte Kunstgeschichte und also auch Archäologie, und so sind wir einander im Kurs von Oscar Broneer begegnet. Sehr bald danach lud er mich in seine Kellerwohnung ein. Er teilte sie mit Ilia, einer hochgewachsenen, sehr schlanken Frau, die er später geheiratet hat. Seymour sprach recht »schonungslos«, wie mir schien, von ihr als »the thin woman«. Ich wusste damals noch nicht, dass es sich hierbei um eine literarische Gestalt handelte: The Thin Woman of Inis Magrath aus James Stephens' weisem und wunderlichem Buch »The Crock of Gold«. Er schenkte mir seine eigene bebilderte Ausgabe zum Abschied; sie half mir auf der Überfahrt nach Deutschland, meine verloren gegangene Balance wiederzufinden, wovon am Ende dieses Kapitels die Rede sein wird.

Seymour und Ilia kochten vortrefflich, angeblich russische Suppen, russische Aufläufe, russische Pfannengerichte, russische Hors d'œuvres mit viel »devilled eggs«. Ich nannte sie ihre »unamerican activities«. Dass es sich vermutlich um Fantasiegerichte handelte, störte mich nicht, solange sie gut zu dem kalifornischen Rotwein passten. Nach dem Essen lasen wir Dramen mit verteilten Rollen, darunter T. S. Eliots »Cocktailparty«, in deren flackernden Beziehungen sich die unseren spiegelten (keiner verriet dem anderen, wie sehr die gelesenen Rollen uns bloßlegten), oder wir hörten Musik. Die beiden hatten wie ich nur eine bescheidene Sammlung. Aber das Classics Department verlieh Platten. Eine Stiftung eines Alumnus hatte zu einem Bestand von mehreren hundert Werken auf Schellack-Platten geführt und erlaubte einen Zukauf von zehn bis zwanzig LPs im Monat, auf deren Auswahl man als Classics-Student sogar Einfluss nehmen konnte. Die Ausleihdauer war streng auf eine Woche beschränkt. Die nutzten wir nach einem ausgeklügelten System: Wir empfahlen die großen teuren Alben und genossen sie in der ersten Woche bei Seymour, in der zweiten Woche bei mir; billige Einzel-LPs (von der Firma Remmington) kauften wir uns selber. Hierfür hatte ich ein tragbares Abspielgerät erstanden; ich hielt dies für mit meiner Klausner-Existenz vereinbar.

Es sei vermerkt, dass sich aus diesen äußeren Umständen ein ganz eigenartiger Zugang zur Musik ergab. Hatte ich Gefallen an einem Werk gefunden, war es schwer, der Versuchung zu widerstehen, es an jedem der »einsamen« Abende wieder aufzulegen, ja manchmal geschah dies gleich ein zweites Mal, bei kürzeren Stücken gar ein drittes Mal. Die allermeisten Werke ertrugen dies gut: Händels »Alexanderfest«, Glucks »Orpheus und Eurydike« (mit der unerreichten Kathleen Ferrier), Mozarts »Requiem« sind so ein Teil meines seelischen Stoffwechsels geworden – wie der Saft einer heimlich genossenen Frucht. Sie haben keinen Schaden durch die Ausschweifung genommen, und ich bin an ihnen nicht zum »Quartalssäufer« geworden. Andere Werke brauchten die List der exzessiven Wiederholung geradezu, um sich mir ganz zu öffnen. »Ganz«, denn starke Verlockungen waren von vornherein von ihnen ausgegangen: von Bachs Wohltemperiertem Klavier, seinen Sonaten für Cembalo und Geige, seinen Cello-Sonaten. Nun bedurfte es zum Verständnis nur meiner Geduld; der schnaufende Pablo Casals, die gebrechliche Clara Haskil, der junge Isaac Stern mussten nichts dazu sagen wie der begeisterte und lehreifrige Professor Wendell Kretzschmar in Thomas Manns »Doktor Faustus«.

Den las ich damals mit Unlust und Misstrauen – ich verstand ihn nicht und spürte doch eine unausweichliche Herausforderung dazu, ja eine Pflicht. Als Maria Wedemeyer mir verriet, ihr habe sich das berühmte Buch erst in der englischen Übersetzung erschlossen – da sei der ganze deutsche Tiefsinn, die Thomas-Mannsche Wortpatina weggeputzt gewesen und ein richtiger Faust der Moderne sei darunter hervorgekommen –, bin ich ihrem Wink gefolgt. Ich habe auf diese Weise damals zwar die restlichen 600 Seiten bewältigt, bin aber doch an dem eigentümlichsten Werk des Dichters vorbeigelaufen. Erst in meinem siebenten Jahrzehnt habe ich es »eingeholt«. Immerhin bin ich in diesem Buch – neben all den mir noch unbekannten Komponisten und Musikstücken, über die dort gesprochen wird, als seien sie Tisch, Stuhl, Bett, die selbstverständlichen Einrichtungsgegenstände des Seelenhaushalts: Salome und Tristan, Chopins Cis-Moll-Notturno und die C-Moll-Sonate von Grieg, das »Credo mit der Fuge« und Opus 132 –

der Musik begegnet, die eben gerade als Neuanschaffung der Stiftung zum Verleih bereitstand: zwei Platten mit den Klaviersonaten Opus 109, 110 und 111 von Beethoven. Ich verspürte sofort die Mühe, von der Professor Kretzschmar spricht – erst in bürgerlichen Formulierungen: es sei »freilich nicht leicht«, dies »als in sich gerundetes und seelisch geordnetes Werk zu verstehen«, dann aber mit der poetischen Wucht des Thomas Mann: von einem »Prozess der Auflösung, der Entfremdung, des Einsteigens ins nicht mehr Heimatliche und Geheure«, von »einem Exzess an Grübelei und Spekulation«. Vom zweiten Satz der C-Moll-Sonate wurde ich jedoch ich weiß nicht wohin mitgenommen und empfand die Mühe auf einmal als notwendig, als wahrhaftig, als beseligende Spannung, die fraglos entsteht, um fraglos gelöst zu werden. Ich habe die ganze Sonate, also immer auch den gewalttätigen verstörenden ersten Satz, in den zwei Wochen, in denen wir die Platte besaßen, zwei Dutzend Mal gehört und war jedes Mal überzeugt, sie jetzt erst wirklich zu vernehmen. Die Tränen strömten. Mit jeder Variation steigerte sich die glückliche Unruhe. Mit jeder Rückkehr zum Ausgang war die Sehnsucht gestillt.

Die Frage, der Professor Kretzschmar eine ganze Stunde widmet, warum Beethoven hierzu keinen dritten Satz komponiert habe, stellte sich mir weder vorher noch nachher. Viel eher die: Warum sollte überhaupt noch weitere Musik folgen? Die Wirklichkeit widerlegt meinen rabiaten Unglauben – würde ich denn auf Beethovens späte Streichquartette, Schuberts C-Dur-Quintett, die Altrhapsodie von Brahms, Schumanns Eichendorff-Lieder, Mahlers Lieder eines fahrenden Gesellen, die Vier letzten Gesänge von Richard Strauss verzichten wollen? Aber das Nachdenken wurde damit nicht beendet. In meinem Hause in der University Avenue wohnte ein junger Musikwissenschaftler. Er erklärte das »Material« der Musik für ausgeschöpft – so wie die bildende Kunst die gerahmte Fläche und die Gestaltungsmöglichkeiten des Raumes ausgeschöpft habe. Es seien nur noch Banalitäten zu erwarten. Ich fand seine These interessant und mutig; sie zu bestätigen fehlte es mir an musikalischer Kenntnis und Erfahrung. Heute würde ich dem Mann mit einer anderen Formulierung entgegenkommen: Nicht das Material, die Wirkungsmöglichkeiten der Musik sind erschöpft; ihre Steigerung ist, wenn nicht unmöglich, so doch extrem unwahrscheinlich; alle »Musik«, die glaubt, diesem Maßstab ausweichen zu können, verliert sich in andere Gefilde – in theoretisch oft hochinteressante Geräuschexperimente. Sie hat mit der Musik des Opus 111 oft nur noch die Instrumente gemein und sollte sich darum anders nennen. – In allem hätten wir beide Kretzschmar Recht geben können: Nach dem »Abschied« der Arietta der C-Moll-Sonate war ein »Wiederkommen« nicht möglich. Er war absolut.

Seymours Studien (Vasari und viel Renaissance-Kunst-Theorie) blieben mir fremd; seine im Zusammenhang damit erworbenen praktischen Fertigkeiten – Modellbauten, Sepiazeichnungen und vor allem Töpferarbeiten – verlockten mich zur Nachahmung. Kurz vor Weihnachten stand ein feingedrehter und handsignierter Kylix mit zierlichen Henkeln auf meinem Schreibtisch. Die von Seymour in der Töpferwerkstatt des Archäologischen Instituts verfertigte (ΕΠΟΙΗΣΕΝ) Schale zeigte ein stilisiertes Augenpaar und Palmetten, aus dem Inneren starrte mir ein Gorgoneion entgegen. Ich beklagte mich scherzend über die Fratze mit der ausgestreckten breiten Zunge. Darauf bekam ich zu Ostern ein ausgepustetes Ei mit einem rotfigurigen Jünglingskopf, den Euphronios nicht schöner hätte malen können. Auf der einen Seite stand das geläufige Ο ΠΑΙΣ ΚΑΛΟΣ, auf der anderen mein Name in griechischen Buchstaben. Ich war versöhnt.

Den ausgiebigsten Umgang hatte ich mit Bruder Roland, der mir schon 1951 nach Chicago gefolgt war. Ich hatte einen deutschen Biochemiker, Hans Gaffron, kennen gelernt, der den Zugang zur UoC ebnen half. In Elizabethtown hatte Roland sich zwar mit Armon Snowden befreundet, und die Mädchen liefen dem schönen jungen Sportler nach, aber das Geschwisterverhältnis erwies sich als stärker (was uns die alten Griechen vorhergesagt hätten, die dies, wie alles Wichtige, schon gewusst haben). Roland fand zunächst ein Zimmer-mit-Job: als Betreuer der drei Kinder des Ökonomie-Professors Harbison, von denen das älteste morgens rechtzeitig geweckt, mit Frühstück versorgt und mit einer Lunch-Tüte auf den Schulweg gebracht, das mittlere an lautem Unfug gehindert, das jüngste gebadet und mit neuen Windeln versorgt wurde. Ob er ihm auch die Brust gebe, witzelten wir. Warum er später in Professor Gaffrons und schließlich Mrs. Hirschls Haus wohnte, weiß ich nicht mehr. Ein weihnachtliches

Putenessen bei Harbisons, zu dem auch Helga und ich eingeladen waren, bleibt hingegen unvergesslich: »America at its best – eatingwise and -familywise!« (Wieso Helga? – Das wird demnächst erklärt. Zunächst muss etwas anderes nachgetragen werden.)

Zum Weihnachtsfest 1950 hatte ich meine Brüder nach Chicago eingeladen. Hans Wolfram leistete seinen Militärdienst in Fort Mead/Maryland, Roland war noch in Elizabethtown und wollte per Anhalter kommen, also zu nicht vorhersagbarer Zeit. Professor Matthijs Jolles, ein Freund und Kollege von Arnold Bergstraesser, hatte uns seine Wohnung für das Treffen zur Verfügung gestellt. Den Weihnachtsbaum wollte ich erst in letzter Minute und also zum Ramschpreis kaufen, hatte aber sonst alles vorbereitet. Als Roland endlich eintraf, waren schon sämtliche Weihnachtsbäume verkauft; es lagen nur noch die Stümpfe herum, um die man die Bäume für den Käufer gekürzt hatte, einer von ihnen mit ringsum regelmäßig ausgreifenden Ästen. Den nahmen wir mit, pflanzten eine große Kerze auf den Stumpf und kleine auf die Zweige und hatten einen neuen Weihnachtsbaumtyp erfunden, gleichsam *christmastree flat*. Nun fehlte noch der Soldat.

Warten gehört zum Weihnachtsfest. Da dieses mit Sicherheit kommt, kann die Freude am Warten wachsen. Das Warten auf den möglicherweise auch anhaltenden Bruder hatte diese Gewissheit nicht und begann die Weihnachtsstimmung zu erschlagen. Dann, als Roland und ich schon verzagten, stand Hans Wolfram plötzlich in der Tür. *Das* war der eigentliche Inhalt dieses Festes und jedenfalls ist es der einzige Inhalt meiner Erinnerung daran. Worüber wir drei in diesen Tagen miteinander geredet haben – ich weiß es nicht nur nicht, es ist mir heute unvorstellbar.

Zwischen Weihnachten und Neujahr ließen wir uns für die Eltern in einem Studio fotografieren. Der Soldat war nicht dazu zu bringen, sich um der Symmetrie willen in die Mitte zwischen die Zivilisten zu stellen, also nahm ich den Platz ein, was vor allem den Fotografen befriedigte. Das Produkt entsprach seiner Vorstellung von schöner Aufnahme, die man im Silberrahmen auf das Piano stellt.

Ich habe oben (S. 354) erzählt, dass Otto von Simson im Sommer 1951 mit der ganzen Familie nach Europa gereist ist. Mir wurde damals nicht nur das Haus anvertraut, sondern auch der Kater Puff, der

»zu« Dody, dem Fünfjährigen, »gehörte«. Katzen haben keinen »Besitzer«, wohl aber jemanden, der für sie zuständig ist. Der war ich für die Zeit von Dodys Abwesenheit. Wie Puff und ich uns aneinander gewöhnt haben, wie aus Zuständigkeit eine gegenseitige Bindung wurde, wie wir beide in ihr – durch alle Bangnis und Zumutung hindurch – unsere Unabhängigkeit bewahrt haben, wie mir Puff schließlich verloren ging, das habe ich dreizehn Jahre später in einem Bericht festgehalten, der mein bei weitem erfolgreichstes Buch geworden und geblieben ist: »Paff, der Kater, oder Wenn wir lieben«. »Paff«, weil er so ausgesprochen wird. Als man das Buch ins Englische übersetzte, wurde daraus »Poff, the Cat, or When We Care«. Er musste noch einmal den Vokal wechseln, weil es inzwischen in Amerika ein Lied gab, das so beliebt und berühmt wurde wie »Rudolph the Rednosed Reindeer« und das von einem kleinen Drachen namens Puff handelte.

In jenem Sommer war ein enger Freund des Hauses Simson, Joachim Wach, sehr krank. Als er im Spätherbst aus dem Hospital entlassen wurde, suchte man einen Betreuer, der ihm ersparen würde, öfter als einmal am Tag das Haus zu verlassen: zum Frühstück im Diner auf der 63rd Street, zum Lunch auf dem Campus, zum Einkaufen für das Abendbrot – und alles in Chicagos Büffelklima. Werde ihm dies abgenommen, müsse er nur vormittags in sein theologisches Seminar gehen und nach dem Lunch im Faculty Club heimkehren, das war der Gedanke. Damals zog ich aus dem Keller der Simsons aus, weil sie das Zimmer brauchten; meine neue Unterkunft lag auf der anderen Seite des Midway wie auch die Wohnung von Joachim Wach – vier Blocks von dieser entfernt; ich übernahm den Posten. Aus dem einsamen Klausner wurde ein Klosterbruder eines liebenswürdigen und gebrechlichen Mannes. Joachim Wach war als ganz junger Mann und Autor einer dreibändigen Geschichte der Hermeneutik (»Das Verstehen«, 1926, 1929, 1933) Professor für Religionswissenschaft in Leipzig geworden, hatte 1931 eine »Einführung in die Religionssoziologie« publiziert und verließ Deutschland 1935 als unerwünschte Person: Seine Mutter war eine Enkelin von Felix Mendelssohn-Bartholdy, er selbst also ein Urenkel des Philosophen Moses Mendelssohn. Da war es für die Nazis gleichgültig, zu wie viel Prozent er Jude war, dies war allemal Jude genug. Als wir uns bei Simsons kennen lernten, war er sechzig Jahre alt.

Er hatte bis dahin gelebt wie viele intellektuelle Junggesellen – in Cafés, Klubs, Restaurants, bei gastlichen Freunden. Um Gottes Willen, bloß keinen Haushalt! Eine Schlafstätte genügt. Die seine war komfortabel und mit einer »kitchenette« ausgestattet, von der er nur den Eisschrank benutzte. Ich kam morgens um 8 Uhr; um 8.15 Uhr stand das Frühstück auf dem Tisch – Tee, Toast, Cornflakes, ein weichgekochtes Ei; um 8.45 Uhr verließ ich nach kurzem Aufräumen das Haus und kam abends um 19 Uhr wieder – mit dem Einkauf für das Abendessen unterm Arm. In der Regel konnten wir uns um 19.45 Uhr zu Tisch setzen – fast jeden dritten Abend mit einem Gast, der gerade in Chicago weilte und mit dem Joachim Wach sich woanders nicht ohne Gefährdung seiner schwachen Gesundheit hätte treffen können. Wir aßen gemeinsam, ich wusch schnell ab und überließ die beiden anderen ihrem Gespräch, wenn sie mich nicht ausdrücklich baten, dabeizubleiben, was sie fast immer taten. So habe ich Abende mit Paul Tillich oder Mircea Eliade, mit Hans Simons oder Paul Scheffer verbracht und zahlreichen mir nicht mehr erinnerlichen Gelehrten aus dem weiten Umfeld von Wachs Disziplin. Oft freilich kochte ich auch für seine Studenten oder Chicagoer Kollegen, unter denen Peter H. von Blanckenhagen einer der beliebtesten und geistreichsten war. Der lebte ähnlich ungebunden wie Wach – umgeben von jungen französischen Grafen, ungarischen Literaten, New Yorker Malern.

Fiel ich einmal aus, war Wach ganz elend. Ich redete ihm gut zu, war aber zunehmend unzufrieden mit meiner Rolle. Sollte ich ihn nicht lieber – statt ihn zu bedienen – etwas selbständiger zu machen versuchen? »Ich lege Ihnen alles hin für morgen früh. Sie müssen nur den Tee aufgießen und das Ei kochen. Sie tun es ins Wasser, wenn dieses kocht – so, mit einem Esslöffel –, und halten den Topf nach vier Minuten kurz unter den kalten Strahl.« »Aber woher weiß ich denn, dass das Wasser kocht?« So viel Hilflosigkeit nahm mir den Atem.

Im Übrigen war das Arrangement für mich in hohem Maß und auf vielfältige Weise vorteilhaft: Ich hatte einen außerordentlich gelehrten, aufmerksamen und wohlwollenden Ratgeber für meine philosophischen, philologischen und historischen Fragen; ich bekam eine abwechslungsreiche und gesunde Kost; ich übte mich in einer auch sonst im Leben nützlichen Kunst, dem Kochen; und wenn ich abends

Gemüse putzte, Soßen rührte, die Töpfe überwachte und später abwusch, setzte sich Wach, feinfühlig wie er war, zu mir in die Küchen-Nische und las mir vor: Chassidische Geschichten oder Goethe oder auf meinen dringenden Wunsch auch aus seinen eigenen Schriften, die er *ex improviso* mit neuen Gedanken und Lesefrüchten ergänzte.

Der Umzug in die Woodlawn Avenue zu Mrs. Herschberger, die Übernahme der Versorgung von Joachim Wach, die Absolvierung der Master's-Prüfung, die Beantragung und Bewilligung eines weiteren Stipendiums zur Erlangung des Doktorgrades – dies alles fiel mit dem tollkühnen Plan zusammen, die Schwester Helga aus Deutschland nach Chicago zu holen. Bergstraessers Kollege und Freund Matthijs Jolles hatte sich, wie David Grene, eine kleine Farm gekauft: Haus, Stall, Scheune, eine Gäste-Unterkunft mitten in der Rollenden Prärie – »Rolling Prairie« war der Name des Ortes, der kein »Ort« war, sondern ein Telefonanschluss – auf der anderen Seite des Michigansees im Staate Illinois. Mit dem Anwesen hatte er ein Pferd, einen Hund, zwei Katzen, ein Dutzend Enten erworben. Aber schon die Sense handhabte er mangelhaft, und wie man mit zehn Acres das Futter für »das Vieh« und das Gemüse für den eigenen Bedarf erwirtschaftet, war ihm unklar. So war denn die Farm eher eine langsam verwildernde Idylle für seine ebenso tapfere wie zauberhafte Frau Hermione und seine ausgelassenen vier Kinder, für ihn aber ein anstrengender Aufenthalt an Wochenenden, an denen er nun Zäune reparieren, Heu wenden und im Winter Schnee räumen musste. Die Farm verschlang auch die Sommerferien, die er eigentlich für seine Lehrstuhl-Arbeit brauchte. Nun sollte die gelernte Landwirtin Helga die Farm übernehmen und die Pläne erfüllen, die sich Jolles ausgedacht hatte: eine Kuh kaufen, Weizen anbauen, eine Pfirsichplantage anlegen, wie es die meisten Landbesitzer im Umkreis taten, vielleicht Schafe züchten, die das wuchernde Unkraut niedrig halten würden.

Helga willigte in den Plan ein und wurde zu einem bestimmten Datum im Frühsommer 1951 erwartet. In dem Sommer wollte die Jolles-Familie nach Deutschland reisen. *Force majeure* verzögerte Helgas Ankunft, und so musste ich auf der Farm einspringen. Jolles wies mich in die wichtigsten Funktionen ein – Tiere füttern, die Tränke füllen, die Enteneier einsammeln –, zeigte mir die wichtigsten Einrichtungen –

Mülldeponie, Sicherungskasten, Holzvorrat, Sägebock und Holzklotz, Feuerlöscher –, beschrieb mir den Weg zum nächsten Nachbarn (zwei Meilen), zur nächsten Einkaufsmöglichkeit (zehn Meilen) und fuhr ab. Ich habe zwei Wochen in Erwartung der Schwester und erfüllter Einsamkeit mit Tieren und Natur, mit Stille und Arbeit und viel Fischer-Dieskau-Gesang verlebt. Ich schrieb der Mutter:

> Es waren die glücklichsten Tage meines bisherigen Aufenthalts in Amerika und zugleich die Tage, die mit Amerika am wenigsten zu tun hatten. Mir bangt nun vor dem Winter in der Stadt unter zwar liebenswürdigen, aber fremden Menschen. Auf Helgas Farm umschlossen mich die Tiere mit ihrer gesunden Arglosigkeit, ihren redlichen Forderungen, ihrem fast zärtlichen Vertrauen. Sie kannten keine Launen, keine Zweifel, keinen Übermut – die meinen fielen auf mich zurück. Ich habe sie schnell abgelegt. Dabei wurde mir klar, dass ich auch auf meine besten Freunde nie so viel Geduld, Gleichmut und Güte verwendet habe wie an diese vierfüßigen und geflügelten Lebensgenossen. Mich überkommt ein – hoffentlich flüchtiger – Neid auf Helga und ihren Beruf.

Wer Helga wo in Empfang genommen hat (sie kam mit einem Studentenschiff, der Anna Salen) und in die Rolling Prairie gebracht hat, weiß ich nicht mehr, auch nicht, wie es unmittelbar auf der Farm weiterging. Dass wir als Nächstes ein Auto würden haben müssen, das uns drei Geschwister verband, war jedoch klar, sonst hätte Helga ebenso gut in Sibirien leben können (was sie in anderer Hinsicht auch tat, wie wir im Winter feststellten). Das Auto kauften wir von Joachim Wach für 100 Dollar. Roland und Helga zahlten 33, ich zahlte 34 Dollar und bekam die Autoschlüssel. Der Plymouth-Coupé aus dem Jahr 1941 (es war die letzte Vorkriegsanfertigung!) stand fortan vor meiner Wohnung in der Woodlawn Avenue. An Wochenenden fuhren Roland und ich zu Helga. Später, als das Farmabenteuer nach eineinhalb Jahren vorüber war und Helga im Deutschen Generalkonsulat arbeitete, brachte uns das Auto ins Stadtzentrum, wo wir in einem kleinen Kino für Kenner französische Filme sahen (»La grande illusion«, Pagnols in Marseille spielende Trilogie, »Hiroshima mon amour«, Cocteaus »Enfants terribles«), oder in Chicagos großen Zoo. Von den vier Wochenenden eines Monats gehörte mindestens eines Helgas Farm, die andern waren abwechselnd den beiden ganz großen Kostbarkeiten Chicagos, dem Art Institute und dem Natural History Museum gewidmet. Mit dem Auto waren jetzt auch Besuche bei Helgas russischen Freunden ganz im Norden der sich schier endlos ausdehnenden Stadt möglich, und schließlich kamen auch größere gemeinsame Unternehmen in Betracht: eine Reise nach New York im Winter 1951 und eine nach San Francisco im Sommer 1952.

Bei Helgas Russen handelte es sich um Olga Vassilieff und ihre mit einem orthodoxen Priester verheiratete Schwester. Vater hatte sie 1913 in Teheran im Hause des russischen Gesandten kennengelernt und später, 1919, als Vorstandsmitglied der Nansen-Hilfe aus Petrograd nach Deutschland gerettet. Über Paris, wo die französischen Beamten den jungen Damen neue Pässe ausstellten und sie dabei galanterweise um drei Jahre jünger machten, waren sie nach Amerika gekommen. Hier lebten sie in einer russischen (also festgefügten) Gemeinde, in russischer (also vergnügter) Armut und in Erwartung des aktenmäßigen (also um drei Jahre verzögerten) Rentenalters. Wir feierten mit ihnen Ostern – die ganze Nacht singend, Weihrauch atmend und natürlich stehend –, riefen einander auf Russisch »Christ ist erstanden, Christ ist wahrhaftig erstanden« zu und aßen hinterher Unmengen ungewöhnlich guter Osterspeisen.

Die Aufenthalte bei Helga dienten teils ihrer Unterstützung bei kniffligen und schweren Arbeiten, teils dem Geldverdienen, indem wir ein aufgelassenes Schulhaus für einen deutschen Professor (Caspari) ausmalten, teils der geschwisterlichen Gesellung. Das Schulhaus wurde übrigens sehr schön: die Wände dunkelgrün, die Decke, der Fußboden und die Fensterrahmen weiß wie in einem Südstaaten-Mansion. Während unserer Arbeit erklang Musik von meinem transportablen Plattenspieler. Damals waren »Die Schöpfung« von Haydn und »Die vier Jahreszeiten« von Vivaldi dran, den Helga Valdivi nannte. Boshaft haben wir Brüder dies von ihr übernommen.

Helga stieg erwartungsgemäß mit angestautem Tatendrang und großer Sachkunde in ihre Aufgabe ein. Sie kaufte einen Traktor und eine tragende Kuh, erfreute sich und alle anderen mit dem gesunden Kälbchen, das sie (zusammen mit der Kuh) buchstäblich »auf die Welt brachte« und beeindruckte Bergstraesser mit ihrer Energie derart, dass er mir eines Abends gestand: »Hentig, ich sehe schon, ich werde meine politischen Überzeugungen ändern müssen: Wir brauchen den deutschen Osten wieder. Was sollen denn Menschen wie Ihre Schwester ohne Latifundien und Leibeigene machen, über die sie verfügen?« Wenn sie Jolles seine falschen Pläne nicht ausreden konnte, überlistete sie ihn. Am Ende gingen sie wohl im Streit auseinander.

Noch im Winter 1951 trug uns der Delphin (so nannten wir unser Auto wegen der Form seiner Schnauze) nach New York – Helga zu einer russischen Freundin, Roland und mich zu Fritz von Hermann. Die Farm und die Universität gaben uns ja nur für die Feiertage frei, und so brachen wir am Vormittag des Heiligen Abends auf, nachdem wir drei Stunden lang erst ein falsches Auto, dann unser eigenes unter einer Decke von eineinhalb Metern Neuschnee hervorgegraben hatten – und auch noch die ganze Woodlawn Avenue von Nr. 6048 bis zur ebenfalls nur notdürftig geräumten 61st Street. Wir kamen nachmittags so spät bei Helga an, dass sich die Weiterfahrt am gleichen Tag nicht lohnte. Wir übernachteten in ihrer Gästehütte und froren erbärmlich, obwohl wir zu zweit in den einzigen verfügbaren Schlafsack gekrochen waren und Helga alles, was zur Bedeckung taugte, über uns gehäuft hatte. Helga hatte noch keinen Führerschein, und so lösten wir Männer einander beim Chauffieren ab. Gegen Mitternacht des Weihnachtstages hielt ich an: Wir hatten den Meilenstand von 55 555,5 erreicht, und der wollte fotografiert sein. Danach übernahm Roland das Steuer, und ich legte mich auf den Boden hinter den beiden Vordersitzen. Ich erwachte von einem gewaltigen Rumms, rappelte mich hoch und sah im Scheinwerfer unseres Autos die Trümmer eines anderen, das wir offenbar seitwärts gerammt und auf der glatten Fahrbahn ein Stück von uns weg an den Straßenrand gestoßen hatten. Roland und ich sprangen aus dem Wagen (Helgas Tür klemmte) und eilten zu dem Wrack, aus dem sich eben ein Mann herausschälte, seinen Wagen und die uns beschuldigende Lage kurz betrachtete und dann sagte: »Well, gentlemen, I guess you owe me some damage!« Uns war nicht zum Lachen zumute. Wir räumten die Straße, fuhren also rechts ran und nahmen den Mann zu uns ins Auto, wo wir – vor dem eisigen Wind geschützt – die Daten für die Versicherung austauschten. Wohin wir ihn, der gänzlich unverletzt geblieben war, brachten, habe ich vergessen. Unser Wagen hatte rechts einen zerschmetterten Kotflügel, eine verbeulte und verzerrte Tür und ein gelockertes Trittbrett – und fuhr! Stumm, mit bleiernem Schrecken in den Gliedern und hellwach setzten wir die nächtliche Reise fort – langsam, aber für Helga noch immer zu schnell. Nach zweimaligem Wechsel saß ich wieder am Steuer, als der Tag begann und ich merkte, dass die Fußbremse nachließ. Also noch langsamer fahren! Wir hatten den Susquehanna-Fluss überquert, waren schon im hügeligen Staat New York und fuhren gerade auf kurvenreicher Strecke bergab, als die Bremse endgültig versagte. Vor der uns erwartenden Kurve konnte ich nur laut »Achtung!« schreien, dann ging es mit Krach über die Leitplanke den Hang hinab. Mit einem Ruck endete unsere Bewegung: Wir hingen über einem Holzhaus, aus dem uns die Bewohner entsetzt anstarrten. Wären wir weitergefahren, wir wären in ihrem Frühstückszimmer gelandet. Wir wagten nicht, uns zu rühren, wussten ja auch nicht, was uns so heilsam aufgehalten hatte. Nun kamen die Leute herbei und besahen sich die Sache. »Ihr könnt herauskommen!«, hieß es. Das rechte lockere Trittbrett hatte sich unter die Leitplanke geschoben und diese hinter das rechte Hinterrad gelenkt. Wir stiegen aus. Im Nu waren andere Nachbarn hinzugekommen und machten sich daran, das Auto auf die Straße zurückzuheben und die Hinterachse von der rettenden Leitplanke zu befreien. »Und nun schnell weg!«, sagten sie, »sonst müsst ihr noch für den Schaden am *public property* aufkommen.« Was für ein Land!

Von nun an fuhren wir wirklich nur im Schritt in New Yorks Vororte und schließlich die City ein, lieferten Helga bei der Freundin und das Auto bei einer Werkstatt ab und waren für die nächsten Tage wieder glückliche Fußgänger.

Salme war unser Besuch fest für 1952 zugesagt; dorthin machten wir uns Ende August auf – ausgerüstet mit Schlafsäcken und etlichen Metern *cheese-cloth*, einer billigen Gaze, aus der wir mit Hilfe gebogener und in den Boden gesteckter Zweige abends kleine Zelte zum Schutz gegen die Mücken bauten. Viel Platz hatten wir in unserem Plymouth-Coupé nicht; er verbrauchte so viel Öl, dass wir davon größere Reserven mitschleppen mussten. Außer gelegentlichen Startschwierigkeiten, die wir zu zweit mit einem Manöver am Vergaser beheben konnten (ohne recht zu wissen, warum das funktionierte), hatten wir keine Probleme mit unserem »Delphin«. Der untere Teil des Kühlers war irgendwann eingedrückt worden – zu unserem Glück. Auch vom guten Joachim Wach hätten wir das Auto sonst nicht so billig bekommen!

Wer heute – auch als Amerikaner – das Land überfliegt, hat keine wirkliche Vorstellung von seiner physischen Größe; die hat man erst, wenn man sich am Boden fortbewegt. Eine im Zug von der Ostküste zur Westküste reisende Dame schaut, gebannt von der Weite, in die vorbeiziehende Landschaft. Am dritten Tag bricht es aus ihr heraus: »Isn't it wonderful, that Columbus discovered this great country!« Die ihr gegenübersitzende Dame erwidert: »I can't see how he could have missed it!« An diese Geschichte dachte ich bei dem tap tap tap auf den Fugen der Route 30, die uns tagelang durch Maisfelder, braungebranntes Weideland, baumlose Öde führte. Nur die Täler von Mississippi und Missouri boten Abwechslung, darin unterstützt durch eine Antilope – Roland konnte sie als *pronghorn* oder Gabelbock bestimmen – und ein Murmeltier. Dieses *woodchuck* genannte Tier saß am rechten Wegrand, und wir wollten es fotografieren, hielten also an und setzten etwas zurück. An Autos gewöhnt, kümmerte es sich nicht darum. Kaum stiegen wir aus, waren wir »Gefahr«, und das Tier verschwand in einer Röhre, die unter der Straße hindurchführte und das Regenwasser ableiten sollte. Roland begab sich mit der Kamera an deren Austritt auf der anderen Seite und ich lärmte auf dieser. Aber das schlaue Tier rührte sich nicht. Ich kroch also meinerseits in die Röhre, um es höchstpersönlich hinauszutreiben – nicht ohne an den Film »Mutterliebe« zu denken, in dem ein Junge in einer solchen Röhre stecken blieb. *Woodchuck* wich nur unwillig auf Armlänge vor mir zurück, ersparte mir keinen Zentimeter, posierte dann aber am anderen Ende doch kurz für die Kamera und entlief im Geröll.

Unser erstes Etappenziel war Gold Hill, wo Tante Freddy und Onkel Hans uns erwarteten. Wir vertrugen uns diesmal gut mit ihnen. Dass wir gleich nach der Ankunft eine umgestürzte Mauer an seinem Häuschen wiederaufrichteten, sorgte für gute Stimmung. Während unseres Aufenthalts besuchten wir einen jüdischen Kollegen von Onkel Hans in Boulder, also ganz unten im Tal. Er sang jiddische Lieder für uns, die uns hell entzückten. Auf halber Höhe empfingen uns anderntags zwei Damen, die die schönsten Kunstwerke aus den knorrigen Hölzern und Wurzeln der Pitch-pine zauberten, die man hier findet. In der Folge sammelten auch wir geeignete Objekte zur späteren Bearbeitung und füllten den Gepäckraum unseres Wagens damit.

Es ist schwer, an US-Highways einen Schlafplatz zu finden, wenn man nicht rechtzeitig bei Tageslicht Ausschau hält. Seitenwege wie bei uns gibt es überhaupt nicht; normale Seitenstraßen führen allenfalls in eine Ortschaft. Am Highway selbst gibt es einen breiteren Geländestreifen, an dem Autos anhalten und Schlafsäcke ausgerollt werden können, aber natürlich weder Ruhe noch gar Wasser. Ein Stück Melone oder Gurke musste das Zähneputzen ersetzen und der Sternenhimmel die fehlende Romantik. Einmal wurden wir von einer Rinderherde geweckt, die uns staunend umstand. Sonst besorgte dies die strenge Morgenkühle oder das unerträgliche Sösö der Mücken. An einem Putengehege machten wir aus Neugier Halt und aus Daffke das in Kindertagen erprobte Geräusch, mit dem man Puten reizt. Das hätten wir nicht tun sollen. Sie kamen in solchen Scharen angelaufen und drückten so gewaltig gegen den schwankenden Zaun, dass wir erschrocken zum Auto zurückliefen und eilends davonfuhren – am Ende freilich den Besitzer, nicht mehr das Putenheer fürchtend.

Diesmal kein »Stillstand« in Salt Lake City wie bei meiner ersten Reise, nur ein kurzes Bad im Salzsee sollte es sein. Da die Badeanstalten halsabschneiderisch teuer waren, suchten wir abseits von Stadt und Straße einen eigenen Zugang zum Wasser. Der See verdunstet und zieht sich immer weiter zurück, wobei er eine glatte gleißende Salzfläche hinterlässt. Arglos fuhren wir auf diese zu und saßen plötzlich im Salzschlick fest. Mit Hilfe eines Stücks des Zauns, der uns hätte aufhalten sollen, kamen wir nach einer halben Stunde panischer Arbeit wieder frei. An einer anderen Stelle erreichten wir das Wasser zu Fuß und genossen den vielgerühmten Spaß: praktisch auf der Oberfläche des Sees zu liegen – wie ein Kork. Das Salz auf der Haut sind wir endgültig erst bei längerem »Schwumm« im Lake Tahoe losgeworden. Der Weg dorthin in das Gebirge ist steil und forderte viel von der Zugkraft des Autos und unserer Geduld. Als wir den See dann vom Kamm aus unter uns liegen sahen, stießen Roland und ich unverabredet »Thalatta, thalatta«

hervor. In der Emerald Bay (der Smaragdbucht) rasteten wir ein letztes Mal. Dort gab es Sugar-Pines mit den größten Zapfen, die man sich denken kann. Sie sollen eine Länge von 50 Zentimetern und eine Dicke von 20 Zentimetern erreichen. Wir begnügten uns mit solchen von 40 Zentimetern Länge – und auch die bereiteten uns schon Platzprobleme. Jeder von uns hatte wenigstens ein Dutzend Freunde im Sinn, denen er einen solchen Zapfen mitbringen oder schicken wollte.

Nach Kaliforniens schöner Hauptstadt Sacramento – mit weißen Häusern und den halbrunden spanischen Ziegeln, die auch unser Haus in Bogotá gedeckt hatten – sahen wir bald den Pazifik mit erneutem »Thalatta, thalatta« und trafen rechtzeitig vor Nachteinbruch bei Tante Helene ein, in deren Wohnung wir unser Standquartier für die vielen *recherches du temps perdu* der nächsten Tage hatten. Diese Erkundungen waren nun wirklich befriedigend – zusammen mit Helga, die dies alles kannte, und mit Roland, dem wir es zeigen konnten. Salme erwartete uns. Das Wiedersehen mit Helga überwältigte sie. Dass wir am selben Tag weiterfahren mussten, konnte sie nicht verstehen. Das Essen, das sie für uns gekocht hatte, hätte für eine ganze Woche gereicht.

Über den Sequoia National Park, wo wir den größten der großen Bäume, den General Sherman Tree, noch bei Nacht besuchten, und mit einem Blick auf den höchsten Berg der USA, den fernen Mount Whitney, endete die Hinfahrt im Eagle Rock bei Rammelts, Rolands Pflegeeltern. Die Rückreise bescherte uns neben der Mojave Wüste, dem Grand Canyon, den dramatischen Schönheiten von Arizona auch den großen Einschlagtrichter eines Meteoriten und in New Mexico jedem von uns einen schönen Indianerteppich, den wir am Wegrand kauften. – Gestritten haben wir uns nicht, wenn man von Helgas Protesten gegen unser angeblich zu schnelles Fahren absieht. Aber das ist ein bekanntes Leiden: *Backseat driving* bei Verwandten. Beide Teile leiden. Bei anderen Menschen fühlt man sich nicht verantwortlich; selbst wenn sie wirklich schlecht fahren, nimmt man es gelassen oder höflich hin.

Auch zu Maria Wedemeyer, nun Schniewind, zu reisen, verführte das Auto. Der *cand. phil.* stand nur noch ungern am Straßenrand und sah die Zeit ungenutzt verrinnen. Aber mit dem Delphin war das Unternehmen berechenbar. Einmal folgte ich einer Einladung zu einem Fest – der Taufe von Marias zweitem Sohn? Die Schniewinds bewohnten in Bryn Mawr ein großes Haus, das sie für die Besitzer hüteten – mit teuren Möbeln und einem prächtigen Garten, dessen Rasen ständig gemäht zu werden verlangte. Maria machte Karriere bei einer Computerfirma, hatte Freude daran und wenig Zeit für die Familie; Paul Werner versorgte die Kinder; Christopher war lebhaft, der nachgeborene Paul quengelig und nicht bei bester Gesundheit. Jeder Gast war willkommen wie im pommerschen Pätzig, und jeder auch wieder zu viel. Die Spannungen zwischen Paul Werner und mir wurden größer in dem Maß, in dem wir sie zu kontrollieren trachteten – und Maria litt. Da half nur Wilhelm Buschs hübsch verpackter Rat:

> Es ist halt schön,
> Wenn wir die Freunde kommen sehn.
> Schön ist es ferner, wenn sie bleiben
> Und sich mit uns die Zeit vertreiben.
> Doch wenn sie schließlich wieder gehn,
> Ist's auch recht schön.

Ein zweites Mal kam ich nach Bryn Mawr, einer Anregung Marias folgend. Ich hatte ihr von meinen Nöten bei der Reinschrift meiner Dissertation berichtet. Für das Abschreiben meiner Kladde brauchte ich zu viel Zeit. Maria hingegen schrieb Maschine wie der Teufel und erbot sich, mein Diktat direkt in die Tasten zu hauen. Das gab meinem Aufenthalt in Bryn Mawr einen »sachlichen« Anlass, und der wurde von Paul Werner hingenommen. Während des Diktats haben wir auch über das Diktierte gesprochen. Mit niemandem konnte man so unmittelbar vom Gelehrten zum Gelebten übergehen, von Sprachanalyse zu Sprachphilosophie, von Athen zu den U.S.A. wie mit Maria; mit niemandem war das Gespräch so anspruchsvoll und so angenehm zugleich. Wir setzten es am Familienmittagstisch fort und flochten dabei an allen möglichen und unmöglichen Stellen die in meinem Text so oft verwendeten und in ihrer Lautform diktierten lateinischen Kürzel ein – *op. cit.* (opere citato), *loc. cit.* (loco citato), *viz.* (videre licet), *scil.* (scire licet). Das war schon immer unsere Ausflucht vor uns selbst: Weltdeutung und Alberei. Fertig sind wir auch nicht geworden. Ich konnte ja nur so lange wegbleiben, wie Joachim Wach verreist war. Dass mich Maria beim Abschied verpflichtete, ihr ein Exemplar des endgültigen Produkts zu schenken, war ihr schönstes Geschenk an mich. Die Reise hatte sich gelohnt.

Nicht nur meinen Geschwistern und mir kam die Auto-Mobilität zugute, sondern auch unseren Gästen. Zum Beispiel hätte ich Axel von dem Bussche ohne das Auto nie mit dem Chicago bekannt machen können, das ich selbst so erregend fand: Hull House und Maxwellstreet mit ihrer totalen Verwahrlosung, den Dschungel der Feuerleitern in den so genannten Lanes und die stinkenden Kanäle des abgestorbenen Hafens am Chicago River, den Merchandise Mart und die jüdischen Läden, die Peepshows und die Porno-Shops, den Lake Shore Drive und die titanischen See-Uferbefestigungen, Marshal Fields und Brentanos, die Grand Central Station und die Illinois Central Station, die gespenstisch großen und lieblosen Friedhöfe Rose Hill und Graceland. Auf Axels Wunsch gingen wir in eine Peepshow. Beim Verlassen sagte er nur: »Wetter noch eins!« Er wollte von dort aus unbedingt weiter in die von meinen Freunden als »sleazy«, also schäbig, unvorzeigbar bezeichneten, vorwiegend von Schwarzen bewohnten Gegenden vorstoßen, in denen Helga eine Zeitlang im Rahmen des American Friends (Quäker) Service Samariterdienste leistete. Ich meinte, Axel auf die Gefahren hinweisen zu sollen. »Haben wir etwas zu verlieren?«, fragte er. Ich verstand nicht. »Die paar Dollar, die ich bei mir habe, können sie mir abnehmen. Sie werden sie nötiger brauchen als ich«, erklärte er, und: »Meinen Krückstock werden sie mir wohl lassen.« Dass »sie« einen Kriegsversehrten respektieren würden, dessen war ich mir nicht so sicher wie er. Zwei Blocks weit haben wir uns in vorgetäuschter Unbefangenheit an den schwarzen Gestalten mit den verschlossenen Gesichtern vorbeibewegt und sind dann in der Parallelstraße zum Auto zurückgekehrt – es sollte nicht nach *sightseeing* aussehen.

In eine abenteuerliche Gegend, weit im Nordwesten der Stadt, kamen wir aus ganz anderem Auto-Anlass. Eines Sonntags hatten wir zu dritt im frisch getankten Delphin gerade unsere Hyde-Park-Region verlassen, um – ich glaube – zum Zoo zu fahren, da stellte sich ein anderes Auto quer vor das unsere, der schwarzhaarige Fahrer rief uns durch die heruntergedrehte Scheibe »I give you a deal« zu, indem er auf unseren zerbeulten Kotflügel zeigte: 10 Dollar für einen neuen! Das ließ sich hören, genauer: das mussten wir hören, denn er wich nicht von der Stelle, kam vielmehr aus seinem Auto heraus und bot gleich weiter: Plus eine neue Tür – macht 20 Dollar. Wann, wo, wie, fragten wir. In zwei Tagen in seiner Werkstatt abzuholen. Er fingerte einen Zettel mit seiner Adresse hervor. Wir aber wollten jetzt zum Zoo. »No problem – we swap cars.« Tonios Auto – er hatte sich mit *handshake* vorgestellt – war nicht schlechter und nicht besser als unseres; es hatte ein gültiges Nummernschild; das Ganze war so überraschend, so komisch, so italienisch, dass wir – wie immer es ausging – einen Spaß daran gehabt haben würden. Wir wechselten die Fahrzeuge, und Tonio brauste davon. Wir waren keine drei Minuten gefahren, da blieb der Wagen stehen. Er hatte kein Benzin mehr. Nun, das ließ sich besorgen; unser Sonntagsausflug war nicht gefährdet; wir sahen amüsiert und gespannt dem Dienstagabend entgegen. Tonio wohnte, wie angedeutet, sehr weit weg. Wir fanden sein Reihenhaus (ohne Werkstatt) und davor auch unseren seltsam mutierten Delphin. Der ursprünglich unauffällig dunkelviolette Plymouth hatte nun einen froschgrünen Kotflügel und eine kohlschwarze rechte Tür. Es war unser Delphin nicht mehr, es war ein Harlekin, eine Spottgeburt, erbärmlicher anzusehen als unser in Ehren lädiertes Auto. Natürlich waren weder die Tür noch der Kotflügel neu, sie waren, wie erwartet, einem auf dem Autofriedhof gelandeten Fahrzeug entnommen. Das gehörte zu seiner Leistung. Dies aber war ein unerwartet schlechter Scherz. Tonio empfing uns strahlend. Wir strahlten nicht, wir zahlten auch nicht, wir verlangten vielmehr, dass die neuen Teile auch neu lackiert würden. Nach langem Hin und Her und angesichts unserer Entschiedenheit schlug er uns einen neuen Deal vor: Für weitere 20 Dollar werde er unseren Wunsch erledigen. Die aber wollte er gleich haben – er müsse ja den Lack erst kaufen. Wir willigten ein; es blieb uns wenig anderes übrig. In vier Tagen sollten wir wiederkommen. Das taten wir, fuhren wieder die fünfzehn Meilen ins nördliche Straßendickicht und erkannten schon von weitem den unverändert scheckigen Delphin. Wir klingelten. Tonio sei nicht zu Hause, erklärte seine Frau. Wir spähten misstrauisch durch die geöffnete Tür, sahen vier Kinder auf dem nackten Fußboden vor dem Fernseher; eine ebenso nackte Glühbirne und eine große Bettstatt waren das einzige Mobiliar. Übermorgen, sagten wir mit zornigem Unterton, *müsse* der Wagen fertig sein, da gingen wir auf eine unaufschiebbare Reise. Diese leere Drohung sollten wir durch die Verlegenheit büßen, die uns befiel, als sich zwei Tage später noch immer nichts getan hatte. Noch einmal konnten wir wegen der »unaufschiebbaren Reise« ja nicht kommen und wollten es erst recht nicht. Jetzt musste etwas geschehen – wir wussten freilich nicht, was. Wir klingelten. Niemand öffnete. Aber wir hatten Geräusche gehört. Wir klingelten also weiter. Nach etwa zwei Minuten wurde die Tür aufgerissen und Tonio stand vor uns, in der einen Hand den Schlüssel zum Delphin, in der anderen ein Gewehr: »Now, you give me my key – and get away at once!« Tonio war nicht nur entschlossener als wir, er war auch schlauer. Der Delphin blieb, wie er nun war, und ich hatte eine sehr amerikanische Geschichte für etwas über 30 Dollar eingekauft, wenn man die Benzinkosten mitrechnet.

Neben den Reisen gab es auch andere Allotria. Ich wäre mit meinem Stipendium nicht ausgekommen, hätte ich meine Miete nicht durch Reinemachen, Aufräumen und Wäschewaschen sowohl bei Mrs. Herschberger als auch bei ihrer verheirateten Tochter abgearbeitet. Das Letztere geschah in Waschautomaten, die im Keller der Wohnungen für alle Mieter aufgestellt waren. Ich legte diese Dienste auf einen Nachmittag in der Woche zusammen, um mein Studium möglichst wenig zu stören – je zweieinhalb Stunden in der einen und zweieinhalb Stunden in der anderen Wohnung. Die Wohnungsbesitzer waren in der Zeit grundsätzlich abwesend. Stets lag ein Zettel auf dem Tisch, der meine Arbeit lobte und kleine Sonderwünsche angab. Dann folgte: »Please, help yourself to anything you like in the refrigerator, except ...« Diese Großzügigkeit mochte ich nicht ausnutzen, habe aber beim Staubwischen Platten gehört, die ich nicht besaß. Gelegentlich bat mich Mrs. Herschberger – sie konnte nicht mehr gut laufen –, sie zum Taxi zu begleiten. Wenn es irgend ging, fuhr ich sie dann mit dem Delphin. Aber nicht immer, sie hätte sich sonst einen anderen Begleiter gesucht.

Man wird meinen, das Auto habe mein Leben gründlich verändert – aus einer Klausner-Existenz sei eine Art Actionfilm geworden. Der Erzähl-Schein täuscht. An fünf Tagen ging es nach wie vor mönchisch und also für den gedachten Leser langweilig zu. Ja, aufgrund des Arbeitsdrucks (ich musste bis zum Ablauf meines Visums mit meiner PhD-Prüfung samt Dissertation und Rigorosum fertig sein, sonst war die jahrelange Arbeit vergeudet) und vermöge eingespielter Gewohnheiten war mein Leben auf das Notwendige und Leistbare geschrumpft. Ich saß vormittags vier Stunden an meinem Arbeitsplatz in Classics. Um 13 Uhr kam Roland, und wir aßen plaudernd irgendwo auf dem Campus – bei warmem Wetter unter einem der alten Bäume, bei Kälte und Regen im gotischen Treppenhaus – unsere mitgebrachten belegten Brote und Obst. Von 13.30 bis 18 Uhr arbeitete ich weiter mit dem Rücken zu der Eichentür, hinter der der neunzigjährige Professor Buck noch immer an seiner Sammlung griechischer Obszönitäten, vor allem aber (nur das war wirklich schwierig) aller ihrer Verbergungen, aller Euphemismen, aller Anspielungen arbeitete. Um 18 Uhr machte ich mich auf – durch das nördliche Tor der Quadrangels, auf dem die geflügelten Drachen mit ihren Jungen herumkrochen – zum »Gym«, wo ich wieder auf Roland traf. Dort wurde erst zwanzig Minuten lang geschwommen; man bekam dafür ein Handtuch und ein Schließfach; danach wurden zwanzig Minuten lang im Sommer die Aschenbahn und der Rasen, im Winter die Geräte in der Turnhalle traktiert – unter kundiger Anleitung. Die Coaches suchten Talente und gaben sich schon darum Mühe um uns; vollends schätzten sie unsere Stetigkeit. Nach ausgiebiger Dusche eilte ich zu Joachim Wach. Der spätere Abend war dem Briefeschreiben, der Lektüre und, wie berichtet, der Musik gewidmet. Diese drei elementaren Tätigkeiten – es sind eigentlich selber »Lebensformen« – fügten sich nicht nur in meine Klausner-Existenz, sie machten sie reich und stark und immun gegen die Verlockungen und Störungen der bürgerlichen Geselligkeit, in der ich an den Wochenenden lebte. Wer, wie ich damals, Thomas Wolfe, Carson McCullers und Joseph Conrad liest, Shakespeares Sonnets auswendig lernt und Schubert hört – lauter ganz und gar nicht mitteilbare Erlebnisse –, bleibt von der Außenwelt getrennt, wie gefällig, bewegend und bedeutend sie auch sein mag. Das Studium hingegen gedeiht in der Ruhe, die zurückbleibt, wenn die Seele woanders ihre Erregungen und Wonnen hat. – Erregungen gab es in ihm freilich auch:

Wie gut, dass ich nicht an ein Fatum glaube, gar an eine »Vorsehung«, die ja eine Absicht hat, während das Schicksal notorisch blind ist. Ich hätte sonst über einem Ereignis, das sich im Frühjahr 1952 zutrug, alle Lebenszuversicht verlieren müssen. Ich hatte Professor Einarson die ersten 130 Seiten meiner Dissertation vorgelegt, damit er sich rechtzeitig ein Bild davon machen könne, in welcher Richtung und in welchen Denkweisen sich meine Arbeit bewegte. Ich war zum Bersten neugierig auf sein, wie ich wusste, strenges, aber nützliches und vor allem wohlwollendes Urteil. Aus der Neugier wurde Unruhe, weil er auch nicht die leiseste Andeutung machte, wenn wir uns dreimal in der Woche im Seminar sahen. Nach vier Wochen wurde mir bange: Er hält nichts von deinem Werk – so wenig, dass er nichts dazu zu sagen hat. »Da packt ihn die Angst, da fasst er sich Mut« – ich bitte ihn um eine Unterredung. Er sitzt in seinem Arbeitszimmer, das mit aufgeschlagenen und gestapelten Büchern, mit gehefteten, gebundenen, losen Papieren vollkommen angefüllt ist – der Schreibtisch, der Fußboden, der zweite Stuhl, selbst die Kanten der aufgezogenen Schubladen, die zur Auflage von Manuskripten dienen. Er sieht mich durch die dicken Gläser seiner Brille traurig an, sagt, er wisse schon, warum ich käme, aber er könne seit nun schon vielen Tagen meine Arbeit einfach nicht mehr finden; er habe »gründlich« gesucht und aufgegeben. Ich hätte ja sicher eine Kladde oder doch wenigstens Karteikarten mit den verwendeten Zitaten. Er wisse aus Erfahrung, dass Arbeiten sehr viel besser würden, wenn man sie »noch einmal« schreibe, nicht einfach fortsetze oder an ihnen herumkorrigiere – nein, wenn man nunmehr nur das schreibe, was einem selber als Wichtigstes im Gedächtnis geblieben sei. Woran man sich nicht erinnern könne, sei überhaupt entbehrlich, ein Teil des *trial and error*, der Schreibverführungen und Schreibmechanismen, in denen sich die Gedanken herausbilden. – Und so weiter und so weiter. Ich hörte schon gar nicht mehr zu, vielmehr, ich hörte nur: Alles von vorn! Und: Das soll eine »wunderbare Chance« für dich sein!

Ich taumelte benommen und mutlos aus dem Raum. Ich hatte ja keinen Raben wie Nils Holgerson, der für diesen die verlorenen Seiten wieder einsammelt. Und doch war ich nicht zornig auf den Mann, der mir das angetan hatte; er war so, wie er war – so unamerikanisch, so unpraktisch, so gar nicht »efficient« und eben dadurch so liebenswert, so wissend, ja so weise. Mit allem, was er sagte, hat er mich trösten wollen. Hätte er sich selbst angeklagt, ich hätte mich dem Hader ergeben. Das hätte mir nichts genützt. – Nach vier Wochen war der Schaden behoben und ich wusste, dass Einarson mit seiner »Es-wird-besser-

Theorie« Recht hatte. Jedenfalls hatte hier keine höhere Macht »gewaltet«, »es« hatte sich so »gefügt«.

Auch »Zufall« ist eine Denkfigur, aber eine mir sympathische. Sie erspart uns die mühseligen und meist unbefriedigenden Erklärungen von Schnittstellen zweier oder mehrerer Kausalitäten, von Verflechtungen und Schmuddeligkeit. Es war Zufall, dass mein Vater in Djakarta mit der üblichen Kurier-Post des Auswärtigen Amts Anfang Mai 1953 die »Diplomatische Korrespondenz« vorgelegt bekam – mit einem Bildbericht über eine Reise des Bundeskanzlers Adenauer in die USA. Sechs Fotos zeigten diesen im Weißen Haus bei Eisenhower, mit Hallstein bei John Foster Dulles, mit dem Gouverneur von Kalifornien in San Francisco, mit Priestern in einem spanischen Kloster, mit dem französischen Botschafter Bonnet im Hotel Mayflower – und »im Gespräch mit deutschen Studenten« an der Universität Chicago. Da sah mein Vater seine Söhne, die seinen von ihm so heftig kritisierten »Chef« angrinsten und ihn ganz offensichtlich erfreuten: Er grinste auch. Um sie herum war ein staunendes Publikum zu sehen.

Mein Brief, der ihm dieses Ereignis aus meiner Sicht mitteilte, war noch unterwegs:

Während Ihr Adlai Stevenson die Hand schüttelt, tun wir dasselbe mit Konrad Adenauer (Praesens historicum). Er war tatsächlich hier, und alles, was irgendwie mit Deutschland in Verbindung zu bringen ist, war erschienen, um dem alten Herrn aufzuwarten. Die Feierlichkeiten waren kurz und im Rahmen des Möglichen würdig. Die von uns allen als Wissenschaftlerin und Mensch geschätzte Mrs. Gamer – Head of the German Department – hielt eine einfache, kleine deutsche Ansprache, in der sie amerikanische Gelassenheit und deutschen Ernst zu verbinden wusste, und erzählte dem Bundeskanzler, was die UoC (und das heißt vor allem Ex-Chancellor Hutchins) für die sofortige und rückhaltlose Aufnahme der Verbindung zur deutschen Universität nach 1945 getan habe und wie viele deutsche Studenten allein in diesem Jahr hier studierten, ein großer Teil auf Kosten der Universität. Adenauer antwortete ungezwungen und in dem uns immer etwas läppisch klingenden Kölner Akzent, hinterließ aber, hier wie auch sonst, einen äußerst erfreulichen Eindruck. Er stiftete zwei Stipendien und wurde vom jetzigen Kanzler der Universität, Kimpton, mit einer kostbaren Publikation der University of Chicago Press geehrt. Dann löste sich die Feierlichkeit in zwangloses Herumstehen auf. Innerlich krempelte ich die Ärmel hoch, zog Roland hinzu und drängte entschlossen in den Kreis, der den Alten umstand und aus dem sich der eifrige Hallstein seine Schäflein griff – er war ja einmal Gastprofessor hier gewesen und kannte diesen oder jenen. Als Adenauer seine Tasse abstellen wollte und sich dazu von seinem Gesprächspartner abwandte, ging ich dazwischen, übernahm die Tasse und stellte ihm »zwei Söhne Ihres Botschafters Hentig in Djakarta« vor. Der Name schien nicht zu »zünden«, aber Adenauer blickte freundlich drein und fragte, wer von uns beiden denn der Ältere sei. Ich bekannte mich dazu, worauf Adenauer, auf Roland zeigend, fragte: »Jehorcht er denn auch?« Die Umstehenden lachten, dann trat Hallstein wieder auf den Plan, ohne begriffen zu haben, wie wir als fast einzige Studenten zu dieser Ehre gekommen waren.

Zu dem Zeitpunkt hatte ich meine neun schriftlichen Prüfungen schon hinter mir. Für sie hatte ich drei Monate lang, von Oktober bis Dezember 1952, mit der Arbeit an der Dissertation ausgesetzt und gebüffelt. »Stur gebüffelt« hätte ich auch sagen können, wären die vier Hauptwerke, die ich studierte – eine Geschichte Griechenlands von J. B. Bury, eine Geschichte Roms von M. Cary, eine Geschichte der griechischen Literatur und eine der römischen, beide von H. J. Rose, nicht so wohlgeordnet und gut geschrieben gewesen, dass die Lektüre Freude machte, und hätte ich das tägliche, jeweils anschließende Exzerpieren nicht auch als reizvolle, am Gedanken beteiligende Übung empfunden. Vom 7. Januar bis zum 5. März absolvierte ich jede Woche eine meist vierstündige »Klausur«, von der freilich nur vier diesen Namen verdienten: das »sight reading« (es war ja ihr Zweck herauszufinden, in welchem Grade man lateinische und griechische Texte zu »lesen« vermochte, und nicht, wie man durch Nachschlagen und grammatisches Tüfteln einen Sinn aus ihnen herauspräpariert); ebenso die beiden zweistündigen linguistischen Prüfungen: »Latin syntax« und »Greek syntax«. In der letzteren lauteten die Aufgaben jeweils: »Beschreiben und illustrieren Sie

- die Formen indirekter Rede im Griechischen
- die Typen konditionaler Sätze
- den Gebrauch der Partikel ἄν mit dem Indikativ Perfekt [etc. die übrigen Tempora und Modi, der Infinitiv und das Partizip]
- die Konstruktionen mit πρίν
- die verschiedenen Formen, in denen Absicht/Finalität ausgedrückt werden kann.«

Alle anderen Prüfungen (zwei in Geschichte, zwei in Literatur, eine über meinen »special author« (Thukydides) fanden in der Bibliothek, also inmitten aller Hilfsmittel und ohne Aufsicht statt. Die Fragen waren so gestellt, dass sie den »zünftigen« Gebrauch der Hilfsmittel einschlossen und eine Entscheidung oder ein Urteil forderten, das nur der Wissende fällen konnte. Wo hätte ich nachschlagen sollen, um innerhalb von drei für diese Prüfung angesetzten Stunden die folgenden Fragen zu beantworten:

1. Name and indicate the significance of the sources of Thucydides, literary and otherwise, and describe how he uses them. What checks have we on Thucydides' reliability?
2. What methods of dating are used by Thucydides? And how does he infer the dates of past events?
3. What are the sources and aims of Thucydides' style?
4. What were Thucydides' criteria for inclusion and exclusion?
5. By comparing the less finished parts of the history with the more finished, draw conclusions as to Thucydides' methods of work.

Und wenn ich solche Werke kannte, war der Gebrauch, den ich von ihnen machte, für meine Prüfer ebenso erkennbar und aufschlussreich, wie sie für mich eine Bewährungsprobe waren: Ich musste daran meinen kritischen Sachverstand erweisen.

Ich schildere dies hier so ausführlich, weil darin ein wichtiges Gegenmodell zu den heutigen Formen des »Abtestens« von Kenntnissen zu sehen ist und eine wichtige Bestätigung der Prüfungsarten, die Fertigkeiten (competences) in Verbindung mit Wissen verlangen. Was wie eine idealistische Marotte aussah, war im Zweck des Vorgangs gut begründet.

Das war auch ein anderer »Idealismus« der University of Chicago, von dem ich erst im Zusammenhang mit meiner Dissertation erfuhr. Diese »gehörte« nach ihrer Annahme der Universität. Sie wurde nicht gedruckt und publiziert, sondern auf Mikrofilm aufgezeichnet. Hierzu wurde sie auf besonderem Papier und durch besondere Schreibkräfte von der abgegebenen Reinschrift noch einmal abgeschrieben, weshalb diese absolut fehlerfrei sein musste: Die Schreibkräfte kopierten mechanisch, ohne die Sache zu verstehen. Meine Reinschrift wurde mir von der Dissertation Office viermal wegen Unzulänglichkeit zurückgegeben, was oft mit unklaren Verbesserungen oder »falscher« Interpunktion zusammenhing. Allein für die Handhabung der Anführungszeichen gab es zwei Seiten Vorschriften in dem sechzig Druckseiten umfassenden »Dissertation Manual«. Wenn ich mich bei der Eintragung der über Tausend griechischen Zitate verschrieb, kam nur eine vorsichtige Rasur mit dem Federmesser in Frage oder die Seite musste neu geschrieben werden. Es gab zwar an der Universität Schreibmaschinen mit griechischen Lettern, aber niemanden mehr, der sie sicher handhaben konnte. Die »Classical Review«, die von Einarson et al. herausgegebene altphilologische Fachzeitschrift der UoC, wurde in Stuttgart gedruckt! Die heutigen Kopierverfahren, vollends der Computer und der Scanner, wären ein Gottessegen für alle damaligen PhD-Kandidaten der University of Chicago gewesen, die Mrs. Thurabian, die strenge Chefin des Dissertation Office, mehr fürchteten als den Fachprüfer. Der Öffentlichkeit wurde die Dissertation durch eine Zusammenfassung (abstract) in einer halbjährlichen Publikation bekannt gemacht. Wer sich dafür interessierte (wie der Staatsrechtler Erik Wolf an der Universität Freiburg), musste sich den Film gegen eine geringe Gebühr bestellen, wenn er ihn nicht in dem Mikrofilm-Saal der Universität Chicago ansehen konnte.

Das Verfahren hatte gegenüber unserem Brauch mit den 100 oder gar 300 Pflichtexemplaren zwei praktische Vorteile: Der Kandidat wurde nicht finanziell ruiniert und die Dissertation nahm wenig Platz ein. Vor allem aber entsprach es der Vorstellung der Gründer der UoC und später vor allem denen des Robert Maynard Hutchins – der von der Universität als einer »Erkenntnis-Gemeinschaft«. Hutchins hatte die aus Europa übernommene, in Harvard und Yale erfolgreich verwirklichte Möglichkeit universitätseigener Publikationsstätten radikalisiert: Alle Publikationen von Mitgliedern des Lehrkörpers seien Eigentum der Universität und in der University of Chicago Press zu veröffentlichen. Die Einnahmen derselben fließen der Universität zu. Die Autoren verdanken dieser ja das Produkt: Sie stellt die Einrichtungen und Dienste zur Verfügung, sie gibt den Anlass für ihre Arbeit und sie gewährt vor allem die Zeit, die Freiheit und die Lebenssicherheit für die Grundlagenforschung. Man erwiderte alsbald: Dies unterbinde den Wettbewerb und beseitige einen wichtigen Anreiz für die Mühe, die Ergebnisse des Forschens lesbar niederzuschreiben und herzugeben. Hutchins beeindruckte dieser Einwand nicht: Das übliche System sei leider auch ein Anreiz zu Eitelkeit und zur Hervorbringung von zwar einträglichem, aber unwesentlichem *marketable knowledge*. Es gebe ganze Fakultäten (departments), die mit Gutachten und Zweckforschung ihre Mitglieder bereicherten und die wirtschaftende Gesellschaft bedienten, nicht aber den Auftrag der Universität erfüllten. Das in Amerikas Academia herrschende Prinzip »publish or perish« habe nicht zu mehr Erkenntnis, sondern nur zu mehr wissenschaftlicher Geschwätzigkeit geführt. Die korporierte und spezialisierte Wissenschaft ersticke an der schieren Menge von Pseudowissen. Die Gegner: Ein Verzicht auf wirtschaftliche Aufträge und wirtschaftlichen Wettbewerb honoriere nicht nur die Faulheit, er fördere die Introversion, mache die Universität endgültig zum lebensfremden *ivory tower*. Hutchins: Auch wer nur forsche und denke – gründlich und produktiv – und das Ergebnis nicht regelmäßig aufschreibe, bereichere die Gesellschaft: durch die Gespräche mit den Studenten und den Kollegen, durch Fragen und Kritik, durch die Ergebnisse im Labor. Im Übrigen könne, wer diese *community of thinkers* nicht brauche und lieber Karriere mache, ja woanders hingehen.

Die Regelung, die Hutchins eingeführt hatte, ließ sich nicht halten; man führte ja nicht nur zu viele »Altlasten« mit, man bekam auch Schwierigkeiten bei Neuberufungen und hatte zu viele Zweifelsfälle zu entscheiden. Am Ende begnügte man sich mit einer dringenden Empfehlung, bei der University of Chicago Press zu publizieren, und bot dort günstige Verträge an.

Mir hat der Streit – er war vorbei, als ich nach Chicago kam – verdeutlicht, dass der Vorwurf, etwas sei »idealistisch«, sehr häufig nur meint: »unbequem«. Eine gedruckte Fassung meiner Dissertation, die ich zu einem deutschen Buch verarbeiten wollte, hätte ich, wäre dieses zustande gekommen, der Universität Chicago gewidmet – meiner Alma Mater, meiner geistigen Ernährerin, in Dankbarkeit und »als Rückerstattung des ihr Geschuldeten«.

Noch freilich war die Dissertation nicht fertig. Nach den schriftlichen Prüfungen ging es mit dem in Bryn Mawr abgebrochenen Diktieren weiter. Gerald Edler von Stourzh, ein österreichischer Student der neueren, vorwiegend amerikanischen Geschichte, den ich zusammen mit Theo Sommer im International House kennen gelernt hatte, übernahm Marias Part der aufmerksamen, mitdenkenden, flinken Reinschrift. Die *op. cit.* und *loc. cit.* beschäftigten ihn weniger, mein Englisch umso mehr. Auch er schrieb an einer Dissertation im angelernten Englisch, das er täglich an den großen Meistern der amerikanischen Staatsphilosophie – den Madisons, Franklins, Hamiltons und Jeffersons – schulte. Diese schärften seine Wahrnehmung und erhöhten seinen Anspruch. »Das haben Sie sehr schön gesagt«, konnte er meinen eben diktierten Satz kommentieren. Oder: »›Predicament‹ – ein wunderbares Wort, das sollte ich auch benutzen!« Oder: »›Astute‹ – das fehlt bei mir noch.«

Das Rigorosum war für den 13. Juni angesetzt. Alle interessierten Professoren und Professorinnen waren eingeladen; das fertige Manuskript hatte vier Wochen in drei Exemplaren ausgelegt; die Zusammenfassung war an die Historiker, Philosophen, Philologen verschickt. Etwa ein Dutzend Personen kamen, unter ihnen auch Arnold Bergstraesser aus Freundschaft, Leo Strauss aus Neugier, Hans Morgenthau aus Pflichtbewusstsein und Robert Redfield aus verhaltenem Misstrauen. Die Historiker gingen mit ihren Fragen in Führung und an meinem Thema vorbei (»Was haben Sie über die ›wahren‹ Kriegsursachen herausgefunden?«); die Philosophen redeten ausführlich selbst und heischten meine Zustimmung, die ich auch meistens gab, provozierten aber auch Widerspruch, der sich in den Augen der anderen wiederum gut machte; die Philologen gaben mir Gelegenheit, meine Befunde darzulegen, die ja nicht ganz einfach waren und nur von den Gräzisten wirklich verstanden wurden. Als der Vorsitzende nach zwei Stunden das Gespräch abbrach, herrschte der Eindruck: Der Prüfling habe noch viel auf Lager und könne endlos so weiterreden. Es gab eine kleine Feier in Classics. Die von mir vorbereitete lateinische Rede (Magistri illustrissimi et maxime honorati, cari amici ...) mit Perioden von bis zu zwölf Zeilen vorzutragen fehlte mir – Gott sei Dank! – der Mut. Draußen warteten Seymour Howard und Gerald Stourzh. Sie hatten jeder ein manierlich verpacktes Geschenk, unverkennbar Schallplatten! Die von Seymour hörten wir in seiner Kellerwohnung am gleichen Abend an: Schubert-Lieder, von Elisabeth Schwarzkopf gesungen; die von Gerald in der Wohnung Friedrich von Hayeks, die Gerald vorübergehend hütete: Schuberts Impromptus, von Arthur Schnabel gespielt. Beide zogen mich in einen Strudel von Seligkeit und Melancholie. Nun begann der Abschied, der schwerste in meinem Leben.

Der Promotionsfeier, das stand fest, würde ich wegen des Abreisedatums nicht beiwohnen können. Sie fand zweimal im Jahr in der gewaltigen neugotischen Rockefeller Chapel statt, in der sich ein Jahr zuvor Robert Maynard Hutchins von uns verabschiedet hatte. Wer hätte im Sommer 1953 ähnlich eindrucksvolle Sätze zu uns Absolventen sagen können wie er?

Ich sorge mich nicht um eure wirtschaftliche Zukunft. Ich sorge mich um eure moralische Standhaftigkeit [...] Die Zeit wird euch korrumpieren. Eure Freunde, eure Frauen und Männer, eure Berufsgenossen und Geschäftspartner werden euch korrumpieren; euer gesellschaftlicher, politischer und wirtschaftlicher Ehrgeiz wird euch korrumpieren. Das Leben selbst ist demoralisierend.

Und:

Wenn Ihr in Eurem Leben die Wahl habt zwischen der Rolle des Don Quijote und der des Sancho Pansa, dann wählt, um Himmels willen, die des Don Quijote!

Dass ich von Chicago fortging, ohne meine späteren »Kollegen« von der Pädagogik wahrgenommen, ja ohne je die Laboratory School betreten zu haben, wird den Leser verwundern, waren doch unter den etwa 60 Professoren im Department of Education, den etwa 40 des Department of Psychology und den rund 30 im Committee on Human Development damals so berühmte Gelehrte wie Bruno Bettelheim, Allison Davis, Robert J. Havighurst, John I. Goodlad, Jacob W. Getzels, Howard F. Hunt und Theodore Schaefer. Ich habe sie versäumt!

Die treuen Brethren organisierten meine Heimreise auf der Arosa Kulm, einem Schiff, das Studenten zwischen den Kontinenten hin und her beförderte. Sie übernahmen auch den Transport meiner Habe. Die ließ sich leicht in zwei Tagen verpacken: Schallplatten (meine Sammlung umfasste inzwischen mehr als hundert LP; die Alben mit den Schellackplatten ließ ich zurück) und Bücher (deren Zahl hatte sich verdreifacht). Mein Koffer-Phonogerät wurde in den Indianerteppich eingeschlagen. Von der Kumpmann-Töpferware behielt ich nur einige Urexemplare, von denen ich mich nicht trennen konnte; den Rest überließ ich den Geschwistern oder Seymour oder Mrs. Herschberger.

Das Schiff fuhr am Fourth of July (!) von Quebec ab. Seymour und Roland bestanden darauf, mich mit dem Delphin dorthin zu bringen, und ich bestand darauf, Maria noch einmal zu sehen, was die masochistische Unternehmung – mit Umweg und Aufenthalt – um vier ganze Tage verlängerte. Ich kam nicht zurecht mit der Trennung. Nachts fand ich keinen Schlaf; tags saßen wir drei stumm nebeneinander, umtost vom brausenden Fahrtwind; gelegentlich sang Seymour, Roland konnte nicht und ich wollte nicht mitsingen. Ich biss mich an meinem Schmerz fest, war überreizt und trat, wenn ich am Steuer saß, auf den Gashebel bis zum Anschlag. Innerlich komponierte ich ein Drama. Es sollte den Namen eines dem Herodot entnommenen Helden tragen: »Adrast«. *Adrastos* heißt »einer, der nicht entrinnen kann«. Als wir bei Maria eintrafen, erbat ich mir eine Schreibmaschine und schrieb den »Entwurf einer Tragödie nach Herodot I, 34–45« nieder:

Die Personen: der Chor; Adrastos; König Kroisos; der ältere Sohn, taubstumm; der jüngere Sohn Atys; evtl. die Königin, Mysische Bauern.
Das Geschehen: Adrastos kommt an den Hof des Kroisos als Flüchtling vor seiner eigenen Mord-Tat. Er bittet um Aufnahme und Sühne, bekennt aber nicht, dass er die Tat mit Lust und Notwendigkeit beging. Sein eigentlicher Fluch ist diese Lust, der er nicht entrin-

nen kann. Er fasst Freundschaft zu des Königs Sohn Atys, dem ein gewaltsamer früher Tod geweissagt ist. Adrastos erkennt, dass er der Töter des Königssohns sein wird. In dem Maß, in dem er dies erkennt, will er seinen Fluch mitteilen, will sich warnend vor dem Abgrund aufstellen, aber seine Wahrheit dringt nicht mehr durch: Wenn man ihm glaubt, wird man ihn entfernen und damit die Freundschaft zerstören, die allein ihn vor seiner zwanghaften Tat bewahrt; wenn man ihm nicht glaubt, wird er seine innere Wahrheit vollziehen. Verhüllend, was er sagen will, entblößend, was er nicht sagen kann, übernimmt er es, den Freund zu schützen. Er hat alles gesagt, und man hat nichts gehört, – nur der taubstumme Bruder sieht und weiß. Er stellt sich zwischen die beiden, als sie zur Jagd aufbrechen. Adrast gibt ihm recht und überantwortet sich dem König – befreit von dem Kampf gegen sich selbst, gelöst aus dem Garn der Selbstverantwortung. In der Gewalt der anderen liegen nun Heil und Heilung. Aber da zweifelt der Königssohn an seiner Freundschaft. Er bezichtigt ihn der Feigheit und Lieblosigkeit. Adrast erträgt den Zweifel nicht, zieht mit ihm aus und erfüllt sein und des Freundes Schicksal. – Er bittet heimkehrend den König, sein Leben zu nehmen. Der aber verzeiht ihm – und Adrast muss sich selbst den Tod geben über dem Grab des Freundes.

Die Pointe: Was die Griechen »Schicksal« nannten und »nach außen« verlegten (es lässt sich weissagen), waltet »in uns«, in unserer Eigenart. Diese veranlasst uns zu Taten und Erfahrungen, die die Eigenart weiter steigern. Starke Menschen – solche, die töten können – versuchen, diesem Mechanismus zu entrinnen: durch entschlossene Flucht in ein Land, in dem man sie nicht kennt, durch disziplinierte Dissimulation, durch Übernahme einer ihrer Natur entgegengesetzten Rolle. Dies alles nimmt ihnen die Möglichkeit, sich selbst entgegenzutreten. Auch die »Aufklärung«, die den Folgen der unterdrückten Natur vorbeugen könnte, tritt selbst erst als Folge des schlimmen Vollzugs in Kraft. – Wir entrinnen uns nicht.

Maria hat nie auf dieses Schriftstück reagiert. Kein anderer hat es zu sehen bekommen, der mehr als das Exerzitium eines jungen Gräzisten darin hätte vermuten können.

In Quebec bestand ich auf der sofortigen Umkehr meiner beiden Gefährten. Kein ungeduldiges Warten, kein sinnloses Winken! Ich richtete mich in meiner Koje ein und ging an Deck. Auf der gegenüberliegenden Seite des St. Lorenz Stroms, der den Hafen bildete, machte gerade auf Rufweite ein ankommendes Schiff fest. Auf dem uns zugewandten Deck in gleicher Höhe mit mir sah ich einen auffallenden Blondkopf. Es war Hannes Willisch. Im gleichen Augenblick sah er auch mich. Wir brüllten einander zu, was man in der Lage wissen will – das Woher und Wohin. Dann erkundigten wir uns jeder auf seinem Schiff, welche Möglichkeit es gebe, mit dem anderen zusammenzukommen. Es gab keine. In einer Stunde sollten wir ablegen; in frühestens zwei Stunden würden die Passagiere des anderen von Bord gehen und die Einreiseprozeduren hinter sich bringen. Und dann: Wie überquert man hier den St. Lorenz Strom? Dieser seltsame Zufall (seit Jahren hatten wir nichts voneinander gehört!) war heilsam. Er beschäftigte mein Gemüt statt mit der bleiernen Trauer mit elektrischen Fantasien: Was wäre gewesen, wenn ...? Als das Abfahrtssignal ertönte, winkte mir nun doch jemand nach – es war ein heiteres Winken.

Im Gegensatz zur Herreise war die Rückreise von geradezu unheimlicher Friedlichkeit; die Luft und das Meer verharrten in gleichgültiger Ruhe; außer dem Fahrtwind bewegte nichts mein Schreibpapier oder die Seiten meines Buches. Stundenlang stand ich am Bug und schaute nach vorn. Die Gedanken gingen nicht mit. Auf der Herreise hatte ich am Heck gestanden. Das war ehrlicher. In den ersten drei Nächten schlief ich, so sommerlich mild war es, auf den mit Segeltuch bespannten Deckeln der Ladeluken und sah zu, wie der Mast sanft in den Sternen rührte.

Ich las jetzt *The Crock of Gold*, von dem ich oben (S. 381) versprochen habe, ich würde noch berichten, was es mit mir tat. Am besten ist's, ich lasse meine Leser ein Stück weit in diesem hintersinnigen irischen Märchen mitlesen. Es beginnt so:

> In the centre of the pine wood called Coilla Doraca there lived not long ago two Philosophers. They were wiser than anything else in the world except the Salmon who lies in the pool of Glyn Cagny into which the nuts of knowledge fall from the hazel bush on its bank.

He, of course, is the most profound of living creatures, but the two Philosophers are next to him in wisdom. Their faces looked as though they were made of parchment, there was ink under their nails, and every difficulty that was submitted to them, even by women, they were able to instantly resolve. The Grey Woman of Dun Gortin and the Thin Woman of Inis Magrath asked them the three questions which nobody had ever been able to answer, and they were able to answer them. That was how they obtained the enmity of these two women which is more valuable than the friendship of angels. The Grey Woman and the Thin Woman were so incensed at being answered that they married the two Philosophers in order to be able to pinch them in bed, but the skins of the Philosophers were so thick that they did not know they were being pinched. They repaid the fury of the women with such tender affection that these vicious creatures almost expired of chagrin, and once, in a very exstacy of exasperation, after having been kissed by their husbands, they uttered the fourteen hundred maledictions which comprised their wisdom, and these were learned by the Philosophers who thus became even wiser than before. [...]
They lived together in a small house in the very centre of a dark pine wood. Into this place the sun never shone because the shade was too deep, and no wind ever came there either, because the boughs were too thick, so that it was the most solitary and quiet place in the world, and the Philosophers were able to hear each other thinking all day long, or making speeches to each other, and these were the pleasantest sounds they knew of. (James Stephens: The Crock of Gold, New York 1912, S. 3–5)

Mein Gesichtsausdruck muss den um mich herum Sitzenden mein Vergnügen mitgeteilt haben. Sie fragten danach, und wie hier und jetzt glaubte ich dies nicht besser erklären zu können als durch den Text selber: indem ich vorlas. Die jungen Leute hatten sich mit allem, nur nicht mit Lektüre für ihre Reise versorgt und waren mit einer Probe nicht zufrieden. »Bitte weiterlesen!«, hieß es, und bald hatte ich eine Zuhörergemeinde von zwölf bis fünfzehn jungen Menschen. Von nun an dosierte ich die Lesung sorgfältig, damit sie auch für die ganze Reise reiche; wir unterhielten uns im Anschluss jeweils über die mythischen Figuren, die in dieser Mischung aus Kulturkritik, Liebesgeschichte und Aberwitz vorkamen, rätselten über den eigentümlichen Zauber der Sprache, versuchten es mit dieser oder jener Deutung. Ich spürte dabei, dass man mir Autorität antrug. Ich war achtundzwanzig Jahre alt, ich war kein Jüngling mehr, ich war ein Herr Doktor.

An dieser Stelle muss ich gestehen, dass ich, um mich des Namens unseres Schiffes zu versichern, in meinem Buch »Aufgeräumte Erfahrung« nach ihm gesucht und also ein mir auferlegtes Verbot überschritten habe. Dabei bin ich auf eine Passage gestoßen, die ich lieber *telle quelle* wiedergebe, als dass ich sie neu erfinde:

Als die wenigen Deutschen, Franzosen, Italiener, Holländer gebeten wurden, Sprachkurse für die in die jeweiligen Länder reisenden Studenten anzubieten, und ich einen solchen abhielt, schwoll die Zahl meiner Hörer in wenigen Tagen so an, dass ich den Kurs doppelt und schließlich dreifach halten musste. Ich führte nicht nur in die deutsche Sprache ein, sondern in deutsche Eigenarten und Gebräuche, ließ Lieder lernen, empfahl Reiseziele und schilderte, was man wo sehen oder auch nicht mehr sehen könne. Ich hatte mit meinem Beruf schon begonnen, bevor ich wusste, was ich tat – und hatte Freude daran.

Mit dieser Freude beginnt ein neues Kapitel.

Dieses Buch wäre nicht ohne die hartnäckige, aber nicht drängeliche Erwartung von Michael Krüger zustandegekommen. Die große Last der Niederschrift von krächzenden Diktierbändern, der Einarbeitung immer neuer Korrekturen, der Rekonstruktion elektronischer Verluste hat Angela Beck drei Jahre lang mit Langmut und Freundlichkeit getragen. Die Aufdeckung von Flüchtigkeits-, Erinnerungs- und Ausdrucksfehlern und freundschaftlichen Beistand bei den notwendig gewordenen Kürzungen haben Gerold Becker, Annemarie von der Groeben, Tobias Heyl und für die ersten 300 Seiten Egon Schwarz geleistet. Ihnen allen danke ich – reich beschenkt und maßvoll beschämt.

Hartmut von Hentig
Berlin, im Herbst 2006